Editorial

Oft genug wurde Karl Barth in Kirche und Theologie, aber auch in der Politik als Störenfried empfunden. Kein Wunder, daß er bis heute immer wieder Gegnerschaft provoziert. Kein Wunder auch, daß die Versuche zahlreich sind, sein Werk zu entschärfen und ins Gewohnte umzudeuten. Die hier vorgelegten Aufsätze fragen danach, worin eigentlich das Störende und Beunruhigende von Barths Auftreten bestand. Sie verfolgen dies innerhalb verschiedener Bereiche und Zeiten seines Wirkens und versuchen, den sachlichen Gründen der Konflikte auf die Spur zu kommen.
Der 100. Geburtstag von Karl Barth (10. Mai 1986) ist ein Anlaß zurückzufragen, wie weit uns schon die Eigenheiten und das Wesentliche seines Wirkens in den Blick gekommen sind. Er ist ein Anlaß – nicht Bilanz zu ziehen (als ob wir Barth »abhaken« könnten), sondern uns mit unseren eigenen Fragen dem Beunruhigenden auszusetzen, das von seinem Wirken ausgeht.
Es soll also nicht die »Größe« Barths gefeiert werden, es werden auch keine Spezialuntersuchungen zur Deutung und Auswertung seiner Theologie vorgelegt, vielmehr ist dieser Band gedacht als Einladung und Hinführung, es selber – neu oder erneut – mit Barth zu versuchen. Die Zugänge dazu können von vielen Seiten aus gefunden werden, einige davon will dieser Band zeigen und diskutieren.

Einwürfe

Einwürfe. Herausgegeben von Friedrich-Wilhelm Marquardt, Dieter Schellong, Michael Weinrich und dem Chr. Kaiser Verlag 216 Seiten. Kt. DM 16,80 (Mengenpreise: ab 5 Expl. DM 15,80, ab 15 Expl. DM 14,80) (ISBN 3-459-01511-X)

Inhalt: Zur Situation / Dieter Schellong: Die Krise der Ehe und die Weisheit der Theologie / Michael Weinrich: Priester der Liebe. Fragen eines Theologen an die Religionspsychologie von Erich Fromm und Hanna Wolff / Friedrich-Wilhelm Marquardt: Gott *oder* Mammon, aber: Theologie *und* Ökonomie bei Martin Luther.

Was wollen und können Einwürfe sein? Nichts Grundsätzliches, doch das Grundsätzliche betreffend — fragend und kritisch, mit dem Versuch einer Antwort. Notwendige Korrekturen, spontane Rückfragen, Unterbrechungen — sich selbst beschreibende und selbst bestimmende Reflexion. Bei zu eingespielten Abläufen eine nötige Bremse — in Frage stellend, was frag-würdig ist. Dinge wieder in Bewegung bringen, wo Stillstand droht. Traditionen und ihre Auswirkungen deutlicher werden lassen für die Gegenwart, auch auf die Gefahr hin, von ihnen Abschied nehmen zu müssen. Einwürfe — das sind Texte, die Gespräche weiterführen wollen oder erst neu eröffnen. Texte, die zum Entwurf werden, zur Herausforderung.

Der Beitrag von Dieter Schellong zeigt, wie sehr bei allen Eheauffassungen die Zeitbedingtheiten mitsprechen, und er gibt reichlich Stoff, darüber nachzudenken, von welchen Bedingungen die jüngsten Wandlungen im Eheverständnis abhängen. Fertige Rezepte werden nicht gegeben, wohl aber vielfältige Anregungen, entwickelt an charakteristischem, nicht selten unbekanntem Material, aufgeschlossen durch weiterführende, oft genug überraschende Assoziationen.

Erich Fromm und Hanna Wolff beerben die „Tradition" und wollen sie zu ihrem Ziele führen, indem sie der Liebe die Lösung der Probleme des modernen Menschen anvertrauen. Sie werden zu Priestern der Liebe, die der Menschheit auch gegen alle Erfahrungen aus der Geschichte ihre überfällige Selbstvervollkommnung predigen. Doch ihre Priesterschaft überspringt die Gottesfrage, die Frage Gottes nach den Menschen, und mündet so in ein hochfahrendes Programm moralischer Aufrüstung. Hier liegt der Grund für die skeptischen theologischen Einwürfe von Michael Weinrich in die psychologisch entworfenen Erlösungsvisionen.

Luthers ökonomische Beobachtungen werden im Beitrag von Friedrich-Wilhelm Marquardt vor allem im Zusammenhang mit seinem Reden von Gott und mit den kirchlichen Konsequenzen dargestellt, die er aus seiner Wirtschaftskritik ziehen wollte. Bei aller Weiterentwicklung kapitalistischen Wirtschaftens bleiben Luthers Beobachtungen und seine religiösen und theologischen Reaktionen auch für unsere heutigen Verhältnisse von Bedeutung: für unsere politische Verantwortung in Weltwirtschaftsfragen und dem täglichen Umgang mit dem Geld.

Chr. Kaiser

CHR. KAISER VERLAG
PF 509 · 8000 MÜNCHEN 43

Eberhard Busch
Karl Barths Lebenslauf
Nach seinen Briefen und autobiographischen Texten 4. Auflage 1986. 560 Seiten. Geb. DM 48,–.
ISBN 3-459-01648-5

„Die Biographie zeigt in überzeugender literarischer Einheit, wer Karl Barth gewesen ist und was er gewollt hat. Ein Lebensbericht wie der von Eberhard Busch schlägt eine Brücke nicht nur zu Karl Barth, sondern zur Theologie überhaupt. Man muß also nicht etwa Theologe sein, um Freude an der Barth-Biographie zu gewinnen. Karl Barths Leben gehört ebenso der Zeitgeschichte, der Philosophie und nicht zuletzt der Politik."
    Hannoversche Allgemeine Zeitung

„... bleibt festzustellen, daß heute kaum eine andere Publikation so viel Stoff zur Lebensgeschichte Karl Barths und zur Selbstdeutung des Theologen enthält wie die Arbeit Eberhard Buschs."
    Neue Zürcher Zeitung

Friedrich-Wilhelm Marquardt
Theologie und Sozialismus
Das Beispiel Karl Barths. 3. Auflage 1985. 424 Seiten. Kt. DM 39,–.
ISBN 3-459-01626-4

Eine großartige Leistung! Es ist ja nicht nur Barths Sozialismus, der darin dargestellt wird, sondern Barths ganzes Lebenswerk kommt durch den politischen Praxisbezug, um den es Marquardt geht, in das Licht einer neuen Konkretheit, Aktualität und Relevanz.
    Eduard Thurneysen

Postfach 509 · 8000 München 43

Einwürfe 2

Zur Bibel:
Lektüre und Interesse

Mit Beiträgen von Bernadette J. Brooten, Luise Schottroff, Jürgen Ebach, Dieter Schellong, Michael Weinrich

148 Seiten / Kt. DM 16,80

JÜRGEN EBACH:
Apokalypse – Zum Ursprung einer Stimmung

BERNADETTE J. BROOTEN:
Frühchristliche Frauen und ihr kultureller Kontext – Überlegungen zur Methode historischer Rekonstruktion

LUISE SCHOTTROFF:
Wie berechtigt ist die feministische Kritik an Paulus? Paulus und die Frauen in den ersten christlichen Gemeinden im Römischen Reich

DIETER SCHELLONG:
Was heißt: „Neuer Wein in neue Schläuche?"

MICHAEL WEINRICH:
Privatisiertes Christentum – Von der neuzeitlichen Entschärfung der jüdisch-christlichen Tradition

Die Qualität des ersten Bandes der „Einwürfe" machte gespannt auf das Weitergehen; jetzt ist ein Folgeheft erschienen. Es wird eröffnet durch den fulminanten Aufsatz „Apokalypse. Zum Ursprung einer Stimmung" des Paderborner Alttestamentlers Jürgen Ebach. Erstaunlich ist, welche Renaissance der Begriff der Apokalyptik im allgemeinen Bewußtsein der letzten Jahre erlebt hat. Entgegen einer dabei verbreiteten Sinngebung erinnert Ebach daran, daß dieses Wort „nicht Weltuntergang, nicht Katastrophe, sondern zuallererst Enthüllung, Aufdeckung" meint. Da aber Apokalypsen „Widerstandsliteratur" sind, kann „nur in verhüllter Form ... das Enthüllte mitgeteilt werden". Diese Dialektik verfolgt Ebach in einem gekonnten Zusammenspiel von exegetischem Forschen, kirchengeschichtlichem Nachdenken und systematisch-theologischem Erwägen.
Zwei weitere Aufsätze sind der biblischen Lektüre aus feministischem Interesse gewidmet. Bernadette J. Brooten stellt programmatisch eine Methodologie feministischer Exegese vor. Luise Schottroff wendet sich gegen eine voreilige feministische Verwerfung des Paulus: „Gemessen am Selbstverständnis der Männerkirche und der Männertheologie heute war Paulus ein feministischer Vorkämpfer. Er hat Galater 3,28 zu leben versucht. Daß er dabei so inkonsequent war, ist eigentlich nicht verwunderlich."
Dieter Schellong zeigt in seiner Betrachtung des Jesuswortes vom neuen Wein in neuen Schläuchen, wie sich die Mehrzahl der Exegeten durch antijüdische Polemik den Blick verstellt für die aus dem Kontext erschließbare theologische Pointe.
Michael Weinrich schließlich geht anläßlich einer ausführlichen Buchbesprechung „der neuzeitlichen Entschärfung der jüdisch-christlichen Tradition" nach.
Botschaft aktuell

Postfach 509 · 8000 München 43

Dieter Schellong
Barth lesen

I   Zugang   6
II Herkunft 12
III Die Hauptsache 26
IV Die Hauptgefahr 31
V   Das Vorgehen 39
VI Die immer wiederkehrenden Weichenstellungen 46
VII Die immer wiederkehrenden Streitpunkte 64
VIII Zur Lektüre und zu Editionen 79
Anmerkungen 86

Barths Berühmtheit steht in keinem Verhältnis dazu, wie viel er gelesen wird – man müßte sagen: wie wenig er gelesen wird. Und das ist nicht nur Bequemlichkeit. Schon das Riesenhafte seines literarischen Werkes schreckt ab; dann die langen Sätze, die Verschlossenheit der Aufmachung, die Breite der Disposition – da kann man steckenbleiben. Und wenn man durchhält, ist man überrascht, wie anders das Gelesene bei anderen Lesern angekommen ist. Wie viele etwa haben Barths Theologie als nihilistisch empfunden! Und wie viele dagegen als orthodox-dogmatistisch! Mal versteht man sie hochpolitisch, mal gänzlich unpolitisch. Manche Leser werden verstört durch gewisse Steilheiten in den Behauptungen und eine gewisse Hochmütigkeit in der Polemik, andere fühlen sich zum Gespräch eingeladen angesichts der Weite der Bezüge oder bewegt von einer fast naiven Kindlichkeit der Frömmigkeit. Offensichtlich ist es ein Abenteuer, Barth zu lesen: anstrengend, aber auch überraschend und mit offenem Ausgang. Doch wie steht es mit der Spannung, mit der Dramatik, die zu einem Abenteuer gehört und die zu der mit ihm verbundenen Anstrengung erst Lust macht?
Wenn ich jetzt das Lesen der Schriften Barths thematisiere, will ich die Unterschiedlichkeiten der Aufnahme nicht ausräumen oder einebnen, eher sollen sie verstehbar werden; vor allem möchte ich versuchen, etwas deutlich werden zu lassen von der Bewegung des Barth'schen Theologisierens und von den Gründen, die dabei am Werke sind.

I Zugang

Kann man eigentlich sagen, was es war, das Barth so intensiv am Schreiben festhielt – besser gesagt: in Gang hielt? Ihn etwa ein halbes Jahrhundert lang zum Schreiben von Theologie nötigte? Um dem auf die Spur zu kommen, greife ich auf eine frühe Selbsterläuterung Barths zurück, auf einen Vortrag vom Juli 1922, mit dem er dem Wunsch eines Pfarrerkreises nachgekommen ist, eine Einführung in seine Theologie zu geben. Dazu wählte er den (heute nicht sonderlich aufregend wirkenden) Titel »Not und Verheißung der christlichen Verkündigung«. Hier wird zwar nicht der ganze Zugang zu Barths Theologie geboten, aber ich meine: einen Spalt breit öffnet sich die Tür.[1] Was ihn trieb, stellt Barth in diesem Vortrag unter das Wort »Erwartung«. Und der Bereich, an dem sich seine Erwartungen entzündet hatten, ist – die Kirche. Dabei kommt gleich etwas ausgeprägt Barthisches zu Tage: Nicht *er* hat Erwartungen, die er an die Kirche heranträgt und die er von der Kirche erfüllt sehen möchte; vielmehr ist es die vorfindliche *Situation* der Kirche, die bei ihm Erwartungen auslöst, die eindringlich, fast aufdringlich die Hoffnung nährt, daß etwas zu erwarten ist – aber was? Und mit welchem Recht?

Ganz positivistisch-kirchlich, fast klerikal setzt Barth ein:

»Wenn am Sonntag Morgen die Glocken ertönen, um Gemeinde und Pfarrer zur Kirche zu rufen, dann besteht da offenbar die *Erwartung* eines großen bedeutungsvollen, ja entscheidenden *Geschehens*. Wie stark diese Erwartung in den etwa beteiligten Menschen lebt, ja ob da überhaupt Menschen sind, die sie bewußterweise hegen, darauf kommt jetzt gar nichts an. Die Erwartung besteht, sie liegt in der ganzen Situation.« (S. 104)

Und dann schildert er die Situation und die an ihr Beteiligten: die alte, immer wieder modern in Erscheinung tretende Institution Kirche; das Kirchen-Gebäude; vor allem die Menschen, die

»*was* suchen? Befriedigung einer alten Gewohnheit? Ja, aber woher diese alte Gewohnheit? Unterhaltung und Belehrung? Eine sehr merkwürdige Unterhaltung und Belehrung auf alle Fälle! Erbauung? Ja, so sagt man, aber was heißt Erbauung? Wissen sie es etwa? Oder wissen sie sonst, warum sie da sind? Jedenfalls sie sind da – und wenn es nur ein altes Mütterchen wäre – und ihr Dasein schon weist hin auf ein Geschehen, das sie erwarten oder doch zu erwarten scheinen, das hier mindestens, wenn denn alles tot und ausgestorben sein sollte, früher einmal erwartet worden ist.« (S. 104)

Schließlich den Pfarrer:

»Es hat ja der eine eine ›positive‹, der andere eine ›liberale‹ Predigt gestern vorbereitet, aber verschlägt es so viel, wenn man den Gegenstand bedenkt? Von Gott scheint ja hier auf alle Fälle, nolens volens vielleicht, die Rede sein zu sollen. Und dann wird er die Gemeinde *singen* lassen, altertümliche Gesänge voll schwerer, unheimlicher Gedankenfracht, seltsame gespenstische Zeugen der Leiden, Kämpfe und Triumphe der längst entschlafenen Väter, alle an den Rand eines unermeßlichen Geschehens führend, alle, ob Pfarrer und Gemeinde verstehen, was sie singen oder nicht, voll Erinnerung an Gott, immer wieder an Gott. ›Gott ist gegenwärtig!‹ Ja, Gott *ist* gegenwärtig. Die ganze Situation zeugt, ruft, schreit ja offenbar davon und wenn sie, vom Pfarrer oder von der Gemeinde aus gesehen, noch so fragwürdig, kümmerlich und trostlos wäre, ja dann vielleicht gerade am meisten mehr noch als da, wo Fülle und – menschlich geredet – gutes Gelingen das Problem der Situation halb oder ganz verdecken.« (S. 105)

Barth geht also nicht vom Bewußtsein der Beteiligten aus, um die Situation zu bestimmen; das ist ein eigenartiges, von ihm hartnäckig festgehaltenes Verfahren. Und weiter: Gerade an dem Unmodernen, an dem Fremden der gottesdienstlichen Situation entzünden sich seine Erwartungen. Auch darauf stößt man immer wieder: daß Barth sich durch Fremdes und Sperriges in besonderer Weise anregen läßt – nicht um nun aktiv zu werden und das Fremde so umzuformen, daß es einem paßt, sondern dazu, aus dem Fremden eine Frage zu hören, einen Anruf – in diesem Fall: eine Erwartung. Auch das ist eine ungewöhnliche Einstellung. Gerade der Gottesdienst wird ja inzwischen vielfältig verändert, auf daß er nicht mehr so sonderbar und fremdartig wirke. Es sind schon genug neue Lieder produziert, die nicht »voll schwerer, unheimlicher Gedankenfracht« sind; man weiß auch in der Predigt Lebenshilfen auszuteilen – etwa psychologischer Art –, und man freut sich, wenn erreicht ist, daß der Gottesdienst den modernen Menschen heimelig anmutet. Aber was geschieht dann?

Karl Barth findet, daß man die Erwartung, die in der Situation des Gottesdienstes liegt, auch zu niedrig ansetzen, die Menschen, die dorthin kommen, auch zu wenig ernst nehmen kann – gerade wenn der Pfarrer meint, ihnen helfen und ihre Fragen beantworten zu sollen und zu können. »Allzu oft ist, gerade in der wohlgemeinten Absicht, ihnen entgegenzukommen, an ihnen vorbeigeredet worden« (S. 108). Anders gesagt:

»Nicht dann sind wir lieblos, wenn wir tief hineingreifen in die Wunde, mit der sie zu uns kommen, sondern dann, wenn wir sie bloß betippen als wüßten wir nicht, warum sie zu uns kommen. Nicht dann geben wir uns einer Illusion hin, wenn wir annehmen, daß sie von den letzten schwersten Fragen herkommen, sondern dann, wenn wir meinen, sie könnten sich, wenn sie zu uns kommen, wirklich mit vorletzten, leichteren Antworten abspeisen lassen. O ja, sie tun es natürlich vorläufig; sie sind gerührt, erfreut, befriedigt, auch wenn sie das, was sie eigentlich suchen, nicht finden, sondern (in religiösen, christlichen, positiv-christlichen Formen vielleicht) das, was sie im Grund besser auch anderswo finden könnten.« (S. 107)

Es gilt, die Menschen, die zur Kirche kommen, besser zu verstehen, als sie sich selbst verstehen: Jenes ›Gott ist gegenwärtig‹ ist ihnen nämlich viel fraglicher, als sie für gewöhnlich kundtun, viel fraglicher auch, als daß praktische Ratschläge oder Beispiele es auffangen oder in seiner Fraglichkeit übertönen oder dafür Ersatz bieten könnten.

»Wenn die Menschen sich in *diese* Situation begeben, also in die Kirche kommen, dann haben sie, ob sie es wissen oder nicht, Kirschbaum, Symphonie, Staat, Tagewerk und noch einiges andre *hinter* sich als irgendwie erschöpfte Möglichkeiten. Die Antwort: Gott ist gegenwärtig, die in allen diesen Möglichkeiten zweifellos irgendwie gegeben ist, der Wahrheitsgehalt dieser Dinge, ihr Zeugnis von einem Sinn des Lebens, ist offenbar selbst wieder fraglich geworden, die großen Rätsel des Daseins: die unergründliche Stummheit der uns umgebenden sog. Natur, die Zufälligkeit und Dunkelheit alles dessen, was einzeln und in der Zeit ist, das Leid, das Schicksal der Völker und Individuen, das radikale Böse, der Tod, sie sind wieder da und reden, reden lauter als alles das, was uns versichern möchte, Gott sei gegenwärtig. Nein, die Frage läßt sich nicht mehr unterdrücken, sie wird brennend heiß: *Ob's denn auch wahr ist?*« (S. 106)

Die Zusammenstellung »Kirschbaum, Symphonie, Staat, Tagewerk« ist ebenso bedenkenswert wie die Aussage von den »erschöpften Möglichkeiten«; doch erst einmal verfolgen wir den Verlauf von Barths Vortrag weiter. Nachdem er den Erwartungs-Charakter der Gottesdienstsituation herausgearbeitet hat, wendet er sich der »anderen Seite« zu: daß die *Bibel* aufgeschlagen wird. Aber nun nicht so, als ob damit eine »Lösung« in Sicht käme, vielmehr sieht Barth in der uns durch die Reformation vorgegebenen Entscheidung, alles auf die Bibel ankommen zu lassen, zunächst eine zusätzliche Belastung.

»Was macht es uns denn so schwer, auf dem Boden des reformatorischen Schriftprinzips zu verharren? Nun nur keine Kleinlichkeiten zur Antwort! Nicht das Alter, die Ferne und Fremdheit der Bibel (etwa die Fremdheit ihrer ›Weltanschauung‹) machen es uns so schwer. [...] Nein, die Bibel ist uns unheimlich, weil sie eine neue große *(größere!)* spannungsvolle *Erwartung* in die kirchliche Situation hineinträgt von der *andern* Seite. *Bringt* die Gemeinde primär in die Kirche die große *Frage* des Menschenlebens und *sucht* darauf Antwort, so *bringt* die Bibel umgekehrt primär eine *Antwort* und was sie dazu *sucht,* das ist die *Frage* nach dieser Antwort, fragende *Menschen,* die diese Antwort als solche, eben als Antwort auf die entsprechende Frage verstehen, suchen und finden wollen.« (S. 111 f.)

Also: Auch die Bibel bringt eine Erwartung hinein, eine weitere, noch größere Erwartung – und nicht die Antwort auf die Fragen der Menschen. Wenn man mit dem Schema von »Frage und Antwort« überhaupt arbeiten will, dann muß man das Asymmetrische sehen: Die Antwort paßt nicht zur Frage und die Frage nicht zur Antwort. Die Bibel ist eine Antwort, zu der sie sich die Frage erst suchen muß, besser: die Menschen, die nach dem fragen, worum es in der Bibel geht.
Das erläutert Barth in Erinnerung an den Psalter, an Hiob, an Paulus, vor allem an den Kreuzestod Jesu Christi – und dann zieht er den Schlußstrich unter das, was die Bibel sucht:

»Sie sucht Menschen, die nach Gott fragen können und wollen, die in der Lage sind, ihre *kleinen* Fragen – und welche werden da *nicht* klein? – aufgehen zu lassen in der *großen* Frage, sich unter das Kreuz und d. h. sich vor Gott zu stellen. ›Kommet her zu mir alle, die ihr mühselig und beladen seid!‹ Wozu? ›Nehmet auf euch *mein* Joch!‹ Das versteht sich nicht von selbst, auch nicht bei den erwachtesten, suchendsten Menschen, daß sie *so* sehr Mühselige und Beladene sind, daß sie *sein* Joch, *Christi* Joch auf sich nehmen. Das haben wir nie begriffen und wenn wir es tausendmal begriffen hätten.« (S. 114)

Steht es so: daß die Bibel die Lebensfrage der Menschen übersetzt in die Frage nach Gott, dabei aber deutlich macht, daß Gott von uns mehr oder anderes will, als wir von ihm, so folgt daraus, daß die Antwort der Bibel unsere Frage erst noch transformieren muß, bis sie zur richtig gestellten Frage wird. Paradox gesagt: *Die Antwort erst ist die Frage.* Wenn wir aber diese Frage – die der Bibel – aufnehmen, ist die Frage auch schon die Antwort. Man kann es auch so ausdrücken: Gott sagt Ja zu uns, indem er Nein sagt – Nein zu unserem falschen Fragen –, aber eben dies ist sein Ja (S. 114 f.).
Das klingt phrasenhaft, nach abgegriffenen Formeln; aber man muß die Konstellation beachten, in die Barth die Formeln bringt. Sie werden aus

ihrer handlichen Übersichtlichkeit herausgerissen. Nicht mehr zuerst die Frage und dann die Antwort, nicht zuerst das Problem, dann die Lösung – deshalb konnte Barth auch mit der üblichen lutherischen Liturgie nichts anfangen: zu Beginn des Gottesdienstes ein Sündenbekenntnis und darauf die Vergebungszusage. Als ob sich das so organisieren ließe! Das sieht doch danach aus, als ob Gott und wir zusammen paßten – wenn auch über ein Defizit unsererseits; als ob Gott eine Ergänzung zu uns darstellte, als ob es einen einsehbaren oder gar berechenbaren Übergang gäbe von uns zu Gott und von Gott zu uns! *So* konnte Barth sich nicht mehr zurechtfinden »zwischen der Problematik des Menschenlebens auf der einen und dem Inhalt der Bibel auf der andern Seite«. Die Widersprüche zwischen Leben und Bibel sind ihm zu deutlich geworden, und ihm ist die Bibel dem Leben zu sehr »als ein neues Rätsel« gegenübergetreten! (S. 101)

Wie es dazu bei Barth gekommen ist, müssen wir im nächsten Kapitel verfolgen; jetzt ist erst zu berichten, daß sich das Schwergewicht seiner Erörterungen von diesem Ausgangspunkt aus auf die Kritik an der Kirche verlegt. Warum? Weil die Kirche bevorzugt ihre Aufgabe darin sieht, Übergänge und Vermittlungen einzuschieben zwischen Mensch und Gott, weil sie die Überbrückung des Abgrundes herstellen möchte. »Ist nicht die ganze kirchliche Situation eine namenlose Überhebung des Menschen, schlimmer als das, was sein Übermut auf andern Gebieten sich leistet?« (S. 118) Inbegriff dieser Überhebung ist für Barth das katholische Altarsakrament, mit

»der beneidenswerten Rolle des Priesters am Altar, der, das Sanktissimum hoch erhebend vor allem Volk mit der ganzen Bedeutungsfülle und Kraft, die das dingliche Symbol immer voraus hat vor dem Symbol des Menschenwortes als solchem, die doppelte Gnade des Opfertodes und der Inkarnation des Gottessohnes nicht nur verkündigt in Worten, sondern sich vollziehen läßt unter seinen Händen, ein creator creatoris [...] Wie anschaulich, einleuchtend, geordnet und möglich ist der Weg von Gott zum Menschen, vom Menschen zu Gott, den der katholische Pfarrer von diesem Zentrum aus täglich zu gehen und den andern zu weisen hat.« (S. 109f.)

Doch auf diese Weise werden die Menschen bloß mit einer »enormen Vorläufigkeit« abgespeist, wird vor ihnen der leere Anschein erweckt, »als ob nun das letzte erlösende Wort gesprochen sei«. Wenn die Kirche meint, den Übergang zwischen hier und dort, zwischen dort und hier vollziehen zu können, beraubt sie die Menschen der Wahrheit über die menschliche Situation: daß nämlich unsere Veranstaltungen dergleichen nie und nimmer bieten können, daß nur Gott selbst dies tun kann. Und das Heimweh nach dem katholischen Sakrament zeigt zur Genüge, daß auch in der evangelischen Kirche der Drang besteht zu solcher kirchlichen Überhebung, daß man auch da mehr bieten möchte als bloß in Erwartung zu verharren. Aber man stelle sich dem: »Alles hat uns die Reformation genommen und grausam allein die Bibel uns gelassen« (S. 110). Deshalb spricht Barth von »*Not und Verheißung* der christlichen Verkündigung«. Er meint die Not des Absehen-Müssens von sich selbst und allen eigenen Möglichkeiten – und die Verheißung, die in der Hoffnung allein auf den Gott der Bibel liegt.

»*Glaubwürdig* werden wir nur durch das Wissen um unsere Unglaubwürdigkeit! *Überzeugendes* Reden von Gott, das gibt es ja nur da, wo die christliche Verkündigung selbst mitten drin steht in der Not, unter dem *Kreuz*, in dem *Fragen*, nach dem Gott allererst fragt, um antworten zu können. Aus dieser Not dürfen wir nicht *heraus* wollen.« (S. 120)

Diese Not vermeiden zu wollen, hieße, als Habende auftreten zu wollen, ohne das eigene Nicht-Haben zu begreifen, hieße Rechthaben zu wollen, ohne Unrecht zu haben, hieße die Gegenwart des Himmelreichs zu statuieren, wo gar keine Armen im Geiste sind (S. 122). Dementsprechend sagt Barth von der Verheißung:

»Verheißung ist nicht Erfüllung, Verheißung bedeutet, daß Erfüllung uns versprochen ist. Verheißung hebt die Notwendigkeit zu glauben nicht auf, sondern begründet sie. [...] Keine Verwechslung zwischen Gottes und des Menschen Teil, zwischen dem Schatz und den irdenen Gefäßen! [...] Vorweggenommene Erfüllung raubt uns auch die Verheißung.« (S. 117 f.)

Damit ist der Augenblick gekommen, an dem Barth als Einführung in *seine Theologie* erklären muß, daß auch sie nicht das letzte Wort spricht, nicht die gewünschte Position aufrichtet – aber auch nicht die gegenteilige Negation, allenfalls ein Korrektiv. Es kann nur darum gehen, »*Besinnung* eintreten zu lassen über das, was da geredet und getan wird« (S. 123). Worum handelt es sich dann bei Barths Theologie?

»Seufzen: Veni creator spiritus! ist nun einmal nach Röm. 8 hoffnungsvoller als triumphieren, wie wenn man ihn schon hätte. Sie sind in ›meine Theologie‹ eingeführt, wenn sie diesen Seufzer gehört haben.« (S. 123)

Diese Sätze sind entscheidend für jede Barth-Lektüre! *Da*mit hat man es zu tun, wenn man Barth aufschlägt: mit einem Seufzenden, mit dem Rufen nach dem Kommen des Heiligen Geistes. *Das* treibt Barth: daß er immer wieder der Erwartung um dieses Kommen Raum und Ausdruck geben muß; daß er menschliche Erfüllungen, die uns die Verheißung Gottes nehmen und uns die Haltung der Erwartung verderben, entlarven und abbauen muß; daß er fragen muß, mit welchem Recht wir überhaupt auf die Verheißung Gottes bauen können – und wodurch wir uns dies Recht verscherzen.

Hat man diesen Impuls einmal wahrgenommen, wird die Barth-Lektüre vielleicht doch dramatisch-bewegend werden, wird sich sogar in ein und demselben Leser das Schwanken melden zwischen dem Eindruck des Nihilismus (was wird da nicht alles destruiert!) und des Orthodoxen (was wird nicht alles von Gott erwartet!). Auch die Ambivalenz von Hochmütigkeit (in der Abwehr) und Kindlichkeit (im Gottvertrauen) wird sich aufdrängen. Man kann aber weder beim einen noch beim andern stehen bleiben, vielmehr sieht sich der Leser in die Bewegung mithineingenommen, in der der Seufzende sich befindet, wenn er sich und andere zum Rufen bereitet: Veni creator spiritus!

Das klingt als Motto, Impuls und Leitfaden für wissenschaftliche Literatur eigenartig, aber Barth hatte wichtigeres im Sinn, als sich wissenschaftliche Legitimation zu erwerben; für ihn geht es in der Theologie darum, wovon schon ihr Name handelt: um Gott. Damit aber bricht sofort die eigentümliche Verlegenheit auf: Wie kann man überhaupt von Gott reden? Wer sind wir, die wir das tun? Womit – besser: mit wem lassen wir uns ein, wenn wir »Gott« sagen? Und deshalb negativ: Wovon und wie darf man dann nicht mehr reden? Wie darf die Kirche sich nicht verstehen und darstellen, wenn es ihr um die Verheißung des Gottes der Bibel geht?

II Herkunft

Nun will ich verfolgen, *unter welchen Umständen und Bedingungen* Barth zu seiner theologischen Intention gefunden hat.

Vielleicht möchte man meinen, sie sei aus der Pfarrer-Existenz geboren. Doch hier muß man sofort innehalten: Diese Auskunft ist zugleich richtig und falsch. Richtig, insofern Barth in der Tat sich als Pfarrer um die christliche Verkündigung bemüht hat und dabei zur Besinnung auf deren Not und Verheißung in ihrem unauflöslichen Ineinander getrieben wurde. Falsch ist diese Auskunft, wenn man so tut, als habe man es hierbei mit einem bestimmten Berufsproblem zu tun bzw. mit dem Problem eines bestimmten Berufes. Das ist nicht der Fall. Barth spricht ja nicht zufällig von der Erwartung der Menschen viel ausgedehnter als bloß im Sinne von spezifischen Pfarrererwartungen. Und auch die größere Dimension, die die Bibel aufreißt, das bedrohliche Gegenüber von Bibel und Leben betrifft wahrlich nicht nur den Pfarrer.

Ja, Barth nimmt den Pfarrer geradezu aus seinen beruflichen Fragestellungen heraus und stellt ihn in weitere, in gefährlichere Zusammenhänge hinein. Er empfiehlt ihm, eher als seine auf die Amtsführung bezogenen Fachzeitschriften – Feuerbach zu lesen (S. 119). Und schon ziemlich zu Anfang des Vortrags verschiebt Barth die übliche Pfarrerfrage: »Was heißt predigen? [...] nicht: wie *macht* man das? Sondern: wie *kann* man das?« (S. 103). Damit wird der Pfarrer veranlaßt, von seinen spezifischen Berufsproblemen zurückzutreten und sich auf die Grundsätzlichkeit der Situation der Menschen vor Gott zu besinnen. So ist es auch kein Zufall, daß Pfarrer im allgemeinen besonders hartnäckig sich der Barth-Lektüre verweigern. Sie merken sehr schnell, daß Barth sie bei ihrem unermüdlichen Eifer: »wie mache ich's« und »wie komme ich an die Leute heran« unterbricht, stört, aufhält, verunsichert, daß er der Kirche eine grundsätzlichere, tiefere, meist verdeckte Krise vor Augen stellt – über alle praktischen Krisen (als hätte man nicht daran schon genug!) hinaus. In einem Brief vom April 1915 berichtet Barth seinem Freund Eduard Thurneysen:

»Unser psychoanalytischer Hausgenosse in Bern [...] sprach zu mir: ich solle mich doch nicht immer um die Grundlegungen des Lebens bemühen, das zehre nur an der Gesundheit und werde mich nie zur ›Befriedigung‹ kommen lassen. Ich solle irgendeine Spezialität (Abstinenz oder so etwas) ergreifen und tüchtig betreiben. Dabei komme für mich und die anderen mehr heraus. Wenn man's doch könnte! dürfte! In irgendein Horn stoßen, irgendwo mitmachen mit dem Jubelruf: das ists! Statt dessen rumort die Sehnsucht in einem herum, sich selbst und den Andern das Wesentliche zu zeigen, und läßt einem nicht einmal die Naivität, ein ›packendes‹ Predigtlein oder Vorträglein zu bauen. Nun, also nicht, sondern mit Geknorz Gegendampf als ›Unbefriedigter‹!«[2]

Welchen *Sitz im Leben* hat aber nun Barths Drang, auf »das Wesentliche« zu gehen, wenn es nicht einfach die Pfarrerexistenz ist? Das auszumachen, müssen wir die historische Situation mitberücksichtigen. Wenn sie auch keinen Zauberschlüssel zur Erklärung von Barths Theologie darstellt, so kann sie uns doch Erläuterungen und Verständnishilfen bieten. Deshalb möchte ich das mir hieran wichtig Erscheinende jetzt zusammenstellen, obwohl es schon öfter beschrieben worden ist. Und vielleicht fällt bereits von daher etwas Licht auf das beunruhigende Phänomen, daß Barths Theologie sowohl politisch als auch unpolitisch verstanden wird.

In einem Lebenslauf, den Barth 1927 für das Fakultätsalbum der Ev.-Theol. Fakultät der Universität Münster verfaßt hat[3], heißt es lapidar: »Eine Wendung brachte erst der Ausbruch des Weltkrieges«. Gemeint ist eine Wendung zur Theologie, zur theologischen Arbeit – doch diese in einer bestimmten Perspektive und Erwartung: unter dem Gedanken »des Reiches Gottes in dem biblischen real-jenseitigen Sinn des Begriffs«, zu dem »die prinzipiell an der christlichen Hoffnung orientierte Botschaft der beiden Blumhardt« die Brücke gebildet hat. Was ist hier vorgegangen?

a) Zunächst beachte man die Formulierung »*Ausbruch* des Weltkrieges«; damit ist ein Unterschied markiert zu den meisten Anhängern, die Barth in Deutschland durch seine Römerbriefauslegungen (1919 und 1922) und während seiner deutschen Professoren-Zeit (1921–1935) gefunden hat. Denn in Deutschland kam der berühmte »geistige Aufbruch« der Nachkriegszeit aus dem unerwarteten Verlauf und vor allem Ende des Krieges; da war die deutsche Niederlage zu dem einschneidenden, tief erschütternden Erlebnis geworden. Barths Theologie von der Jenseitigkeit des Reiches Gottes wurde auf diesem Hintergrund als Trost für das verwundete – und in der Niederlage verstockte – nationalistische Herz empfunden.

Dieser Punkt ist nicht nur zum Verständnis der Barth-Rezeption entscheidend, er ist auch bezeichnend für die deutsche Geschichte im 20. Jahrhundert, so daß ich hierbei noch etwas verweilen möchte. Als Dokument sei zitiert, was 1933 Franz Tügel, damals »Leiter der Glaubensbewegung ›Deutsche Christen‹, Gau Hamburg«, über sein anfängliches Verhältnis zu Barth rückblickend schrieb[4]:

»Auf dem trostlosen Rückzug eines um den Sieg betrogenen siegreichen Heeres [...], bei der Heimkehr ins zerrissene Vaterland, bei letzten Gottesdiensten unterwegs und ersten Gottesdiensten zu Hause, war solche Theologie, wie Barth sie damals lehrte, ein Stahlbad für uns, die sich in dieser Welt kaum noch zurechtfinden konnten. Ich erinnere mich, im ersten Dienstjahr nach der Revolte eine Bibelstundenreihe nur nach jenem Römerbriefkommentar gehalten zu haben. Es war immer wie ein Aufatmen in der unruhevollen Woche, wenn wir Zuflucht suchten und fanden bei der heiligen Majestät dessen, der über allen

Stürmen in ewiger Stille wohnt und thront, dessen Gericht über aller Welt lag, und dessen Walten uns allein offenbar wurde in seinem Wort. Wir vergessen das Karl Barth nicht, auch wenn wir schon damals ahnten oder zu sehen glaubten, daß solche Theologie der Krisis auf die Dauer nicht genügen konnte. [...] Damals war seine Theologie sieghaft emporreißend aus allen Niederlagen und Niederungen.«

Barths Theologie als Ersatz für den entgangenen Sieg im Kriege?!? Jedenfalls: Als dann später der Nationalsozialismus siegte, da war für Tügel die Krisentheologie, ja da war überhaupt der Gedanke an Distanz, wie er ihn in Barths Gottesverkündigung wahrgenommen hatte, überholt. Es heißt bei ihm 1933 weiter:

»Damals [also nach 1918] zog sich die Kirche mit Recht vom Staat zurück, denn er erklärte ihre Sache für ›Privatsache‹, heute [1933] stellt sie sich dem Staat zur Verfügung, denn dieser Staat erklärt das Christentum für eine Volkssache. Nichts anderes sagt der 24. Punkt des nationalsozialistischen Programms. Damals geriet die Kirche in Volksferne, wie ich meine, mit vollem Recht, denn mit einem Rebellenhaufen, auch wenn er sich ›Volk‹ nennt, ist keine Kirche zu machen; heute sucht die Kirche das Volk, weil sich dieses Volk wiederfand und nicht nur aus Schande und Knechtschaft den Weg zur Ehre und Freiheit sucht, sondern auch wieder eine offene Seele für das Ewige hat.«

Es war eine in der deutschen evangelischen Pfarrer- und Lehrerschaft nach 1918 weitverbreitete Stimmung, der Tügel hier Ausdruck verleiht. Sofern Barths Wirken in solche Nachkriegsstimmung hineinkam und von ihr aufgesogen worden ist, muß man sagen, daß sein anfänglicher Erfolg in Deutschland ein Erfolg aus Mißverstehen gewesen ist. Um an dieser Stelle Klarheit herzustellen, ist jetzt zu fragen, was es *eigentlich* war, das sich bei Barth zu Ausbruch des Krieges abgespielt hat. In seinem 1927 geschriebenen Lebenslauf, von dem ich ausging, fährt er erläuternd fort:

»Er [der Ausbruch des Krieges] bedeutete für mich konkret ein doppeltes Irrewerden: Einmal an der Lehre meiner sämtlichen theologischen Meister in Deutschland, die mir über das, was ich als ihr Versagen gegenüber der Kriegsideologie empfand, rettungslos kompromittiert erschien – sodann am Sozialismus, von dem ich gutgläubig genug noch mehr als von der christlichen Kirche erwartet hatte, daß er sich jener Ideologie entziehen werde, und den ich nun zu meinem Entsetzen in allen Ländern das Gegenteil tun sah.«

Also auch bei Barth: Enttäuschte Erwartungen. Aber es waren andere

Erwartungen als die, die bei deutschen Nationalisten zu Ende des Krieges enttäuscht worden sind; dementsprechend entzündeten sich in Barths Enttäuschungen auch andere Hoffnungen, kam er zu anderen Orientierungen.

b) Seit Barths Predigten aus dem Jahre 1914 gedruckt vorliegen, kann man sich ein genaueres Bild darüber machen[5]. Zunächst, in den ersten drei Predigten im August 1914, versuchte er einfach Trost zuzusprechen angesichts dessen, was nun auch der Schweiz drohen mag – wobei die Nüchternheit und Vorsicht auffällt, mit der die traditionellen Trostworte bemüht wurden. Und eindeutig hieß es sogleich:

»Der Krieg ist unrecht, der Krieg ist Sünde, der Krieg ist keine Notwendigkeit, sondern er stammt nur aus dem Bösen der menschlichen Natur. Es wird auch jetzt wieder nicht fehlen an solchen, die so reden, als wäre der Krieg eine Naturerscheinung wie Sonne und Regen, unvermeidlich und unüberwindbar wie diese. Und auch an schwachmütigen Christen wird es nicht fehlen, die an keine andere Welt glauben mögen als an diese Welt des Krieges, die uns sagen, Frieden, ewigen Frieden gebe es nur im Grabe, nur in einem besseren Jenseits. [...] In was für einer erdrückenden, erstickenden Lage wären wir, wenn es sich wirklich so verhielte! Aber es verhält sich ganz anders. Wir dürfen und sollen von Gott viel, viel mehr erwarten als sie.« (S. 403)

Hier ist es, das Wort »erwarten«! Aber es geht damit nicht so einfach wie in den kriegführenden Völkern, die von Gott plump den Sieg ihrer nationalen Seite erwarteten; Barth hatte es viel schwerer, weil ihm durch den Krieg immer mehr das Recht fraglich geworden ist, ob es uns überhaupt noch zusteht, auf Gott Hoffnungen zu setzen. Drei Wochen nach Kriegsbeginn, am 23. August 1914, kommt es zu einer großangelegten Predigt, die thematisierte, »daß im Kriege Gottes Gericht über uns gekommen ist« (S. 430–442). Man muß diese bewegende Predigt selber lesen; ich kann jetzt nur einige Punkte registrieren, die in unserem Überblick von Wichtigkeit sind.
Einmal ist erstaunlich, wie klar sich Barth von vornherein darüber war, daß dieser Krieg ungeheuerlich werden wird, nicht so bald wieder abzustellen, in seiner Zerstörungskraft von ganz neuer Qualität. Offensichtlich hatte er genau registriert, wie kriegsbegeistert und nationalistisch aufgepeitscht die Stimmung in den betroffenen Völkern war, außerdem konnte er sich vorstellen, daß die modernste Technik mit all ihren Möglichkeiten in den Dienst des Krieges gestellt werden kann und wird.

Weiter ist für Barth schon bei Beginn des Krieges deutlich, daß jetzt eine ganze Epoche der europäischen Geschichte zu Ende geht – ohne daß sich ein Neues schon erkennbar angebahnt hätte. Der einzige Vergleich, den er für zutreffend hält, ist der mit der Zeit der Völkerwanderung. In der Selbstzerfleischung dieses Krieges endet, was man die europäische Kultur nennen kann; sie endet in Zerstörungskämpfen, deren Ausmaße und Folgen nicht abzusehen sind.

Doch dazu hat Barth gleich als Drittes gesagt: Dieser epochale Krieg fällt nicht vom Himmel, sondern ist ein logisches Ergebnis dessen, wie die europäische Kultur sich ausgebildet hatte. »Er ist gekommen als die natürliche Folge von dem, was wir gewesen sind und getan haben. Auf unseren Wegen, die wir für so gut hielten, stand er eines Augenblicks da. Wir hätten es vorher wissen können; wir müssen nun ernten, was wir gesät haben.« (S. 438) Der innere Zusammenhang von europäischer Kultur, und das heißt: von Christentumsgeschichte und Weltkrieg: das ist es, was Barth aufgegangen ist – und damit trat ihm konkret und realistisch Gott als Richter vor die Augen. Wir bleiben zunächst bei der Predigt vom 23. August:

»Nun ist die Abrechnung da, und sie lautet nicht gut. Ja, wir sind gescheiter und mächtiger als die Wilden, als unsere Vorfahren, aber unsere ganze Kultur war kein Eigentum und kein Werk von Brüdern, sondern selbstsüchtig, neidisch standen wir nebeneinander, gierig suchte ein Jeder sich in die Höhe zu arbeiten, böser Zündstoff sammelte sich an zwischen den selbstsüchtigen Massen, die man Völker nennt, immer weiter trieben wirs, immer mächtiger wollte jeder werden, bis nun schließlich diese Explosion des Bösen kommen mußte. Es kann gar nicht anders sein bei einer Welt, die auf den Konkurrenzkampf, auf das Recht des Stärkeren aufgebaut ist; eine solche Welt kann nicht anders als mit Krieg enden, mit gegenseitigem Morden und Zerstören. Und wenn wir nach dem Kriege wieder in der bisherigen Weise weiterfahren sollten, dann werden uns über kurz oder lang andere noch fürchterlichere Ereignisse belehren, daß es nicht geht auf diesen Wegen, daß es einfach nicht geht.« (S. 439)

Die Schreckensvision, die Barth gepackt hat, umfaßt sogar schon zutreffend den weiteren Verlauf unseres Jahrhunderts. Die Kriterien, die dabei leitend sind, kann man beheimatet finden sowohl in der Bibel (Bruderschaft – gegen Neid und Selbstsucht) als auch im Sozialismus (Kritik des Konkurrenzkampfes und der privaten Gewinnmaximierung als Motor des Fortschritts). Und Barth war damals religiöser Sozialist, weil er eine sachliche Verwandtschaft gesehen hatte zwischen neutestamentlichen und sozialistischen Leitgedanken.

Die religiöse Bereitschaft oder gar Begeisterung zur Kriegführung dagegen war nur möglich, wenn man das Gesellschaftsleben vom Gott des Neuen Testamentes trennt und es ihm fremden Leitgedanken unterstellt bzw. wenn man sich »Gott« auch noch ganz anders vorstellt, als er im Neuen Testament offenbar wird. In einer jener Predigten finden wir Barth erschrocken darüber, daß der »alte Sturmgott Wotan der heidnischen Germanen wieder hervorgeholt und zum wahren Gott gemacht wird, während alles das, was wir von Gott wissen könnten durch Jesus Christus, gleichsam in die Rumpelkammer gestellt wird auf spätere bessere Zeiten« (S. 460). (Hier kann man schon die 1. Barmer These von 1934 vorbereitet finden, nur daß damals Barth noch einen Schnitt zwischen Altem und Neuem Testament gemacht hatte: Soweit im Alten Testament Gott zugunsten seines Volkes Krieg führte, schien er ihm verwandt zu sein mit dem »Sturmgott Wotan«. Eine um Jesus Christus zentrierte Lektüre der ganzen Bibel war Barth damals noch nicht möglich).

Entscheidend in unserem Zusammenhang ist nun, daß Barth die im Kriege vorgenommene grauenhafte Einschränkung der Geltung des christlichen Gottes schon in der Vorkriegszeit wirksam fand, ja in der Konstruktion der kapitalistischen und nationalistischen abendländischen Kultur der Neuzeit überhaupt, in der man »gescheiter und mächtiger« geworden ist sowohl als »die Wilden« als auch als »unsere Vorfahren«. Dabei hat die Christenheit eifrig mitgemacht, sie ließ es sich gerne gefallen, wenn Verhaltensweisen und Gesetzmäßigkeiten bestimmend wurden, die mit dem Gott des Neuen Testaments unverträglich sind – dafür aber Bereicherung und Herrschaft versprachen. So hat die Christenheit ihr Licht unter den Scheffel gestellt und ist als Salz dumm geworden.

»Diese [die europäischen] Völker – und wir alle, jeder Einzelne von uns, gehören auch dazu – haben wohl vor Jahrtausenden das Evangelium Jesu gehört, aber nur mit halbem Ohr. Sie haben für Jesus Kirchen gebaut und Pfarrer angestellt und Anstalten gegründet und Missionare ausgesandt zu den armen Heiden, aber das alles waren mehr Worte und äußerer Firnis, in Wirklichkeit waren sie selber noch arme Heiden. Das Evangelium sagt: wirf Alles weg, um Gott ganz zu haben! Wir europäischen Menschen sagten: wir wollen es gut haben. Das Evangelium sagt: Liebe deinen Nächsten wie dich selbst! Wir setzten das Geld an die Stelle des Nächsten. Das Evangelium sagt: wer mir will nachfolgen, der verleugne sich selbst, wir sagten: in dieser Welt gilt das Evangelium der Macht und der schrankenlosen Konkurrenz. Das Evangelium sagt: Ihr seid alle Brüder! Wir sagten: Jeder ist sich selbst der Nächste. Das Evangelium sagt: das Reich

Gottes kommt, wartet darauf und bereitet euch vor, hineinzugehen. Wir antworteten, indem wir Weltreiche aufrichteten, die eins wie das andere auf List und Gewalt, auf Kanonen und Bajonetten gegründet waren. Wenig Widerspruch ist dagegen laut geworden. Wer ihn zu erheben wagte, mußte sich als Schwärmer und Aufrührer verlachen lassen. [...] Die Christen [...] waren manchmal genug die Allerängstlichsten: nur nicht mit dem Finger gerührt an alles das, was nun einmal so ist; es war ihnen ganz selbstverständlich, daß man von Allem, was das Evangelium sagt, so ziemlich genau das Gegenteil tue. Nun ist diese Katastrophe gekommen! Können wir uns verwundern darüber, daß sie kommen mußte?« (S. 479)

c) Worin bestand nun im Besonderen die Enttäuschung, genauer: die enttäuschte Erwartung, die Barths Theologie initiiert hat? Sie bestand darin, daß es gar keine Gegenkräfte gab gegen den Sog und Triumph des Konkurrenzkampfes, gegen die Macht des nationalstaatlich organisierten Bereicherungswillen. Am 23. August heißt es: »Machtlos waren alle die Kräfte, von denen man eine Erhaltung des Friedens hätte erwarten können.« Als erstes nennt Barth den »Mammon, das internationale Kapital«, das nicht die Menschen verbunden hat, sondern sie für sein »Geschäfts- und Geldinteresse« sterben läßt. Als zweites werden »die Sozialdemokraten« genannt, die zu schwach waren, sich gegen die Kriegsleidenschaft zu wehren – »und da mag sich nun jeder selbst fragen, warum sie nicht stark genug waren«! Als drittes »das Christentum«: »Wo ist die Kraft des Evangeliums geblieben? Warum ist sie nicht in Tausenden so lebendig geworden, daß diese Greuel verhindert wurden?« (S. 435–437). In der Predigt am 18. Oktober nennt er zunächst »die Männer der Bildung, der Wissenschaft«, dann »die Männer der Sozialdemokratie« und drittens »die Männer der christlichen Kirchen«. Wenn er deren Versagen schildert, schließt er jeweils mit Jes. 14,12: »Wie bist du vom Himmel gefallen, du schöner Morgenstern!« (S. 526).
Barth war durchaus zuversichtlich und hoffnungsvoll in Kirche und Arbeiterbewegung tätig geworden – noch zuversichtlicher in der Arbeiterbewegung als in der Kirche. Auch später stellte er mit als bestes Moment der sozialistischen Bewegung die *Hoffnung* auf ein Ende des Kapitalismus und der Ausbeutung dar. In einem öffentlichen Streit über eine seiner sozialistischen Reden schrieb Barth 1912 dem Unternehmer Hüssy:

»Sie tun sehr klug daran, dem Privatnutzen die Gerechtigkeit möglichst vom Leibe zu halten und gewisse fatale Bibelsprüche als ›alt und deshalb nicht mehr zeitgemäß‹ zu erklären. Aber wir wollen es abwarten, wessen Licht länger brennt, dasjenige Ihrer Klugheit [...] oder dasjenige des Sozialismus und der Bibel, die an die Stelle des Privatnutzens die Gerechtigkeit setzen.«[6]

Die Wendung: »abwarten, wessen Licht länger brennt« ist bei Barth auch später immer wieder zu finden; allerdings nicht mehr in bezug auf den Sozialismus, sondern nur noch auf die Bibel, und auch nicht eigentlich in bezug auf die Bibel, sondern auf den von der Bibel verkündigten Gott und seine Verheißung – in der Erwartung, daß Gott selber sie erfüllt.

So bedeutet die Enttäuschung Barths von 1914 eine Verlagerung seiner Erwartung: auf das Reich Gottes und seine Gerechtigkeit »in dem biblischen real-jenseitigen Sinn des Begriffs«. Was diese Enttäuschung von den (vorhin mit den Worten Tügels belegten) enttäuschten deutschnationalen Erwartungen unterscheidet, ist, daß bei Barth von vornherein die biblische Gerechtigkeitsbotschaft leitend war und kein heidnischer Nationalismus. Enttäuscht wurde Barth von den *Kräften*, von den *Organisationen* dieser Gerechtigkeitsforderung: von Kirche und Sozialdemokratie. Deshalb hielt er nach einer größeren, zuverlässigeren Kraft Ausschau – und das intensiviert dort, woher letztlich auch bisher seine Erwartungen genährt waren: in der Bibel.

d) Doch die theologische Pointe muß erst noch genannt werden. Wir gehen wieder aus von der Predigt vom 23. August 1914. Kurz und elementar heißt es dort: »Da beten sie nun alle, wofür? für den Sieg *ihres* Volkes, *ihrer* Waffen, ein Jeder für die Seinigen! Was sollte werden, wenn Gott so wäre, wie alle diese Christen sich ihn denken?« (S. 437). Und zwei Wochen später verdichtet sich dies:

»Zum letzten Mal haben wir Gott hineingezogen in unseren ruchlosen Wunsch, über die Anderen, über unsere Brüder Meister zu werden! [...] Wir können nicht mehr, es ist eine zu furchtbare Lüge, das alles. Was heißt denn das: Siegen! Erfolg haben auf einem bösen Wege! Und darum sollten wir bitten, dafür sollten wir danken, da sollten wir überhaupt mit ruhigem Gewissen zu Gott aufblicken können? Das können wir nicht mehr, das ist zu frevelhaft, zu heuchlerisch, zu gottlos.« (S. 465f.)

Nicht nur keine Alternative bieten, sondern auch noch Gott hineinziehen wollen in das Mitmachen beim gottlosen Tun: Das ist zu viel des Furchtbaren, als daß man in Kirche und Theologie weitermachen könnte, als würde dies nicht geschehen! Es wäre die Aufgabe der theologischen Lehrer gewesen, dieses ruchlose Hineinziehen Gottes in unsere Ruchlosigkeiten zu bekämpfen und darüber zu wachen, daß Gott wenigstens in Distanz geachtet wird zu den menschlichen Geschäfts- und Machtinteressen. Doch Barth mußte erfahren, daß die von ihm in erster Linie geschätzten deutschen Theologen, bei denen er gelernt hatte, hier völlig versagten, daß sie geradezu noch in das Horn einer Mobilisierung Gottes für die eigene nationale Seite und ihr angebliches Recht im Kriege stießen. Darüber hat er alles Zutrauen zu seinen theologischen Lehrern verloren – und hat dies in allen Rückblicken auf die Anfänge seiner Theologie als den entscheidenden Vorgang angegeben. Nun mußte er selber tun, was er bisher im Vertrauen auf eine in Deutschland erlangte theologische Grundausstattung über die praktischen Seiten des Pfarramts und der Teilnahme an der Arbeiterbewegung unterlassen hatte: eigenständig Theologie treiben. Er mußte von vorne anfangen, nach Gott zu fragen, und sich darüber Rechenschaft geben, wie wir überhaupt dazu kommen, von ihm zu reden, und was es heißen kann und nicht heißen darf, daß er unser Gott sei.

Das Schlimmste, ja Gottloseste unter all dem, was jetzt seine theologischen Lehrer in Deutschland boten, war für Barth die Rechthaberei. An Wilhelm Herrmann schrieb er im November 1914:

»Sie haben persönlich zu zwei Schriftstücken (›An die Kulturwelt‹ und ›An die evangelischen Christen‹) Ihren Namen gegeben, die beide das Gemeinsame haben, daß alle und jede Schuld Deutschlands am Kriege rundweg bestritten wird. Das eine dieser Schriftstücke schließt mit den Anfangsbitten des Unservaters. Warum beten die deutschen Christen nicht weiter bis zur fünften Bitte?! Wie denken Sie sich eine Gemeinschaft im Geist mit uns neutralen und ›feindlichen‹ Christen, wenn Sie mit solcher Härte und Sicherheit die Gemeinsamkeit der Schuld gegenüber diesem Gerichte Gottes für Ihren Teil abweisen? [...] Ich will nichts sagen von den Folgen dieses Verhaltens für das deutsche Christentum selbst, wir sind nicht Ihre Richter, aber wie stellen Sie sich die ›Gemeinschaft der Heiligen‹ vor in Zukunft, wenn der Deutschen oberstes Dogma: ›Wir haben Recht, Recht, Recht!‹ uns Anderen als conditio sine qua non auferlegt wird?«[7]

Wieder ist schon das nächste Unglück vorausgesehen: Was aus der deutschen Christenheit wird, wenn sie ihren Anteil an der gemeinsamen Schuld leugnet. *Das* hat sie dann – weit über die, die sich »Deutsche Christen« nannten, hinaus – in die Arme Hitlers getrieben; denn nach Versailles endlich, endlich Recht zu bekommen: das sollte der Nationalsozialismus ja bringen.

Von den beiden Schriftstücken, die Barth von Herrmann erhalten hatte, hat er später den Aufruf vom 4. Oktober 1914 »An die Kulturwelt«, unterzeichnet von 93 deutschen Intellektuellen, öfter in Erinnerung gerufen, obwohl die andere Kundgebung, der Aufruf deutscher Kirchenmänner und Professoren »An die evangelischen Christen im Ausland«, veröffentlicht am 4. September 1914, ihn noch tiefer getroffen haben muß wegen der ständigen Anrufung Gottes und der christlichen Gemeinschaft für die nationalistische Rechthaberei. Er hat diesen Aufruf auch in der Predigt am 18. Oktober ausdrücklich erwähnt (S. 528). Aber in der Öffentlichkeit ist der Aufruf »An die Kulturwelt« bekannter geworden und geblieben. Und die Unterschriften von Barths wichtigsten theologischen Lehrern, Wilhelm Herrmann in erster Linie und dann Adolf v. Harnack, finden sich unter beiden Aufrufen. Und beide haben als einzigen Inhalt die pathetische Beteuerung der deutschen Unschuld am Kriege und an allem, was mit ihm verbunden ist, einschließlich des deutschen Überfalls auf Belgien.

Diese Dokumente einer atemberaubenden Selbstgerechtigkeit waren jedoch nur die Exponenten einer Haltung, die ständig aus den Äußerungen der zu den kriegführenden Mächten gehörenden Theologen und Wissenschaftler emporbrodelte; die Barth auch aus der Zeitschrift ›Die christliche Welt‹ entgegenschlug und ihn schon Ende August 1914 zu einem offenen Brief an deren Herausgeber Martin Rade veranlaßt hatte über die böse Unchristlichkeit des »guten Gewissens«, das dort jetzt den Kriegführenden gemacht wird.[8]

Wer einmal darauf aufmerksam geworden ist, daß das nationale Leben prinzipiell, damals wie heute, die Selbstgerechtigkeit fordert und fördert, wird Barths verzweifelte Überlegungen verstehen können, daß der christliche Gott da herausgehalten werden müsse.

Auch seine Gemeinde in der neutralen Schweiz hat er in den Predigten nach Kriegsausbruch immer wieder davor gewarnt, jetzt in Schuldzuweisungen an andere oder in Parteinahmen zu verfallen. Nur im Aufsichnehmen des eigenen Beteiligtseins an der gemeinsamen Schuld kann das Flehen zu Gott noch irgendwie verheißungsvoll sein.

Doch wie soll man dann von Gott und unserem Verhältnis zu ihm reden? Auffällig ist, daß Barth auch in den Predigten nach Kriegsausbruch Gott als *Liebe* dargestellt hat. In der Predigt vom 6. September heißt es, daß »in ihm selber nur Liebe und Freiheit ist« (was für die Gotteslehre in der späteren ›Kirchlichen Dogmatik‹ konstitutiv wurde), daß Gott selbst »die Liebe, die Freiheit, die Gerechtigkeit ist« (S. 461 ff.). Und eine Woche später: »Ja, er ist der Gott der Liebe, wohl uns, wenn wir es wenigstens noch wissen!« (S. 480).

»Aber« – so fährt Barth da fort, und dieses Aber ist entscheidend, um zu erkennen, in welcher Weise er sich und seine Zeitgenossen unter und vor dem Gott der Liebe sah – »wo bleiben *wir*, mit unserem Glauben an diesen Gott der Liebe, mit dem Gehorsam, den wir ihm schuldig waren?« In der Predigt davor fragte Barth zu Liebe, Freiheit und Gerechtigkeit in Gott:

»Was hat Gott zu tun mit der größeren Klugheit und Rücksichtslosigkeit, mit den zahlreicheren Battaillonen, mit den mächtigeren Geschützen derer, die jetzt gesiegt haben? [...] Alle diese Dinge sind dem innersten Wesen Gottes völlig fremd. Und wenn sie nun trotzdem geschehen, so gibt es dafür nur eine Erklärung: daß dieses innerste Wesen Gottes auch den Menschen völlig fremd ist.« (S. 463 u. 465)

Man mache sich klar, was hier geschieht! Gewöhnlich wird mit der Redeweise von der Liebe Gottes assoziiert, daß wir mit Gott Gemeinschaft haben, daß Gott mit und durch uns seine Ziele der Liebe verfolge, daß er uns unter Übersehen aller Schwierigkeiten angenommen habe. Bei Barth dagegen wird die Liebe Gottes zum Grund und Zeichen der Trennung zwischen Gott und uns. Gerade in der Liebe Gottes liegt das Problem, liegt die Größe der Anklage beschlossen – also da, wo die meisten die Probleme gelöst wähnen und Trost empfinden. Es war nicht so, daß Barth jetzt an die Spitze den Zorn Gottes gestellt hätte, von dem man sich dann mit dem Verweis auf die Liebe Gottes wieder lösen könnte. Es ging um etwas Tieferes: um Gottes Liebe als Grund seines Zornes und als Siegel des unermeßlichen Abstandes zwischen ihm und uns. Auch hier wird zusammen bedacht, was man sonst schön zu trennen und der Reihe nach übersichtlich und beruhigend zu applizieren pflegt: Gottes Zorn und Gottes Liebe.

Nach J. Moltmann hätte Barth stattdessen besser eine andere Theologie der Liebe Gottes entwerfen sollen: bei der Gottes Liebe als Leiden unter dem Bösen verstanden – und dazu noch erklärt wird, daß Gott notwendig leiden müsse, um zu sich selber zu kommen. Für solche Konzeption nennt Moltmann das Buch »The Hardest Part« von G. A. Studdert Kennedy – kurz vor Barths ›Römerbrief‹ 1918 erschienen, aber »es hätte sogar größere Beachtung verdient, denn die Theologie vom leidenden Gott ist wichtiger als die Theologie des ›ganz-anderen‹ Gottes. Was auf den Schlachtfeldern Flanderns standhielt und Glauben mitten in diesen Höllen schuf, war die Erkenntnis des gekreuzigten Gottes.«[9] Hiergegen muß jedoch eingewandt werden, daß es noch Wichtigeres gibt, als daß bei uns etwas »standhält« – Zerbrechen kann ein not-wendigerer Vorgang sein – auch »auf den Schlachtfeldern Flanderns«! Barth wollte auf keinen Fall Gott den Bedürfnissen einer kriegführenden Generation andienern, als ginge es »in diesen Höllen« nur ums Standhalten im Leiden und nicht um die tief einschneidende Frage, wie man überhaupt da hereingekommen ist und was man darin tut! Doch wenn Gott die Teilnahme an dem Leiden, das wir uns gegenseitig bereiten, zu seiner Selbstfindung braucht, wie sollen wir da noch Anlaß zur Buße haben?

Nach Moltmanns Referat scheinen wir es auch bei der von ihm empfohlenen Theologie der leidenden Liebe Gottes mit einer Theologie der Selbstrechtfertigung zu tun zu haben, indem Studdert Kennedy seinen leidenden Gott der englischen Demokratie zuordnete und den von ihm abgelehnten Gedanken von »Gott dem Allmächtigen« der preußischen Tyrannei. Wieder also eine Theologie, die man dem politischen Gegner zur politischen Bekehrung und der eigenen Seite zur Bestätigung vorhält! Das ist es, womit es nach Barth gerade ein Ende haben sollte. Nur wenn man sich das vor Augen hält, erfaßt man die von ihm intendierte theologische Erneuerung.

e) In seinem Lebensrückblick von 1927 sprach Barth von einer »Wendung«, die der Ausbruch des Krieges bei ihm hervorgerufen habe. Damit meinte er nicht, daß sich sofort der Sache nach die Wendung zu der für ihn charakteristischen Theologie vollzogen hätte: diese Theologie kannte Barth selber zunächst ja noch nicht, sie schälte sich erst in den nächsten Jahren in der Arbeit am Römerbrief in erster Gestalt heraus. Zunächst war es eine Wendung zum intensiven Theologietreiben als solchem (unter bestimmten Vorgaben und Fragestellungen allerdings, die ihre Schärfe durch die Enttäuschungen in der Anfangszeit des Krieges erhalten hatten). Barth wurde jetzt mehr Schreibtischarbeiter als früher – und blieb es, weil er nie über das Suchen hinausgekommen ist. Die Wendung war also keine zur Praxis, nicht einmal zur Ethik, sondern im Gegenteil: Geboren aus dem Ungenügen an Praxis und Ethik griff Barth hinter Praxis und auch Ethik zurück auf die Frage: Wie kommen wir überhaupt dazu, auf Gott zu hoffen, Gott und uns in einem Verhältnis zueinander zu sehen?

Auch und gerade das macht Barth für viele so ungenießbar: daß er, statt Handlungsanweisungen zu geben, immer wieder »nur« nach Gott fragt und von Gott redet. Aber hätte er es anders gehalten, so hätte er bloß eine neue Rechthaberei auf die Beine gestellt – nach der Melodie: Ihr anderen verhaltet euch unrechtmäßig, ich zeige euch jetzt, wie man sich richtig verhält. Dann hätte er nur (wie es seitdem oft genug in der

Theologie geschehen ist und geschieht) Gruppenliteratur produziert, mit der sich eine Gruppe gegen eine andere abgrenzt – mit der man sich selbst in seiner Ethik und seinen guten Absichten bestätigt und empfiehlt und gegen andere »Recht hat«. Doch in seiner eigenen Moral fand Barth nicht das Bessere, das Widerständige, das, was aus jener abendländischen Katastrophe herausreißt. Lebenslänglich hat er gesagt, daß er in sich selbst nichts anderes findet als die Bestätigung für das, was er auch bei anderen sieht – und verabscheut. Die Rechthaberei und das Vertrauen auf Menschen ist ihm zu tief, bis ins eigene Selbst hinein zerbrochen. Wer sich noch von seinen eigenen guten Absichten etwas versprechen kann, hat weder das Ausmaß des Unheils noch das seiner eigenen Verstrickung darin begriffen. Nur zu dem Gott seufzen, von dem die Bibel spricht, bleibt übrig. Und dabei lernte Barth Vertrauen zu fassen auf das »Reich Gottes in dem biblischen real-jenseitigen Sinn des Begriffs«.

Daß er darüber nicht unpraktisch und handlungsträge geworden ist, läßt sich aus allen Dokumenten, die wir aus seiner Pfarrerzeit nach 1914 haben, verfolgen. Auch dem Sozialismus hat er nicht abgesagt. Aber die Akzentverschiebung muß wahrgenommen werden. Und sie bleibt bei Barth durch alle weiteren Phasen seines Wirkens bestehen. Als Beleg folge ein Zitat aus einer späteren, wiederum bedrängenden Zeit. Im August 1934 hat Barth auf einer internationalen Studentenkonferenz im Waadtland über das Thema »Der Christ als Zeuge« gesprochen. In der Diskussion wurde mit Leidenschaft die Frage nach der irdischen Wirklichkeit des Reiches Gottes und nach einer zu ihm gehörenden ethischen Praxis erhoben. In seiner Antwort sagte Barth u. a.:

»Was würde die Hoffnung des Glaubens bedeuten, wenn sie nicht die wirkliche Hoffnung wäre auf eine wirkliche Befreiung? Lieber Freund, wenn Sie das gemeint haben, diese Leidenschaft der Hoffnung und des Gebetes: Ja, komm Herr Jesus! ein Gebet, das wir alle zusammen beten dürfen in der Not dieses Lebens, dann sind wir einig. Und ich denke, wer da steht und wer so leidenschaftlich in dem Unrecht, das geschieht, seine Hände zu Gott erhebt, der wird ein bewegter Mensch sein und der wird auch *handeln* im Leben. Aber nun sehen Sie: Ich bin ehemals religiöser Sozialist gewesen. Und ich bin davon abgekommen, weil ich zu sehen glaubte, daß da die Not des Menschen und die Hilfe für ihn nicht so ernst und nicht so tief verstanden werden, wie sie die hl. Schrift versteht. [...] Hören wir, was die hl. Schrift über den Menschen sagt, können wir uns dann wundern über das, was in der Welt geschieht? Können wir uns wundern, wenn wir Jesus Christus kennen, der für uns gestorben ist, und dann auf uns selber sehen? [...] Was dem Menschen hilft, das ist nicht sein Wille. Die

Hilfe kommt von dem Herrn, der Himmel und Erde geschaffen hat. [...] Und wenn Sie zuletzt fragten, wie das Reich Gottes auf die Erde komme, ob durch Verkündigung oder durch soziale Arbeit? so würde ich darauf antworten: Das Reich Gottes kommt durch Gott selber, der alle Dinge neu macht. Und es kommt vielleicht nicht so sehr darauf an, ob wir Evangelium verkündigen oder soziale Arbeit treiben, aber darauf, daß wir dieses Gebet begreifen und im Herzen haben: *Dein* Reich komme! *Dein* Wille geschehe!«[10]

III Die Hauptsache

Aus dem bisher Vorgestellten kann man nun ableiten, warum das Haupt-Thema der Barth'schen Theologie die *Gotteserkenntnis* geworden ist. Und daß dies ihr Haupt-Thema ist, sollte wissen, wer sich mit ihr beschäftigt, damit er nicht enttäuscht sich von ihr abwendet, wenn er das andere, das er da sucht, nicht findet. Wir haben uns jetzt den Barth'schen Eigentümlichkeiten bei diesem Hauptthema zu nähern.

a) Das Wort »Gotteserkenntnis« wird Barth aus der Institutio Calvins haben, wo es zu Beginn eine große Rolle spielt. Aber das erklärt noch nicht, warum er so hartnäckig darum kreist. Barths Kritiker stießen sich an beiden Teilen des Wortes: »*Gott*« erkennen zu wollen sei ein vorwitziges Unternehmen, bei dem Barth viel zu viel von Gott wissen zu können meine – als wäre er sein persönlicher Bekannter; und Gott »*erkennen*« zu wollen sei ein viel zu intellektualistisches Unternehmen, das der Komplexität des Menschen als Gefühls- und Willenswesen nicht gerecht werde und Gottes Begegnung mit uns auf ein zu enges Gleis schiebe, zu oberflächlich behandele.
Doch Barth hat sich davon nicht beirren lassen. Schließlich: Für was alles hatten die Kriegführenden Gott zu mobilisieren sich erdreistet! Und wie meinten sie verschiedene, ja gegensätzliche Seiten in Gott entdecken und für sich ausnutzen zu können – je nachdem, was man für die nationale Leidenschaft brauchte! Und jeder Einwand wurde niedergewalzt mit der Berufung auf das »Erlebnis« – das Kriegserlebnis, das ein Gotteserlebnis sein sollte! So wurde alles möglich: alles konnte man auf diese Weise von Gott behaupten und mit ihm legitimieren, alles, was man gerade für wichtig hielt und worin man sich auf keinen Fall zur Buße rufen lassen wollte. Später, im Kirchenkampf, hat Barth das Thema formuliert: Gottes Wille und unsere Wünsche[11]. Daß beides auseinandergehalten werde, ist die Aufgabe, die er als die entscheidende der Theologie ansah.

Um aber hierbei Klarheit zu erreichen, muß man Gott erkennen – *Gott* im Unterschied zu den von unseren Wünschen produzierten Götzenbildern, und *erkennen* im Unterschied zu dem Gewabere unserer »Erlebnisse«. Wenn die christliche Existenz sich nicht auf die eigenen Wünsche und guten Absichten, sondern auf die Gottes stützen will, wird sie notwendig *theologische* Existenz sein müssen: nicht zu trennen von rechter Gotteserkenntnis.

b) Das bedeutet, daß Barth vor allem interessiert war an einer Selbstbesinnung *innerhalb* der Christenheit. Was er »Besinnung« nannte und für notwendig erklärte, meint immer dies: Kirche und Theologie können nicht mehr auf einem festen Boden christlicher Glaubenssubstanz aufbauen und von dort nach außen treten und sich mit anderen ins Benehmen setzen; sie müssen sich erst einmal selber von Grund auf darauf besinnen, was überhaupt von unserem Verhältnis zu Gott gesagt werden darf und soll. Der Mißbrauch und die Wirrnis sind zu groß geworden, als daß solche Besinnung unterbleiben dürfte. Schleiermachers Sorge war für Barth obsolet geworden: »Soll der Knoten der Geschichte so auseinander gehen; das Christenthum mit der Barbarei, und die Wissenschaft mit dem Unglauben?«[12] Inzwischen hat die Geschichte eine andere Konstellation hervorgebracht – und seit 1914 konnte, ja mußte man das bemerken: Die Wissenschaft mit der Barbarei, und das Christentum mit dem Unglauben. Was Schleiermacher als fraglos vorausgesetzt hatte: daß Glaube und Christentum zusammengehören, konnte Barth nicht mehr annehmen. Der Krieg sowohl wie der Irrglaube der Kriegstheologie ließen in Abgründe des Unglaubens blicken. Die Allianz der *Wissenschaft* mit der Barbarei (den Aufruf der 93 Intellektuellen hatte z. B. auch der Berliner Chemiker Fritz Haber unterschrieben, der Vater des Gaskriegs und Erfinder der Ammoniakgewinnung aus Stickstoff zwecks leichterer Sprengstoffherstellung) war nicht Barths Thema; aber daß das *Christentum* keinen Boden mehr unter den Füßen habe und also weder berechtigt noch fähig sei, weiter der Frage nachzugehen, wie es sich auf der Basis eines vorausgesetzten Glaubensbestandes mit der säkularisierten Kultur und Wissenschaft in ein harmonisches Verhältnis setzt, daß es vielmehr seine eigene Säkularisierung entdecken und dann von vorne anfangen müsse: zu fragen, wo überhaupt seine Wurzeln liegen sollten – das war Barths grundlegende Einsicht, aus der seine weitere Aufgabe erwuchs. Und deshalb wurde Gotteserkenntnis zum wichtigsten Thema seiner Theologie.
Die Kriegstheologie von 1914 geriet dabei für Barth mit der Zeit immer

mehr in den Hintergrund; sie war wohl zu ephemer, fahrig und wirr, um längerfristig ein belehrendes Kontrastbild abzugeben. Außerdem war für Barth persönlich noch einschneidender, daß er auch im religiösen Sozialismus, dem er selber zugehörte, jene Vermengung Gottes mit unseren guten Absichten und mit der Zukunft einer menschlichen Organisation entdecken und ablehnen mußte. Doch auch das trat für ihn als Bezugspunkt in den Hintergrund angesichts der wachsenden Einsicht in die größeren Zusammenhänge: Immer länger sah er den Schatten werden, der auf der Klarheit der christlichen Gotteserkenntnis lag; die Geschichte der *Willkür* im Umgang mit der Bibel, der *Überheblichkeit* im Vertrauen auf die eigene Frömmigkeit und Moral, der *Nachlässigkeit* in der theologischen Existenz war ausgedehnter und hatte stärkere Antriebskräfte, als daß man sie mit dem Abscheu vor der Kriegstheologie oder mit der Abgrenzung zum religiösen Sozialismus schon begriffen hätte und ihr an diesen Punkten zureichend begegnen könnte. Schleiermacher war da schon eine wichtigere Bezugsstation, aber auch Schleiermacher wurde von Barth nicht isoliert genommen, sondern als Glied einer längeren Kette. Der Protestantismus in der Geschichte der Neuzeit: *das* war der größere Zusammenhang, der von Barth immer wieder durchgearbeitet werden mußte und den er vor Augen hatte bei der Besinnung über die Gotteserkenntnis[13].

Die Auseinandersetzung damit macht das Drama der Barth'schen Theologie aus – man darf ruhig von Drama sprechen, weil Barth ja nicht als »deus ex machina« von außen die Bühne betrat und eine Lösung präsentieren konnte, sondern selber als Glied der Neuzeit – nun eben der Neuzeit nach 1914 –, eingebunden in diese Geschichte und unter denselben Bedingungen wie alle anderen, die theologische Existenz finden mußte. Nur: *Ihm* war die Selbstsicherheit vergangen, die neuzeitlichen Bewußtseinslagen, Wünsche und Selbsteinschätzungen als Maßstab an die Bibel zu legen. Daß die neuzeitlich-bürgerlichen Selbstverständlichkeiten als verbindliche Vorgaben für die Bibelinterpretation akzeptiert werden sollten, das erschien Barth als eine Rechthaberei, die uns so wenig zusteht wie die schon genannten Rechthabereien.

Den Bezugsrahmen der Moderne, der Barth fraglich geworden war, habe ich eben als »neuzeitlich-*bürgerlich*« bezeichnet: Das legt sich durch Barths eigenen Sprachgebrauch nahe, nennt er doch oft genug in diesen Zusammenhängen das neuzeitliche *Bürgertum;* denn er suchte die *Kräfte* zu benennen, die die Geschichte prägen und die ein Interesse daran haben, die Bibel einzuzwängen in den von ihnen errichteten und festgeklopften Horizont. Deshalb bedarf der Ausdruck »Neuzeit« der Näherbestimmung[14]. Immerhin: Man denkt an *Emanzipation* – sowohl wenn von »Neuzeit« wie wenn vom »Bürgertum« die Rede ist. Auch Barth geht es um Emanzipation: nun aber um die der Bibel – aus der Bevormundung durch den um seine eigene Emanzipation besorgten Bürger. So vollzieht sich das Seufzen um den Geist Gottes in Gestalt theologischer Arbeit.

c) Einen Zugang zu Barths Ringen um die Befreiung der Bibel kann man sich ebnen, indem man sich einige seiner kleineren Arbeiten (gleichsam als Konzentrat) vor Augen führt. Hauptdokument ist und bleibt der Aarauer Vortrag von 1920: »Biblische Fragen, Einsichten und Ausblicke«[15], an dessen Anfang es programmatisch heißt:

»Was uns die Bibel an Erkenntnis zur Deutung des Weltgeschehens zu bieten hat, fragen wir. Diese Frage kehrt sich aber sofort um, richtet sich an uns selbst und lautet dann, ob und inwiefern wir denn in der Lage sind, uns die in der Bibel gebotene Erkenntnis zu eigen zu machen. Auf unsere Frage muß ja ohne Besinnen die Antwort gegeben werden: Erkenntnis Gottes bietet uns die Bibel, also keine besondere, nicht diese oder jene Erkenntnis, sondern den Anfang und das Ende, den Ursprung und die Grenze, die schöpferische Einheit und die letzte Problematik aller Erkenntnis.«

Die knapp 30 Seiten dieses Vortrags von Zeit zu Zeit zu lesen, wird auch heute keinen, der irgend mit der Bibel zu tun hat, unberührt lassen. Und innerhalb der theologischen Entwicklung Barths bedeutet dieser Vortrag die erste erreichte Station, bei der er sich ganz behaften lassen wollte[16]. Daneben seien drei noch kürzere Arbeiten genannt. Einmal der Gemeindevortrag »Die neue Welt in der Bibel« vom Jahresanfang 1917 (zu dem man den von 1916 »Die Gerechtigkeit Gottes« hinzunehmen sollte).[17] Hier merkt man nun wirklich dramatisch, wie die Bibel aus den Voreingenommenheiten der neuzeitlich-bürgerlichen Denk- und Wertsetzungen herauszutreten beginnt und wie sie in dem Augenblick, da sie »mit den Augen von Schiffbrüchigen« gelesen wird[18], eine Gotteserkenntnis eröffnet, die kirchliche Selbstverständlichkeiten weit überschreitet und mit gesellschaftlichen Götzen in Streit gerät.
Ein ganz anderes Dokument, aber nicht minder instruktiv, ist das 1920 von Barth und Thurneysen herausgegebene Heft ›Zur inneren Lage des Christentums‹, in dem sich Barths ausführlicher Hinweis auf Franz Overbeck findet (»Unerledigte Anfragen an die heutige Theologie«[19]). Von Overbeck wurde das Nachlaufen der Theologen hinter dem sog. modernen Menschen als »detrimentum Christianismi« charakterisiert,

als Abtreibung des Christentums, und die Wurzel dafür in der den Theologen eigentümlichen Machtanbetung bloßgelegt. Indem Barth durch Overbecks – bis heute nicht veraltete – Entlarvung des modernen Theologiebetriebs hindurchgeht, erhebt sich vor ihm mit verstärkter Dringlichkeit die Frage nach dem Eigenwort der Bibel. Thurneysens Predigt »Die enge Pforte« unterstreicht, daß und wie es jetzt um Gotteserkenntnis gehen müßte, und daß diese durch keine kirchliche Betriebsamkeit ersetzt oder befördert werden kann.

Als drittes sei ein späterer Vortrag erwähnt, der m. W. bisher überhaupt nicht ernsthaft beachtet worden ist: Barths Antrittsvorlesung vom Mai 1936 in Basel, nachdem er aus dem Hitler-Deutschland in seine Heimat zurückgetrieben worden ist: »Samuel Werenfels (1657–1740) und die Theologie seiner Zeit.«[20] Hier wird von Barth am historischen Material vorgeführt, wie an der Schwelle zum 18. Jahrhundert die Bibel in der protestantischen Theologie in Abhängigkeit gerät zum Bürgertum, das in dieser Zeit »sich neu konsolidiert und mit seinen besonderen Bedürfnissen und der ihnen entsprechenden Ideologie die Führung der europäischen Dinge zu übernehmen sich anschickt.« Barth sieht die Zeit um 1800 als die entscheidende Wende zum Neuzeitlich-Werden des Protestantismus an, ihr stellt er seine eigene theologische Wende als neue Weichenstellung entgegen: als Einladung, »in ganz andere Richtung – nicht zurück, sondern vorwärts zu gehen.«

Vorwärts: Es geht Barth um die theologische Existenz *heute*, um *unsere* Gotteserkenntnis, die unter den Bedingungen, unter denen wir jetzt leben müssen, verantwortet werden soll und kann. Ein bloßes Wiederholen der Theologie der Anfangszeit des Protestantismus ist also nicht gemeint, wenn Barth Umkehr auf dem Weg des Neuprotestantismus fordert. Wiederholung hätte ihn auch nicht so rastlos zum Theologie-Treiben angehalten – obwohl ihm die Theologie der Reformatoren für das Voranschreiten belehrender war als die Theologie der späteren Zeit. (Und er hat auch die Reformatoren in erster Linie als Schriftausleger genommen; deshalb zitiert er in der ›Kirchlichen Dogmatik‹ so oft Predigten, wenn er Luther und Calvin zu Worte kommen lassen will: So kann er verfolgen, wie sie sich verhalten im Spannungsfeld von Bibel und Leben.)

Den Überfremdungsvorgang, dem die Bibel unter der Herrschaft des neuzeitlichen Bürgertums seit etwa der Zeit von Samuel Werenfels ausgesetzt ist, beschreibt Barth so: Die Bibel wird historisch relativiert – weshalb ständig die Warnung vor »Überinterpretation« erklingt – und sie muß sich an der (als auf der Höhe der Zeit geltenden) neuzeitlichen moralischen Selbstgewißheit und Vernünftigkeit messen lassen. Die historische Relativierung ist das Mittel, die moralische Selbstbestätigung der Zweck. In seinen beiden Römerbriefkommentaren, aber auch in den eben genannten kleineren früheren Arbeiten prangert Barth ständig die Historisierung und Psychologisierung der Bibel an: Indem wir die Bibel historisch und psychologisch erklären, bringen wir sie auf unser eigenes Niveau herunter. Dabei mag derjenige nicht viel entbehren, der sich selbst als fortgeschrittenen – nach oben fortgeschrittenen – Teil der Menschheitsgeschichte ansieht; aber für wen das Fortschrittsbewußtsein und die moralische Selbstgewißheit der neuzeitlich-bürgerlichen Ideologie die Überzeugungskraft verloren hat, für den kann solcher Umgang mit der Bibel nicht mehr genügen.

Daß wir an dieser Stelle an dem entscheidenden Punkt sind, von dem aus Barth verstanden werden muß, können wir dadurch bestätigt finden, daß Barth auch bei seiner anhaltenden Beschäftigung mit Schleiermacher an eben dieser Stelle ansetzt, die uns jetzt in den Blick geraten ist: Barth stellt Schleiermacher zuerst und vordringlich als Bibelausleger auf der Kanzel dar und befragt ihn nach der Art des Zugriffs auf die Bibel, wenn er der Gemeinde predigt, um ihr Auferbauung zuteil werden zu lassen. Kann sich die Bibel dabei einigermaßen emanzipieren aus der über sie verhängten Bindung an die Selbstgewißheit der bürgerlichen Moral und Rationalität? Hält der Prediger den Widerspruch der Bibel dagegen aus? Diese Akzentsetzung ist bisher für Barths Umgang mit Schleiermacher auffällig wenig beachtet worden[21]; aber man sollte ihr auch für das Barth-Verständnis im Ganzen mehr Aufmerksamkeit schenken!

IV Die Hauptgefahr

Jetzt sind wir so weit, uns der zugleich bekanntesten und berüchtigtsten Argumentationsfigur Barths zu nähern, wenn es um Bibel und Gotteserkenntnis, wenn es um die theologische Existenz heute geht: der *Ablehnung der natürlichen Theologie*.

a) Zu höchster Leidenschaft erhitzte sich die Auseinandersetzung um die natürliche Theologie in der Anfangszeit der Hitler-Herrschaft, als die leidenschaftliche Bejahung der politischen Wende die evangelische Kirche und Theologie in Deutschland tief ergriffen und in die Irre geführt hatte. Doch auch während dieser politisch aktuellen und lebhaften Kämpfe hat Barth die Auseinandersetzung im größeren Zusammenhang gesehen, eben im Zusammenhang der vom Bürgertum bestimmten Neuzeitgeschichte. Deshalb auch 1936 seine Basler Antrittsvorlesung über Samuel Werenfels; mit ihr wollte er zeigen: Worum er im nationalsozialistischen Deutschland gestritten, das ist im liberalen Basel (wo Samuel Werenfels einst gewirkt hatte!) nicht unaktuell oder unwichtig.

Auch in der Schweiz oder von der Schweiz aus hat Barth auf keinen Fall die Selbstgerechtigkeit nähren wollen, wenn er zum Widerstand gegen den Nationalsozialismus aufrief. Solche Haltung war ihm seit 1914 ein für allemal verwehrt – blieb es selbst dann, als das Unrecht so evident war wie auf Seiten der Nationalsozialisten. Den Nationalsozialismus konnte Barth genau so wenig wie den 1. Weltkrieg als exotischen Einbruch aus einer fremden Welt ansehen, vielmehr bemerkte er in allen europäischen Ländern eine große und breite Hinneigung zum Faschismus und erkannte diesen der Herkunft und Art nach als »Geist« vom neuzeitlich-europäischen Geist.

Als Beispiel nenne ich einen Vortrag, den Barth im April 1937 im Rahmen des schweizerischen Metall- und Uhrenarbeiterverbandes in Basel über den deutschen Kirchenkampf gehalten hat.[22] Dieser Vortrag beginnt bezeichnenderweise mit einer Darlegung »über die Welt, in welcher der Nationalsozialismus auftrat und zu der er selber gehört: die moderne Welt, die man am besten charakterisiert, wenn man sie als die Welt bezeichnet, in welcher der Mensch sein eigener Herr ist« (S. 6). Dies kann der Mensch deshalb und nur deshalb sein, weil er das entsprechende Zutrauen zu seinen eigenen Fähigkeiten hat: Barth spricht vom Glauben des Menschen an sich selbst und an seine Güte. Zu dieser modernen Welt – das ist dann die Pointe – gehören wir alle, und der Nationalsozialismus ist (wie sein großer Gegenspieler, der Kommunismus) nichts anderes als eine ihrer Ausprägungen: die autoritäre Gestalt – so wie in seiner Weise auch der Liberalismus eine charakteristische Ausprägung der modernen Welt ist. Daß die liberale Welt in grundsätzlicher Weise von der autoritären geschieden ist, glaubt Barth nicht; denn wenn der Mensch sein eigener Herr sein will, dann wird er als solcher nicht nur liberal auftreten, diskussions- und kompromißbereit, sondern wenn es ihm ratsam erscheint auch autoritär, zuschlagend und schonungslos, dann werden die vielen Herren nicht nur differenziert voneinander agieren, sondern immer wieder auch mit geballter vereinigter Schlagkraft.

Indem Barth so ansetzt, statuiert er eine Gemeinsamkeit des Unrechts und der Schuld, die dem Gegensatz der einzelnen Ausprägungen noch vorgeordnet ist. So eindeutig er sich im konkreten Konfliktfall auf die eine Seite, die liberale stellte, so wenig Zutrauen hatte er andererseits zu ihrer Haltbarkeit. Das wirkliche Zutrauen kommt durch etwas anderes: Daß es innerhalb dieser modernen Welt auch die Kirche gibt – und in ihr »ein altes Buch«, auf das die Kirche bezogen ist: die Bibel. Und

»in der Bibel steht zu lesen, daß der *Mensch* zweifellos *nicht sein eigener Herr* ist, weil der Mensch eben im Grunde nicht der gute Kerl ist, der zu sein er sich einbildet. Die Bibel sagt statt dessen: daß der Mensch einen guten *Herrn* hat, einen Herrn, der ihm, dem Menschen gut ist und für ihn gut steht. [...] Und darum ist von der Bibel aus jene ganze Welt des modernen Menschen *unmöglich*, sowohl in ihrer liberalen wie auch in ihrer autoritären Form. Möglich ist von der Bibel aus nur eines: die Hoffnung auf dieses Gottes kommendes Reich und das Leben in dieser Hoffnung.« (S. 9)

Doch dazu hat sich die Kirche durch die Bibel keineswegs immer und streng aufrufen lassen. Ja, sie hat die Bibel

»seit zweihundert Jahren ganz besonders *schlecht* verstanden und ausgelegt. Sie hat sie nämlich so verstanden, als ob das, was in der Bibel zu lesen steht, keinen Gegensatz bedeute zu dieser Welt des modernen Menschen. Sie hat die Bibel so verstanden und ausgelegt, als ob auch in der Bibel eben nur die Herrlichkeit und Güte des Menschen und seiner Ideen verkündigt würde.«

Und daraus entstand jene Schwäche der Kirche, die sich damals gegenüber dem Nationalsozialismus in Deutschland gezeigt hat. Die Kirche »hatte weithin [...] das Vertrauen verloren zu ihrer Botschaft«. (S. 10)
Die Redeweise Barths ist hier besonders schlicht – handelt es sich doch um die stenographische Nachschrift von frei Gesprochenem, dazu unter Vermeidung aller Fachterminologie und -differenzierungen; aber leichthin gesagt ist nichts dabei. Wir befinden uns der Sache nach im Themenbereich der natürlichen Theologie und können nun unmittelbar zur ›Kirchlichen Dogmatik‹ übergehen, in der Barth die natürliche Theologie charakterisiert als den Versuch des Ausgleichs zwischen dem Herrschaftswort Christi und dem Wunsch des modernen Menschen, sein eigener Herr zu sein, als den Versuch, die Botschaft von Gottes Zuwendung zum Menschen zu absorbieren und zu domestizieren.

»Der als Absorbierung und Domestizierung der Offenbarung beschriebene Triumph der natürlichen Theologie im Raum der Kirche ist sehr schlicht der Prozeß der *Verbürgerlichung* des Evangeliums. Indem das Evangelium dem Menschen angeboten wird, indem er seine Hand danach ausstreckt, indem er es in seine Hand nimmt, wird eine Gefahr akut, die noch größer ist als die, daß er es vielleicht verständnislos und entrüstet von sich stoßen könnte: die Gefahr nämlich, daß er es vielmehr friedlich annehmen könnte, um sich alsbald zu seinem Herrn und Besitzer [...] zu machen, aus dem ihn Wählenden ein von ihm Gewähltes, das als solches neben all das Andere zu stehen kommt, was er *auch* wählen, über das er also *auch* verfügen kann.« (KD II/1, S. 157)

Gewiß, man würde diese Aussagen zu eng verstehen, wenn man bei der »Verbürgerlichung« *nur* an den Zugriff des *neuzeitlichen* Bürgers auf Bibel und Gotteserkenntnis denkt. Wenn Barth sagt, daß in der natürlichen Theologie niemand anders rede als »der Christ als Bourgeois«, so setzt er sofort hinzu: »Und welcher Christ würde an sich und als solcher jemals anders denn als Bourgeois reden?« (ebd.). Ähnlich hat er auch in dem vorher erwähnten Vortrag von 1937 die »moderne Welt«, in der der Mensch sein eigener Herr sein will und sich selber für gut hält, als die immer gleiche Welt bezeichnet, »so alt wie die Welt überhaupt«. Es ist also nicht an dem, daß Barth einer romantischen Illusion anhinge, als hätten sich die Menschen in vorneuzeitlichen Zeitaltern der Offenbarung Gottes gegenüber weniger selbstherrlich aufgeführt. Er setzt der neuzeitlichen Fortschrittsideologie keine Verfallsthese entgegen. Deshalb wird auch der Begriff »natürliche Theologie« von ihm akzeptiert; sie ist, was ihr Name sagt: »diejenige Theologie, *von der der Mensch von Natur herkommt*«. Das wird von Barth dann sofort – charakteristisch für sein theologisches Denken – erläutert: »von *der* Natur, die er auch als Christ durchaus nicht los ist, die er vielmehr auch als Christ betätigt: [...] in der Nutzbarmachung des Evangeliums für den Streit gegen die Gnade, der seine eigene tiefste und innerste Wirklichkeit ist.« (KD II/1, S. 158)
Und doch zeigen die näheren Ausführungen Barths, daß er unter allen Bemächtigungsversuchen gegenüber der Offenbarung Gottes eine *bestimmte* Gestalt (schließlich geht es um die theologische Existenz *heute*) besonders vor Augen hatte: die durch das Bürgertum der Neuzeit heraufgeführte. Deshalb präzisierte er im Vortrag von 1937 die Erklärung vom zeitlosen Alter jener Welt des Menschen, der an seine eigene Güte glaubt: »Man kann aber doch wohl sagen, daß sie erst seit zweihundert Jahren das Gesicht bekommen hat, das sie heute hat.« Und den Abschnitt über die natürliche Theologie in der ›Kirchlichen Dogmatik‹ schließt er mit einer Erläuterung der 1. Barmer These von 1934, bei der die Herkunfts-Linien der dort abgelehnten »Deutschen Christen« in die Theologie »der vorangehenden Jahrhunderte« zurückverfolgt werden, wieder mit dem »Anfang des 18. Jahrhunderts« als Nahtstelle

beginnend (KD II/1, S. 194–200). Wer es bisher noch nicht bemerkt hat, muß spätestens dann sich rückblickend Rechenschaft darüber geben, in Auseinandersetzung mit welcher theologischen Entwicklung die vorangegangenen ausführlichen Erörterungen über die natürliche Theologie abgefaßt sind: eben in Auseinandersetzung speziell mit der Geschichte des Protestantismus in der bürgerlichen Gesellschaft der Neuzeit.

b) Natürliche Theologie interessiert Barth also als innerkirchliche Erscheinung, als »*christliche* natürliche Theologie« (KD II/1, S. 152), nicht als etwas, das es mit dem zu tun hat, was der Zugehörigkeit zur Gemeinschaft der Glaubenden vorausläuft. Es ist die *Christenheit*, die ständig dazu neigt, sich der Offenbarung Gottes zu bemächtigen, den Gott der Bibel mit seinen schärfsten Gegnern, mit den Götzen, ins freundliche Benehmen zu setzen und sich selber für den Dienst mehrerer verschiedener Herren offenzuhalten. Das *dabei und dazu* eingeschlagene Verfahren nennt Barth »natürliche Theologie«.

Bis dahin war dieser Begriff *so* nicht gefaßt worden. Es ist auch niemand verpflichtet, ihn so zu fassen. Nur: Wenn man zu Barth Stellung nimmt, wenn man ihn aufnehmen oder ablehnen, korrigieren oder ergänzen will, dann muß man sich schon darauf einlassen, sonst redet man an Barth vorbei (wie es häufig der Fall ist).

Üblicherweise denkt man beim Stichwort »natürliche Theologie« an ein allgemein verbreitetes, auch beim Nichtchristen vorhandenes, dem christlichen Glauben vorausgehendes Gottesbewußtsein allgemeiner Art, zumindest in Gestalt einer Hinneigung des Menschen zur Frage nach einer letzten Sinnhaftigkeit seiner Existenz. Dies wird zur notwendigen (wenn auch nicht hinreichenden) Voraussetzung erklärt, um die christliche Botschaft aufzunehmen. Daran anzuknüpfen und darauf aufzubauen gilt dann als selbstverständliche Pflicht des christlichen Predigers oder Lehrers; und diese Anknüpfungsmöglichkeit zu durchdenken als die des Theologieprofessors, der damit »natürliche Theologie« treibt. Dem hat Barth sich verweigert. Er konnte die harmonische Grundvorstellung nicht akzeptieren, auf der diese Konzeption beruht. Er sah zu sehr den Menschen als Widersacher der Gnade Gottes, der alles, was ihn an Gott erinnern mag, nur benutzt, um gegen den wahren Gott zu streiten und sich anderen, falschen Göttern und Herren anheimzugeben. Barth war zu sehr davon beeindruckt, daß die Bibel Gott stets im Kampf mit Götzen und mit Götzendienern zeigt, um noch im Rahmen eines harmonischen Modells denken zu können. Und auch der pädagogisch-seelsorgerliche Sinn dieses Unternehmens war ihm fraglich

– er hielt es für unlauter und unwirksam. (Man lese die Seiten 96–107 aus KD II/1 – dort ist das sehr sorgfältig dargelegt!) Auch und gerade in jenem scheinbar unverfänglichen und angeblich notwendigen Gebrauch von »natürlicher Theologie« sah Barth den Versuch, Gottes Offenbarung mit den ihr widersprechenden Kräften des Menschen auszugleichen und damit die Offenbarung zu domestizieren. Er entnahm solcher natürlichen Theologie keine Erkenntnisse über die Anlage der nichtglaubenden Menschen, sondern nur eine Tendenz der Theologen selbst, die diese Aussagen machen zu müssen meinen; er erkannte sie als *christliche* natürliche Theologie im Sinne der Absorbierung und des In-die-eigene-Regie-Nehmens des Evangeliums.

Dahinter steht das Wissen darum, daß in der Neuzeit »natürliche Theologie« in der Tat dazu ausgebildet worden ist, das christliche Bekenntnis zu domestizieren: als es im 17. Jahrhundert galt, die Religionskriege zu überwinden und gleichzeitig eine Religionsform zu finden, die zum wissenschaftlichen Bewußtsein und zum bürgerlichen Wollen der Neuzeit paßt. Da griff man zu der These, daß die Menschen von Natur aus ein religiöses Bewußtsein hätten, daß dies bei allen in der Elementarform gleich sei und daß man darin einen Maßstab habe zur Beurteilung der verschiedenen Religionsformen. Der menschlichen Vernunft wurde die Fähigkeit zugeschrieben, in einer »natürlichen Theologie« wissenschaftlich den Grundbestand solcher natürlichen Religion zu erheben. In letzter Reduktion besteht dieser vernünftige Grundbestand in den Überzeugungen von der Existenz Gottes, der Freiheit und der Unsterblichkeit. Faktisch kam man zu diesem Grundbestand nur durch Abstraktion und Modifikation von bestimmten konkreten Religionen mit ihren Lehrbeständen, ihren Kultübungen und ihrem Sittenleben; aber es sollte ja auch nicht darum gehen, eine neue Religion aus der Vernunft zu konstruieren, sondern darum, die vorhandenen christlichen Konfessionen nach dem Maßstab der Vernunft zu reformieren, zu perfektionieren und miteinander in Ausgleich zu bringen. Im Zuge der Präzisierung dieser Aufgabenstellung kam es dann bei Theologen seit Schleiermacher auch zu einer Kritik an der Idee einer natürlichen Theologie; diese Kritik meinte, daß man Religion nicht aus der Vernunft produzieren und nicht auf Vernunft-Wahrheiten reduzieren könne, daß vielmehr die lebensmäßig vorgegebene, also die »positive« Religion den Vorrang habe vor den Äußerungen der Vernunft; unangetastet aber blieb der Gedanke, die positive Religion in ihrem Selbstverständnis aus Vernunft verbessern und an die neuzeitliche Wissenschaft und Gesellschaft anpassen zu können und zu sollen. Nur in diesen Grenzen ist im

19. Jahrhundert Kritik an der natürlichen Theologie geäußert worden, nicht anders. Barth konnte in solcher Kritik keine grundlegende Ablehnung der natürlichen Theologie sehen – im Gegenteil: Solange sich die Bibel vor dem moralischen und vernünftigen menschlichen Selbstbewußtsein zu verantworten hatte, war immer noch und gerade das am Werke, was er als Verbürgerlichung der Offenbarung ansah, was ihm als christliche natürliche Theologie galt. –
In unseren Tagen ist nun noch eine weitere Klarstellung nötig geworden: Völlig fernhalten muß man von Barths Begriff der natürlichen Theologie das, was man heute mit einer Theologie der Natur oder einer theologischen Behandlung des Natürlichen im Sinn haben mag. Wir sahen: Mit »Natur« meint Barth im Zusammenhang der natürlichen Theologie die Grundart des *Menschen*, das heißt dessen Selbstherrlichkeit gegenüber Gott, nicht aber Sonne, Mond und Sterne. Gewiß, auch die Beziehung zur außermenschlichen Natur ist für die Menschen eine gern benutzte Gelegenheit, sich gegenüber dem wahren Gott selbständig zu machen und von seinem Worte abzuwenden (Natur-Kulte, Naturfrömmigkeit, »Kirschbaum« in Barths anfangs von mir erwähntem Vortrag von 1922) – das ist dann ein Teilvorgang der natürlichen Theologie im Sinne Barths; aber der hängt nicht vom Kirschbaum oder von der Sonne ab, sondern von der »Natur« des Menschen, die sich hieraus Götzen macht, weil sie eine gehorsame Gotteserkenntnis nicht aushält. Insofern geht es bei Barths Ablehnung der natürlichen Theologie auch in diesem Zusammenhang nicht primär um den Naturbezug im Sinne des Bezugs zur außermenschlichen Natur, als vielmehr um die Grundart des Menschen.
Das muß gesagt werden angesichts der Meinung, Barths Ablehnung der natürlichen Theologie sei ein Hindernis dafür gewesen, eine theologische Deutung unseres Naturverhältnisses zu vollziehen – und als habe dies die Theologie unfähig gemacht, angemessen darauf zu reagieren, daß unser praktisches Naturverhältnis zu den lebensbedrohenden Umweltproblemen geführt hat, die nun am Tage sind. Es ist nötig, auf die Unterschiedenheit in den Fragestellungen hier wie dort zu achten. – Ist dies einmal klargestellt, könnte allerdings auch noch folgendes bedacht werden: Eine aktuelle Theologie der Natur bzw. des Verhältnisses zwischen Mensch und außermenschlicher Natur wird zu berücksichtigen haben, daß im Prozeß der Neuzeit eine unmittelbare Beziehung zur Natur, wie sie zuletzt das 18. Jahrhundert haben zu können meinte, rapide verschwunden ist und einem inzwischen nur noch vermittelten, einem durch Wissenschaft und Technik vermittelten Verhältnis weichen

mußte: Auch in der Natur begegnet der Mensch stets seinem eigenen Machen. Und wenn inzwischen eine neue Unmittelbarkeit zur Natur gesucht wird, so deshalb, weil eben dies als bedrohlich und »widernatürlich« empfunden wird. Doch hinter den geschichtlich erreichten Zustand wird man kaum zurück können in eine erneute Naturunmittelbarkeit; auch hier geht der Weg nur nach vorne: indem der Herrschaftsanspruch des modernen Menschen zur Debatte gestellt wird. Und dabei könnte sich eine neu gesuchte Theologie der Natur mit Barths Kritik der natürlichen Theologie treffen – gerade weil Barth die Frage der natürlichen Theologie auf die »Natur« des Menschen zugespitzt hat, also auf den in der Neuzeit eigentümlich ausgeprägten menschlichen Willen, der eigene Herr zu sein, und das heißt: alles von ihm Verschiedene in Besitz zu nehmen und zu domestizieren, sich gegen Gottes Gnade aggressiv und bemächtigend zu verhalten – auch gegen die Gnade der Schöpfung.

Von hier aus möchte ich noch einmal auf die vier Begriffe »Kirschbaum, Symphonie, Staat, Tagewerk« aus Barths in Kap. I vorgestelltem frühen Vortrag zurückkommen. Auch damit scheint mir auf die speziell neuzeitlich-bürgerliche Art und Weise der Bemächtigung und Absorbierung der Offenbarung hingewiesen zu sein. Da geht es einmal – vorläufig – um die Werke der Ästhetik (»Symphonie«, wozu man auch den »Kirschbaum« nehmen muß im Sinne der ästhetisierten Natur, der sog. Landschaft[23]), letztlich aber sind die entscheidenden Mächte der Moderne, mit denen der Mensch sein Herrsein-Wollen exekutiert, »Staat und Tagewerk« – wir können auch sagen: Nation, Nationalstaat und Technik, Wissenschaft, Produktion. Es war deshalb kein Zufall, daß sich der Kampf um die natürliche Theologie, den Barth zu führen hatte, an der Geschichtsdeutung entzündete, d. h. an der Deutung der von Menschen gemachten Geschichte des nationalen industriellen Machtstaates.

Doch kann man hierbei wirklich von irgendwie »erschöpften Möglichkeiten« reden, wie Barth es tut? Widerspricht dem nicht die Virulenz dieser Mächte? Nun, vielleicht ist gerade die Verkrampfung und Nervosität, mit der in der vom Bürgertum bestimmten Neuzeit durch »Staat und Tagewerk« der menschliche Herrschaftsanspruch vollzogen und im Bewußtsein – auch im kirchlichen Bewußtsein – unterstützt wird (vom Bereich des Ästhetischen will ich hier schweigen[24]), Symptom dafür, daß diese Gestaltungen nicht hergeben, was sie hergeben sollen, daß ohne Fremdheit und Entzweiung zu sich selbst der Mensch seinen Herrschaftswillen nicht zur Geltung bringen kann. Was im Kern gegen Gottes gute Herrschaft gerichtet ist, kann nicht einmal vordergründig gut herauskommen, da werden Überdruß, Angst, Unbefriedigtsein – und als Komplement dann Fanatismus – nicht ausbleiben. Den zu hoch gegriffenen Möglichkeiten entspricht die Erschöpfung in ihnen.

c) Abschließend muß zum ganzen Komplex »natürliche Theologie« die Frage gestellt werden: Was wollte Barth mit seiner *so grundsätzlich* konzipierten Ablehnung der natürlichen Theologie überhaupt erreichen? Weder er noch seine Leser können ja aus der vom Bürgertum geprägten Gesellschaft der Neuzeit heraus – und aus der in jedem Christen rumorenden »Natur« erst recht nicht! Versteht man natürliche Theologie so, wie Barth es tut, muß man folgern, daß sie unausweichlich ist – und Barth sagt das auch! Nur: Sie muß als Unrecht erkannt werden, als etwas, das die Kirche, die sich an Gottes Offenbarung orientieren will, nicht noch ausdrücklich pflegen darf. Daran, daß die Menschen auch in der Kirche den Willen Gottes mit ihren eigenen Wünschen vertauschen und vermengen, wird es faktisch nicht mangeln; aber dies noch zu einer Tugend, zu einer positiven Aufgabe zu erklären, das darf in der Kirche nicht geschehen. Sonst wird die Kirche Jesu Christi zu einer Stätte, da man (Joh. 10,5 entgegen) die Stimme eines Fremden hört und ihr folgt – und das aus Prinzip und als Parole. Letztlich und entscheidend aber hilft gegen die falsche, gegen die getrübte und gespaltene, gegen die von uns domestizierte Gotteserkenntnis nicht die Lehre der Theologie, sondern nur Gott selbst. Deshalb kann alle theologische Entlarvung und Abwehr der natürlichen Theologie nichts anderes sein als Bereitung zum Seufzen: Veni creator spiritus!

V Das Vorgehen

Nun möchte ich zu zeigen versuchen, wie sich die bisher beschriebenen Grundentscheidungen im *Vollzug* der Barth'schen Theologie niederschlagen, d. h. die Anlage der Argumentation bestimmen.

a) Für das Wichtigste halte ich, daß das Wissen um die *Ohnmacht und Unangemessenheit* theologischer Aufstellungen den *Prozeß* des Theologisierens selber prägt und auch prägen muß. Das kann man daran verfolgen, wie Barth seine theologischen Klärungen, die um wahre Gotteserkenntnis kreisen, immer wieder in die Vorläufigkeit stellt, wie er das Bewußtsein wachhält, daß sie nicht Gottes Offenbarung, sondern nur unsere menschlichen Aufstellungen sind, die immer unter dem

Vorzeichen stehen, natürliche Theologie zu sein. Je näher die Theologie der Wahrheit der Bibel kommt, um so energischer und unermüdlicher muß sie die eigene Grenze aufzeigen – sonst würde sie sich von der Wahrheit der Bibel gerade wieder entfernen. Deshalb stößt man bei Barth ständig auf solche Partien, in denen er die von ihm gesetzten Positionen wieder aufhebt, um den Leser in die Luft bzw. vor ein gähnendes Loch zu stellen. Bei eiliger oder nur auszugsweiser Barth-Lektüre überliest man leicht diese Partien bzw. verkennt ihren Stellenwert; und dann kommt der Eindruck auf, Barth sei orthodox-dogmatistisch – weil man die *Bewegung* übersieht: auf die Anrufung des lebendigen Gottes hin; weil man die *Voraussetzung* ignoriert: daß nur Gott selbst die Wahrheit statuieren und bei und gegen uns durchsetzen kann – nicht wir, auch nicht der Theologe.

Ein Beispiel: Nachdem der Leser im ersten Paragraphen der Lehre von der Gotteserkenntnis (§ 25 in KD II/1) resolut von sich selbst fort auf das Wort Gottes verwiesen wurde, erfährt er, daß der Verdacht, es mit einer Feuerbach'schen Selbstprojektion zu tun zu haben, auch dann noch besteht:

»Und nun bemerke man wohl: auch unsere, formal betrachtet, theologische Gotteserkenntnis, auch unsere in aller Form mit dem dreieinigen Gott beschäftigte, durch Bibel und Dogma geleitete und bestimmte Gedankenbewegung hat diese natürliche, allgemeine, regelmäßige Seite, von der her gesehen wir doch mit nichts Anderem als mit uns selbst [...] beschäftigt sind. Und nun versteht es sich keineswegs von selbst, wenn unsere Gotteserkenntnis *nicht nur* diese Seite hat. Es geht wirklich um eine Besonderheit, wenn sie noch eine andere Seite hat, von der her gesehen wir nicht nur mit uns selbst, sondern in Wahrheit auch mit Gott und dann – weil in Wahrheit mit Gott – in Wahrheit auch mit uns selbst beschäftigt sind.« (KD II/1, S. 77)

Darauf aufmerksam gemacht, erinnert sich der Leser, daß Barth auch vorher schon mit all seinen Formulierungen darauf hinzielte, daß die Erkenntnis Gottes nicht anders denn als eine *Besonderheit* verstanden wird, also nicht als etwas allgemein und notwendig Einsehbares: Deshalb fügte er dem Verweis auf das Wort Gottes sofort die Erinnerung an den Heiligen Geist hinzu; deshalb sprach er davon, daß Gotteserkenntnis nicht anders als nur im Glauben und im Gehorsam geschieht, als Liebe zu Gott und als Furcht Gottes; mit einem Wort: Offenbarung gibt es nur im *Vollzug* (vgl. den Leitsatz von § 25), der niemals in unserer Hand liegt, niemals etwas Vorhandenes werden kann. Das aber nötigt Barth, kaum daß er dies dargelegt hat, innezuhalten und neu anzusetzen, um nach der Bereitschaft Gottes zu fragen (§ 26,1), d. h. danach, wie es trotzdem geschehen kann, daß wir mit dieser Besonderheit rechnen dürfen und von ihr zu reden vermögen. Der Dogmatiker bringt sich ja in die größten Schwierigkeiten, wenn er eine *Besonderheit* reflektieren will; denn einer Theoriebildung erschließt sich nur das Allgemeine. Wie aber soll eine allgemeine Theorie von einer Besonderheit entwickelt werden – und noch von *dieser* Besonderheit, die auf das Kommen des Heiligen Geistes sich ausrichten will? Das geht nur, indem der Dogmatiker sich selbst immer wieder ins Wort fällt und unterbricht, alle Positionen wieder in Frage stellt und von neuem ansetzt, also indem er gibt *und* nimmt, aufbaut *und* einschränkt – ja einreißt.

Bei genauer Lektüre bekommt man über weite Strecken hinweg sogar den Eindruck, daß das Wegnehmen und das Stören all unserer Zugriffe gegenüber Gott in Barths Werk weit mehr Raum einnimmt als die positionellen Aussagen über Gott und unser Verhältnis zu ihm – nicht nur in der Römerbriefauslegung von 1922, einer wahren Sturzflut, die all unser Haben-Wollen Gottes wegreißt, sondern auch in der ›Kirchlichen Dogmatik‹ –; und daß Barth vorwiegend damit beschäftigt ist, die Zugangsmöglichkeiten und Zugangsweisen zum theologischen Gegenstand zu bedenken, und d. h. für ihn wieder vor allem: die überheblichen Zugangsweisen zu entlarven und zu destruieren. »Ob die Theologie über die *Prolegomena* zur Christologie je hinauskommen kann und soll?« – so hatte Barth 1922 am Ende eines Vortrages gefragt.[25]

Ich meine, auch die großen christologischen Abschnitte der ›Kirchlichen Dogmatik‹ dementieren die Ernsthaftigkeit dieser Frage nicht. Wenn ich mir z. B. überlege, was der ausführliche Abschnitt zur Menschwerdung des Gottessohnes und damit zur Lehre von den zwei Naturen Jesu Christi (§ 64,2: »Die Heimkehr des Menschensohnes«, KD IV/2, S. 20–172) an positionellen Aufstellungen bringt, so ließe sich das in wenigen Sätzen referieren; und entstehende Rückfragen nach detaillierten Differenzierungen und Erklärungen kann man sich trotz der Länge der Ausführungen manchmal nicht recht beantworten, weil Barth die Erörterung vorher beendet hat. Fragt man sich aber, was nach Barth von der Menschwerdung Gottes und der Zweinaturenlehre *nicht* gesagt werden darf, so kann jeder Leser dieses Abschnitts gesprächig werden und lange von jenen ausgeschlossenen Lehren und von den Gründen, die sie ausschließen, berichten. Und noch mehr kann man sagen von Barths Überlegungen zum *Zugang* zu diesem Lehrstück: Wie soll man sich ihm nähern – und vor allem wieder: Wie darf man *nicht* vorgehen, wovor muß man sich dabei hüten? In der Tat: Auch die Christologie der

›Kirchlichen Dogmatik‹ scheint mir kaum über die Prolegomena zur Christologie hinausgekommen zu sein. Am stärksten positionell ist sie, wenn sie zur biblischen Darstellung wird (wie in § 64,3: »Der königliche Mensch« oder in den inhaltsreichen biblischen Exkursen des § 59 in KD IV/1).
Diese Unermüdlichkeit im Behandeln der Vorfragen und Irrwege resultiert aus Barths genauer Einsicht in die Eigentümlichkeit unserer Lage als Glieder des neuzeitlich-bürgerlichen Protestantismus.

»Prolegomena hat eine Wissenschaft dann nötig, wenn sie ihrer Voraussetzungen nicht mehr recht oder noch nicht wieder sicher ist, wenn man sich erst wieder darüber einig werden muß, was man da eigentlich treiben, mit welchem Recht und mit welchen Mitteln man das, was man will, treiben will, wenn man die Selbstverständlichkeiten, mit denen jede Wissenschaft anfängt, leider nicht mehr – oder eben, hoffnungsvoller ausgedrückt: noch nicht wieder – versteht. [...] Das ist eine Situation, der sich niemand entziehen kann. Ich kann und will es auch nicht tun.«[26]

Aber dann: In dieser *zeitgeschichtlichen* notvollen Erfahrung hat Barth das *Grundsätzliche* gelernt, daß wir *überhaupt* nichts anderes, vor allem: nicht *mehr* tun können, als auf Jesus Christus, den Gekreuzigten, von außen hinzuweisen – so wie Johannes der Täufer auf dem Grünewaldschen Altarbild mit dem überdimensionalen Finger –; daß jedoch letztlich die Tür zur Erkenntnis Jesu Christi *von innen* geöffnet werden muß, daß sie nur durch Gott selber geöffnet werden kann. Hierbei spricht Barth gern von »Geheimnis«, um auszudrücken, daß unsere vorgegebenen Möglichkeiten, aber auch unser Wissen von dem, was möglich ist, zur Erkenntnis des sich offenbarenden Gottes nichts taugen. Ja, er sagt unterstreichend zum Wort »Geheimnis«:

»Es ist *echtes* Geheimnis, weil es sich, wenn überhaupt, dann nur von innen eröffnet: indem es als das Wort Gottes gesprochen und durch seinen Heiligen Geist auch vernommen wird.« (KD IV/1, S. 194)

Mit einer offenbarungs-theologischen Aussage kann also niemals ein »Das-da« der Gegenwart des »Göttlichen« statuiert werden, und es ist gerade der Offenbarungsbegriff, der Barth zur Abwehr dient gegen einen »Positivismus«, als sei Gott in der Welt *da*. Gott offenbart sich so, daß es allein an ihm liegt, ob er auch wirklich erkannt wird, ob sich dabei Offenbarung *vollzieht*. Hat er doch, um sich zu offenbaren, die Gestalt des Gekreuzigten gewählt: Die Hoheit Gottes erscheint in ihrem Gegenteil.

»Ihre *Gestalt* ist ihr [der göttlichen Hoheit] gerade *nicht* entsprechend, sondern widersprechend, so daß sie – obwohl und indem es *ihre* Gestalt ist! – nicht aus dieser abgelesen werden, in dieser Gestalt vielmehr verkannt werden kann und im natürlichen Ablauf der Dinge immer verkannt werden wird. Diese Tür zu Jesu Hoheit kann sich nur von innen öffnen. Und auch *wenn* sie sich öffnet, ist sie *diese* Türe: die arme Menschlichkeit des göttlichen Seins und Tuns, die Fremdgestalt der göttlichen Hoheit.« (ebd. S. 195)

Gott offenbart sich in einer Art zweiter Gegenständlichkeit, d. h. er offenbart sich in geschöpflicher Gegenständlichkeit, und damit ist gesagt: »Er enthüllt sich als der, der er ist, indem er sich verhüllt in eine Gestalt, die er selbst nicht ist« (KD II/1, S. 56). Wohl wird in solcher Gestalt seine Herrlichkeit offenbart, aber indem Gott »sie *so* offenbart, *verbirgt* er sie auch. Er offenbart sie dem *Glauben,* der sie schaut in dieser ihrer Verborgenheit, er offenbart sie, indem sie sich trotz und in dieser Verborgenheit dem *Glauben* erkennbar macht« (ebd. S. 50). Dazu ist Gottes aktuelles Eingreifen nötig, eben das Kommen des Heiligen Geistes – um das zu bitten die Offenbarungslehre Barths Anlaß gibt und geben soll. Man muß also einschärfen: Der »Gegenstand«, den Gott zur Offenbarung an uns benutzt, »ist« nicht Offenbarung, sondern *wird* es dadurch, daß Gott, der ein lebendiger Gott ist, ihn faktisch immer wieder dazu benutzt, ihn in Gebrauch nimmt und reden läßt.

b) Bei dem Streit um die natürliche Theologie in der Nazizeit wollten Gegner Barths, wie Emanuel Hirsch, die Differenz auf den Punkt bringen, daß sie, die »Deutschen Christen« und ihre Geistesverwandten, von der Lebendigkeit Gottes durchdrungen seien und Gott deshalb lebendig erfahren könnten in der lebendigen deutschen Geschichte, vor allem im Siegen des »Führers«, während Barth Gottes Offenbarung verdinglichen und einschließen würde in das Bibelbuch und speziell in der dort bezeugten einmaligen Gestalt Jesu Christi. Doch auf diese Deutung der Kontroverse konnte Barth sich nicht einlassen. Seiner Meinung nach vertauschten die »Deutschen Christen« und ihre Geistesverwandten die Lebendigkeit Gottes mit der Lebendigkeit der Geschichte, sie verwechselten das Wirksamwerden ihrer eigenen vitalen nationalistischen Wünsche mit dem Wirken Gottes. Vom lebendigen Gott zu reden und sich auf seine Offenbarung zu beziehen ist etwas anderes, als von der lebendigen Geschichte zu reden und in ihr – wo es einem paßt – Gottes Offenbarung entdecken können zu meinen. Daß Gott der lebendige Gott ist, darf für uns kein Freibrief dafür sein, ihn dort dingfest zu machen, wo das Leben unseren Wünschen genehm ist. Gerade das wäre Verdinglichung Gottes.

Barth ist vor jener wilden und eigenmächtigen Ausdeutung der Lebendigkeit Gottes nicht zurückgewichen in die Verkündigung eines leblosstarren Gottes, in die Lehre einer in die Vergangenheit eingeschlossenen und einzementierten Offenbarung. Offenbarung gibt es für ihn nur als lebendigen Vollzug, aber er suchte die Lebendigkeit Gottes von unserer willkürlichen Ausdeutung freizuhalten, indem er zeigte, daß die Mittel und Gestalten, deren Gott sich zu seiner Offenbarung bedient, nicht beliebig und auswechselbar sind, und weiter, daß Gott nicht irgendetwas offenbart (wie z. B. Deutschlands Größe), sondern *sich selber*, und zwar so wie er sich selbst erkennt. Im Zusammenhang dieser Selbsterkenntnis Gottes spricht Barth von *primärer* Gegenständlichkeit (ich bleibe weiterhin beim Anfang von KD II/1): Gott ist sich selbst Gegenstand seiner Erkenntnis – und *daran* (und nicht an irgendwelchen davon verschiedenen Gütern und Werten, die wir uns wünschen) gibt Gott uns Anteil, wenn er sich uns zu erkennen gibt in der sekundären Gegenständlichkeit geschöpflicher Wirklichkeit, die er erwählt und aufschließt zu Zeugen seiner Erkenntnis.

Solche fast abweisend introvertierten und in Hinsicht auf das, was von Gott selbst gesagt wird, spekulativ anmutenden Gedankengänge Barths haben also durchaus ihren existentiellen Bezug. Sie sind nicht selbst Verkündigung oder Gebet, aber sie sind Hintergrundsarbeit, wie Theologie sie leisten kann und soll angesichts des ständig tobenden Kampfes zwischen Gottes Willen und unseren Wünschen, zwischen Gottes freier Gnade und unserem Willen, sich ihrer zu bemächtigen, zwischen *Gottes* Liebe zu uns und *unserer* Liebe zu uns.

Deshalb muß genau unterschieden werden zwischen dem, was wir Leben nennen und worin wir uns richtig zu entfalten meinen, und der lebendigen Wahrheit Gottes, die uns neues Leben aus dem Tode gibt. Deshalb zählt hier das *Wort*, das von Gottes Offenbarung Zeugnis ablegt, und nicht die stets mehrdeutige Erfahrung. Schon in Barths erster Dogmatik-Ausarbeitung vom Sommer 1924 heißt es:

»Kein moderner Anti-Intellektualismus und Anti-Moralismus darf uns hier veranlassen, an die Stelle des Wortes das Leben, das Irrationale, das Heilige etc. zu setzen und an Stelle der Erkenntnis das Erlebnis, die Erschütterung, das Überwältigtwerden und dergleichen. Mit solchen Begriffsbestimmungen gleitet man, ob man es will oder nicht – Schleiermacher hätte hier als Warnung dienen müssen statt als Vorbild – in jene neutrale Sphäre hinein, wo das Ich und Du ineinander verschwimmt, wo die Offenbarung zu einer Einflößung oder zu einem Wachstum wird und ihr Inhalt zu einem Gegebenen. Ihr Inhalt ist aber die Wahrheit, darum kommt sie zu uns in der Form, die der Wahrheit entspricht: nicht in Form eines zweideutigen Seins, sondern in Form des *Wortes*, das als Träger der Wahrheit *erkannt* sein will, sich zu *erkennen* gibt: Geist, der durch den Geist, zum Geiste spricht. Darum das Zeugnis der Propheten und Apostel in Form von *Worten*, darum die Erlaubnis und Aufforderung, von Gott – nicht zu lallen, nicht zu mimen, nicht zu musizieren, sondern zu *reden*.«[27]

Neun Jahre später sah sich Barth in dieser Auffassung aktuell bestätigt angesichts des wohlwollenden Echos, das die »Deutschen Christen« in der evangelischen Kirche Deutschlands gefunden hatten, und schärfte noch lebhafter ein:

»Wo war die schlichte, aber entscheidende Frage nach der christlichen *Wahrheit*, als dies Alles möglich wurde? Oder darf diese Frage etwa gar nicht mehr gestellt werden in der heutigen evangelischen Kirche? Ist sie etwa völlig untergegangen in einem einzigen Jubel oder Stöhnen von Aufbruch, Wirklichkeit, Leben, Geschichtsmächtigkeit und wie diese alle christliche Kritik ersticken wollenden Worte sonst noch lauten mögen? Ist man ein verknöcherter Kirchenmann oder Studierstubengelehrter, wenn man sich erlaubt, in dieser Sache auch den lautesten Trommelschlag als solchen noch lange für kein Argument zu halten? Ist das etwa gerade das Schöne an dieser Bewegung, daß ihr gegenüber Tausende nach der christlichen Wahrheit offenbar gar nicht erst gefragt haben? Aber wie tief und gründlich würden wir, gerade wenn das etwa gelten sollte, noch immer in der ›Glaubensbewegung‹ des 18. und 19. Jahrhunderts stecken, deren höchste Weisheit eben darin bestand: daß in der Kirche nach so etwas wie Wahrheit nicht zu fragen sei und auch nicht gefragt werden könne, weil das nur zu Streit und Unduldsamkeit führe und weil über Wahrheit und Unwahrheit hier doch nichts auszumachen sei, während auf das ›Leben‹ Alles ankomme!«[28]

Dabei war es Barth bewußt, daß man auch bei ihm den Eindruck bekommen kann, als sei über Wahrheit und Unwahrheit »doch nichts auszumachen«: weil er sich einem Wahrheitsbegriff verweigert, der »Wahrheit« als etwas Allgemeines nimmt – anstatt als eine Besonderheit; weil er darauf pocht, daß die Wahrheit nicht in unserer Macht und zu unserer Verfügung steht, daß sie kein Datum unserer Erfahrung, auch keine Art Axiom unseres Denkens ist; weil seine Theologie davon ausgeht, daß wir nur »in der Wahrheit« die Wahrheit erkennen und nur »im Vollzug« der Offenbarung wissen, was Gottes Offenbarung ist und sagt. Liegt es da nicht nahe, die Frage der Wahrheit an die Praxis zu verweisen: wo eben Leben im Vollzug geschieht, wo die Besonderheit stattfindet, wo Erfahrung sich ereignet? Diese Frage wirft Barth selbst auf (KD II/1, S. 74 f.), aber nur, um entschlossen solchem Abbruch der theologischen Klärung einen Riegel vorzuschieben – der aber nun nicht darin bestehen kann, daß die Wahrheit endlich statuiert wird, sondern nur darin, daß der theologische Prozeß fortgesetzt wird, und d. h. eben: im ständigen Umkreisen der nicht verallgemeinerungsfähigen und nicht habbaren Besonderheit des Wortes Gottes; daß das Leben also nicht sich selbst überlassen wird: nicht ohne den der Korrektur dienenden theologischen Weitergang.

Diese Begrenzung der Alleinherrschaft des »Lebens« wird inhaltlich dadurch unterstrichen, daß auch der *Glaube* seine Begrenzung gezeigt bekommt. Denn wenn Gotteserkenntnis sich nur und gerade im Glauben vollzieht, könnte der Glaube ja eingeschätzt werden als »Erlebnis Gottes« als »Gotteinheit des Menschen in Form einer Aufhebung des Subjekt-Objektverhältnisses, der Bedingtheit, in der uns Gott offenbar ist«. Doch der Glaube ist bloß »unser eigenes Tun«, und man soll sich der Distanz gegenüber Gott bewußt bleiben, indem man vermeidet, von »Gotteserlebnis« zu reden – heute würde man sagen: Gotteserfahrung bzw. Erfahrung Gottes:

»Wenn schon Erlebnis – dann Erlebnis seines Werkes und Zeichens und also Erlebnis in den Schranken und auch in der Zweideutigkeit und Gefährdung des Subjekt-Objektverhältnisses. Es gehört auch unser Glaube als solcher zu dem von Gott eingesetzten und gebrauchten Medium, Spiegel und Rätsel. [...] Es ist gerade auch unsere Glaubenserkenntnis Erkenntnis Gottes in seiner Verborgenheit, indirekte, mittelbare und nicht unmittelbare Erkenntnis.« (KD II/1, S. 61 f.)

Darum bedürfen wir stets des Wortes, das von der Wahrheit Zeugnis ablegt; bedürfen wir der Überlegenheit des Jenseits von Leben und Erleben.

VI Die immer wiederkehrenden Weichenstellungen

Auf dem Hintergrund dessen, was ich bisher zu zeigen versucht habe, lassen sich schließlich auch einige *auffällige Themenstellungen* verstehen, an denen Barth hartnäckig festgehalten hat und die für den Leser erhebliche Zumutungen bedeuten. Einige Problemanzeigen seien als Lesehinweise gegeben.

a) Direkt an den vorigen Abschnitt anschließend ist das *Analogieproblem* zu nennen. Hierbei geht es um das Problem der Sprache und der in ihr artikulierten Vorstellungen: ob und wie sie für die Erkenntnis Gottes und das Reden und Nachdenken darüber geeignet sein können. Die Barth-Forschung hat sich bevorzugt gerade dieses Themas angenommen – wohl weil von ihm aus am ehesten die Beziehung sowohl zur wissenschaftstheoretischen wie zur interkonfessionellen Diskussion gefunden werden kann. Man hat auch unter diesem Stichwort in Barths Entwicklung den entscheidenden Schritt bzw. Sprung festzustellen gemeint: von der frühen Phase der Dialektik resp. Diastase resp. des Paradoxes zur reifen Theologie im Zeichen der Analogie. Doch man beachte, daß auf der Höhe der Barth'schen Theologie in der Lehre von der Gotteserkenntnis der Analogiebegriff *negativ* eingeführt wird (KD II/1, S. 82–86):

»Wir haben keine Analogie, auf Grund derer uns das Wesen und Sein Gottes als des *Herrn* zugänglich werden könnte. [...] Weiter: Wir haben keine Analogie, auf Grund derer uns das Wesen und Sein Gottes als des *Schöpfers* zugänglich werden könnte. [...] Weiter: Wir haben keine Analogie, auf Grund derer uns das Wesen und Sein Gottes als des *Versöhners* zugänglich werden könnte. [...] Endlich: Wir haben keine Analogie, auf Grund derer uns das Wesen und Sein Gottes als des *Erlösers* zugänglich werden könnte.«

Gewiß haben wir Vorstellungen von Herrschaft, auch von Urhebern und Ursachen, wir haben Vorstellungen von Friedensschlüssen und Synthesen, ebenso wie wir uns Vollkommenheit und Entwicklung denken. Aber man mag dies drehen und wenden wie man will, es hilft uns nichts, um Gott zu erkennen, Gott als Herrn, als Schöpfer, als Versöhner und Erlöser. Ja, die Aussage, daß wir keine Analogien dazu haben, wird von Barth noch verschärft, indem er von möglichen Analogien sagt: »An sich und als solche sind sie als Analogie Gottes nicht leistungsfähig, sind sie vielmehr geeignet, die Erkenntnis Gottes zu *verhindern*« (S. 84), geeignet, »Gott als den Schöpfer scheinbar *überflüssig* zu machen, seine Wahrheit *auszuschließen*« (S. 83), »gerade das *in Abrede zu stellen,* was uns durch sie [die Wirklichkeit Gottes unseres Erlösers] verheißen ist« (S. 85, Hervorhebungen von mir).
Wieder stehen wir vor der Grundeinstellung Barths, daß Gott und Mensch nicht zusammenpassen, weil zwischen beiden ein tödlicher Streit im Gange ist. Die uns vorstellbaren und von uns sagbaren Analogien würden die Erkenntnis des wahren Gottes »von sich aus nur

verhindern können, weil sie zuletzt und zuhöchst alle nicht auf Gott, sondern auf uns selbst, auf unsere Gott entfremdete Seele, auf unser bedrohtes Leben diesseits des Todes, auf eine bloß mögliche, in den Bereich unseres Wählens gestellte Herrschaft hinweisen« (S. 82). Nun hat gewiß der Theologe dem Wort des Evangeliums nach-zudenken: daß Gott unseren Widerspruch zu sich und unsere Verfallenheit an den Tod überwunden, daß er die Kluft geschlossen hat. Aber gerade wenn man das begreifen will, wird deutlich, wie groß der Abgrund ist und daß es Gottes selber bedarf, ihn zu überwinden, genauer: des Wohlgefallens der göttlichen Gnade und Barmherzigkeit. Dann kann es aber auch nur durch Gottes Gnade geschehen, daß unsere unbrauchbaren und irreführenden Analogien brauchbar gemacht werden, »daß es uns in der Bestreitung, in der Umkehrung, in der Verwandlung dessen, was wir vorher zu wissen meinten [...], durch Gottes Offenbarung gegeben wird, um ihn zu wissen« (S. 83). Daß uns dies gegeben wird, geschieht »auf Grund der freien Initiative und dem Geheimnis Gottes« – abermals markiert der Geheimnisbegriff unsere Unmöglichkeit, die Möglichkeit dessen, was von Gott aus geschieht, um ihn zu erkennen, einzusehen. Wir können es nur durch Gott an uns sich vollziehen lassen.
Anders als in Analogien geht dies nicht, aber: Analogien haben wir nicht – welch ein paradoxes Unternehmen ist dann die Theologie, dem nach-zudenken, daß Gott nun doch aus Nicht-Analogien Analogien machen kann und es auch tut! Auch hier handelt Barths Theologie von dem Gott, der die Toten lebendig macht und das Nicht-Seiende ins Sein ruft (Röm. 4,17).
Überflüssig zu sagen, daß Barth damit den Analogiebegriff »verfremdet« hat. Nicht überflüssig ist zu sagen, daß man nun nicht mit dem Vorschlag kommen kann, dann am besten den Analogiebegriff fallen zu lassen und ihn durch einen anderen Begriff zu ersetzen – etwa den des Gleichnisses.[29] Denn »verfremdet« werden muß auch jeder andere Begriff, weil auch er notwendig hergenommen ist aus unserem Gott entfremdeten Lebensvollzug in dem, was uns »natürlich« ist, also aus unserem Lebensvollzug im Streit gegen Gottes Gnade. Welchen der immer nur uneigentlich geltenden Begriffe man nimmt, ist eine pragmatische Frage. So weit ich es im Augenblick übersehe, benutzt Barth das Wort »Analogie« gern in bezug auf Sprache und Vorstellungen, »Gleichnis« vorwiegend in bezug auf geschichtliche Ereignisse[29a]. Das ist ein naheliegender und praktikabler Sprachgebrauch – daß er strikt eingehalten wird, ist nicht nötig, denn die eigentliche theologische Aufgabe beginnt erst da, wo es darum geht, daß das scheinbar Taugliche als

untauglich zur Gotteserkenntnis erkannt wird – und das Untaugliche als von Gott tauglich gemacht. Bedenkt man das, so möchte ich meinen, daß die Grundeinsicht des ›Römerbriefes‹ von 1922 in Barths späterer Theologie *nicht widerrufen* ist:

»Die Christusgemeinde kennt keine an sich heiligen Worte, Werke und Dinge, sie kennt nur Worte, Werke und Dinge, die als Negationen auf den Heiligen hinweisen. Es bezöge sich alles ›christliche‹ Wesen *nicht* auf die Heilsbotschaft, es wäre menschliches Beiwerk, gefährlicher religiöser Rest, bedauerliches Mißverständnis, sofern es allenfalls statt Hohlraum Inhalt, statt konkav konvex, statt negativ positiv, statt Ausdruck des Entbehrens und der Hoffnung Ausdruck eines Habens und Seins sein wollte. Wollte es *das*, würde es aus Christus-tum zum Christen-tum, zu einem Friedensschluß oder auch nur zu einem modus vivendi mit der diesseits der Auferstehung in sich selbst schwingenden Weltwirklichkeit, so hätte es mit der Kraft Gottes nichts mehr zu tun. [...] Was der Mensch diesseits der Auferstehung Gott nennt, das ist in charakteristischer Weise Nicht-Gott. Gott – der seine Schöpfung *nicht* erlöst, Gott – der der Ungerechtigkeit der Menschen den Lauf läßt, Gott – der sich *nicht* als Gott zu uns bekennt, Gott als höchste Bejahung des Da-Seins und So-Seins der Welt und der Menschen, das ist das Unerträgliche, das ist Nicht-Gott, trotz der höchsten Attribute, mit denen wir es im höchsten Affekt schmücken [...] Im Christus aber redet Gott, wie er ist und straft den Nicht-Gott dieser Welt Lügen. Er bejaht sich selbst, indem er uns, wie wir sind, und die Welt, wie sie ist, verneint. Er gibt sich selbst als Gott zu erkennen, jenseits unsres Abfalls, jenseits der Zeit, der Dinge und der Menschen, als der Erlöser der Gefangenen und gerade damit als der Sinn alles dessen, was ist, als der Schöpfer.« (2. Aufl. des Römerbriefes zu Röm. 1,16f., S. 12 und 15f.[30])

Auch in seiner späteren Theologie meint Barth immer *diesen* Gott, und er meint *diesen* Glauben, den Glauben des Abraham von Röm. 4,17. So ist also auch der Begriff der »analogia fidei« beim späten Barth ein Paradox. Und wenn Barth von »Gleichnissen des Himmelreichs« redet, meint er immer *nur* Gleichnisse, in denen das ganz *Andere* des Reiches Gottes zwar gemeint, aber nicht präsent ist; die also durch das Kommen des Reiches strikt begrenzt sind. Das hat sich auch im oft beschworenen späten Dogmatik-Teil KD IV/3 nicht geändert.
Ich erwähne das deshalb, weil mir in der Literatur die Neigung zum Vorschein zu kommen scheint, in der Theologie des späten Barth nun doch einen »Friedensschluß« oder wenigstens einen »modus vivendi mit der diesseits der Auferstehung in sich selbst schwingenden Weltwirklichkeit« finden zu wollen – etwa wenn in KD IV/3 innerhalb von § 69,2

davon geredet wird, daß Geschichts-Ereignisse und -Bewegungen von der Kirche als »Gleichnisse des Himmelreichs« verstanden werden können. Aber es ist zu beachten, wie zurückhaltend Barth davon spricht: Nicht nur, daß er keine bestimmten Ereignisse, Bewegungen und Auffassungen beim Namen nennt (im Tambacher Vortrag 1919 war es wenigstens noch die »*Sozialdemokratie*, in der *unserer* Zeit nun einmal [...] das Gleichnis des Gottesreiches gegeben ist«[31]), sondern Barth bezieht in KD IV/3 das Wahrnehmen von Geschichtsereignissen als »Gleichnisse des Himmelreichs« streng und eng auf das *Lernen* der christlichen *Kirche*: Es dient dazu, daß die Gemeinde Jesu Christi genauer als bisher auf den Willen ihres Herrn zu achten lernt – und dies, indem sie sich dadurch tiefer hineinführen läßt »in das ihr zu allen Zeiten und in allen Räumen, in das allen ihren Gliedern unter allen Umständen vorgegebene biblische Wort als die authentische Bezeugung des Wortes Jesu Christi selbst« (KD IV/3, S. 151). Es geht also auch jetzt nicht darum, Geschichtsereignisse theologisch zu qualifizieren, auch nicht darum, nun doch noch aus dem Warten auf das Reich Gottes in das Erlebnis dieses Reiches inmitten der säkularen Welt sich versetzt zu wähnen, sondern immer noch um Gotteserkenntnis und um Gehorsam zu Gott in der bloßen Vorläufigkeit und Verborgenheit des Glaubens und strikt nach Maßgabe der Bibel. Wer für die Welt diesseits der Auferstehung »mehr« und anderes hören will, wird bei Barth immer wieder enttäuscht werden.

Wohl redet Barth auch von der Gegenwart und Wirksamkeit Gottes bei uns *diesseits* der Auferstehung: Gott muß ja selber tun, was zu seiner Erkenntnis und zum Gehorsam ihm gegenüber nötig ist. Aber davon zu reden ist für uns eben eine paradoxe Aufgabe, weil es um das Wunder der Besonderheit des Durchbruchs Gottes (in seinem Geheimnis) zu uns (in unserer Gott-Entfremdung) geht. Deshalb ist Barth so umständlich und wortreich – und zugleich so verschlossen und begrenzt in dem, was er zu sagen wagt. Seinen Lesern gefällt das in der Regel wenig; die sind (wie die Literatur darüber zeigt) selten so in Anspruch genommen von der Schwierigkeit der Ausgangsmöglichkeit unseres Redens von Gott. Da liegen für sie offensichtlich weniger Hemmklötze auf dem Wege – und so drängen sie hinaus in die weite Welt, um in ihr, zu ihr und von ihr theologisch oder wenigstens angewandt-theologisch zu reden – als ob dadurch, daß Barth die elementaren Paradoxien dabei aufgezeigt und bedacht hat, sie schon aufgelöst und wir darüber hinaus wären!

b) Barth nannte selbst seine Art des Theologisierens »*Kreiselbewegung*«. Nur so könne Theologie »sachgemäß getrieben werden«.[32] Zu dieser Kreiselbewegung gehört, daß im theologischen Prozeß immer wieder die *Eindeutigkeiten und Festlegungen aufgebrochen* werden, zu denen unsere Sprache und unsere Vorstellungen neigen – besser gesagt: der Gebrauch, den wir von Sprache und Vorstellungen machen, weil wir gerne Gott festlegen und seine Offenbarung domestizieren möchten. Ich exemplifiziere dies Aufbrechen an Hauptinhalten der christlichen Gotteslehre: daß Gott Liebe und daß er allmächtig ist. Die Stichworte und Barths Ansatz dabei sind uns schon in Kap. II begegnet. Jetzt zitiere ich aus Gesprächsgängen, die 1936 in Debrecen und Klausenburg stattfanden.[33] Dort kommt Barths Ansicht und Ansatz in aller wünschenswerten Deutlichkeit zum Ausdruck:

»Was heißt Ehre *Gottes* und was heißt Liebe *Gottes?* Wir wissen nicht, was wir damit sagen. Denken wir unsere menschlichen Begriffe zu Ende und versuchen wir Gott zu verstehen als den Inbegriff eines solchen menschlichen Begriffes, so haben wir nicht Gott erkannt, sondern einen Götzen aufgerichtet. [...] Kindlein, hütet euch vor den Abgöttern! Hütet euch vor der Allmacht, vor der Ehre und hütet euch vor allem auch vor der Liebe! Alle diese Begriffe dürfen wir nur anwenden im Dienste Gottes. Und wir sollen nicht wagen, aus Gott den ›lieben Gott‹ nach unserem eigenen Bilde zu machen!«

Und etwas später noch schroffer, aber so präzise und aufs Ganze gehend, daß man die Stelle fast zum Auswendiglernen empfehlen möchte:

»Nochmals: Wir wissen nicht, was Liebe ist. Wir haben es zu lernen, indem wir Gott zu erkennen lernen. Seine Liebe ist eine andere als die menschliche. Und wir werden uns offen halten müssen dafür, daß sie unserem Begriff von Liebe widerspricht. Wir werden dann nicht murren dürfen. Es wäre natürliche Theologie, Gottes Liebe erkennen zu wollen aus unserer Vernunft und Erfahrung. Denken Sie an das Buch Hiob! Es verkündigt uns, daß wir uns vor Gott zu beugen haben, wie er ist, ganz gleich, ob wir verstehen oder nicht verstehen. Wenn wir uns auf bestimmte Vorstellungen von Gott festlegen, dann werden wir immer erneut Anlaß haben, zu murren. Im Grunde leugnen wir damit Gott. Dieses Verfügenwollen über Gott, das ist der eigentliche Atheismus, viel schlimmer und gefährlicher als aller bolschewistische Atheismus und zwar darum, weil er den christlichen Glauben an der Wurzel angreift. Die Wurzel des christlichen Glaubens ist der *Gehorsam.* Hier stehen wir alle im Kampf des Fleisches mit dem Geist. Das Fleisch verlangt nach dem ›lieben Gott‹, der Geist sagt uns das Wort. Jesus Christus hat im Kreuz Gottes ewige Liebe erkannt, indem er gehorsam war. Gehorsam und Glaube, Glaube und Gehorsam, das ist der Weg, auf dem Gottes Liebe sich uns offenbart, als die Liebe, die in Christus erwählt *und* verwirft.«

Hier kann man den Abstand Barths zum bürgerlichen Selbstbewußtsein erkennen; denn daß Gott verwirft, daß er zu fürchten sei, daß er unser Richter ist, das alles gilt dem neuzeitlichen Bürger als unbegreiflich, als unzumutbar und abwegig. Wo *wir* es doch so gut meinen! Barths Bibelorientierung zeigt sich nicht zuletzt darin, daß er solcher moralischen Selbsteinschätzung allen Respekt verweigert. Er weiß: »Natürlicher«-weise möchten wir bei Gott wiederfinden, was wir selbst als gut und moralisch ansehen, als nützlich für Erziehung und Weltgeschichte. Daher kommt es, daß wir Gott als »Liebe« zu definieren und festzuschreiben bestrebt sind. Weil *wir* es so gut meinen, muß Gott es auch *so* gut meinen. So funktioniert die eigene Moral als Werkstätte der Götzenproduktion. Und wenn wir aus Gott und seinem Handeln die Verwerfung, den Zorn, das Gericht, das Furchterregende ausschließen wollen – warum, wenn nicht deshalb, weil wir uns selbst so wohlwollend einschätzen, daß das alles uns gegenüber als deplaciert und ungerechtfertigt erscheinen muß? Wie fremd steht Barth da in einem auf Moral fixierten und über seine eigenen guten Absichten gerührten Geschlecht!

Von da aus kann man übrigens eine Einzelheit verstehen, die oft registriert, aber nie geklärt worden ist: warum nämlich Barths Bestreben, den Theologen, die ihm vorangegangen waren, Gerechtigkeit widerfahren zu lassen, bei *einem* Theologen Halt machte: bei Albrecht Ritschl. Man lese zur Erklärung die folgende Stelle aus einem Brief Barths an Eduard Thurneysen vom Juli 1928 – man beachte dabei aber auch, wie am Ende Barth sich selbst wieder ins Wort fällt und die Kehrseite der Medaille betrachtet (gegen Ritschl Recht zu haben – in Betonung des eigenen Unrechts!):

»Im Seminar wird Ritschl entkernelt. Er ist wirklich ein schrecklicher Kerl, in seiner Weise nicht weniger schlimm als Schleiermacher, eher noch schlimmer, wenn man daran denkt, wie er die ganze Wernle-Generation mit seinen Eindeutigkeiten (das unentwegte Reden von der Liebe Gottes stammt von ihm) auf den Leim geführt. Ich habe gerade auch seine biblischen Nachweise untersuchen lassen, und es ist ganz unglaublich, was er sich da alles leistet, um z. B. die Heiligkeit Gottes und die auch *gegen* die Gerechten sich wendende Gerechtigkeit Gottes aus der Bibel herauszueskamotieren. Alles, aber auch alles, läuft darauf hinaus, daß er in seinem ›Selbstgefühl‹ (das das Kriterium der Gotteskindschaft ist!) sich nicht will stören lassen. Dieser Wahn forderte dann offensichtlich als Kompensation jene typische Betrübtheit jener ganzen Pfarrerschicht, über die wir uns im Aargau so oft gewundert haben. – Aber von uns wird man vielleicht dereinst sagen, wir hätten mit Hilfe der erneuerten Lehre vom Zorne Gottes ein nur zu munter auftretendes Pfarrergeschlecht erzogen, was meinst du?«[34]

Doch ich möchte hier noch weiterführen, was schon in Kap. I angesprochen worden ist: Weil Barth von der Einsicht durchdrungen war, daß unsere Analogien – als die uns »natürlichen« Analogien – zu plump, zu kurzschlüssig und zu selbstgefällig sind, um für Gott zu passen, war er bemüht, alle Aussagen über Gott ständig in Bewegung zu halten, um von Gottes Gnade *und* Gericht, von Gottes Liebe *und* Zorn, Gottes Ja *und* Nein reden zu können. Das betrifft auch Gottes Hoheit *und* Selbsterniedrigung, Gottes Macht *und* Ohnmacht, wie an der Lehre von den »Eigenschaften« Gottes in KD II/1 zu verfolgen ist (Sechstes Kapitel: Die Wirklichkeit Gottes). Auf ein übersichtliches Nacheinander wollte Barth nach wie vor nicht hinaus; denn dadurch könnten wir gerade zur Domestizierung und zur Festlegung der Offenbarung Gottes kommen. Das zu vermeiden bzw. wenigstens davor zu warnen, sollte mit einem Sich-gegenseitig-Kreuzen der verschiedenen Linien erreicht werden. Das gilt nun auch für die Lehre von der Allmacht Gottes. Im Gegensatz zur Rede von Gott als Liebe hat das Reden von Gottes Allmacht gegenwärtig keine Konjunktur. Es ist ja auch genug mißbraucht worden. Aber wird das Reden von Gottes Liebe weniger häufig mißbraucht? Die Aussage, daß Gott allmächtig ist, einfach abzuschaffen, bedeutete nur erneut, unsere Wünsche und unsere Selbstzuversicht zum Maßstab unseres Redens von Gott werden zu lassen; denn wenn von Gott nicht gelten soll, daß er allmächtig ist, steht alles auf unserer Macht, und d. h. auf unserer moralischen Qualität, auf unserer Schlauheit und Tüchtigkeit. Dann bleiben wir verschlossen in unseren eigenen Möglichkeiten – für Barth der schrecklichste aller Gedanken: von Gott *nicht mehr* erwarten zu können als das, was *wir* sind und können – so erhebend solche Beschränkung auch für das eigene Selbstwertgefühl sein mag. Aber es kann nun auch nicht darum gehen, einfach den Gedanken der Macht für Gott zu steigern und auszuziehen, bis etwas herauskommt, was wir uns unter »allmächtig« denken könnten oder mögen; vielmehr haben wir uns auch dabei stören und unsere phänomenologische Schau durchkreuzen zu lassen von dem, wie in der Bibel Gott bezeugt wird. Man müßte die Lehre von Gottes Wirklichkeit in KD II/1 studieren, um mitzuvollziehen, wie Barth vorgeht, wie er den Zugang zum Reden von Gottes Vollkommenheiten bahnt – Schritt für Schritt und Lehrstück für

Lehrstück. Ich halte diese Anstrengung für überaus lohnend. In einer
Zeit, da schnelle und dem Gemüt einleuchtende Lösungen und Antworten gewünscht und auch geliefert werden, wird man die Anstrengung
dabei sicher doppelt empfinden. Aber vom Leser wird keine größere
Anstrengung verlangt, als Barth sich selber auferlegt hat. Und die
eigentliche Anstrengung ist ja beim Autor und beim Leser dieselbe:
Wachsam zu bleiben angesichts des zugleich ruhelosen und einschläfernden Mitsprachewillens unserer eigenen »Natur«.

c) Unverdrossen hat Barth seine Energie darauf gewandt, die menschliche Selbsteinschätzung als Maß der Erwartungen von Gott und der
Aussagen über ihn in die Schranken zu weisen, um uns auf das hin zu
orientieren, was außer uns ist, extra nos, bei Gott selber. Unser *Selbstbewußtsein* kann hierbei nicht mitreden, weil unser *Sein* ja jene »Natur«
ist, die sich Gottes bemächtigen will. Der Gedanke, wir könnten von
einer Einheit (wenigstens von einer geistigen Einheit) mit Gott ausgehen,
ist selber schon ein Akt jenes Bemächtigungswillens gegenüber Gott.
Barth kennzeichnet eine solche hypertrophe Vorstellung als die der
Kontinuität zwischen Gottes und unserem Sein – wo wir doch allein
Diskontinuität annehmen dürfen, die nur durch Gottes Durchbruch
überbrückt, jedoch nie zur Kontinuität umgewandelt wird. Die Annahme einer wenigstens im Glauben erreichten Kontinuität wäre Ausdruck christlicher natürlicher Theologie, die vergißt, daß auch im Christen die »Natur« gegen Gott rebelliert.
Der Sprachgebrauch von »Kontinuität« und »Diskontinuität« taucht
immer wieder bei Barth auf. Und oft genug fällt dabei ein Name, in dem
sich für ihn jener Wahn einer vorgeblich im christlichen Glauben
vollzogenen Kontinuität zwischen Gott und Mensch repräsentiert: *Andreas Osiander*. Innerhalb der reformatorischen Theologie hatte Osiander es unternommen, die Rechtfertigungslehre Luthers zu einer Lehre
von der dem Menschen *einwohnenden* Gerechtigkeit Gottes weiterzuentwickeln. Um und gegen ihn kam es nach Luthers Tod zu einem
heftigen Streit, der sich am besten in der Letztfassung von Calvins
Institutio in relativ ausführlichen Polemiken greifen läßt. Durch das
Studium der Institutio Calvins während seiner Hilfspredigerzeit in Genf
wird sich bei Barth Osiander dem Namen und der Sache nach eingeprägt
haben, so daß er ihn dann später gleichsam als Chiffre gebrauchen
konnte.
Seine eigene Entwicklung von der Erstfassung des ›Römerbriefes‹ zur
Neufassung registrierte Barth während der Umarbeitung (anläßlich der

Arbeit an Röm 3,21 ff.) im Dezember 1920 gegenüber Thurneysen so: »Die Wendung von Osiander zu Luther macht sich gegenüber der ersten Auflage geltend wie eine Katastrophe.«[35] Was er hier mit »Osiander« bezeichnet, ist die These von einer durch Christus neu hergestellten organischen Einheit von Gott, Welt und Mensch, die sich von Christus aus in die Geschichte und in die Natur hinein fortpflanzt (vgl. die 1. Auflage des Römerbriefes zu Röm 3,21–22a, S. 62 f.). In der 2. Auflage steht an derselben Stelle eine schroffe Darstellung des »furchtbaren Aber«: alles gilt *nur im Glauben*. »Das Sehen des neuen Tages ist und bleibt indirekt, die Offenbarung in Jesus ein paradoxes Faktum. [...] Es ist keine seelische, geschichtliche, kosmische, naturhafte Gegebenheit, auch nicht eine solche höchsten Ranges« (2. Aufl. S. 72). – Schauen wir uns noch unter dem zentralen Gesichtspunkt des Seufzens: Veni creator spiritus! die Auslegung von Röm. 8 an, so finden wir dort in der 1. Auflage den »Geist« immer wieder als »in uns gelegten Keim«, als »Enklave der Gerechtigkeit in uns« gedeutet, so daß »zellkernartig« (zwar »erst« zellkernartig, aber eben doch *so*) die neue Gerechtigkeit Gottes in uns sich organisiere (vgl. 1. Aufl. S. 224 ff.), was die 2. Auflage ausdrücklich zurückweist: »Nichts, gar nichts ist hier von jenen ›Keimzellen‹ oder ›Ausflüssen‹ Gottes, nichts von jenem sprudelnden quellenden Leben, in dem etwa ein kontinuierlicher Zusammenhang zwischen Gottes Sein und dem unsrigen stattfände« (2. Aufl. S. 279).
Dabei war Barth z. Zt. der Arbeit an der Erstfassung seiner Römerbriefauslegung gar nicht von Osiander beeinflußt (ich nehme an, er hat ihn nie studiert), sondern von Joh. Tobias Beck (1804–1878), dessen Naturalisierung des Geistes sich bei Barth mit Resten des Fortschrittsoptimismus aus dem religiösen Sozialismus verbunden hatte. Osiander wurde nur Stichwort dafür, weil Barth zunehmend die reformatorische Theologie auf sich wirken ließ. Und dabei vollzog sich eine Ausdehnung dessen, was mit dem Namen Osiander gekennzeichnet und perhorresziert werden sollte: In der berühmt und einflußreich gewordenen Luther-Deutung von Karl Holl (1866–1926) sah Barth mehr *diese* Linie zur Geltung kommen als das »extra nos« Luthers, so daß sich ihm die Trias Osiander-Beck–Holl ergab – zumal die Rede vom »Keimhaften« auch bei Holl die Parallelisierung nahelegte. Bei dieser Trias ist Beck für Barth wohl wichtiger als Osiander, weil er ein Theologe der Neuzeit ist, und Holl zumindest akuteller als Beck, weil die damalige Luther-Renaissance von der Holl-Schule vorangetrieben worden ist und Barth es so (wie etwa E. Hirsch) gerade nicht meinte. Wir sind durch die Nachlaß-Edition in die glückliche Lage versetzt, Barths Abwehrbewegung gegen die Linie

Osiander–Beck–Holl in einer gründlichen Darlegung studieren zu können: im Rahmen der Ethikvorlesung von 1928/1929 (Band 2, S. 38 u. – 65 o.). Wer nicht diese ganze Ethik durcharbeiten kann, sollte wenigstens jene Seiten nicht versäumen – auch wenn die Auswirkungen erst im Verlauf des ganzen Bandes zu Tage kommen, etwa in den Ausführungen zum Opfergedanken (§ 13,2, ebd. S. 261 ff.) oder wenn Barth das »Gewissen« (den Zentralbegriff der Holl-Schule) aus dem Vorhandensein fortnimmt und als eschatologischen Begriff behandelt (§ 16, S. 384–421) – ein einzigartig erhellender Gedanke!

Doch das ist noch nicht alles. Im Zuge der näheren Beschäftigung mit dem römischen Katholizismus entdeckte Barth den Komplex »Osiander« in der römisch-katholischen Lehre von Rechtfertigung und Gnade wieder – obwohl Calvin in seiner Institutio solche Gleichsetzung vermieden und beide Irrlehren getrennt nacheinander abgehandelt hatte.[36] Barths Sicht ist systematischer. Hier spiegelt sich die Vereinfachung des neuzeitlichen Denkens auf das jeweilige systematische Prinzip – und eben um das Prinzipielle ging es Barth bei seiner Abwehr gegen die Linie Osiander–Beck–Holl, die er dann ausgeweitet hat bis zu Augustin einerseits und seinem eigenen katholischen Zeitgenossen Erich Przywara andererseits. Die größte Auseinandersetzung in dieser Dimension findet sich in dem Vortrag »Der heilige Geist und das christliche Leben«, 1929 gehalten im Rahmen der Theologischen Woche in Elberfeld. Er ist 1930 in dem Heft ›Zur Lehre vom Heiligen Geist‹ erschienen (als Beiheft 1 zur Zeitschrift ›Zwischen den Zeiten‹), zusammen mit dem Vortrag »Die Geistfrage im deutschen Idealismus« von Heinrich Barth. Dieses Büchlein bietet in beiden Aufsätzen eine derart gründliche und substantielle Aufräumarbeit zur Destruierung aller trügerischen Erfüllungen und zur Bereitung zum Seufzen: Veni creator spiritus!, daß man schon verstehen kann, daß es inmitten der vielen Frömmigkeits- und Denkbemühungen, die von einer Gottverwandtschaft oder Gottesnähe des menschlichen Geistes ausgehen möchten, als Fremdkörper empfunden wurde und schnell in Vergessenheit geraten ist.

Die prinzipielle Gleichartigkeit des neuzeitlich-bürgerlichen Protestantismus mit den theologischen Grundlinien des römischen Katholizismus behauptet und verhandelt Barth sein ganzes Werk hindurch; damit wird sich jeder Barth-Leser einmal auseinanderzusetzen haben. Nützlich zu lesen ist dazu der Vortrag »Der römische Katholizismus als Frage an die protestantische Kirche« aus dem Jahre 1928.[37] Was es ist, das Barth als das gemeinsame Prinzip ansah, kann man in der etwas späteren Formulierung zusammengefaßt finden, die sich auf die Kirchenauffassung hüben und drüben bezieht: »Beide Irrtümer haben das Doppelte gemeinsam, daß sie die Kirche zugleich zu groß und zu klein machen. Zu groß, indem sie dem Menschen zu viel – zu klein, indem sie Gott zu wenig zutrauen.«[38] So elementar sind die Grundentscheidungen von Barths Theologie! Ja, man müßte genauer sagen: ist die eine, prinzipielle Grundentscheidung.

In diesem Zusammenhang ist der häufige, fast inflationäre Gebrauch des Wortes »Gnade« durch Barth zu bedenken. Man müßte schon ein sehr uninteressierter Leser sein, wenn er einem nicht irgendwie penetrant vorkommen, zumindest als zu viel des Guten erscheinen wollte. Was damit gemeint ist, kann vielleicht eine Stelle aus der Lehre von der Gotteserkenntnis beleuchten:

»Gnade ist die Majestät, die Freiheit, die Unverdientheit, die Unvorhergesehenheit, die Neuheit, die Eigenmacht, in der die Beziehung zu Gott und also die Möglichkeit seiner Erkenntnis dem Menschen durch Gott selbst eröffnet wird. Gnade ist wirklich die Wendung, in welcher Gott eine Ordnung aufrichtet, die zuvor nicht war, auf deren Kraft und Wohltat der Mensch keinen Anspruch, die aufzurichten er keine Macht, die auch nur nachträglich zu rechtfertigen er keine Kompetenz hat, die er nur als in ihrer – der Besonderheit des Wesens und Seins Gottes genau entsprechenden – Besonderheit tatsächlich aufgerichtet, tatsächlich kräftig und wirksam als ihm widerfahrende Wohltat erkennen und anerkennen kann. Gnade ist Gottes *Wohlgefallen*. Und eben in Gottes Wohlgefallen besteht die Realität unseres Seins mit Gott, seines Seins mit uns.« (KD II/1, S. 80)

Der letzte Satz darf nicht überlesen werden: Unser Sein mit Gott besteht als Realität *in* Gottes Wohlgefallen – also nicht in dem, was *wir* für Realität zu nehmen pflegen: nach dem Maßstab unserer Wahrnehmung und unseres Selbstbewußtseins. Deshalb sagt Barth oft genug, daß Gottes Gnade seine Gnade *bleibt*, d. h. nicht in uns übergeht, nicht etwas Vorhandenes in unserem Bewußtsein wird, niemals dadurch zum Ausdruck kommen kann, daß wir sagen, wie uns zu Mute ist oder was wir erleben, empfinden, sehen, wollen oder können; wir sind immer wieder und ausschließlich auf das verwiesen, was bei und in Gott ist und was Gott uns in seinem Wort zu sagen hat. Da dabei auch die Initiative allein bei Gott liegt und bleibt, spricht Barth bevorzugt von der *freien* Gnade Gottes. Dieser Sprachgebrauch, der durch seine Häufigkeit ins Erbauliche zu rutschen scheint, ist also bewußt und genau gewählt und hat auch eine scharfe polemische Spitze: er besagt gerade nicht, daß alles gut ist, sondern daß das Gute allein und stets von Gott zu erhoffen und zu erflehen ist.

d) Das führt uns endlich auf den Gipfel von Barths Theologie, zu dem Lehrstück, in dem sich all die genannten Unmöglichkeiten und Dennoch-Wirklichkeiten zusammenziehen: zur Lehre von der *Prädestination* bzw. (wie Barth inhaltlich in seinem Sinne formuliert) von der *Gnadenwahl* Gottes.
Wenn die Theologie dermaßen exklusiv auf den einen Punkt gegründet wird: die freie Gnade Gottes, dann muß sie auch Rechenschaft ablegen darüber, wie sie dazu kommt und worauf sie sich einläßt, wenn sie sich so und nicht anders konstituiert sieht. Und dies eben geschieht in der Lehre von Gottes Gnadenwahl. Dabei geht Barth kontradiktorisch vor – und hat wieder Eigentümlichkeiten des neuzeitlichen Bewußtseins vor Augen: Dem menschlichen Wählen, das auf die Domestizierung der Offenbarung Gottes aus ist, wird *Gottes* Wahl als freie Gnadeninitiative entgegengestellt, der menschlichen Selbstbestimmung, die sich als frei auch im Gottesverhältnis deklariert, die Selbstbestimmung und Selbstbindung Gottes zu *unserem* Gott, und dem menschlichen Willen zu Herrschaft und Bemächtigung: Gottes Wille, uns *gnädig* zu sein.
Schon der Vortrag »Biblische Fragen, Einsichten und Ausblicke« von der Aarauer Konferenz 1920 setzt damit ein:

»Es ist die Frage der *Erwählung,* mit der die Bibel antwortet auf unsere Frage, was sie uns zu bieten habe. Was man Religion und Kultur nennt, das mögen irgendwie jedermanns Dinge sein, das Einfältige und Universale aber, der Glaube, der in der Bibel geboten ist, ist nicht jedermanns Ding: er liegt nicht zu jeder Zeit und in jeder Hinsicht in jedermanns Möglichkeit.«[39]

Und hier schon folgt eine erste Kritik an der reformatorischen Prädestinationslehre: Augustin und die Reformatoren hätten Gottes Erwählung kurzschlüssig auf die psychologische Einheit des Individuums bezogen und so zu einem ein für allemal aufgestellten Naturgesetz über dessen Seligkeit oder Verdammnis deformiert (ebd. S. 75). So gedeutet erklärt die Prädestinationslehre bloß, wieso die Menschheit in so wenige leidliche und so viele unleidliche Menschen zerfällt – und verewigt dies damit. Es ist klar, daß Barth die Prädestinationslehre *nicht* brauchte, um sich über die Unterschiedlichkeit der Menschen und über die Unausstehlichkeit von so vielen zu trösten; wem die Selbstgerechtigkeit so vergangen ist wie ihm, der kann vor dieser Seite der Prädestinationslehre nur warnen – auch wenn er selber genug Anfeindungen zu ertragen hat –, und Barth hat dies gerade im Blick auf Calvin getan:

»Noch dürfte also der Unterschied zwischen den vielen von Gott Verworfenen und den wenigen von Gott Erwählten immer ein anderer sein als der zwischen dem Heereszug Canaille und der kleinen Schar derer, die ›richtig‹ sind, selbst wenn sich uns dieser Unterschied noch so aufdrängte und selbst wenn der Maßstab, mit dem wir ihn vollziehen, noch so brauchbar wäre. Noch dürfte es also geraten sein zu erschrecken, wenn der erwählende und verwerfende Gott unserer Prädestinationslehre unserem eigenen Bild allzu ähnlich werden sollte.«[40]

Doch auch als Erläuterung zur Frage der Heilsaneignung war die Prädestinationslehre für Barth zu harmlos angesetzt. Schon früh verstand er sie als Teil der Gotteslehre, die an die Spitze aller theologischer Erwägungen gehört, weil es nur an Gottes Erwählung liegt, wenn unser Reden von ihm nicht leer, gnadenfeindlich, domestizierend, ja vom Teufel ist – auch im Falle der bestgelungenen Lehrbildung.[41] Also muß an den Anfang und ins Zentrum alles Redens und Nachdenkens über Gott die Erwägung gestellt werden, ob es überhaupt Anhaltspunkte dafür gibt, daß Gott bereit ist, sich uns zuzuwenden, uns aus dem Leerlauf eines ihm widerstrebenden Vollzugs des Götzendienstes herauszureißen. Deshalb erhebt sich das große Kapitel von Gottes Gnadenwahl nicht erst im Zusammenhang der Fragen unserer Heilsaneignung, sondern schon in der Gotteslehre (KD II/2, 7. Kapitel).
Damit wird nicht aus den Ungesichertheiten nun doch noch Sicherheit, vielmehr wird darin gerade begründet, warum Theologie aus sich heraus und aus den Menschen heraus, die sie treiben und zur Kenntnis nehmen, nichts Haltbares ist, warum sie ganz auf den lebendigen Gott angewiesen ist und warum es *gut* ist, daß es so und nicht anders ist.
Aussagen über Gottes freie Selbstbestimmung zu machen, ist ein kühnes Unterfangen. Letztlich stellt Barth keinen damit zufrieden. Um die Freiheit Gottes zu betonen, sagt er oft, daß Gott auch anders gekonnt *hätte*. Das aber klingt nach reiner Willkür. Dem zu wehren, muß gesagt werden, daß es in Gottes Wesen liege, sich als gnädiger Gott selber zu bestimmen. Das aber klingt nach naturhaftem Zwang, bei dem Gott der Gefangene seiner selbst ist und wir von jeder Buße dispensiert sind – da Gott *doch* nicht anders kann, als uns gnädig zu sein! So muß Barth die Aussagenreihen sich wieder durchkreuzen lassen – und nach Spekulation klingt trotzdem die eine wie die andere.
Die entscheidende Neuerung, die Barth dabei eingeführt hat und die der ganzen Gedankenführung ihr Rückgrat gibt, ist die konsequente Beziehung aller Aussagen auf Person und Werk Jesu Christi. Daß wir unsere christliche Existenz und unsere Rettung aus dem Götzendienst nicht in

uns selbst haben, sondern in Gott und seinem Wohlgefallen, das heißt, wie wir sahen: wir haben sie in Gottes Selbstbestimmung, uns gnädig zu sein. Und das heißt konkret: in Person und Werk Jesu Christi, in dem Gott sich selbst bestimmt hat und unsere Existenz verwandelt, richtet und rettet.

»In Christus erwählt – das heißt offenbar zunächst: nicht in uns selbst. Es war Calvin, der das mit Recht unterstrichen hat. Auch die Gnade selbst, unsere Berufung, Rechtfertigung, Heiligung geschieht ja nicht in uns selbst, nicht als unser Werk, sondern für uns und an uns als das Werk Jesu Christi. Ist nun die Erwählung, wie wir sahen, die *Gnade* in der Gnade, ihre *Kraft* als Gnade in der Freiheit und Herrschaft *Gottes,* so bedeutet das offenbar noch einmal und erst recht: der Ort, der Grund und Quell, von dem her wir in der Gnade sind und leben, ist nicht in uns selber. Nicht nur dieses Sein und Leben als solches, sondern daß es *unser* Sein und Leben wird, ist ein *fremdes* Werk an uns. Daß es unser Sein und Leben wird als ein Sein und Leben aus der Wahrheit und dem Heil, die *außer* uns sind, das hat seine Möglichkeit selber in einer Entscheidung, die *außer* uns getroffen und vollzogen wird. Außer uns: nicht unter unserem eigenen Namen, sondern unter dem Namen Jesus Christus empfangen wir die *Wahrheit* und das *Heil;* und wiederum nicht unter unserem eigenen, sondern unter Seinem Namen ist darüber entschieden, daß wir die Wahrheit und das Heil wirklich empfangen: in Ihm als in unserem Haupt, in Ihm als in dem Sohne Gottes von Natur, in Ihm als dem einen Mittler zwischen Gott und Menschen.«[42]

e) Damit sind wir zum Entscheidenden gekommen, das auch als Schlagwort am bekanntesten geworden ist über die Barth'sche Theologie: daß sie *christozentrisch* ist. Man könnte genau so gut sagen: *exzentrisch*; denn sie hat ihr Zentrum außerhalb unseres Selbst, außerhalb der menschlichen Selbsteinschätzung, Selbstreflexion, Selbstbestimmung. Und dies Außerhalb ist eine Person und trägt einen Namen: Jesus Christus. In ihm versammelt und von ihm speist sich alles, was die Theologie sagen kann und zu sagen hat.

So sind die Aussagen über *Gott* nicht gewonnen, indem wir uns über uns selbst hinaus erheben, etwa indem wir »mächtig« zu »allmächtig« steigern oder »lieb sein« zu »Liebe sein« (bzw. »Liebe tun« zu »Liebe sein«), sondern sie sind Auslegungen der Gegenständlichkeit, die Gott in dieser Welt in Jesus Christus angenommen hat. Und auch die theologischen Aussagen über *uns selbst* müssen außerhalb von uns gewonnen werden, nicht durch Selbsteinkehr – sonst wären sie bestenfalls Reflex eines moralischen Katers, eine Art Selbstzweifel und Selbst-Verzweiflung, von der sich die Menschen schnell zu erholen pflegen, um von neuem an sich, an das eigene Recht und die eigene Güte zu glauben. Daß Jesus als Gekreuzigter Gottes Wort ist, ist ebenso, wie es Offenbarung des Willens und der Selbstbestimmung Gottes ist, Offenbarung über uns, über die letzte Tiefe unseres eigenen Willens und Selbst. Daß Barth – wie anfangs gesagt – keine Gruppenliteratur der Recht-Habenden produzierte, liegt nicht zuletzt daran, daß er den Tod Jesu nicht zur Anklage gegen die Mörder Jesu wendete (weder gegen die Juden noch gegen die Politiker), sondern darin Gottes Gericht über *alles* Fleisch erkannt hat. Und das tat er deshalb, weil er die *dogmatischen* Aussagen über Jesus – etwa bei Paulus – ernst nahm. An ihnen liegt es dann auch, daß er in den Gerichtsaussagen über uns nicht das einzige und nicht das letzte Wort sehen, daß er unsere »Natur« nicht als die letzte Wirklichkeit anerkennen konnte.

Von Jesus Christus ist denn auch die Rede, wenn Barth von »Gnade« spricht. Dazu ein erhellendes Zitat aus KD IV/3. Die Überschrift von § 69,3 lautet: »Jesus ist Sieger«. Veranlaßt durch den Titel eines Buches von Berkouwer, das sich kritisch mit seiner Lehre von der Gnade beschäftigt, vollzieht Barth hier folgende Klarstellung:

»Ob wohl der Titel und also das Stichwort auch lauten könnte: ›*Der Triumph der Gnade*‹? Das *könnte* in der Tat dasselbe anzeigen, was hier anzuzeigen ist. Ist doch der Begriff ›Gnade‹ zweifellos eine zutreffende, tiefe und an ihrem Ort notwendige Umschreibung des Namens Jesu. Indem Jesus siegt, triumphiert die in ihm erschienene Gnade Gottes (Tit. 2.11). Aber die Aussage, um die es hier geht, ist so zentral und so gewaltig, daß es besser ist, den *Namen Jesu* nicht nur zu umschreiben, sondern zu *nennen*. ›Triumph der Gnade‹ könnte mindestens den Eindruck erwecken, als ob hier die Überlegenheit und der Sieg eines *Prinzips,* eben der ›Gnade‹ über ein anderes, das dann wohl als das Böse, die Sünde, der Teufel, der Tod zu charakterisieren wäre, angezeigt sein solle. Es geht aber nicht um den Vorrang, Sieg und Triumph eines Prinzips – und wenn dieses das Prinzip der Gnade wäre! – sondern um den der lebendigen *Person* Jesu Christi! Genau genommen nicht die Gnade, sondern genau genommen Er als ihr Träger, Bringer und Offenbarer ist der Sieger, ist das Licht, das von der Finsternis nicht überwältigt wird, vor dem die Finsternis vielmehr zurückweichen muß, um endlich und zuletzt ihrerseits von ihm überwältigt zu werden.« (KD IV/3, S. 197 f.)

Die Erläuterung, die wir hier zum Begriff »Gnade« bekommen, ist ohne Nachhilfe verständlich. Hier wird auch klargestellt, woran Barth in seinen späten Jahren, als das Schlagwort von der »christologischen Konzentration« seiner Theologie umging, außerordentlich viel lag: daß man sich bewußt sei, daß »Christologie« schon etwas Abgeleitetes ist, nur eine theologische Artikulationsweise, Ausdruck dafür, daß Jesus Christus *selbst* das A und O des Handelns Gottes ist und damit der entscheidende Bezugspunkt von Gottes Sein mit uns und unserem Sein mit Gott. Es geht um die Hoffnung auf diese lebendige Person und um den Gehorsam ihr gegenüber, wenn der Theologe »christologisch« redet und denkt. Und es geht um die *ganze* Beanspruchung in Hoffnung und Gehorsam durch diese lebendige Person, wenn die Theologie »christozentrisch« durchgestaltet wird. Und was der Theologe zu sagen wagt oder nicht zu sagen wagt, muß sich daran messen lassen, daß es Ausdruck dessen ist, was er von Jesus Christus zu erwarten und zu gewärtigen wagt und was nicht. Dazu Barth:

»Verzagte Vorbehalte und übermütige oder träge Sicherheit sind von daher gleich unmöglich – möglich ist von daher allein die volle *Zuversicht* in der vollen, sehnsüchtigen, zum letzten Einsatz entschlossenen *Erwartung* dessen, auf den sie sich gründet. Wer könnte und würde denn beten: Dein Reich komme!, der nicht davon ausginge und dessen gewiß wäre, daß es in Jesus schon in seiner ganzen Herrlichkeit nahe herbeigekommen ist? Wiederum: wer könnte und würde denn davon ausgehen und dessen gewiß sein, der nicht eben von daher beten, rufen, schreien würde: Dein Reich komme!?« (ebd. S. 205)

Es ist oft gegen Barth eingewandt, daß er von Christus und seinem Werk zu große Aussagen mache, die zu viel als schon vollbracht behaupten. Unser Zitat zeigt, daß man bei solchen Einwänden die Bewegung und Tendenz der Barth'schen Theologie außer acht gelassen hat: die Erwartungshaltung, das Sich-Bereiten zum Seufzen zu Gott. Von Jesus Christus kann sein Jünger niemals zu viel erwarten und erbitten – er kann allenfalls das Falsche von ihm erwarten und erbitten, das, was bei ihm nicht vorgesehen, was von ihm geradezu ausgeschlossen ist. (Und um dafür Raum zu bekommen und die eigenen Wünsche trotzdem mit »Gott« überein zu bringen, konstruiert man sich in der Theologie so gern einen Gott oder wenigstens Seiten, Momente, Absichten in Gott, die mit Jesus Christus nichts zu tun haben...)
Auf Barths Darlegungen dessen, was vollbracht ist durch Jesu Tod und Auferstehung, kann hier nur hingewiesen werden. Die Bände IV der ›Kirchlichen Dogmatik‹ bilden darin sicher das Herzstück seiner Theologie. Nur *ein* Dogma sei genannt, das Barth schon früh aufgegriffen und dann hartnäckig festgehalten und immer wieder angeführt hat, das für den Leser aber eine besondere Zumutung bedeutet: die Lehre von der *Anhypostasie*. Was ist damit gesagt? Und was daran hat Barth für so erhellend und wichtig gehalten?

Gesagt ist damit, daß der Mensch Jesus nicht zuerst als menschliches Individuum existierte und daß dann Gott dieses Individuum angenommen und sich mit ihm identifiziert habe, vielmehr existiert der Mensch Jesus nur dadurch und darin, daß der ewige Sohn Gottes Mensch wird. »Nur als Gottessohn, aber eben als solcher, existiert Jesus Christus auch menschlich« (KD IV/2, S. 100). Und *wichtig geworden* ist diese konstruiert anmutende Lehre für Barth deshalb, weil sie einen Riegel vorschiebt vor den in der Neuzeit gewünschten Zugang zum Menschen Jesus *als* Mensch und *nur* als Mensch: etwa im Erlebnis der menschlich eindrucksvollen Persönlichkeit Jesu oder im Eindruck seiner menschlichen Sittlichkeit, seines Tuns der Liebe, seines Einsatzes für andere. Dagegen Barth: »Die menschliche Natur Christi hat keine eigene Persönlichkeit.«[43] Deshalb wird eine Biographie Jesu – und sei es auch nur in Bruchstücken – sinnlos, deshalb scheidet der sog. historische Jesus als belanglos, ja als irreführend aus. »Man kann ein Prädikat nicht gut ohne sein Subjekt sehen, verstehen, darstellen wollen. Die Menschlichkeit Jesu an sich und als solche wäre aber ein Prädikat ohne Subjekt. Und völlig unmöglich mußte, sofern sie gemacht wurde – und sie wurde z. T. sehr ernsthaft gemacht – die Zumutung sein, diesem im leeren Raum schwebenden Prädikat eine religiöse Bedeutsamkeit zuzuerkennen, zu ihm in ein religiöses Verhältnis zu treten« (KD IV/2, S. 113). Um noch einmal den »Unterricht in der christlichen Religion«, Barths erstes Dogmatik-Kolleg, zu Worte kommen zu lassen:

»Mag man von dieser paradoxen These, der sogenannten Anhypostasie der menschlichen Natur Christi, denken, wie man will, soviel ist sicher, daß man klüger getan hätte, statt sich darüber aufzuregen, ein bißchen über ihren Sinn nachzudenken. Statt dessen stürzte man sich vom 18. Jahrhundert ab von allen Seiten immer eifriger auf den Menschen Jesus von Nazareth als solchen, auf den Heros, die religiöse Persönlichkeit, sein inneres Leben, sofern es uns anschaulich wird, seine Gott-, Welt- und Lebensanschauung, auf den ›schönsten Herrn Jesus‹, um ausgerechnet hier: in dem lehrenden, liebenden, leidenden Jesus als solchen – die Akzente konnten verschieden verteilt werden –, aber jedenfalls in dem Lebenden, nicht in dem Gekreuzigten und Auferstandenen wie Paulus und die Reformatoren, die Offenbarung zu suchen.«[44]

Geht man von der menschlichen Persönlichkeit Jesu aus, so könnte diese ja nur dadurch zu Rang und Ehren kommen, daß der christliche Glaube ihr – weil er sie menschlich so eindrucksvoll findet – Würde-Titel zuschreibt, etwa »Gottessohn« oder »Heiland«. Das aber wäre Kreaturvergötterung, dann würden wir einen Menschen zu unserem Herrn erheben – und blieben doch selber die Herren; denn *wir* sind es ja, die ihm diese Titel geben. Er ist dann König von unseren Gnaden, »gewählt« von uns – und zwar in einer Art Führerkult. In der Jesusfrömmigkeit verehrt man also letztlich sich selbst und seine eigene Frömmigkeit. Die Jesusfrömmigkeit ist nicht exzentrisch, sie beläßt uns bei uns selbst und unserer Moral; denn ein anderer Mensch kann uns nur Führer oder Leitstern sein, wenn unser moralisches Personsein sich mit ihm konform weiß und von ihm anstacheln läßt. Die Befreiung aus der Todes- und Sündenwelt aber kann nur geglaubt und erhofft werden, wenn wir in Jesus den Durchbruch Gottes selber in unsere ihm gegenüber an sich verschlossene Innen- und Außenwelt erkennen: die Offenbarung Gottes *gegen* die Sünden- und Todeswelt – in der verhüllten Gestalt *innerhalb* der Sünden- und Todeswelt. Insofern ist auch die so fremd anmutende Lehre von der Anhypostasie ein Stück theologischer Bereitung zum Anrufen Jesu Christi um das Kommen seines Reiches.

VII Die immer wiederkehrenden Streitpunkte

Im Vorhergehenden habe ich gerade zu den Hauptpunkten: Prädestinationslehre und Christologie relativ wenig gesagt. Sie sind die Spitze dessen, wohin ich ziele, aber sie sollen und können nicht referiert werden. Hier spätestens möchte mein Beitrag in die Einladung übergehen, selber zu lesen. Insofern bin ich jetzt am Ziel. Was noch folgt, sind Ergänzungen, die sich darauf beziehen, daß Barth immer *umstritten* war und *notwendig* umstritten ist, trat er doch seinerseits als Bestreiter der allzu naheliegenden theologischen Denk- und Arbeitsweisen auf. Ich spreche sechs Punkte an: a) die Schöpfungstheologie, b) einen weiteren Aspekt der natürlichen Theologie, c) Barths Denken in der Dimension von Machtkämpfen, d) sein Religionsverständnis, e) die Kirchenkritik, und f) als Wichtigstes: den Umgang mit der Bibel.

a) Nach allem, was bisher gesagt ist, versteht es sich von selbst, daß der Anlage der Barth'schen Theologie nach die größten *Schwierigkeiten* bei der *Schöpfungslehre* auftauchen. Das wurde von Barths Kritikern sofort vermutet und dann immer wieder als Vorwurf gegen ihn erhoben. Und in der Tat: Wenn Gott jenseits der Todesgrenze erwartet werden soll und wenn es um die Hoffnung auf das Kommen seines Reiches geht, wie kann Gott dann als Schöpfer und Bewahrer des Vorhandenen *diesseits* der Todesgrenze ernst genommen werden?

Doch: Ist das Vorhandene denn eigentlich Gottes Schöpfung, die er erhalten will? Hier tut sich ein Feld größter theologischer Willkürlichkeiten vor uns auf. Daß sogar die *Nation* und ihre Größe – und natürlich die Größe der Nation, der man selbst angehört – als Gottes Schöpfungswerk und Erhaltungswillen, wenn nicht gar als weitergehendes Schöpfungswirken Gottes proklamiert werden konnte, zeigt ja nur, wie wenig Grund man unter den Füßen hat, wenn man hier zu Aussagen schreitet bzw. stolpert. Die *Familie* ist scheinbar ein unverfänglicheres und solider begründbares Schöpfungswerk, aber man braucht nur an Jesu Äußerungen dazu zu denken, um auch hierbei sich schnell den Mund zuzuhalten. Und was *soll* es überhaupt, von Gott *als Schöpfer* zu reden? Was tut man dabei *vor ihm*? Die Grundanlage des Barth'schen theologischen Denkens kommt in einer Bemerkung aus seinem ersten Dogmatik-Kolleg heraus:

»Gott wird nicht geehrt dadurch, daß die Begriffe der Schöpfung und Vorsehung dazu gebraucht werden, zu heiligen, was nun einmal, jedenfalls christlich betrachtet, gerade das Unheilige, schlechterdings das zu Überwindende ist. Auch als Schöpfer und Regierer aller Dinge kann Gott nur gepriesen werden durch Anrufung in der *Not*.«[45]

Wie wir es im vorigen Kapitel aus dem zweiten ›Römerbrief‹ hörten: Nur als *Erlöser* seiner Schöpfung ist Gott für uns der Schöpfer – so ist es in Barths Theologie geblieben. Das ist für die theologische Systematik außerordentlich unbefriedigend, ja verwirrend, aber Barth lehnte es immer ab, ein *System* zu errichten. Dies scheidet kategorisch aus, wenn man unter dem Druck steht, einen solchen Zugang zur Gotteserkenntnis zu suchen, wie Barth es tat.

Es ist sofort hinzuzufügen, daß Barth dabei auch ein präzises Wissen um die spezifischen Bedingungen des neuzeitlichen Bewußtseins hatte. Durch Fichte war es massiv, ja grob ausgesprochen, daß »die Annahme einer Schöpfung als der absolute Grundirrtum aller falschen Metaphysik und Religionslehre, und insbesondere als das Urprinzip des Juden- und Heidentums« verworfen werden müsse; »denn eine Schöpfung läßt sich gar nicht ordentlich denken«.[46] Schleiermacher erklärte die Aussage ›die Welt ist von Gott erschaffen‹ als auswechselbar mit der anderen ›Gott erhält die Welt‹ und zog die letztere Redeweise vor, weil sie das fromme Grundgefühl zum Ausdruck bringe, daß wir in einen Naturzusammenhang gestellt sind, während die Lehre von der Schöpfung bloß der Abwehr falscher Vorstellungen diene. Aber beide Lehren stellt er unter den Vorbehalt, sie auch ganz zu verlassen, wenn »die weitere Entwicklung des evangelischen Geistes und die mancherlei Umwälzungen im Gebiet der Philosophie sowohl als der realen Wissenschaft andere Bestimmungen erfordern«.[47] In Wilhelm Herrmanns Dogmatik taucht denn auch der Gedanke der Schöpfung nur noch en passant auf, ohne weiter durchgearbeitet zu werden, als »biblischer Gedanke«, der von uns offensichtlich nicht mehr verantwortet zu werden braucht und dementsprechend ebenso schnell wieder verschwinden kann wie er dazwischengekommen ist.[48]

Man müßte über die innere Notwendigkeit dieser Entwicklung vieles sagen, jetzt genügt mir festzustellen: Angesichts ihrer von Schöpfung zu reden bedeutet entweder, daß man ganz ahnungslos – wohlwollender gesagt: naiv – fromme Vokabeln weiterschleppt *oder* daß man im Bewußtsein dieses Abgrunds und dieser Unmöglichkeit von vorne anfängt, sich über Grundlagen und Möglichkeiten christlicher Lehraussagen Rechenschaft abzulegen, um einen von da aus erlaubten, wenn nicht gar notwendigen Zugang zu Aussagen über Gottes Schöpferwirken zu suchen. Das Letztere sehe ich in Barths Schöpfungslehre geleistet – und ich kann nur darüber staunen, wie selbstverständlich und einfach man ansonsten meint, Aussagen über Gott als Schöpfer und über die Welt als Gottes Schöpfung machen zu dürfen! Und wie man an Barths Entwurf diese oder jene *Einzelheit* meint bemängeln zu können, wenn sie einem nicht zusagt, ohne das Grundproblem in Betracht zu ziehen und in seiner Tiefe zu diskutieren – als sei es kein riskantes, wenn nicht gar groteskes Unternehmen, zu diesem Thema zu reden! Ich habe sogar manchmal den Eindruck, daß für manchen der Schöpfungsgedanke leichter vollziehbar und annehmbar zu sein scheint als das, wovon der zweite und dritte Glaubensartikel reden. Woher sonst die verbreitete Vorliebe für die alttestamentliche Weisheit? Und was meint der Satz, daß der Schöpfungsgedanke in der Bibel *keine* Glaubensaussage sei?[49] Läßt er sich etwa doch ordentlich denken? Und geht der erste Artikel weniger gegen das Augenscheinliche und gegen die Erfahrung als der zweite und dritte Artikel? Oder kann man sich hierbei weniger gegen Gott verfehlen und sein eigenes Herr-sein-Wollen gegen ihn ausspielen?

Zusätzlich erheben sich Fragen, die durch die neuere Entwicklung aufgeworfen sind und die die Schwierigkeiten christlicher Rechenschaftsablage noch einmal erhöhen: Wie soll man Zugang finden zu der inzwischen aktuell gewordenen Situation, daß von Menschen eine neue künstliche Welt hervorgebracht wird mittels der Entdeckung und Beherrschung von Informationssystemen, wie es in der Computerisierung und in der Genmanipulation am offensichtlichsten geschieht – über deren Ausmaße und Auswirkungen sich die wenigsten bislang Rechenschaft zu geben scheinen?[50] Die Probleme, vor denen wir beim Nachdenken über den Topos »Schöpfung« stehen, sind unermeßlich, und es kann natürlich keine Rede davon sein, daß Barth sie bewältigt hätte, zumal er noch ganz in der Welt *vor* der Entdeckung, Beherrschung und Konstruktion von Informationssystemen lebte – und in ihr auch mehr in der philosophisch-literarischen Welt als in der naturwissenschaftlich-technischen. Aber ich habe doch den Eindruck, daß bei ihm sowohl der neuzeitliche Problemknoten wie die biblische Orientierung in bisher noch nicht eingeholter, geschweige denn nach vorne weitergeführter Weise präsent sind, wenn er theologisch verantwortet vom Schöpfer und von der Schöpfung redet.

Entscheidend ist, daß Barth das Thema nur gebrochen und indirekt behandeln kann: sowohl wegen der Diastase zwischen Schöpfer und Geschöpf, die für sein Denken charakteristisch ist, als auch wegen der ausschließlichen Bindung aller Aussagen an den Glauben an Jesus Christus als dem Bringer des weltüberwindenden Reiches Gottes. *So scheint mir Raum zu sein, die modernen Probleme von Wissenschaft, Technik und Ökonomie – als der dreieinigen Schöpferin neuer Welten – unverstellter und zugleich theologisch ansprechbarer in den Blick bekommen zu können, als wenn eine direktere Verbindung von Gott und Welt statuiert wird.* Man kann eine erste Probe darauf in der Ethik zur Schöpfungslehre machen (KD III/4 und Ethik I 1928 aus dem Nachlaß) – trotz ihrer offensichtlichen Zeitgebundenheit: Wie nüchtern etwa bleibt Barth angesichts von Erfolgen, die die Menschen bei der Umgestaltung der Welt erringen und die das neuzeitliche Bewußtsein tief geprägt haben im Sinne eines Prinzips Hoffnung! Und wie sachlich kann er profane Faktoren aus jener Trias von Wissenschaft, Technik und Ökonomie benennen, die aus einer theologischen Ethik gewöhnlich ausgespart bleiben![51] Doch es ist kein Zweifel: Die wichtigste Arbeit liegt noch vor uns. Barth ist kein Abschluß, sondern ein Anfang.[52]

b) Von der Verknüpfung von Schöpfungslehre und Christologie aus sei noch einmal ein Blick auf das immer wieder gegen Barth erneuerte Unternehmen der *natürlichen Theologie* geworfen, sofern dieses sich jetzt die Aufgabe gestellt hat, die Universalität der Offenbarung auch dem nicht an die Offenbarung Glaubenden verständlich zu machen, indem es den universalen Anspruch des Wortes Gottes in Jesus Christus dadurch auszuweisen versucht, daß entweder theologische Sätze in *allgemeine* und *allgemeinverständliche* Aussagen umgesetzt werden oder daß im Vorfeld der christlichen Wahrheit die *Allgemeinheit* der Gottesbeziehung aufgezeigt wird.[53] Was kann dabei herauskommen? Doch nur Allerweltswahrheiten, die bestenfalls für diese Welt gelten mögen, aber nicht den Kampf und Sieg Gottes gegen die Art dieser Welt bezeugen – auf das Kommen seines Reiches hin.

»Vom Sein, Handeln und Reden Jesu Christi kann man nur im Blick auf besondere Ereignisse reden: nur in Form von Erzählung einer Geschichte und je und je sich zutragenden Geschichten. Christologie als Darstellung dieses seines Seins, Handelns und Tuns kann, soll es sich dabei um etwas Besseres als um eine dunkle Metaphysik handeln, in allen ihren Teilen und unter jedem denkbaren Aspekt nur die Entfaltung eines *Dramas* sein. Und anders als in Entfaltung von Dramen kann auch das, was es mit der heiligen Schrift auf sich hat, können auch jene außerordentlichen Selbstbezeugungen Jesu Christi nicht bezeichnet oder beschrieben werden.« (KD IV/3, S. 154)

Davon abgezogene Allgemeinheiten – eben: Allerweltswahrheiten – können zwar für den, der um das Drama Jesu Christi weiß und sich da hineinziehen läßt, unter Umständen einen Hinweis auf dies Drama enthalten, sagen wir besser: auf ein Moment in diesem Drama. Wer sich aber nicht an diesem Drama beteiligt sieht, wird durch Allerweltswahrheiten nur erneut auf diese Welt festgelegt und in ihr fixiert, dem wird es dadurch geradezu noch erschwert, auf das Drama der Überwindung der Art dieser Welt und des Kommens des Reiches Gottes zu achten. Wenn man feststellt (was richtig ist), daß Barth an solchen Allgemeinheiten kein Interesse hatte, sollte man auch fragen: warum?! Ob es nicht mit dem Drama der Botschaft von Jesus Christus zusammenhängt?!
Und weiter: Etwas allgemein Einsehbares kann durchaus Ausfluß von Verblendung sein. Barth sieht uns alle zu sehr im Banne der Macht der Lüge, als daß etwas Allgemeines damit, daß es allgemein anerkannt wird, schon wahr wäre oder auch nur den Anschein bekäme, in die Richtung der Wahrheit zu zeigen. Auch die Lüge geht »aufs Ganze« (KD III/3, S. 619), und zwar aufs sinnfällig Ganze, während die »Universalität« der Geltung Christi ein eschatologischer Begriff ist und bleibt.
Und weiter: Was mutet man sich selber zu, wenn man meint, denkerischer Unterhändler der Wahrheit, daß Jesus Sieger ist, sein zu können – unter Absehen von jenem Drama, in dem sich Jesu Sieg vollzieht?
H. Fischer spricht zurecht von einer »Problemlast«, die die neuzeitliche Theologie hiermit »übernommen« habe und die ihr »Signum« sei[54] – nur ist das nach Barth das Signum eines zu großen Selbstvertrauens, das dann prompt nach sich zieht, daß nur Allerweltswahrheiten herauskommen,

die die Menschen sich auch ohne den theologischen Aufwand selber zu sagen pflegen, und in denen bestätigt zu werden, niemanden frei macht.
Dabei ist auch Barth der Meinung, daß Gott Menschen gebraucht – nur nicht als Unterhändler (als Abbé, wie Overbeck assoziierte), sondern als Zeugen. Und Zeugen sind sie dadurch, daß sie als wahr glauben und zu dem stehen, was in Jesus Christus wirklich geworden ist: Insofern »bewahrheiten« sie nach Barth das Drama, das mit dem Namen Jesu Christi angezeigt ist, aber dies »Bewahrheiten« geschieht, indem sie es in und mit ihrer Existenz wahr sein lassen, indem sie also dem Dienst der Lüge den Gehorsam aufkündigen. Und dies geschieht darin, daß das Allgemeinverbindliche und Selbstverständliche aufhört, das Allgemeinverbindliche und Selbstverständliche zu sein, daß die Gemeinde Jesu Christi merkt, wo Götzendienst gefordert und geleistet wird (und die Götzen gelten allgemeiner und selbstverständlicher als der Gekreuzigte) – und also verlassen werden muß.
Das Feld, auf dem sich diese Bewahrheitung des Wortes Gottes abspielt, ist nicht zuletzt das der Politik, weil in der Neuzeit das Politische mit seiner Gefräßigkeit gegenüber Leib *und* Seele zum Allgemeinverbindlichen schlechthin aufgerückt ist. Man könnte also sagen: Statt natürlicher Theologie hat nach Barth *politischer Gottesdienst* geleistet zu werden, praktische Entscheidung im Politischen.[55] *Dadurch* können die Mitmenschen aufmerksam werden auf den universalen Anspruch Jesu Christi.

c) Daß es um den *Streit von Herrschaftsansprüchen und -mächten* geht, durchzieht Barths gesamtes Schrifttum – vom ersten ›Römerbrief‹ bis zum letzten Ethik-Fragment der ›Kirchlichen Dogmatik‹. Hören wir die frühe Auslegung von Röm. 1,23–24:

»Statt daß der Mensch erkennt, daß er göttlichen Geschlechts ist, zieht er Gott herunter auf das Niveau der Dinge, in die Daseinsformen des natürlichen und geschichtlichen Lebens. [...] Nun muß Gottes Herrlichkeit vorlieb nehmen mit den dürftigen Gestalten von Jupiter und Mars, Isis und Osiris, Kybele und Attis, mit den abgeleiteten Herrlichkeiten von Staat und Kultur und Natur, von Mammon und ›Persönlichkeit‹, Kunst und Wissenschaft, Kirche und Tugend, in deren Abbildern ihm der Mensch eine zweideutige Verehrung darbringt. Eine Verwechslung, eine märchenmäßige Verwandlung, ein böses Mißverständnis charakterisiert nun das Verhältnis des Menschen zu Gott. Eine verhängnisvolle Verfärbung des die Welt erhellenden Gotteslichtes ist eingetreten. Die fruchtbare Kraft Gottes, der Ursprung, ist zum Mysterium geworden, an ihre Stelle sind die von ihrem Ursprung gelösten, einzelnen, herrenlosen Mächte und Gewalten

(8,38) getreten, immer noch mit göttlicher Würde umkleidet und doch des kräftigen göttlichen Seins das diese Würde begründen müßte, entbehrend.«

Und dann:

»Die Herunterziehung Gottes wird ihre eigene Strafe. [...] Israel *bekommt* seinen stürmisch begehrten König, der verlorene Sohn *bekommt* sein väterliches Erbteil, Mars *regiert* die Stunde und Venus-Kybele *besteigt* den Thron, den wir ihr errichten, Mammon *wird* Weltherrscher, wir *werden* ›Persönlichkeiten‹, ›der Staat *hat* uns‹ (Naumann) und die Kultur *frißt* uns. Kunst und Wissenschaft und Kirche *werden* sich selber Zweck und Inhalt. Das Unternehmen *gelingt* – gelingt ganz ›nach den Begierden ihrer Herzen‹, wie sie selber es wollen – und das ist eben der ›Sturz‹. Denn nun wird der Mensch Knecht und Spielball der Relativitäten, die er neben Gott gestellt hat.« (1. Aufl. des Römerbriefes S. 18 f.)

Das ist das Klima, das die Grundspannung, das die Kampfsituation, in der Barth die Christenheit sieht. Deshalb ist er Streittheologe.
Doch warum spricht er davon, daß die Gewalten und Mächte, denen wir uns anheimgeben, »herrenlos« seien? Die letzte Ethikvorlesung, die 1961 unvollendet abgebrochen werden mußte, gibt dazu die Erklärung. Da taucht der Ausdruck nach über 40 Jahren sogar als Überschrift wieder auf: »Die herrenlosen Gewalten.«[56] Gemeint ist, daß die Menschen von ihren eigenen Fähigkeiten und Herrschaftsformen, in und mit denen sie frei zu sein und herrschen zu können sich einbilden, entmündigt und überwältigt werden, wie in Goethes »Zauberlehrling« erzählt. Barth übernimmt also das Grundmuster neuzeitlicher Beschreibung der menschlichen Entfremdung, wie es durch den Linkshegelianismus am bekanntesten und wirkungsvollsten geworden ist: Der Mensch, der der Herr dessen sein sollte, was er kann, tut und hervorbringt, läßt sich von seinen Hervorbringungen versklaven, und damit fehlt den von ihm produzierten Gewalten der Herr, sie sind herrenlos; stattdessen hat der *Mensch* einen Herrn: seine eigenen Produkte.
Aber während die neuzeitliche Ideologiekritik meinte, diesen Spuk durch Aufklärung, durch Hineinleuchten in den Vorgang dieser Verkehrung auflösen zu können, sieht Barth, daß hier eine Machtfrage vorliegt: Nicht das Sich-Bewußtmachen dieses Vorgangs macht frei – das könnte allenfalls unglücklich machen –, sondern ein Herrschaftswechsel: indem einer über uns und unsere Fähigkeiten und Hervorbringungen Herr wird, der uns dabei nicht aufs Neue versklavt, sondern unsere Entfremdung aufhebt. Für Barth ist Gottes Kommen in Jesus Christus die allein kräftige und befreiende Lösung dieser Machtfrage. Deshalb war ihm der

zweite Teil von Röm. 5 immer so wichtig; hier wird dieser Machtwechsel expliziert. Seine Römerbriefauslegung erreicht dort nicht zufällig einen Höhepunkt.

So kommt es, daß Barth nicht von der menschlichen Freiheit ausgeht und auch die Aussagen über Jesus Christus nicht auf eine vorgeblich vorhandene und zu betätigende menschliche Freiheit bezieht, sondern auf die Unfreiheit, aus der Christus erst befreit.

Doch auch dies wird im Glauben gesagt und gilt nur in ihm. Keine Rede davon, daß die Selbstversklavungen der Menschen durch ihre eigenen Hervorbringungen nun weniger tiefgehend und zupackend wären, wie das in Theorien über die neuzeitliche Freiheitsgeschichte als vorgeblich christlicher Freiheitsgeschichte fingiert wird. Deshalb ist jene Befreiung auch *nicht* primär eine *ethische* Aufgabe. In der letzten Ethikvorlesung schildert Barth sehr lebendig und anschaulich, wie wir versklavt sind durch unsere eigenen Hervorbringungen – gerade in der Neuzeit: durch die Gewalt des Staates, des Leviathan, der Machtorganisation schlechthin; dann durch den Mammon als dem nächsten Verwandten Leviathans, durch Ideologien, durch Sport, Vergnügen und Verkehr. Hier sind unsere modernen Besessenheiten und Verrücktheiten beim Namen genannt, man denke nur an Sport und Verkehr. Barth hat das Zwanghafte und Zerstörerische, das Irrationale und Verblendende daran wahrgenommen, und er war wie beim 1. Weltkrieg auch in bezug darauf wach genug, sich nicht mit Verharmlosungen zufrieden zu geben oder gar in Begeisterung zu verfallen – die Opfer des Verkehrs sind ja auch nicht geringer als die des Krieges. Aber er hat auch gesehen, daß solchen Besessenheiten gegenüber die Ethik versagt. Denn offensichtlich *müssen* wir dem allen unseren Tribut zollen – obwohl wir es eigentlich nicht müßten – und sind doch nicht frei dazu, *nicht* zu müssen.

Was ist da anderes zu tun als zu bitten: Dein Reich komme!? Barth hat sich deshalb nach langem Suchen genötigt gesehen, die Ethik zu entwerfen als Anrufung Gottes – in der Auslegung des Vater-Unsers. Wenn ihn dies auch als *Ethik*-Konzeption anscheinend nicht zufriedengestellt und er noch an eine Umarbeitung gedacht hat[57], so war die Konzeption von der Sache her doch zwingend – gerade darin, daß wieder eine Gebrochenheit herauskam: zwischen dem eindeutigen Tun aus Freiheit, auf das eine Ethik wenigstens zielen möchte, und dem Wissen um unser Verhaftetsein in die Unfreiheit allgemeiner Besessenheiten. Auch die Ethik der Versöhnungslehre umkreist, was die Theologie immer und ausschließlich umkreist, das Rufen zu Gott: Dein Reich komme! – eine Bitte, die Barth sogar der Bitte: Veni creator spiritus! vorgeordnet gesehen hat.[58]

Und es ist nicht ohne tiefen Sinn, daß Barth beim Abbruch der ›Kirchlichen Dogmatik‹ an der Auslegung des Vater-Unsers war.

d) Die Kampfsituation ist auch Grundelement bei Barths Auffassung von dem, was *Religion* ist. Über keinen anderen Sachkomplex bei ihm sind so viele falsche Meldungen im Umlauf wie hier.
Faktisch war Barth an dem Begriff »Religion« nicht interessiert, aber man kommt um ihn nicht herum, weil er in der Neuzeit aus apologetischen Gründen zu einem Oberbegriff geworden ist, unter dem man das Christentum hat bergen und anpreisen wollen. Barth sah, daß bei der dazu erfundenen Interpretation dessen, was »Religion« sei, nicht nur der Christusbotschaft, sondern jeder uns bekannten Religion Gewalt angetan wird: weil »Religion« in der Neuzeit viel zu harmlos und harmonisch verstanden wird.

»Religion ist alles andere als Harmonie mit sich selbst oder gar noch mit dem Unendlichen. Hier ist kein Raum für noble Gefühle und edle Menschlichkeit. Das mögen arglose Mitteleuropäer und Westler meinen, solange sie's können. Hier ist der Abgrund, hier ist das Grauen. [...] Ein religiöser Mensch sein heißt ein zerrissener, ein unharmonischer, ein unfriedlicher Mensch sein. Einig mit sich selbst könnte nur der sein, in dem die große Frage seiner Einheit mit Gott noch nicht erwacht ist.« (2. Auflage des Römerbriefes S. 235 und 249, zu Röm. 7)

Barth wußte, indem er von den Kämpfen und Krämpfen der Religion wußte, viel besser um Religion Bescheid, auch um die faktische Religionsgeschichte, als die Vertreter und Propagandisten eines abgezogenen Religionsbegriffs, die »Religion« zu einer wertvollen anthropologischen Komponente und einem empfehlenswerten Kulturfaktor erklären. Er hatte Recht, wenn er »jene angeblichen Virtuosen der Frömmigkeit«, zu denen Schleiermacher sich selbst zählte, als »in Wahrheit ihre blutigsten Dilettanten« erklärte (ebd. S. 250).
Und dann wußte Barth darum, daß die Bibel innerhalb der religiösen Welt eine Steigerung des Kampfes bringt, indem sie die Wahrheitsfrage hineinbringt. Wohlgemerkt: Das spielt sich *innerhalb* von Religion ab. Barth hat nie behauptet, außerhalb von Religion und Religionsgeschichte zu stehen. Aber die Wahrheit wird in dem Moment, da sie in die so disharmonische Welt der Religionen hineintritt, die Verwirrung und die Kämpfe nur potenzieren. Erfreuliche und harmonische Menschen waren gerade die Propheten und Apostel nicht, auch die Reformatoren und andere Boten der christlichen Wahrheit waren es nicht. Ihre Humanität

hebt sich keinesfalls beruhigend oder wohltuend ab von Vertretern anderer Religionen oder der Religionslosigkeit.

Und nocheinmal notvoller wird das Ganze, wenn man sich klarmacht, daß die Wahrheit Gottes immer außerhalb von uns bleibt, daß wir sie nie haben, nie verwalten, nie austeilen können. Hier setzt Barths Kritik an faktischen Religionen ein: daß sie zu wenig exzentrisch sind, zu leicht und zu oft präsentieren und darbieten wollen, was niemals von Menschen dargeboten werden kann, daß sie als menschliche Möglichkeit vorführen, was nur Gottes Wirklichkeit ist, und damit dann doch nicht von Gott reden, sondern *nur* menschlich, nur »Fleisch« sind.

»Der religiöse Übermut erlaubt sich einfach alles. [...] Das Bewegte will selbst Bewegung sein. Der Mensch hat das Göttliche in Besitz genommen, in Betrieb gesetzt. Niemand merkt es, niemand will es merken, daß alles auf Supposition beruht, auf einem enormen ›Als ob‹ und Quidproquo. Wie kam es nur? Wer ist verantwortlich? Das Volk, das in den Ruf nach Göttern ausbricht, weil es sich in der Wüste gar so verlassen fühlt, oder Moses unvermeidlicher priesterlicher Bruder Aaron, der dem Volke nur allzu gut zu sagen weiß, wie man zu solchen Göttern kommt? Genug, die Religionsgeschichte, d. h. aber die Geschichte der Untreue der Religion gegen das, was sie eigentlich meint, beginnt.«[59]

Das, was man die Barth'sche Religionskritik nennen kann, handelt deshalb von der biblischen Linie des hartnäckigen Widerstands gegen diesen Verrat, gegen die Bemächtigung dessen, was ober- und außerhalb aller Religion liegt. »Das ewige vermeintliche Besitzen, Schmausen und Austeilen, diese verblendete Unart der Religion, muß einmal aufhören, um einem ehrlichen grimmigen Suchen, Bitten und Anklopfen Platz zu machen.«[60]

e) Religionskritik ist bei Barth also gleichzeitig *Kirchenkritik*, und d. h.: Hinweis auf die Schranken, die der Kirche gesetzt sind und auf die sie immer wieder achten muß. Auch hier kommen wir aus der Spannung und den Paradoxien nicht heraus. Denn so wenig wie der Religion bestreitet Barth der Kirche ihr Recht, mehr: ihre Unumgänglichkeit. Wir könnten von Gottes Offenbarung nichts hören, wenn nicht durch die Zeugen von ihr – weil es ja keine Gottunmittelbarkeit gibt –, und wir existieren im Vollzug von Gotteserkenntnis und Gottesdienst nicht abseits des Vollzugs der Kirche. Aber eben die Kirche ist die Institution des religiösen Übermuts schlechthin; kann man sich denn Gottes besser und gründlicher zu bemächtigen versuchen als da, wo man von seiner Wahrheit hört und sich auf sie bezieht? Daraus ergibt sich das spannungsreiche Unternehmen einer ›Kirchlichen Dogmatik‹: *in* der Kirche, für *und* gegen sie zugleich.

Dieser Charakter der Barth'schen Theologie ist nicht immer wahrgenommen worden. Um 1930 brachte Barth im Klima der damaligen Restauration die polemische Seite seiner kirchlichen Theologie deutlich zur Aussprache, wobei sich als Exponent gegen ihn Otto Dibelius hervortat.[61] Als nach dem Sturz des Faschismus eine neue Restaurationszeit anbrach, war zwar Eingeweihten die Differenz der Barth'schen Theologie zur erneuerten Dibelius-Kirche deutlich, aber da die »Bekennende Kirche« (und die, die sich nachträglich zu ihr »bekannten«) weitgehend die Kirchenleitungen übernommen hatte, hielten viele Barths Theologie wegen ihrer Verbindung mit der »Bekennenden Kirche« für klerikal. Dieser irrige Schein wurde erst durch Bekanntwerden des Kollegs über die Taufe 1959/60 durchstoßen, wozu die Veröffentlichung durch Barth selbst (KD IV/4 Fragment, 1967) das ihre hat beitragen wollen. Doch da neigte jene »bleierne Zeit« der Restauration sich vorübergehend ihrem Ende zu und zugleich mit einer Neubelebung des politischen Liberalismus kam eine Restauration der liberalen Theologie, die die Theologie Barths abermals ins Abseits stellte. Und es hat den Anschein, daß die Restauration liberaler Theologie sich dem restaurativen Klerikalismus näher weiß als Barth – so wie umgekehrt für die »Kirche« eine liberale Theologie weniger beunruhigend ist als die Barth'sche...

Die Tendenz jener Kirchenkritik Barths braucht jetzt nicht mehr beschrieben zu werden. Als Lesehinweis möchte ich nur sagen, daß der Taufband der ›Kirchlichen Dogmatik‹ ein schönes Beispiel dafür bietet – im Umfang erträglich, der Sache nach konstruktiv, kritisch und abwehrend nur als Kehrseite des Konstruktiven, außerdem für die Struktur des theologischen Denkens Barths in großer Klarheit bezeichnend; denn immer noch und immer wieder geht es um das Seufzen: Veni creator spiritus! Daß die in dieser Tendenz vorgenommene Interpretation der Taufe tief verstörend wirken muß für »positives« Kirchenbewußtsein, zeigt, wie sehr Barth auch von der »positiven« Theologie mit ihrer Neigung zur Wirklichkeitsvergötzung geschieden ist.

Darum ging und geht es eben: Daß das Letzte und Entscheidende von uns nicht statuiert, sondern nur erbeten werden kann – im Sakrament wie in der theologischen Aussage. Der Briefwechsel Barths mit Thurneysen zeigt, wie beide zunächst meinten, hierbei zum Gegner eine speziell deutsch-lutherische Art zu haben, die ihnen auch bei ihrem Mitarbeiter Gogarten unangenehm auffiel, zwar nicht in bezug auf die

Kirche, aber auf die Geschichte. So schrieb etwa Barth: »Ich bin nun einmal hier auf die deutsche Art im ganzen aufmerksam geworden, die beständig nach diesem X zu *greifen* droht, als ob man das nur so könnte, und dann erscheint mir Gogarten in gewissen Momenten wie die höchste letzte Potenzierung und Sublimierung dieser Art.«[62] Oder Thurneysen: »Nachher stellte ich mich Bultmann vor, und ich habe an diesem Abend vieles plötzlich begriffen von der Geheimlehre Gogartens. Es ist mir vor allem ganz klar geworden, es handelt sich wieder zum Greifen deutlich um das *est*, um nichts anderes! Es ging manchmal nahe an gefährlichsten Identifikationen Gottes mit der Geschichte vorbei.« Oder Barth: »Aber das ist den deutschen Lutheranern aller Lager nicht abzugewöhnen. Sie sind Undialektiker, wo sie die Haut anrührt, und wollen alle das letzte Wort selber sagen.« Doch man wird die Dimensionen auch hier weiter, das Problem grundsätzlicher verstehen müssen: Es geht um die »Natur« des Menschen, die sich die ihr passende Theologie zurechtbiegt, in der der Theologe das *est* der Nähe Gottes statuiert, ja der Identität Gottes mit unseren Veranstaltungen. (Man denke daran, wie stark jetzt in der Ökumene eine Durchsetzung jener von Barth destruierten hypertrophen Sakraments- und Amtslehre forciert wird![63])
Ich meine – um auch hier noch die Streittheologie auszuziehen –, daß man unter diesem Gesichtspunkt auch die Zusammenstellung Barth-Bonhoeffer bestreiten muß. Bonhoeffer war immer ein Vertreter von identifizierenden theologischen Sätzen, besonders bezüglich der Kirche[64] – ich vermute, daß er deshalb so beliebt geworden ist und man deshalb gerade an ihn immer wieder anknüpfen möchte (wie verworren auch immer es geschehen mag). Daß Bonhoeffer völlig immun und eindeutig abweisend gegenüber dem Nazismus geblieben ist, widerspricht dem nicht; denn das existentielle Gespür für Recht und Unrecht ist nicht einfach eine Sache der Theologie, die man hat – sonst wären wir schon wieder bei einem Identitätssatz.[65]

f) Ein letztes: Der Barth-Leser wird auch bei Barths *Bibelauslegung* nicht damit rechnen dürfen, in einen allgemeinen Konsens zu geraten. Die Wahrheit der ›Kirchlichen Dogmatik‹ von ihrer Übereinstimmung mit der sog. historisch-kritischen Bibelexegese abhängig machen zu wollen, heißt von vornherein, ihr den Wahrheitsgehalt zu bestreiten. Schließlich ist Barth zum aktiven Theologen geworden, weil er die historisch-kritische (aber auch die konservative) Bibelauslegung für unzureichend hielt. Wer hier eine Differenz feststellt, sagt nichts Neues. Ohne diese Differenz gäbe es die Barth'sche Theologie nicht. Wer diese

Differenz nicht aushalten kann, sollte seine Zeit nicht an Barth verschwenden.

Eine Aufarbeitung des Problems fehlt bisher. Man wird sich vorläufig mit Eindrücken zufrieden geben müssen. Als hilfreich zum Verständnis wurde mit Recht die Selbstexplikation Barths in den großen Vorworten zur 2. und 3. Auflage des ›Römerbriefes‹ angesehen; jetzt finden wir in den aus dem Nachlaß veröffentlichten Vorentwürfen des Vorworts zur Erstfassung die entscheidenden Gesichtspunkte noch straffer expliziert, ohne so viele Einzelpolemik. Auch der nunmehr publizierte Brief an Paul Wernle ist erhellend.[66] Ich zitiere aus den Vorentwürfen nur den Satz:

»Die Aufgabe, Paulus zu verstehen, hat mir von Vers zu Vers genug Kampf gegen meine und die ganze heutige Denk- und Empfindungsweise gekostet. Aber allerdings: ich wollte Paulus *verstehen* und nicht *nicht* verstehen.«

Und an Wernle:

»Sie dürften mir nicht so rasch Eintragungen meiner persönlichen Ansicht in die des Paulus vorwerfen, wie Sie es tun. Als ich mit der Arbeit an dieser Stelle durch war, kam ich mir in meiner persönlichen Stellung vor wie gebrochen an allen Gliedern.«

Genau davon findet Barth zu wenig in der historisch-kritischen Exegese (aber auch in der kirchlich-positiven); diese überträgt ihre Vorstellungen von Geschichte, Textentstehung, Psychologie, Wirklichkeit, Kirche auf den Bibeltext und läßt dadurch ihre Auslegung beherrscht sein von den modernen Selbstverständlichkeiten. Allerdings kehrt Barth den Spieß nicht einfach um – so nahe es gelegen hätte, das Selbstverständnis der historisch-kritischen Exegese, sie lasse den Text selber reden, auf sich selbst zu beziehen, und deren Vorwurf an andere Auslegungsmethoden: sie legten etwas in den Text hinein, an die Urheber zurückzugeben. Doch das hätte nur geheißen, Recht haben zu wollen. Barth meint vielmehr, daß *alle* Auslegungen, seine eigenen wie die historisch-kritischen, in den Text etwas *einlegen*, ja *allegorische* Auslegungen sind.[67] Keiner kommt leer, unbesetzt von Ansichten an die Bibel heran, keiner auch kann davon absehen – sonst würde er gar nichts verstehen. Am geeignetsten sind aber diejenigen Einlegungen, die möglichst stark an der gleichen Sache interessiert sind wie die biblischen Autoren.

»Ein Autor kann nie und nimmer von der historisch-psychologischen Oberfläche aus erklärt werden, sondern allein dadurch, daß man gemeinsame Sache mit ihm macht, daß man mit ihm arbeitet, daß man ihn in jedem Wort ernst nimmt, solange nicht bewiesen ist, daß er solches Zutrauen nicht verdient. [...] Wer nicht beständig ›einlegt‹ weil er an der Sache mitarbeitet, kann auch nicht ›auslegen‹.«

Und *deshalb:* »Ganze Kapitel und Abschnitte mußte ich direkt gegen mich selbst schreiben.«[68]
Wir kommen an den Anfang unserer Betrachtungen zurück, wenn wir Barth mit Worten aus dem Jahre 1934 erklären lassen, was die von ihm intendierte Haltung gegenüber der Bibel ausmacht: um »Erwartung« handelt es sich.

»Theologische Exegese ist eine historisch-grammatikalische Aufgabe wie eine andere, nur daß der theologische Exeget sich grundsätzlich nicht mit seiner philosophischen Weltanschauung über den Text, sondern in der Erwartung, daß dieser Text ein Offenbarungszeugnis sei, unter ihn zu stellen hat. In der Erwartung – das ist alles, was sich hier sagen läßt. Daß er das Zeugnis als solches vernimmt und in seiner Erklärung als solches vernehmlich macht, das ist nicht in seine Hand gegeben. Offenbarung redet auch in der Bibel dann, wenn, und da, wo Gott es will. Die Besonderheit der theologischen Exegese reduziert sich also auf diese Erwartung und auf den Respekt, die Aufmerksamkeit und Offenheit, die dieser Erwartung entsprechen. In dieser Erwartung wird der theologische Exeget nicht ohne den Leitfaden sein, der ihn den ursprünglichen – den wirklich ursprünglichen! – Sinn des Textes nicht ganz verfehlen lassen wird.«[69]

Doch die prinzipielle Erörterung war Barth gar nicht so lieb. Worum er sich mühte, waren die Auslegungen selber, und was er suchte, waren Leser der Auslegungen und Mitarbeiter an ihnen in ihrem Zusammenhang. Deshalb wäre es unsinnig, wenn ich jetzt die prinzipielle Erörterung weiterführen wollte. Es sei jedoch noch beispielhaft auf zwei Auslegungsvorgänge hingewiesen resp. auf den Streit um sie.
1. Der vorhin erwähnte Taufband (KD IV/4, Fragment) wird besonders schief angesehen wegen seiner exegetischen Grundlagen. Die historisch-kritische Exegese liest aus dem Neuen Testament gerade das heraus, was der kirchliche Sakramentalismus immer schon denkt und will. Spricht das nun für den Sakramentalismus? Oder gegen die historisch-kritische Auslegung? Aber was heißt: »*die*« historisch-kritische Auslegung? Dazu müßte man nachsehen, um welche Schule in ihr es sich handelt – wann diese die Lehrstühle besetzen konnte – in welchem Raum – u. ä. m. Nur

deshalb, weil man eine bestimmte Auslegung immer wieder vernimmt, wird sie ja noch nicht richtig oder auch nur wahrscheinlich.

Daß die sakramentalistische Deutung der einschlägigen neutestamentlichen Stellen der sog. religionsgeschichtlichen Schule verpflichtet ist, ist bekannt. Aber die religionsgeschichtliche Schule ist auch nur eine historische Erscheinung – ebenso wie ihr Siegeszug, der kritisch befragt werden müßte (und in gewisser Beziehung auch schon kritisch befragt wird). Martin Dibelius z. B. hat 1931 und 1941 eine Interpretation von Röm. 6 vorgelegt, die viel vorsichtiger hinsichtlich des Sakramentalismus und offener zu der Barth'schen Deutung ist als die geläufig gewordenen Interpretationen, aber sie wurde nicht weiter verfolgt; geschah dies aus sachlicher Notwendigkeit? Warum findet man dann keine kritische Aufarbeitung dagegen? Und wie ist es mit der älteren auch religionswissenschaftlich fundierten Arbeit von Carl Clemen?[70] Ich will mit diesen Hinweisen nur dazu anregen, exegetische Gegebenheiten nicht einfach hinzunehmen.

2. Das andere Beispiel soll mehr an Einzelheiten demonstriert werden. Ich wähle 1. Kor. 15,5–9: die Aufzählung von Zeugen, denen der Auferstandene erschienen sei. Gegen Barth hat *Bultmann* immer wieder behauptet, daß Paulus durch diese Aufzählung – vor allem durch die Erwähnung von mehr als 500 Brüdern, von denen die meisten noch da, einige aber entschlafen sind – das Wunder der Auferstehung Jesu als objektives historisches Ereignis sicherstellen wolle, womit es zum beglaubigenden Mirakel werde – während die Auferstehung Jesu in Wahrheit ein eschatologisches Ereignis sei (so wie Bultmann diesen Begriff versteht).[71] Barth scheint mir demgegenüber richtig gesehen zu haben, daß dies eine herangetragene Fragestellung ist, die mit dem Text nicht das Geringste zu tun hat. Schon in V. 1 u. 2, dann in V. 11 kommt heraus, daß unter den Korinthern niemand die Botschaft von der Auferstehung Jesu bezweifelt. Warum sollte Paulus sie dann als objektives historisches Faktum sicherstellen wollen? Die Argumentation des Paulus richtet sich nur gegen die Meinung *einiger* (V. 12; 23), und diese bestreiten irgendwie ihre eigene Auferstehung, nicht die Jesu. Was Paulus »sicherstellen« will, ist der zwingende Zusammenhang von beidem – der so zwingend ist, daß bei Leugnung der Totenauferstehung aller Christen auch die Auferstehung Christi selber nichtig wird. So aber kann man nur argumentieren, wenn man voraussetzt, daß die Auferstehung Christi fester Glaubensbestand ist; dann hat es wirkliche Durchschlagkraft zu sagen, daß man eben dies, also den eigenen Glaubensbestand destruiere, wenn man die Totenauferweckung der Christen negiert; die Argumentation wird sinn-

los, wenn erst auch noch die Auferstehung Jesu als objektives Faktum sichergestellt werden muß. »V. 5–7 hat mit einem historischen Beweis und also mit einem Zeugenverhör gar nichts zu tun, schon darum nicht, weil nach einem historischen Beweis für die Auferstehung Jesu in Korinth kein Mensch das Bedürfnis hatte und dies wieder schon darum nicht, weil sie dort (V. 12–18 ist der Beweis dafür) gar nicht bestritten war.«[72] Dies ist genau gelesen.
Was aber soll dann die Erwähnung der Zeugen, vor allem der 500? Auch da hat Barth genau gelesen: »Einige aber sind entschlafen« heißt es von denen (V. 6) – und »entschlafen« ist das Stichwort, das in den dann folgenden Argumentationen zur Totenauferstehung aller Christen eine Rolle spielt (V. 18, 20, 51). Als Einleitung zu diesem Teil, um den es dem Paulus eigentlich geht, wird darauf hingewiesen, daß selbst von denen, denen der Auferstandene erschienen ist, schon einige entschlafen sind. Damit spitzt Paulus die sachliche Frage von vornherein zu: den Auferstandenen gesehen haben und selber sterben – was heißt das? Ähnlich greift Paulus die Aussage von V. 3: Christus gestorben »für unsere Sünden« in der Hauptargumentation V. 18 auf (ebenso wie die Tatsache der apostolischen Verkündigung von V 1 f. und 11 in V. 15). Auch darauf hat Barth aufmerksam gemacht.[73]
Bultmann dagegen benutzt den Abschnitt zur »Sicherstellung« *seiner* Probleme: der Alternative von Mirakel und eschatologischem Ereignis, von Historie und Geschichtlichkeit, von Sicherheit und Entscheidung; und indem er diese hier eingetragen und verhandelt hat, schuf er sich eine Basis für seine These von der Notwendigkeit der Sachkritik an Paulus. Das kann man natürlich machen – aber wer damit konfrontiert wird, wird sich dem Überlegenheitsgebaren der historisch-kritischen Exegese Barth gegenüber dann auch ruhig verweigern dürfen – ohne in das gegenteilige Überlegenheitsgebaren zu verfallen; denn das würde unserer *gemeinsamen* Situation vor der Bibel widersprechen würde.

VIII Zur Lektüre und zu Editionen

Wie kann man *vorgehen bei der Barth-Lektüre?*

Ich halte für die geeignetste Einführung zum Verständnis Barths den von ihm zusammen mit Eduard Thurneysen 1924 herausgegebenen Predigtband ›Komm Schöpfer Geist!‹. Hier ist das Feuer der Anfänge, der Zeit der ersten Entdeckungen noch zu spüren, gleichzeitig ist die Wende zur

Gebrochenheit der zweiten Römerbriefauslegung schon geschehen, außerdem zeigt die Form der Predigt am besten, was Barth und Thurneysen bewegte und worauf sie zielten. In diesem Predigtband zu lesen, scheint mir das Wichtigste und Erhellendste zu sein, das man tun kann, um Barth zu sich reden zu lassen, um wahrzunehmen, worum es ihm geht. Wer wenig Zeit und Kraft hat, sich intensiv mit Barth zu beschäftigen, sollte sich auf diesen Band beschränken. Es ist tief zu bedauern, daß er nicht neu aufgelegt ist; so muß man sich mit Ausleihen begnügen, falls es nicht gelingt, irgendwie antiquarisch an ihn heranzukommen.

Die späten Predigten Barths sind sehr viel abgeklärter und erschließen sich deshalb schwerer – gerade indem man den Eindruck hat, daß sie einfacher zu fassen sind. Ähnlich geht es mit der ›Einführung in die evangelische Theologie‹, Barths letzter akademischer Vorlesung, 1962 erschienen; sie ist so durchgefeilt formuliert und klingt so ausgewogen, daß der eilige Leser nicht bemerkt, was da zu bemerken ist – obwohl da alles zu bemerken ist, worauf es bei Barth ankommt; sie ist eine wirkliche und umfassende Einführung in seine Theologie, aber sie will sorgfältig gelesen und gründlich erwogen sein. Das Aufregende, der Sprengstoff liegt nicht auf der Oberfläche.

Wenn ich sage, daß Barth primär als Bibelleser und Bibelausleger wahrgenommen werden sollte, wiederhole ich mich, aber man kann es nicht oft genug sagen. Die zweite Fassung der Römerbriefauslegung bleibt das Hauptdokument, doch wird man kaum noch den Atem aufbringen, dies Buch als Ganzes zu lesen. Es wird genügen, den einen oder anderen Sinnabschnitt im Zusammenhang zu studieren; das Inhaltsverzeichnis gibt dazu Anhaltspunkte. Die kleine Römerbriefauslegung, die Barth im 2. Weltkrieg als Volkshochschulkurs gehalten hat, sagt mir weniger, dagegen möchte ich nachdrücklich auf die Auslegungen des 1. Korintherbriefs und des Philipperbriefs hinweisen. Sie sind nicht so expressionistisch und monoton wie die beiden frühen Römerbriefe, aber ungemein intensiv im Verfolgen des Textes, seiner Linien und Intentionen. Da sie zudem dem Umfang nach eher zu »verkraften« sind als die großen Römerbriefauslegungen, sollte man wenigstens eines der beiden Bändchen wirklich durcharbeiten. Inzwischen ist aus dem Nachlaß noch die Veröffentlichung der Erklärung des Johannesevangeliums aus dem Wintersemester 1925/26 hinzugekommen, die nur bis Kap. 8 geht, weil sie so gründlich und theologisch bedacht angelegt ist, daß das Semester zu mehr nicht ausreichte. Hier hat Barth mehr als sonst die neuere wissenschaftliche Literatur nicht nur gelesen (was immer geschah), sondern auch zu Wort kommen lassen; und gerade dabei bestätigt sich seine oft geäußerte Erfahrung: um wieviel gehaltvoller und sachnäher die Reformatoren oder Augustin sind, die er auch wieder zu Rate zog und sprechen ließ.

Doch beim Namen Karl Barth denkt man vorwiegend an die ›Kirchliche Dogmatik‹, und sie erschließt sich in der Tat am schwersten. Ich möchte vor allem den Rat geben: Man möge sich durch den ungeheuren Umfang des Werkes nicht zum schnellen Lesen verleiten lassen – um durchzukommen. Barths Texte sind zum Langsam-Lesen! So wie er sie selbst auch langsam vorgetragen hat. Ähnliches finden wir öfter, gerade bei breiten Texten, z. B. bei Thomas Mann. Von Th. Mann geht auch das Diktum, daß nur das Ausführliche spannend sei. In der Tat ist die ›Kirchliche Dogmatik‹ gerade in ihrer Ausführlichkeit enorm spannend; aber das merkt nur, wer sie sehr langsam liest, wer darauf achthat, die vielen kleinen Kurven, Verzögerungen, Seitenblicke, Fortschritte mitzubekommen. Man nehme sich deshalb nicht zu viel vor: vielleicht nur einen Teil-Zusammenhang innerhalb eines Bandes vom Umfang etwa eines halben Bandes. Der Theologische Verlag Zürich bringt jetzt die ›Kirchliche Dogmatik‹ in solch kleinere Zusammenhänge und Band-Umfänge geteilt heraus, was nicht nur den Kauf preislich erleichtert, sondern faktisch auch jeweils Lesevorschläge für faßliche Unterabschnitte anbietet. Daß zudem dabei die fremdsprachigen Zitate übersetzt wurden, bringt eine weitere Erleichterung. Man nehme sich aber auch dann Zeit und lese in kürzeren Portionen über einen längeren Zeitraum hinweg. Schnelle Ergebnisse, etwa für Examina oder für die nächste Predigt oder Schulstunde, springen sowieso nicht heraus. Das sollte bei den Lese-Erwartungen und -Zielen berücksichtigt werden.

Welchen Band der ›Kirchlichen Dogmatik‹ man sich vornimmt, wird vom Interesse am Thema bestimmt sein. »Echten Barth« bekommt man in jedem. Karl Gerhard Steck hielt KD II/1 (»Die Lehre von Gott« mit den beiden Kapiteln »Die Erkenntnis Gottes« und »Die Wirklichkeit Gottes«) für das Tiefste, das Barth geschrieben; ich habe vorhin öfter mit diesem Band argumentiert, weil er mir in der Tat besonders hervorgehoben zu werden verdient. Die Versöhnungslehre ist vielleicht noch zugänglicher, zumindest ist sie ebenso wichtig, also KD IV/1 (Einleitung und »Jesus Christus, der Herr als Knecht«) oder IV/2 (»Jesus Christus, der Knecht als Herr«). In KD IV/3 (»Jesus Christus, der wahrhaftige Zeuge«) empfand ich eine gewisse Breite, doch das ist natürlich subjektiv und kann von daher kommen, daß ich unmittelbar vorher die beiden anderen Bände der Versöhnungslehre durchgearbeitet hatte. Auch KD III/3 (Vorsehungslehre, Das Nichtige, Angelologie) erscheint mir in der Rhetorik reichlich breit. Die subjektive Seite spielt ja immer mit bei der Lektüre – so habe ich z. B. erst beim zweiten Lesen von KD I/1 die »Kreiselbewegung« darin wahrgenommen; zunächst hatte ich alles mehr thetisch verstanden, ohne die dauernde Antithese, das dauernde Brechen und Wegnehmen auch in diesem Band recht zu bemerken. In jedem Fall benötigt die ›Kirchliche Dogmatik‹ Ausdauer und Aufmerksamkeit.

Einige Worte sind zu den Nachlaßbänden nötig. Die Nachlaßedition vermehrt das Angebot an gedruckten Barth-Seiten beträchtlich, so daß man Angst bekommen kann und vielleicht völlig resigniert angesichts der in keinem Fall mehr zu bewältigenden Leseaufgabe. Auf der anderen Seite wird dadurch auch das Barth-Verständnis erleichtert, weil manches lebendiger wird – nicht zuletzt durch die *Brief-Editionen*. Allerdings muß man bei Briefen immer bereit sein, allerlei Belangloses mitzunehmen. Auf Außenstehende wirkt notwendig vieles nichtig, außerdem schreibt man sich ja auch immer schon Ungleichmäßiges – wer könnte existieren, wenn er nicht auch Belanglosigkeiten pflegte? Doch es gibt da Unterschiede in der Häufung von Belanglosem. Den Briefwechsel Barth–Thurneysen halte ich für außerordentlich inhaltsreich, packend und aufschlußreich. Er hilft sehr, Barth besser zu verstehen. Durch die Frische und Ausdrucksstärke des Stils wird sogar noch das Belanglose dramatisch, und auch wer sonst nicht Barth zu lesen pflegt, wird fasziniert sein von dem lebendigen geistigen Austausch. Sehr viel unergiebiger ist der Briefband Barth–Bultmann, da bietet der Anhang mehr als der Briefwechsel selber. Von eigener Art ist der Band mit Barth-Briefen aus seiner letzten Zeit: 1961–1968. Hier hört man nur Barths Stimme, weil es sich nicht um eine wechselseitige Korrespondenz handelt; zeitgeschichtlich kommt nichts Besonderes zu Tage (wie es bei seinen Briefen aus den Dreißiger-Jahren der Fall sein müßte); Wiederholungen sind unvermeidlich, weil Barth verschiedenen Adressaten dasselbe zu erzählen für richtig hielt und auch das Recht hatte; und da die Adressaten ihm unterschiedlich nahe resp. fern standen, ist sein Stil auch unterschiedlich lebendig. Zum Verständnis des Werkes Barths springt nicht so viel heraus wie aus dem Briefwechsel mit Thurneysen, wahrscheinlich werden mehr die angesprochen, die Barth persönlich kannten oder sich über seine Persönlichkeit ein besseres Bild machen wollen.

Durch die späten Briefe hindurch ziehen sich die Klagen und der Mißmut über die theologische Lage, die für Barth am Ende genau so elend war, wie er sie in seiner Frühzeit angesehen hatte – nun aber, nachdem er sein arbeitsreiches Leben da hineingeworfen hatte. Ich meine, man sollte diese Klagen auf ihren sachlichen Grund beziehen und nicht als Alters-Gebrummele abtun. Außerdem zieht sich die Bedrängnis auch durch die Briefe der Frühzeit; wegen der strotzenden Vitalität pflegt man sie da nicht so wichtig zu nehmen, es scheint mir aber offensichtlich zu sein, daß sich Barth immer sehr bedrängt und im Elend gesehen hat. Weil er nie larmoyant wird oder sich selbst an seiner Schwermut erbaut, vielmehr sich immer wieder zur vita activa herausgefordert sieht, wird gewöhnlich nicht wahrgenommen, wie sehr Barth im tiefsten Grunde nun doch »schwermütig« war – wenn es auch schwierig ist, das rechte Wort dafür zu finden. Wahrscheinlich ist es am angemessensten, das im Neuen Testament oft vorkommende Wort δλῖψις hier zu benutzen: Drangsal, Bedrängnis, Bedrückung, Trübsal. Die Barth'sche Theologie ist immer bezogen auf eine Existenz in der Bedrängnis, deshalb ist sie so exzentrisch – exzentrisch im sachlichen Sinne: daß sie nur außerhalb des eigenen Selbst Trost finden kann, aber dann auch exzentrisch im menschlichen Sinne: daß sie überspannt, ausladend, geradezu monströs ist in ihrem unermüdlichen Hinausweisen über sich selbst, das immer wieder geschehen muß, weil anders als in dieser Unruhe keine Ruhe zu finden ist.

Ich zähle es zum Entstellendsten, das man der Barth'schen Theologie antut, daß man ihren Autor als humorigen Menschen und diese Theologie als heiter hinstellt. Daß Barth de facto Humor hatte, hängt mit seiner Exzentrik zusammen: Weil er nicht selber recht haben konnte und wollte, weil er bei sich keinen Trost fand, konnte er sich selbst relativieren[74], konnte er offen sein für Fremdartiges – und dann doch auch dies wieder an seinen Platz gestellt sehen. Aber wenn man daraus »Heiterkeit« macht und die dann auch noch in der Barth'schen Theologie finden will, entzieht man sich dem Ernst, ja dem Bedrohlichen des ständigen Fragens nach der Wahrheit und der Wirklichkeit Gottes, dann verweigert man sich dem Seufzen: Veni creator spiritus!, um das dies Lebenswerk kreist. Der »heitere Barth« ist eine Erfindung aus Abwehr gegen Barth, um doch wieder etwas zum Schmausen zu haben, um das ehrliche grimmige Suchen, Bitten und Anklopfen weiter aufschieben zu können.

Es ist auch eine Irreführung, wenn man Barths Theologie als »schön« ausgibt. Daß sie dem Seufzen entspringt und zu ihm anleiten will, heißt, daß sie selbst eine Gestalt hat, über die man seufzen muß. Wem ihre unablässige Kreiselbewegung nicht peinvoll ist, den wird man fragen müssen, was er überhaupt wahrgenommen hat, ob er nicht doch wieder ins Schmausen geraten ist. Gewiß, man kann nach der Theologie Barths gleichsam »süchtig« werden – aber nicht weil sie schön ist, sondern weil immer wieder die Bewegung von einem selbst weg vollzogen werden will, weil man in sich zusammenschnurrt, wenn man diese Streckübung nicht dauernd macht; aber daß das »schön« sei, kann man wirklich nicht behaupten. Und auch die Texte Barths sind nicht schön, dazu sind sie viel zu schnell gearbeitet, dazu sind sie zu sehr von Unruhe durchzogen, gehorchen sie zu sehr einem »Muß«: dem des Reden-Müssens, wo man lieber auch einmal schweigen möchte. Aber man schweigt leicht in sich selbst, anstatt außer sich zu gehen, und deshalb muß Barth immer weiter reden – und muß man ihn eben doch lesen, so beschwerlich es ist.

Die frühen Werke Barths lassen die Dynamik dieses Wegzeigens von sich selbst direkter mitfühlen als die späten Werke, obwohl der Prozeß der gleiche bleibt. Eine großartige Veröffentlichung aus dem Nachlaß ist deshalb die der ersten Dogmatik-Vorlesung, die unter dem Titel ›Unterricht in der christlichen Religion‹ erschienen ist, unter dem sie angezeigt werden mußte. Der Stoff ist derselbe wie in KD I/1–2 und seiner Vorstufe, der ›Christlichen Dogmatik im Entwurf‹, aber die eigentlich nur für den mündlichen Kolleg-Vortrag bestimmte erste Niederschrift im ›Unterricht‹ ist von einer Lebendigkeit, Knappheit und dabei existentiell bezogenen Art der Anrede, daß man unbedingt zur Lektüre dieses Bandes zureden möchte. Selbst wer sich schon in der ›Kirchlichen Dogmatik‹ eingelesen hat, fühlt sich dadurch gepackt und belehrt; ich denke mir, daß auch zur ersten oder (wenn es denn sein muß) einzigen Bekanntschaft mit dem Dogmatiker Barth dieser Band hervorragend geeignet ist. Hoffentlich folgen bald die Veröffentlichungen der anderen Teile des ›Unterrichts‹!

Da ich schon zwischendurch Lesevorschläge gemacht habe, kann ich hier abbrechen, um noch etwas zur *Editionstechnik* der Karl-Barth-Gesamtausgabe zu sagen, in deren Rahmen auch die Nachlaßbände erscheinen. Ich finde, daß diese Ausgabe – so verdienstvoll sie ist – es dem Leser schwer macht. Schon das Buchformat ist unglücklich, die kleinen dicken Bände sind unpraktisch und komisch; warum man nicht das mittlere Format etwa der Vortragsbände oder des alten ›Römerbriefes‹ genommen hat, ist mir schleierhaft. Wenn jetzt sogar die zweite Römerbrieffassung verkleinert reproduziert wird, so ist dies eher ein Akt zur Leseverhinderung als zur Leseförderung – als sei die Barth-Lektüre nicht sowieso schon mühevoll genug.

Beim Lesen hinderlich sind auch die vielen Fußnoten in der Gesamtausgabe, in denen die Herausgeber möglichst alle Zitate, sogar die Redewendungen, sofern sie literarischer Herkunft sind, belegen. Das gibt der Ausgabe einen wissenschaftlichen Anstrich – doch »wissenschaftlich« heißt bei Barth »sachlich«, »sachgemäß«, und sachlich ist, wenn der Leser die Bewegung der Barth'schen Argumentationsgänge wahrnimmt; die vielen Fußnoten halten ihn davon ab, halten ihn immer wieder plötzlich fest – bei einem einzelnen Satzteil, einer Nebenbemerkung, einer Quellenfrage u. ä. m. – und unterbrechen so die sachgemäße Bewegung. Es ist doch kein Zufall und keine Schlamperei, daß Barth seine Texte in der Regel ohne Fußnoten herausgehen ließ! Insofern bedeuten die jetzt zugefügten Fußnoten für den Leser eine dauernde Ablenkung und verlangen von ihm die zusätzliche Anstrengung, den ganzen gelehrten Apparat zu ignorieren – wieder: als wäre die Barth-Lektüre nicht ohnedem schon mühevoll genug. Besonders ablenkend drängt sich der zugefügte Apparat im Neudruck der ›Christlichen Dogmatik im Entwurf‹ auf. Dies Buch studiert man besser nach der Erstausgabe, die ja noch öfter in Antiquariaten auftaucht.

Dabei verkenne ich nicht, daß die gelehrten Nachweise oft eine mühsame detektivische Sucharbeit und überhaupt viel Arbeit erfordert haben. Zur ›Christlichen Dogmatik im Entwurf‹ war sie auch nicht sinnlos, weil zum Teil Barths Weiterarbeit an seiner Dogmatik vorgeführt werden konnte. Was man dadurch besser versteht, muß sich zwar erst zeigen, aber für spezialistische Untersuchungen ist damit eine Arbeitsgrundlage geschaffen (die allerdings in einem Beiheft – getrennt von Barths Text – besser untergebracht gewesen wäre). Im übrigen aber wirft der Zwang, möglichst viel zu belegen, wenig ab. Manche Vorworte (wie das zur ›Christlichen Dogmatik‹ oder zur Schleiermacher-Vorlesung) zeigen, daß die Herausgeber sich dadurch schon zu Barth gegenüber sachfremden Fragestellungen haben verleiten lassen. Wirklich nötig sind Erläuterungen nur bei den Briefen und bei Barths Beteiligung am Zeitgeschehen. Da nimmt man sie gerne zur Kenntnis. Albern mutet mich an, daß auch die Redewendungen, die aus dem Bildungsgut stammen, belegt werden; denn daß der Ausdruck »der alt böse Feind« aus »Ein feste Burg« oder »woher ich kam der Fahrt« aus »Lohengrin« stammt, weiß man – und wenn nicht, macht es auch nichts. Das ist kein Grund, als Fußnote die Verse abzudrucken, aus denen die Wendung kommt. Abgesehen davon, daß die Anspielung dadurch nur an Reiz verliert: Eine Barth-Ausgabe hat, wie nicht die Aufgabe, dogmengeschichtlichen Nachhilfe-Unterricht zu erteilen, so auch nicht die, den Büchmann ersetzen zu wollen.[75]

Wichtiger ist – aber das kann keine Edition leisten, es ist deshalb auch nicht als Kritik an ihr gesagt –, die sprachlichen Beziehungen Barths auf seine Lehrer, wie Wilhelm Herrmann, oder auf die idealistische Philosophie, auf die sozialistische Terminologie oder auf Calvin wahrzunehmen, um von da aus sich die sachliche Beziehung in Anknüpfung und Widerspruch klarmachen zu können. Das ist die Aufgabe der Sekundärliteratur – wenn sie sie denn wahrnimmt. Etwa hat Barth außerordentlich viel in Calvins Predigten gelesen – bis dahin, daß sein Französisch dadurch beeinflußt worden ist; was könnte es z. B. erbringen, wenn gute Kenner ausführliche Proben aus den verschiedenen Lebenszeiten Barths in das Französisch Calvins übersetzen würden, um zu sehen, wie das geht – und wie und warum es nicht geht?!

Zum Schluß nur noch eine Warnung: Man sollte sich nicht in irgendeinem Examen über Barth prüfen lassen. Diese oder jene Einzelheit läßt sich (wo bei Barth alles auf die Bewegung ankommt!) schlecht referieren – es gibt genug andere Theologen, bei denen das geht. Meist wird so etwas doch nur aus der Sekundärliteratur oder aus Kompendien entnommen, und in bezug auf Barth ist es völlig belanglos zu wissen, wie er in dieser oder jener Einzelheit lehrt. Damit hat man noch nichts verstanden – ganz abgesehen davon, daß man es schon schief aufbereiten muß, um es in vorzeigbare und aufreihungsfähige Flaschen abfüllen zu können. Man gönne sich den Luxus, Barth zu lesen, nur um ihn zu lesen. Dann wird man entdecken, daß es kein Luxus ist, auch wenn es sich nicht direkt verwerten läßt.

Anmerkungen

[1] Mit diesem Aufsatz begann die Zeitschrift ›Zwischen den Zeiten‹ [ZdZ]: Heft 1, 1922, S. 1–25; wiederabgedruckt in: K. Barth, Das Wort Gottes und die Theologie. Gesammelte Vorträge, München 1924, S. 99–124 (danach zitiere ich).
[2] K. Barth–Ed. Thurneysen, Briefwechsel Bd. 1: 1913–1921, Zürich 1973, S. 38 f.
[3] Abgedruckt in: K. Barth–R. Bultmann, Briefwechsel 1922–1966, hg. v. B. Jaspert, Zürich 1971, S. 301–310, hier: S. 306 f.
[4] F. Tügel, Unmögliche Existenz! Ein Wort wider Karl Barth, Hamburg 1933, die Zitate: S. 9 f. u. 26.
[5] K. Barth, Predigten 1914, hg. v. U. u. J. Fähler, Zürich 1974. Dazu: J. Fähler, Der Ausbruch des 1. Weltkrieges in Karl Barths Predigten 1913–1915, Bern u. a. 1979.
[6] Zofinger Tagblatt vom 9. 2. 1912.
[7] Abgedruckt in: K. Barth–M. Rade, Ein Briefwechsel, hg. v. C. Schwöbel, Gütersloh 1981, S. 113–116, hier: S. 115.
[8] Eine ergänzende Überlegung ist an dieser Stelle angebracht – dadurch ausgelöst, daß Barth gut 42 Jahre später geäußert hat, er habe das Manifest der 93 mit den Unterschriften

seiner »bis dahin gläubig verehrten theologischen Lehrer« an einem »dies ater« *Anfang August* 1914 kennengelernt (K. Barth, Evangelische Theologie im 19. Jahrhundert, Theol. Studien 49, Zollikon–Zürich 1957, S. 6). Was Barth dazu inhaltlich sagte, hat sich uns bestätigt: »Irre geworden an ihrem Ethos, bemerkte ich, daß ich auch ihrer Ethik und Dogmatik, ihrer Bibelauslegung und Geschichtsdarstellung nicht mehr werde folgen können« (ebd.); aber das Datum »am Anfang des August« kann hinsichtlich des Manifestes »An die Kulturwelt« nicht stimmen, selbst für die Kundgebung »An die evangelischen Christen im Ausland« ist es zu früh. Hier hat eine Verschiebung in Barths Erinnerung stattgefunden. So etwas kann passieren, aber wieso kommt Barth auf einen »dies ater« gerade »am Anfang des August«? Zu Beginn des großen Krieges Anfang August hat sich so vieles zusammengedrängt, daß man kaum einen bestimmten Tag herausgreifen konnte. Barth hatte sich am Kopf seiner Predigten vom 26. Juli, 2. und 9. August 1914 jeweils unter die Datumsangabe die Zeitereignisse notiert: das Ultimatum und dann den schrittweisen Kriegsausbruch. Dies vollzog sich nicht an einem Tag. Ein besonderer »dies ater«, an dem gleichsam eine Welt zusammenbrach, kann in dieser kurzen Zeitspanne für Barth im Blick auf Deutschland wenn überhaupt, dann wohl nur der 4. August gewesen sein, als die deutsche Sozialdemokratie die Kriegskredite mitbewilligte und dem Kaiser in bezug auf den Krieg Treue gelobte. Ich vermute, daß sich bei Barth – entsprechend der Zusammenstellung im Lebenslauf von 1927: Versagen der theologischen Lehrer und Versagen des Sozialismus – rückblickend die Daten, an denen ihm das eine wie das andere Versagen kundgeworden war, ineinandergeschoben haben zu *einem* »dies ater«, dessen Datum vom Versagen des Sozialismus bestimmt wurde, weil es dem Kriegsanfang näher stand. Weniger einleuchtend finde ich die Erklärung jener Erinnerungsverschiebung, die Wilfried Härle vorgelegt hat (W. Härle, Der Aufruf der 93 Intellektuellen und Karl Barths Bruch mit der liberalen Theologie, Zeitschr. f. Theol. u. Kirche 72, 1975, S. 207–224): Barths Irrewerden an seinen theologischen Lehrern sei gar nicht durch die Beteiligung von Herrmann und Harnack an der deutschen Kriegspropaganda ausgelöst worden, sondern durch die publizistischen Äußerungen Rades in der ›Christlichen Welt‹, die Barth schon im Laufe des August zu lesen bekam (aber: *Anfang* August?). Das kann schon deshalb nicht stimmen, weil Rade für Barth niemals ein »gläubig verehrter theologischer Lehrer« resp. ein »theologischer Meister« gewesen ist – auch niemals rückblickend von Barth so genannt wird –, sondern mehr eine Art väterlicher Freund (weshalb er an ihn zuerst kritisch zu schreiben wagte). Man kann sich heute noch durch das Studium der Veröffentlichungen davon überzeugen, daß Rade nun wirklich für niemanden, der auch nur ein gewisses Qualitätsbewußtsein hatte, ein Lehrer oder Meister der Theologie fürs Leben werden konnte wie Harnack oder gar Herrmann. Härle scheint seiner Deutung auch selber nicht zu trauen – bietet er doch noch eine zweite Erklärung für Barths theologische Wendung an: Barth habe nach dem Tode seines Vaters (1912) sich diesem gegenüber schuldig und verpflichtet gefühlt und deshalb noch nachträglich seinem Willen gehorcht, der ihn schon im Studium zur »positiven Theologie« hatte führen wollen. Nun, über das Vater-Verhältnis kann man bei jedem Menschen uferlos phantasieren – hat doch jeder einen Vater und kann man doch bei niemandem genaues darüber ausmachen, was der für ihn bedeutet hat! Insofern erübrigt sich eine Erörterung darüber. Man muß nur fragen: ob mit solcher Deutung Barths Theologie zu einem persönlichen Problem herabgestuft werden soll? Außerdem möchte ich darauf hinweisen, daß es ein Indiz dafür gibt, daß Härles Deutung so nicht stimmen kann: Fritz Barth wollte seinen Sohn Karl speziell zu Adolf Schlatter bringen – und gerade Schlatter hat den ›Römerbrief‹ mit am heftigsten unter allen Kritikern abgelehnt, und Barth hat das ziemlich ungerührt zur Kenntnis genommen. Seine theologische Wendung war eben keine Rückwendung zur »positiven Theologie«, sie war von ihm auch nie so gemeint. Härle verschleiert sich das, indem er nur negativ von Barths Abwendung von der liberalen Theologie spricht, ohne das Ziel der Wendung beim Namen zu nennen und mit dem zu vergleichen, um das es Vater Barth gegangen war – und dem sein Sohn Karl eben nie gehorsam geworden ist! Schließlich: Auch Schlatter hatte jenes Manifest der 93 unterschrieben! In dieser Richtung findet man also nichts, schon gar nicht eine Erklärung für Barths theologische Wendung, die besser wäre als die von ihm selbst gegebene.

[9] J. Moltmann, Trinität und Reich Gottes. Zur Gotteslehre, München 1980, S. 50.

[10] K. Barth, Der Christ als Zeuge, Theologische Existenz heute [ThExh] Heft 12, München 1934, S. 21 f.

[11] Vortrag vom 4. Januar 1934 vor der Freien reformierten Synode in Barmen, an den beiden folgenden Tagen wiederholt in Bochum und Lübeck, veröffentlicht in: K. Barth, Gottes Wille und unsere Wünsche, ThExh 7, 1934, S. 16–30; wiederabgedruckt in: K. Barth, Theologische Fragen und Antworten. Gesammelte Vorträge 3. Bd., Zollikon–Zürich 1957, S. 144–157, und: W. Fürst (Hg.), »Dialektische Theologie« in Scheidung und Bewährung 1933–1936, Theol. Bücherei 34, München 1966, S. 128–141.

[12] Im 2. Sendschreiben über seine Glaubenslehre an Dr. Lücke (1829), in: Fr. Schleiermacher's Sämtl. Werke I, 2, Berlin 1836, S. 614.

[13] In der ›Kirchlichen Dogmatik‹ finden sich deshalb immer wieder Rechenschaftsablagen darüber, welche Fragestellungen der Neuprotestantismus entwickelt hatte und warum ihm gegenüber ein anderer Weg eingeschlagen werden müsse. Am umfassendsten geschieht das bezeichnenderweise zur Sündenlehre: KD IV/1, S. 406–427 (mit dem aufregenden Vorspiel S. 400–406). Hier ist natürlich auch Barths ›Geschichte der protestantischen Theologie im 19. Jahrhundert. Ihre Vorgeschichte und ihre Geschichte‹ zu nennen, bei deren Lektüre man speziell auf die Entwicklung der Fragestellungen achten muß.

[14] An dieser Stelle möchte ich auf drei Veröffentlichungen von mir hinweisen, deren Inhalt hier nicht wiederholt werden soll: Karl Barth als Theologe der Neuzeit, in: K. G. Steck/ D. Schellong, Karl Barth und die Neuzeit, ThExh 173, 1973, S. 34–102; D. Schellong, Bürgertum und christliche Religion, ThExh 187, 2. Aufl. 1984; und: Von der bürgerlichen Gefangenschaft des christlichen Bewußtseins. Dargestellt an Beispielen aus der evangelischen Theologie, in: G. Kehrer (Hg.), Zur Religionsgeschichte der Bundesrepublik Deutschland, München 1980, S. 132–166.

[15] In: K. Barth, Das Wort Gottes und die Theologie S. 70–98; wiederabgedruckt in: J. Moltmann (Hg.), Anfänge der dialektischen Theologie Tl. 1, ThB 17, München 1962, S. 49–76.

[16] Vgl. die diesbezügliche Bemerkung Barths in seinem Anm. 3 genannten Lebenslauf S. 308. Dort taucht noch einmal das Wort »Wendung« auf, nun inhaltlich gemeint.

[17] In: K. Barth, Das Wort Gottes und die Theologie S. 18–32 (die S. 18 angegebene Datierung ist zu korrigieren in: 6. 2. 1917, laut Thurneysens Anm. in: K. Barth–Ed. Thurneysen, Briefwechsel 1, S. 170) und S. 5–17.

[18] Die Formulierung stammt von Thurneysen (Ed. Thurneysen, Zum religiös-sozialen Problem, ZdZ 5, 1927, S. 517).

[19] Wiederabgedruckt in: K. Barth, Die Theologie und die Kirche. Gesammelte Vorträge 2. Bd., München 1928, S. 1–25.

[20] Veröffentlicht in: Evang. Theologie 3, 1936, S. 180–203 (bedauerlicherweise nicht wieder nachgedruckt), die Zitate S. 188 u. 203.

[21] Sie ist jetzt nachzuvollziehen anhand der aus dem Nachlaß veröffentlichten Vorlesung

von 1923/24: Die Theologie Schleiermachers, hg. v. D. Ritschl, Zürich 1978; doch war – wenn man wollte – diese Fragestellung auch schon aus den früheren kürzeren Schleiermacher-Veröffentlichungen Barths zu ersehen (in: Die Theologie und die Kirche).

[22] K. Barth, Der deutsche Kirchenkampf, Basel o. J.

[23] Vgl. R. Piepmeier, Das Ende der ästhetischen Kategorie »Landschaft«. Zu einem Aspekt neuzeitlichen Naturverhältnisses, in: Westfälische Forschungen. Mitteilungen des Provinzialinstituts für westf. Landes- und Volksforschung des Landesverbandes Westfalen-Lippe Bd. 20, 1980, S. 8–46.

[24] Dazu: D. Schellong, Annäherungen an Mozart. Zum Verhältnis von praktischer und weltanschaulicher Interpretation, in: Anstöße. Aus der Arbeit der Ev. Akademie Hofgeismar, 1980, H. 1, S. 10–34.

[25] Das Wort Gottes als Aufgabe der Theologie, in: K. Barth, Das Wort Gottes und die Theologie S. 178; wiederabgedruckt in: J. Moltmann (Hg), Anfänge der dialektischen Theologie 1, S. 218.

[26] K. Barth, »Unterricht in der christlichen Religion«, Erster Band: Prolegomena 1924, hg. v. H. Reiffen, Zürich 1985, S. 24 f.

[27] Ebd. S. 75.

[28] K. Barth, Theologische Existenz heute! München 1933, S. 27 f.; Neudruck hg. v. H. Stoevesandt, ThExh 219, 1984, S. 63 f.

[29] So C. Link, Die Welt als Gleichnis. Studien zum Problem der natürlichen Theologie, München 1976, S. 144 f. Wenn ich mich im weiteren Verlauf zum Gleichnisbegriff bei Barth äußere, habe ich dies Buch kritisch im Blick.

[29a] Am liebsten scheint Barth im Blick auf die von uns als Christen zu ziehenden praktischen Konsequenzen von »Analogie« gesprochen zu haben (vgl. K. Barth, Die Menschlichkeit Gottes, ThSt 48, 1956, S. 160. Im Vergleich mit der relativierenden Bemerkung S. 90).

[30] Die Seitenzählungen der 2. Aufl. des ›Römerbriefes‹ differieren in den verschiedenen Ausgaben: im Erstdruck sind 2 Seiten zuzuzählen gegenüber den späteren Abdrucken, auf die ich mich hier beziehe.

[31] Der Christ in der Gesellschaft, in: K. Barth, Das Wort Gottes und die Theologie S. 64; wiederabgedruckt in: J. Moltmann (Hg.), Anfänge 1, S. 32.

[32] K. Barth, Ethik II. 1928/29, hg. v. D. Braun, Zürich 1978, S. 454.

[33] K. Barth, Gottes Gnadenwahl, ThExh 47, 1936, S. 46 f. u. 50.

[34] K. Barth–Ed. Thurneysen, Briefwechsel 2: 1921–1930, Zürich 1974, S. 588 f.

[35] K. Barth–Ed. Thurneysen, Briefwechsel 1, S. 448. Zum Genaueren der Besonderheit des zweiten ›Römerbriefes‹ gegenüber der Erstfassung und dabei auch des Stichwortes »Osiander« vgl. W. M. Ruschke, Entstehung und Ausführung der Diastasentheologie in Karl Barths zweitem ›Römerbrief‹, zum baldigen Erscheinen angekündigt im Neukirchener Verlag. Hier wird die permanent gegen alles religiöse Haben-Wollen gerichtete Tendenz der Barth'schen Theologie an ihrem Grunddokument herausgearbeitet.

[36] Institutio III; 11, 5–12 gegen Osiander, 13–23 gegen Scholastiker und Sophisten. Letzteres stammt im wesentlichen aus der Fassung von 1539, die Abschnitte gegen Osiander sind erst 1559 hinzugekommen. Welchen grundsätzlichen Schaden Calvin bei Osiander sah, ist unter der Fülle der Argumente und Streitpunkte nicht ganz einfach zu ersehen; er tadelt nicht zuletzt seine Spitzfindigkeit (wie es schon Luther gegenüber Osiander getan hatte, Belege bei: D. Schellong, Calvins Auslegung der synoptischen Evangelien, München 1969, S. 107 f.).

[37] In: K. Barth, Die Theologie und die Kirche S. 329–363.

[38] K. Barth, Offenbarung – Kirche – Theologie, ThExh 9, 1934, S. 25; wiederabgedruckt in: K. Barth, Theologische Fragen und Antworten S. 167, und: W. Fürst (Hg.), »Dialektische Theologie« in Scheidung und Bewährung 1933–1936, S. 151.

[39] K. Barth, Das Wort Gottes und die Theologie S. 74 (= Moltmann, Anfänge 1, S. 53).

[40] K. Barth, Gottes Gnadenwahl S. 13.

[41] Zu Ende der zwanziger Jahre hat Barth angesichts der restaurativen Tendenzen in Theologie und Kirche (wie auch in Politik und allgemeinem Geistesleben) mit erhöhtem Nachdruck die Theologie allen unseren Sicherungen entziehen wollen, um sie allein an Gottes Gnadenwahl zu orientieren. Dazu vgl. die beiden grundsätzlichen Abhandlungen: Schicksal und Idee in der Theologie, ZdZ 7, 1929, S. 309–348 (wiederabgedruckt in: K. Barth, Theologische Fragen und Antworten S. 54–92), und: Die Theologie und der heutige Mensch, ZdZ 8, 1930, S. 374–396 (leider nicht erneut zugänglich gemacht). Zu jener Situation möchte ich noch auf einen Beitrag von mir verweisen: »Ein gefährlichster Augenblick«. Zur Lage der evangelischen Theologie am Ausgang der Weimarer Zeit, In: H. Cancik (Hg.), Religions- und Geistesgeschichte der Weimarer Republik, Düsseldorf 1982, S. 104–135.

[42] K. Barth, Gottes Gnadenwahl S. 14.

[43] K. Barth, »Unterricht in der christlichen Religion« S. 193.

[44] A.a.O., S. 109.

[45] A.a.O., S. 92.

[46] J. G. Fichte, Anweisung zum seligen Leben (1806), 6. Vorlesung, in: Fichte, Werke, Auswahl, Leipzig 1908–12, Bd. 5, S. 191.

[47] F. Schleiermacher, Der christliche Glaube nach den Grundzügen der evangelischen Kirche im Zusammenhange dargestellt, 2. Aufl. (1830), §§ 36–39, das Zitat am Ende von § 37,2. Vgl. in der 1. Aufl. (1821) §§ 43–47.

[48] W. Herrmann, Dogmatik, hg. v. M. Rade, Gotha 1925, § 30.

[49] Vgl. C. Westermann, Schöpfung, Stuttgart/Berlin 1971, S. 14 u. vor allem S. 161 ff. Zur Auseinandersetzung damit vgl. D. Braun, in: A. M. K. Müller/P. Pasolini/D. Braun, Schöpfungsglaube heute, Neukirchen 1985, S. 192 ff.

[50] Diese Dimension kommt auch in der gerade erschienenen »Ökologischen Schöpfungslehre« von J. Moltmann (Gott in der Schöpfung, München 1985) noch nicht in den Blick. Von da aus müßte man auch die Grundthese des Buches von der Immanenz des göttlichen Geistes im Planen des menschlichen Geistes nochmal diskutieren.

[51] Ein Beispiel: Angesichts dessen, wie viele auf die heutige Propaganda hereinfallen, daß Kinderlosigkeit eine Krankheit sei, die unbedingt geheilt werden müsse – um so die Forschung an der künstlichen Konstruktion menschlichen Lebens zu legitimieren –, könnte man neu würdigen, was eine christlich konzipierte Schöpfungsethik austrägt (vgl. KD III/4, S. 298–300).

[52] Anmerkungsweise sei gesagt, daß es selbst da, wo ein Gespür für die Barth'schen Fragestellungen besteht, schwierig zu sein scheint, sie genau wahrzunehmen. Wenn Barth vom Ende her, d. h. von der »Aufhebung« der Schöpfung aus, über die Schöpfung nachdenkt, so heißt das nicht, daß die Welt als Gleichnis des Himmelreichs verstanden werden könnte oder sollte. Die Welt ist nach Barth kein Gleichnis – sie ist zeitlicher Rahmen der Bundesgeschichte Gottes mit den Menschen; deshalb kann nur von der Geschichte des Bundes her Gott als Schöpfer anerkannt werden. Daraus läßt sich aber nicht das Umgekehrte machen, daß die Schöpfung auf Gottes Bundesgeschichte hinweist. Barth hat dementsprechend die Erörterung über mögliche Gleichnisse des Himmelreichs scharf getrennt von der Lehre über die Lichter, die die Schöpfung über ihre eigene Art

(nicht über das Himmelreich!) leuchten läßt (KD IV/3, der Schnitt liegt auf S. 153). »Erste und letzte Fragen werden durch sie weder aufgeworfen noch beantwortet« (ebd. S. 166). Alles hängt am Zusammenhang: Der berühmte Abschnitt von den Gleichnissen des Himmelreichs ist bloß erklärende Ergänzung zu dem eigentlichen Thema des Paragraphen, in dem er steht: dem von der Prophetie Jesus Christi. Indem wir *dies* Thema nennen, sind wir wieder bei der Kampfesgeschichte Gottes gegen und damit für seinen abtrünnigen und widerspenstigen Bundespartner, von der aus allein Barth denkt, sind wir bei der Geschichte des Leidens und Auferstehens Jesu Christi und der vorweglaufenden leidenden Prophetie des Alten Testaments. Es ist merkwürdig, aber wohl auch bezeichnend, daß *dieses* Thema (und damit das Verhältnis Jesu Christi zur jüdischen Bibel) als zentraler Teil der Versöhnungslehre Barths in jenem oft erwähnten Abschnitt aus KD IV/3 nicht annähernd auf ein ähnliches Interesse gestoßen ist, wie die abschließenden zwei Ergänzungen über die »Gleichnisse« und »Lichter«. Die Barth-Lektüre muß aber schiefe Ergebnisse zeitigen, wenn man auch nur eine Minute davon absieht, daß alles nur gesagt wird im Bewußtsein davon, daß Gott in Jesus Christus um uns kämpft, weil wir untauglich und verschlossen sind zur Gotteserkenntnis und zum Gottesdienst.

[53] Ich beziehe mich jetzt auf H. Fischer, Natürliche Theologie im Wandel, Zeitschr. f. Theol. u. Kirche 80, 1983, S. 85–102.

[54] A.a.O., S. 101.

[55] Die Formulierung »politischer Gottesdienst« hat Barth eingeführt und erklärt in den Gifford-Vorlesungen in Aberdeen 1938 über das Schottische Bekenntnis von 1560, einer Vorlesungsreihe, die von der Intention des Stifters aus um die natürliche Theologie gehen sollte. Vgl. K. Barth, Gotteserkenntnis und Gottesdienst nach reformatorischer Lehre, Zollikon–Zürich 1938, 19. Vorlesung (S. 203–216).

[56] K. Barth, Das christliche Leben. Die Kirchliche Dogmatik IV, 4, Fragmente aus dem Nachlaß, hg. v. H. A. Drewes u. E. Jüngel, Zürich 1976, § 78,2.

[57] Vgl. ebd. S. 501 f.

[58] Ebd. S. 412.

[59] Biblische Fragen, Einsichten und Ausblicke, in: K. Barth, Das Wort Gottes und die Theologie S. 81 (= J. Moltmann, Anfänge 1, S. 60).

[60] Ebd. S. 93 (71).

[61] K. Barth, Quousque tandem...?, ZdZ 8, 1930, S. 1–6; Die Not der evangelischen Kirche, ZdZ 9, 1931, S. 89–122; wiederabgedruckt in: K. Kupisch (Hg.), Karl Barth. »Der Götze wackelt«, Berlin 1961, S. 27–62.

[62] K. Barth–Ed. Thurneysen, Briefwechsel 2, S. 126 (11. Dez. 1922). Die folgenden Zitate ebd. S. 422 (10. Juni 1926) u. S. 469 (26. Febr. 1927).

[63] Dankenswerterweise hat sich Markus Barth unter diesem Gesichtspunkt die Lima-Papiere vorgeknüpft: M. Barth, Fragen und Erwägungen zu den Lima-Papieren, Kirchenblatt f. d. reformierte Schweiz 141, 1984, S. 323–326.

[64] Das ist als Differenz zu Barth registriert bei C. Gremmels/H. Pfeifer, Theologie und Biographie. Zum Beispiel Dietrich Bonhoeffer, München 1983, S. 30 f. u. 67; aber die Erklärung bleibt rein biographisch (ohne allerdings selbst biographisch für Bonhoeffer etwas zu erklären).

[65] Ergänzend sei noch zweierlei gesagt. a) Daß Barth auch Bonhoeffers Diagnose von der religionslosen und gar noch mündig gewordenen Welt nicht teilen konnte, geht aus dem von mir in den beiden vorigen Punkten Dargestellten indirekt hervor. b) Daß Bonhoeffers Diktum vom »Offenbarungspositivismus« Barths wenig Erhellendes an sich hat, ergibt sich besonders aus den obigen Kapiteln V und VI. Was der Vorwurf *genau* besagen soll,

scheint mir noch nicht recht analysiert zu sein (es könnte nur aus dem direkten Zusammenhang geschehen, in dem Bonhoeffer das Wort gebraucht hat), doch das tut seiner Beliebtheit keinen Abbruch. Im Gegenteil.

[66] K. Barth, Der Römerbrief (Erste Fassung) 1919, hg. v. H. Schmidt, Zürich 1985, Anhang I (S. 581–602) und Anhang III (S. 638–646). Die folgenden Zitate ebd. S. 587 bzw. 591 u. S. 640.

[67] Vgl. dazu aus dem »Unterricht in der christlichen Religion« S. 314–319, aber überhaupt das 2. Kap. (als Vorstufe zu den entsprechenden Partien in der ›Christlichen Dogmatik im Entwurf‹ und in KD I/2).

[68] Der Römerbrief (Anm. 66) S. 596 f.

[69] K. Barth, Offenbarung – Kirche – Theologie, S. 40 f. (= Theol. Fragen und Antworten S. 181; W. Fürst, »Dialektische Theologie« S. 164 f.).

[70] Vgl. dazu: D. Schellong (Hg.), Warum Christen ihre Kinder nicht mehr taufen lassen, antworten 18, Frankfurt/M. 1969, mit Literaturverzeichnis.

[71] R. Bultmann, Glauben und Verstehen 1. Bd., Tübingen [7]1972, S. 54 (mit einem Referat über Barth, das kein Bild von dem gibt, was wirklich bei ihm zu lesen ist); fast wörtlich wiederholt in dem Vortrag: Neues Testament und Mythologie, in: H. W. Bartsch (Hg.), Kerygma und Mythos. Ein theologisches Gespräch, Hamburg 1948, S. 48, und: Theologie des Neuen Testaments, Tübingen 1948, S. 290.

[72] K. Barth, Die Auferstehung der Toten. Eine akademische Vorlesung über I. Kor. 15, 2. Aufl. 1926, S. 83.

[73] Ebd. S. 84 u. 82. Hier ist noch die Erörterung über die Auferstehung Jesu Christi als »Geschehnis« in KD IV/1, S. 368–378 zu nennen mit einer präzisen Definition dessen, was »historisch« genannt zu werden pflegt. Dabei weist Barth noch darauf hin, daß die Erwähnung der 500 Brüder in 1. Kor. 15,6 zur »Sicherstellung« der Auferstehung Jesu als »objektivem« Ereignis auch ganz untauglich gewesen wäre, weil es sich bei denen (wie bei Paulus!) nur um »Brüder« und nicht um außenstehende, zur »Objektivität« fähige Zuschauer handelte.

[74] Vgl. K. Barth, Ethik II. 1928/29, S. 444–447.

[75] Diese Bemerkung erbrächte in der Barth-Gesamtausgabe jetzt eine Fußnote über Büchmann.

Karl Barth im Chr. Kaiser Verlag

Karl Barth
Theologische Existenz heute! (1933)
Neu herausgegeben von Hinrich Stoevesandt. (Theologische Existenz heute 219).
1984. 164 Seiten. Kt. DM 20,–.
ISBN 3-459-01543-8.

Theologische Existenz heute
Heft 1 (1933) – 77 (1941)
3 Bände (Reprint). Herausgegeben von Karl Barth / Eduard Thurneysen / Karl Gerhard Steck. 1980. Zusammen 3484 Seiten. Geb. DM 220,–.
ISBN 3-459-01240-4

//
Friedrich-Wilhelm Marquardt
Der Aktuar

Aus Barths Pfarramt

Zum 1. Mai 1911 war von der Kirchgemeinde Safenwil Karl Barths Amtsantritt beschlossen worden; sein Vorgänger hatte der Kirchenpflege als Grund für seinen Fortgang angegeben, daß es einzig die Aussicht auf »größere Wirksamkeit und besonders auch auf versuchte Arbeit mit den Kindern« sei, die ihn eine eventuelle Wahl nach Olten annehmen lasse (während gerade die Arbeit mit Präparanden und Konfirmanden zu einem Schwerpunkt der Barthschen Pfarramtstätigkeit werden sollte: zugleich allerdings zu einem der zermürbendsten politischen Streitpunkte mit der ortsansässigen Industrie; diese Auseinandersetzungen haben ihn faktisch die zehn Jahre seiner Safenwiler Tätigkeit hindurch begleitet).
Am Sonntag, dem 9. Juli 1911, fand der Einführungsgottesdienst statt. Eine Konfirmandin des Jahrgangs 1896, die in diesem Jahr zum Unterricht dran war, erinnerte sich später: »Es flößte uns gewaltigen Respekt ein, daß er von Genf zu uns Safenwilern kam, in das stille Dörflein, wo die meisten Leute Landwirte und Fabrikarbeiter waren.« Die Predigt hielt Barths Vater, Professor Fritz Barth. Dabei ging er (2. Kor 4,1.2 auslegend) auf übliche Erwartungen ein, die die Menschen an einen neuen Pfarrer richten: Einer denkt besonders an die Predigten, der andere hofft auf guten Jugendunterricht, ein dritter wünscht namentlich gemeinnützige Tätigkeit des Pfarrers – genau in dieser Reihenfolge lagen dann auch die Schwergewichte der Amtsführung des neuen Pfarrers. Vater Barth kommentierte diese Wünsche: »So viel Leute, so viel Erwartungen, wer hat Recht? Ist der Pfarrer vielleicht für Jegliches da, was man irgend von ihm begehren wird; ist er der Mann für Alles?« – Karl Barth hat 1916, etwa während der Halbzeit in Safenwil, dies Motiv aus der Predigt seines Vaters aufgenommen in der über Safenwil hinaus bekanntgewordenen Predigt vom »Pfarrer, der es den Leuten recht macht«[1]; dort kam er auf die »verschiedenen Gegensätze« zu sprechen, »die im Lauf der Zeit um das Pfarrhaus her entstanden sind«, und auf die ihm aus der Gemeinde stark entgegengebrachten Friedenswünsche. Barth erklärte die deutlich vorhandene Unruhe in der Gemeinde als

letztlich nicht loszuwerdende Beunruhigung durch das Evangelium. »Zwischen den verschiedenen Persönlichkeiten kanns ›Frieden‹ geben, warum nicht? aber zwischen Gottesgeist und Mammonsgeist gibts keinen Frieden.« Das drückt offenbar schon inhaltlich das Kernproblem der Safenwiler »Unruhe« aus: namentlich die »gemeinnützige Tätigkeit des Pfarrers«, von der Vater Barth sprach, hatte Streit geweckt. Aber statt ein so sehr erwünschtes christliches Harmonie- und Versöhnungsideal zu befolgen, drehte Barth den Spieß um und wünschte sich von der zerstrittenen Gemeinde eine Entscheidung und Wahl – entweder den in Barths Predigten und Handeln bezeugten »Willen Gottes« resolut abzuweisen oder aber sich einmal von diesem »Willen« überwinden und gefangennehmen zu lassen.

Worum ging es denn in Safenwil?

Die Materiallage und der Rückstand der Veröffentlichungen aus dem Nachlaß erlaubt uns immer noch keinen Eindruck von der Barthschen Pfarramtsführung im ganzen. Die von ihm auch in diesen zehn Jahren gleichzeitig wahrgenommenen Tätigkeiten (mitsamt ihren schriftlichen Hinterlassenschaften) zeigen den Pfarrer Barth genauso reich und breit entfaltet, wie man es später vom Professor Barth her kennt. Uns fehlt noch die volle Kenntnis der über 500 (erhaltenen) Safenwiler Predigten, der mehreren ausgearbeiteten Jahrgänge seiner Diktate für den Konfirmandenunterricht, die Kenntnis der Sozialistischen Reden, der Bibelstunden- und Blaukreuz-Vorträge, anderer z. T. größerer Vorträge aus diesen zehn Jahren, der politischen und kirchlichen Zeitungsartikel, der vielen Briefe an Adressaten neben Eduard Thurneysen und Martin Rade; uns fehlen genauere Untersuchungen zu seinen christlich-sozialen und zu seinen Partei-Aktivitäten in dieser Zeit. Wer am Pfarrer Barth interessiert ist, um sich so vielleicht einige Praxis-Voraussetzungen für die Theologie des späteren Professors klarmachen zu können, und wäre es nur darüber, was der Verfasser einer »Kirchlichen« Dogmatik aus eigener Tätigkeit für einen Erfahrungshorizont von Kirche mitbrachte, wird offenbar noch lange darauf warten müssen, sich ein umfassender belegtes Bild machen zu können. Was wir bis jetzt haben, sind zwei Predigtjahrgänge (1913 und 1914)[2] und vereinzelt veröffentlichte Predigten aus dieser Zeit; dann der Thurneysen-[3] und der Rade-Briefwechsel[4]; schließlich Eberhard Buschs Schilderung[5] mit den dort verarbeiteten selbstbiographischen Erinnerungsfetzen Barths – und natürlich den ersten ›Römerbrief‹[6], dessen Zustandekommen die Gemeinde Safenwil allerlei

Verzichte auf ihren Pfarrer gekostet hat. Im Folgenden bringen wir einige Materialien zum Barthschen Pfarramt aus den »Protokollen der Sitzungen der Kirchenpflege und der Kirchengemeindeversammlungen der Kirchengemeinde Safenwil« bei, die sich für Barths Amtszeit im Protokollbuch S. 254–382 finden, – aus Aargauischen Zeitungen und aus einigen Erinnerungen von Gemeindegliedern.
Donnerstag, den 27. Juli 1911, begann abends um 8½ Uhr im Pfarrhaus die erste Kirchenpflege-Sitzung mit Barth.

»Kirchenpflege« ist der Schweizer Name für das, was in Deutschland »Presbyterium« oder »Gemeindekirchenrat« heißt. Ihr gehörten in Safenwil neben dem Pfarrer sechs gewählte Mitglieder an, wobei die »Präsidentenschaft« und »Vicepräsidentschaft« nicht vom Pfarrer, sondern von einem der gewählten Mitglieder wahrgenommen wurde. Der Präsident berief die Sitzungen ein (in etwa zweimonatigen, unregelmäßigen Abständen und an verschiedenen Orten: in der Regel im Pfarrhaus, aber durchaus auch nach Gottesdiensten in der Kirche, je nach Dringlichkeit). Er war Appellations- und Beschwerdeinstanz für den Pfarrer, wie natürlich umgekehrt die Kirchenpflege für die Gemeinde. Die Kirchenpflege stand in institutionellen Beziehungen zur etwa halbjährig stattfindenden »Kirchengemeindeversammlung«, der die Kirchenpflege Rechenschaft schuldete, die als Wahlgremium für das Presbyterium, aber auch für die periodische Wiederwahl des Pfarrers fungierte, durchaus aber auch Budgetaufgaben hatte, wie z. B. in Fragen der Pfarrerbesoldung, im übrigen aber ein wichtiges (und wohl auch problematisches) Vermittlungsglied zwischen der Kirchengemeinde und der politischen Gemeinde bedeutete. Wir werden noch sehen, wie die politische Belastung des Barthschen Pfarramts nicht zuletzt daher kam, daß dies kirchliche Gremium von seiner institutionellen Anlage her zugleich offen für politische Interessen und Entscheidungsformen war. Ein Zusammenhang von Kirchengemeinde und politischer Gemeinde bestand auch sonst (in einer inzwischen in Deutschland nach 1918 und nicht zuletzt durch Wirkung des späteren Barthschen Kirchen- und Gemeindeverständnisses unbekannt gewordenen Form). Die politischen Parteien veröffentlichten z. B. 1913 Wahlvorschläge gleichzeitig für die Kirchenpflege, die kommunale Steuerkommission und die entsprechende Rechnungsprüfungskommission, und diese Wahlen fanden am gleichen Tag statt. Nicht zu Unrecht bezeichnete sich die Kirchenpflege konsequent als »Behörde«, und Wahl in das kirchliche Amt konnte in Konflikt bringen mit allgemeinen Rechtsvorschriften für staatliche Beamte und Angestellte (z. B. was Verwandtschaftsverhältnisse betrifft;

dem letzten Präsidenten der Kirchenpflege zu Barths Zeiten, einem Sozialisten, wurde 1919 von der Freisinnigen Partei der Vorsitz bestritten mit Hinweis auf solche Gesetze – wenngleich ohne Erfolg). Der politische »Gemeinderat« verwaltete die Kirchensteuern und hatte die kirchlichen Gelder zu bewilligen, während der übergeordnete aargauische »Reformierte Kirchenrat« z. B. Wahlbefähigungen für Pfarrer bestätigte oder verweigerte, Richtlinien für alle Besoldungsfragen (des Pfarrers, des Siegristen = »Küster« oder »Kirchwart«, des Organisten) erließ und für alle sonstigen kirchlich übergeordneten Aufgaben zuständig war. (Ich beschränke mich bei diesen Schilderungen nur auf solche institutionellen Verhältnisse, die während der Barthschen Amtszeit irgendeine Bedeutung bekamen). Natürlich gab es die Aargauische Synode, für die in Safenwil 2 Abgeordnete von der Kirchgemeindeversammlung zu wählen waren; 1913 z. B. wurde auch Pfarrer Barth dazu gewählt (ohne daß wir bisher auch von dieser Seite seiner Tätigkeit genügend einzelnes erfahren könnten).

Als Barth in Safenwil begann, war Gustav Hüssy-Zuber der Präsident der Kirchenpflege. Er gehörte zu dem von Barth so genannten »Haus Hüssy«, einer Safenwiler Fabrikanten-Dynastie, deren verschiedene Glieder im Ort eine Weberei, eine Färberei und eine Dampfsäge besaßen, – deren Zwei einander in der Kirchenpflege unter dramatischen Umständen ablösten und von denen ein Dritter Barth sehr früh in eine Pressekampagne zog, die wahrscheinlich die weitere innere Entwicklung zwischen dem Pfarrhaus und der kirchlichen und politischen Gemeinde stark bestimmte. Als Vicepräsident fungierte der Lehrer J. Dambach. Ferner gehörten dazu: der Armenpfleger Fritz Diriwächter, der zu den Sozialisten zählende Schulgutsverwalter Jakob Schärer, Jakob Lent und Rudolf Wilhelm-Niffenegger, der mit Diriwächter und Dambach bei der Neuwahl 1913 öffentlich in einer Zeitungsannonce erklärte, daß er eine Wiederwahl »entschieden« ablehne.

Bei jener ersten Sitzung nun wurde der neugewählte Pfarrer von Gustav Hüssy begrüßt, was Barth mit der Bitte einerseits um Vertrauen, andererseits um »offene Kritik seitens der H H Kirchpfleger« beantwortete.

Die erste Entscheidung des Gremiums bestand darin, Barth – wie schon seinen Vorgänger – »zum Aktuar«, d. h. zum Protokollführer der Sitzungen zu wählen. Dieser Entscheidung verdanken wir wichtige Aufzeichnungen aus Barths eigener Feder für den Ablauf seiner Safenwiler Pfarramtstätigkeit – jedenfalls für deren offiziellen Aspekt. Barth hat dies Amt bis zu den Wahlvorgängen im Jahre 1919 ausgeübt, d. h. bis er eine vorwiegend mit Sozialisten besetzte Kirchenpflege bekam und das Amt des Aktuars dann an den Spediteur Arnold Scheurmann überging. Wir besitzen also Barth-Protokolle vom 27. Juli 1911 bis zum 20. Februar 1919. Barth hatte seine Aufgabe als Aktuar zunächst nur im Sinne der Herstellung von Beschlußprotokollen aufgefaßt und im übrigen nur die Gegenstände der jeweiligen Tagesordnungen genauer benannt – außerdem ab und zu nachträglich die Durchführung bestimmter Beschlüsse mit ins Protokoll aufgenommen. Allerdings genügte das bei Zuspitzung der inneren Auseinandersetzungen den Kirchenpflegern nicht mehr. Nach der ersten großen Krise wurde am 31. März 1914 der Wunsch des neugewählten (zweiten) Herrn Hüssy nach »ausführlicherer Berichterstattung über die stattfindenden Diskussionen« zu Protokoll genommen. Dies hatte wohl auch darin seinen Grund, daß die Protokolle der Kirchenpflege vom politischen Gemeinderat eingesehen und überprüft wurden – ein weiteres Beispiel für die enge Verflechtung von Kirchengemeinde und politischer Gemeinde. Jedenfalls verschaffte der politische Gemeinderat bald darauf dem Wunsche des Herrn Hüssy seinerseits Nachdruck, was von Barth auch befolgt wurde, so daß wir in bestimmten kritischen Situationen einen sehr ausführlichen Einblick nicht nur in den Gegenstand, sondern auch in den Ablauf der Diskussion gewinnen können. Hier lassen sich gut die verschiedenen Positionen, aber auch die Charaktere der Safenwiler Kirchenpfleger erkennen, und man kann so ein gleicherweise sachliches wie menschliches Bild von dieser Welt gewinnen.

Die Art, in der Barth formulierte, enthielt in sich natürlich immer ein Stückchen Interpretation der Geschehnisse, und man spürt in gleicher Weise die Distanz des Humors (z. B. gleich im 1. Protokoll: »Herr Präsident macht den Vorschlag, den Sonntagsmorgengottesdienst das eine oder andere Mal in den nahen Wald zu verlegen, wie dies anderweitig häufig gethan wird (Es ist dies Sonntag den 6. und 20. August mit befriedigendem Erfolg so gemacht worden)«), wie in anderen Fällen auch bissige Ironie und zornigen Widerwillen durch. Allein der von Barth in diesen Protokollen gepflegten Amtssprache meint man zuweilen deutlich den Unterton von Ironie abzuhören. Mehr als einmal verwahrten sich Kirchenpfleger dagegen und verlangten bei der Genehmigung des Protokolls in der nächsten Sitzung Revision bestimmter Formulierungen des Aktuars. Der Nachwelt vermittelt das alles lebendige Anschauungen, und so dürfen diese Protokolle – abgesehen von ihrem historischen Wert – auch als authentische Äußerungsformen Barths selbst gewertet werden.

I

Uns kann es nun (leider) nicht auf alle Details ankommen. Es spiegeln sich hier die normalen Alltagsfälle einer Kirchengemeinde wider, die damals so wie heute an der Tagesordnung standen. Den wohl größten Teil nahmen auch in Safenwil Gespräche über die *Finanzen* ein. Die Gemeinde besaß z. B. das Recht selbständiger Verteilung der Kollekten an kirchliche und diakonische, christliche und auch nicht-konfessionelle Antragsteller. Anders als in unseren heutigen Kirchen, wo die Zwecke der meisten Kollekten gesamtkirchlich immer schon festgelegt sind, mußten sich bei einem solchen System die Kirchenpfleger über die zu unterstützenden Einrichtungen und Vorhaben selbst informieren und entscheiden: eine klar inhaltsbestimmte Aufgabe jedenfalls dann, wenn man die Gelder nicht einfach schematisch so weiterverteilen wollte, »wie es immer schon war«. Es gab während der Barthschen Amtszeit Situationen, wo auch in dieser Angelegenheit theologisch-sachlich geurteilt und mit Mehrheitsfeststellungen entschieden werden mußte: davon unten. Die zusammengebrachten Opfer wurden jährlich verteilt, in der Regel handelte es sich um Jahresbeträge zwischen 300 und 500 Franken, die in Safenwil zusammenkamen, und bei der Verteilung wurde damals um Beträge von 5 oder 10 Franken gestritten.

Kontinuierlich ging es um die Höhe der *Gehälter*. Am 5. 11. 1911 wurde Barths Gehalt von 2800 Franken pro Jahr auf 3000 erhöht. Am 17. 1. 1918 von 3200 auf 3600. Auf der Kirchenpflegesitzung am 7. 8. 1919 wurde festgestellt, daß innerhalb des Aargaus die Safenwiler Pfarrbesoldung, die bis Ende 1918 immerhin auf dem 51. Platz rangierte, seit Beginn 1919 auf den 57. Rang zurückgefallen sei. Am 31. 5. 1919 war darum die Kirchenpflege zu einer Besoldungserhöhung von 3600 auf 4500 Franken bereit. Während der schweren Auseinandersetzungen 1919 wurde jedoch in der Kirchengemeindeversammlung ein Antrag der Freisinnig-Demokratischen Partei und der Ortsbauernpartei verlesen auf Verwerfung des Gemeindebudgets; insbesondere sei die Besoldung des Pfarrers »wegen seiner Amtsführung nicht zu erhöhen«. Das wurde zwar in Urnenwahl mit 153:99 Stimmen (bei 7 leeren Stimmzetteln) verworfen, zeigt aber, wie sehr ein Schweizer Pfarramt damals einen deutlich spürbaren ökonomischen Nerv besaß. Nach den kirchlichen Richtlinien stand Barth Ende 1919 eine Erhöhung seiner Besoldung auf minimal 5000 Franken zu. In seinem nun sozialistisch gewordenen, Presbyterium ließ Barth es aber gar nicht erst zu einer Verhandlung dieses Punktes kommen, verzichtete also auf ein Mindestgehalt – was die

Gemeinde im Jahr darauf bei der Nachfolgewahl für Barth in Verlegenheit brachte, denn nun war damit zu rechnen, daß jedem Nachfolger wenigstens ein solches Minimum anzubieten wäre.

Am *Pfarrhaus* war eigentlich immer etwas zu reparieren und zu erneuern, an der *Orgel* ebenso. Schon vom Vorgänger hingeschleppt wurde die Anbringung eines Brettes am Rückensitz auf der Kanzel, die Barth nun anforderte (der reformierte Prediger sitzt nämlich mancherorts während des ganzen Gottesdienstes auf der Kanzel). Auch solche *Sitzfragen* haben mehrfach zu Beanstandungen geführt. Einmal wurde die Pfarrfrau protokollarisch aufgefordert, den für sie im Kirchraum eigens vorgesehenen Sitz wieder einzunehmen und nicht anderswo im Gottesdienst ihren Platz zu suchen. Auf einem der Höhepunkte politischer Auseinandersetzungen (nach dem Wahlsieg der Sozialisten in Safenwil im Dezember 1917) lautete einer der Vorwürfe von Arthur Hüssy, Barth »habe in der Kirche am Nachmittag nach dem Sieg der Sozialisten in verdächtiger Weise seinen Platz gewechselt« – eine Protokoll-Aussage (18. 12. 1917), deren Klatsch-Charakter doch nur den hohen Grad von Spannung innerhalb der Gemeinde dokumentiert (und den wir zitieren, weil wir uns in diesem Beitrag für die spezifische Struktur der Öffentlichkeit des Barthschen Pfarrwirkens interessieren). Immerhin könnte dieser beanstandete Platzwechsel doch ebenso wie der Gehaltsverzicht von 1919 tatsächlich einen symbolischen Sinn gehabt haben (ohne daß wir dies wüßten) – denn Sitzordnungen haben nun einmal, wie das Beispiel vom Pfarrfrauensitz zeigt, von allen verstandene symbolische Bedeutung. So heißt es auch noch am 14. 5. 1921: »Wegen dem Sitzen der Kirchenpflege entspinnt sich eine Diskussion und es wird beschlossen, von nun an in der nämlichen Richtung zu sitzen wie die übrigen Kirchenbesucher, jedoch an der zweitvordersten Bank.« Das war die sozialistische Kirchenpflege!

Die *Kirchenmusik* wurde vom Lehrer Hans Jent bedient. Er hat sich selbst später als »Lückenbüßer auf der Orgelbank« gezeichnet. Er übte das Amt schon lange vor Barths Zeit aus und war im Jahre 1909 auf Betreiben des damaligen Pfarrers und der Kirchenpflege als Organist abgesetzt worden, Grund offensichtlich: zu schleppendes Spiel. Jent erzählte später, daß es seinem Nachfolger nicht besser ging, auch er wurde gefeuert, und seitdem »predigte der Pfarrer nicht nur, sondern orgelte auch dazu.« Kurz vor Barths Amtsantritt jedoch wurde Hans Jent von der Kirchenpflege abermals einstimmig zum Organisten gewählt und hat sich, dem Drängen seiner Mutter zuliebe, hinter die der neue Pfarrer sich geklemmt hatte, bereit erklärt, »das Amt am ersten

Sonntag im Mai anzutreten«. So begann er gleichzeitig mit Barth aufs neue. – Schon in der ersten Sitzung mit Barth wurde die Beschränkung der Gottesdienstgesänge auf nur zwei Lieder bestätigt, und im anschließenden Tagesordnungspunkt nahmen die Kirchenpfleger »mit Genugthuung« die Absicht »des Herrn Organisten« zur Kenntnis, »einen Orgelkurs in Zofingen mitzumachen« – wohl einer zuvor mit Barth ausgemachten Verabredung gemäß. Am 29. Dezember 1911 stand die Empfehlung des aargauischen Organisten-Verbandes zur Gehaltserhöhung für den Organisten zur Debatte. »Die Kirchenpflege beschließt aber, damit noch zuzuwarten in dem Sinn, es sollte uns unser Organist zuerst mit verbesserten Leistungen am Sonntag erfreuen. – Dagegen wird dem Gemeinderat beantragt, dem Organisten die Hälfte seiner Auslagen bei Anlaß des Orgelkurses in Zofingen zurückzuerstatten.« Sehr viel hatte der aber wohl nicht genützt. Ende Dezember 1914 wurde nämlich der Präsident beauftragt, mit Herrn Jent Rücksprache zu nehmen, »um ihm den allgemeinen Wunsch nach etwas rascherer Begleitung des Kirchengesangs nahezulegen«. – Später bemerkte Hans Jent (der bis 1943 den Lückenbüßer für einen besseren Orgelspieler in Safenwil machen mußte) dankbar: »Pfarrer Barth, dieser überaus tüchtige Prediger, begnügte sich mit meinem Orgelspiel« – und stach damit deutlich von seinem Vorgänger ab. – Als Ersatz für den Organisten wirkte ab und zu »die Musik der evangelischen Gemeinschaft« beim Gottesdienst mit. Und dem Arbeitermännerchor stand für Konzerte der Kirchraum zur Verfügung: dessen Leiter auch die Orgel zum Üben benutzen durfte. Daß und wie auch Frau Barth in der Kirche musikalisch zu Gehör kam, ist in anderem Zusammenhang zu erzählen.

Wichtiges Recht der Kirchenpflege war die *Urlaubsgewährung* für den Pfarrer. Man muß sich klarmachen: Erst im Mai 1914 bewilligte die Aargauer Synode den Anspruch eines Pfarrers auf 14 Tage Ferien im Jahr. Dies tatsächlich zu gewähren, stand aber noch im Belieben der Kirchenpflege. Wir können den Protokollen entnehmen, wie wenig Barth in diesen Jahren Urlaub gemacht hat, können dafür aber auch in der Zeit der Arbeit am ersten »Römerbrief« genau die freien Sonntage feststellen, die er sich für diese Arbeit erbeten hatte: für den Winter 1917/18 zweimal zwei predigtfreie Tage, die ihm zur einen Hälfte für den November 1917, dann erst wieder für den Februar 1918 gewährt wurden: »zu dringenden Studienzwecken«. Ein neuer Antrag im August 1918, »über den Bettag« noch einmal zwei freie Sonntage nehmen zu können, stieß dagegen auf Widerstand; die Auswirkungen der in ganz Europa grassierenden Grippeseuche hatten schon zu Gottesdienstausfällen wegen Ansteckungsgefahr geführt. Barth erklärte aber einerseits, »daß ein Studienurlaub und Ferien zweierlei« seien, und andererseits, daß er »während der sog. Grippeferien wie überhaupt während dieses ganzen Sommers durch eine größere literarische Arbeit, deren Ertrag doch auch wieder der Gemeinde zu gut kommt, stark in Anspruch genommen war. Er verwundert sich darüber, daß man bei dem gewöhnlich so dürftigen Kirchenbesuch in Safenwil daran Anstoß nehmen kann, zweimal den Nachbarpfarrer zu hören«. »Angesichts der herrschenden Stimmung« verzichtete Barth aber auf einen zweiten freien Sonntag. Erst im Mai 1921 hat er dann wieder einen Antrag – aber nun gleich auf vier bis fünf freie Sonntage – gestellt, wie es heißt, »zur Verwendung einer litherarischen Arbeit«.

Häufig war über die *Vergabe* der Safenwiler *Kirche* für gemeindefernere Zwecke zu befinden: für Evangelisationen, Missionsveranstaltungen, Heilsarmee- und Abstinententreffen, vor Barths Zeit schon: für die Fahnenweihe des Arbeiter-Männerchors, später für dessen Konzerte. Ein wesentliches Recht der Kirchenpflege war die *Ansetzung der Zeiten* für den Präparanden- und Konfirmandenunterricht; Auseinandersetzungen darüber nehmen einen breiten Raum im Protokollbuch ein. Regelmäßig wurden im Protokoll die *»Kelchhalter«* für die kommenden Abendmahlsgottesdienste bestimmt.

Und in welchem problematischen Sinne auch noch zu Barths Zeiten die Kirchenpflege als eine *»Behörde«* fungierte, zeigt ein Protokollpunkt vom 19. Dezember 1912: »Es soll ein Schreiben an den Gemeinderat gerichtet werden, um ihn auf das anstößige Zusammenleben des Malers Bolliger und der Frau Kaspar auf der Hard aufmerksam zu machen und ihn zum Einschreiten zu veranlassen.« Zum Glück sind wir nur einmal in den Protokollen auf ein solches Beispiel moralischer Aufpasserschaft gestoßen; es zeigt aber zur Genüge, in welcher Funktion damals eine Kirchenpflege auch beansprucht war (und zeigt im übrigen etwas von calvinistischer Disziplin, in der die Kirche den Staat auch für moralische Verhältnisse in Anspruch nimmt).

Ein der *Unterrichts- und Seelsorge-Erfahrung* zugehörender Punkt wird am 19. März 1918 diskutiert und protokollarisch entschieden: »Der Aktuar berichtet über die Schwierigkeiten, die die Sitte der individuellen Konfirmandensprüche mit sich bringt infolge der unausrottbaren Gewohnheit der Angehörigen, aus diesen Sprüchen Lob oder Tadel des Kindes heraushören zu wollen. Die Bibel ist für solchen Mißbrauch zu gut und es solle nun dies Jahr grundsätzlich mit der persönlichen Bestimmung der Sprüche gebrochen und je 3–4 Kindern das gleiche

Bibelwort gegeben werden. Die Kirchenpflege ist mit diesem Versuch einverstanden.« Eine Konfirmandin erinnerte sich später an das damit angesprochene Problem: »Als Konfirmandin erhielt ich Jes 43,1–2 als Segensspruch auf meinen Lebensweg. Vor allem den zweiten Teil konnte ich nicht verstehen. Oftmals haderte ich: Warum habe ich dieses Wort empfangen? Später habe ich Pfarrer Barth dafür gedankt. Denn dieses Wort hat mich durchgetragen: So du durchs Wasser gehst, will ich bei dir sein, daß dich die Ströme nicht sollen ersäufen«. Immerhin: Barth wollte mit seinem Antrag über den Mißbrauch des »pro me« im Bibelgebrauch hinaus.

Zur *Kasualpraxis* gehörte folgender Beschluß vom 4. September 1912: »Die Behörde erklärt sich nach gewalteter Diskussion damit einverstanden, daß der Aktuar bei Beerdigungen etwas ausführlichere Ansprachen hält, als man es bis dahin gewohnt war. Dies besonders mit Rücksicht auf so Manche, die sonst selten oder nie in die Kirche kommen und die man nicht bloß mit einem abgelesenen Gebet und den Personalien ziehen lassen möchte« (gewiß ein Argument der Praxis, gegen das freilich später Götz Harbsmeier in seiner Schrift »Was wir an den Gräbern sagen« berechtigte Einwände erhoben hat). Das Beispiel einer solchen nun ausführlich gewordenen Beerdigungspredigt hat Barth am 3. September 1917 im sozialdemokratischen Parteiblatt, dem Freien Aargauer, abdrucken lassen: »Ansprache des Pfarrers bei der Beerdigung eines Arbeiters« – ein höchst eigentümlicher Text, sofern die Bindung des verstorbenen Arbeiters Arnold Hunziker an die »Arbeitersache« in ihrer Selbstlosigkeit und beständigen Unruhe als Ausdruck eines höheren »Müssens« gewürdigt und die österliche Lebenshoffnung darin gesehen wurde, daß Angehörige, Kollegen und Genossen des Verstorbenen »das Lebendige, das in unserem Toten war, begreifen und ergreifen«. Die Parteijournalisten werden diese Predigt als Dokument eines humanistischen Sozialismus gewürdigt haben. Jedenfalls wollte Barth wohl abgearbeitetes Leben ins Licht eines höheren Allgemeinen heben und aus der Kargheit und dem Zynismus bloßer »Personalien« herausnehmen dürfen – daher sein Antrag an die Kirchenpflege. Man versteht das sofort, wenn man auf dem Safenwiler Friedhof an den Gräbern einerseits z. B. des »Hauses Hüssy« in den vielen seiner Zweige, andererseits an den Steinen entlang geht, die die Familiennamen vieler aus den Protokollen Bekannter tragen und auffallend oft neben den Namen nur die Inschrift haben: »Von der Arbeit zur Ruhe«: Daran kann man noch heute ein Stück Safenwiler Sozial- und Bewußtseinsgeschichte ablesen.

Hierzu gehört auch folgender Protokollpunkt vom 8. September 1914:

»Gärtner Ritschard bringt die Beschwerden zur Sprache, die in gewissen Kreisen wegen der Beerdigungsfeier des Oskar Zuller † am 18. Juli erhoben worden sind. Es wird gerügt das Fehlen der Personalien und die Anwendung des in der Liturgie vorgesehenen Gebetes für Selbstmörder. Der Aktuar antwortet, daß ihm keine Personalien mitgeteilt worden seien seitens der Herrschaft, bei der Zuller diente und daß er das Gebet auch in anderen Fällen schon verwendet habe ohne auf Widerspruch zu stoßen. Der Fall wird damit als erledigt angesehen.« Einer, dessen Leben von »seiner Herrschaft« im Anonymen gelassen worden ist, sollte nicht auch noch liturgisch gebrandmarkt und ins Abseits gestellt werden. Von Tauf- oder Trauungsfragen hören wir im Protokollbuch nichts.

II

Die Hälfte der Safenwiler Amtszeit Barths war *Kriegs- und Revolutionszeit*. Wie spiegelte sich das in protokollarisch feststellbaren äußeren Vorgängen? Niemand wird erwarten, auf die bekannte tiefgreifende Bedeutung, die der Ausbruch des 1. Weltkriegs für Barth bekam, in diesen Texten stoßen zu können. Aber es gibt doch auch auf dieser praktischen Ebene ein paar kleine äußere Zeichen, die das, was sich in den Predigten, Sozialistischen Reden und in den Briefen in dieser Beziehung ausführlich ereignete, begleiten.
Am 8. September 1914 wurde ein »kirchenrätliches Schreiben« »betr. Stellung der Pfarrämter und Kirchenpflegen zu der durch den Krieg entstandenen wirtschaftlichen Notlage« zunächst offenbar nur zur Kenntnis genommen, zu Konsequenzen und etwa zu einer neuen, entsprechenden Zweckbestimmung der Opfer und Kollekten ist es noch nicht gleich gekommen. Im Austausch mit Thurneysen ist Barth mehrfach auf dies Zirkular äußerst kritisch zu sprechen gekommen.[7]
Ihr Neutralitätsstatus hatte die Schweiz schon im 1. Weltkrieg (wie im zweiten erst recht) zu erhöhter militärischer Verteidigungsbereitschaft genötigt. So finden wir in der Kriegszeit immer wieder die Feststellung von der Abwesenheit des einen oder anderen Kirchenpflegers wegen seines Militärdienstes im Protokoll verzeichnet. Gemeindeglieder erinnerten sich später, daß Barth Anfang September 1914, bei der Mobilisation der Schweizer Armee, »am Morgen immer auf der Station Safenwil stand, um den einrückenden Milizen Lebewohl zu sagen; mir erklärte er, er käme am liebsten auch mit« (so Ernst Widmer-Wilhelm, der vom Juni 1916 an Präsident der Kirchenpflege war; politisch, wie wir sehen

werden, anders als Barth denkend, hat er mir doch in einem Interview Barths *praktische* Haltung zur Armee hoch gerühmt).
Die Umstellung auf den Kriegsbetrieb brachte z. B. eine Einschränkung des Eisenbahnverkehrs mit sich, was Barths Bewegungsfähigkeit für Abendvorträge außerhalb Safenwils berührte. So mußte er versuchen, Fuhrwerke aufzutreiben, denn auch Autos durften nicht fahren. Einmal stand ein solches Abendunternehmen in der Stadtkirche von Aarau an. Ein Fuhrwerk stellte sich als zu teuer heraus. So beschloß man, Barth solle um ca. 7 Uhr noch mit der Bahn nach Aarau fahren, »und dann kommen 2 oder 3 Kirchenpfleger und holen ihn nach Schluß des Vortrages vor der Kirche in Aarau ab, um gemeinsam auf Schusters Rappen heimzupilgern. Wir wurden (in Aarau) einem Pfarrer Grob als Heimbegleiter für Pfarrer Barth vorgestellt und dafür gelobt, aber auch gefragt, ob es uns so spät in der Nacht und durch den Wald nicht fürchte? Uns fürchten, als stramme Landwehrsoldaten! Und wenn dann noch ein Pfarrer dabei sei! Übrigens sei es nicht so weit, wie von Safenwil nach Leutwil und wieder zurück!« (E. Widmer. – Leutwil, Eduard Thurneysens Pfarrdorf, liegt mehrere Stunden Fußwegs von Safenwil entfernt, und die Gemeinde wußte von Barths häufigen Besuchsmärschen und Fahrradfahrten dorthin).
Am 11. September 1914 bekam Barth von der Kirchenpflege das Einverständnis, in dem im Pfarrhaus befindlichen Konfirmandenraum ein Lesezimmer für die Soldaten des einquartierten Bataillons 73 einzurichten – wohl ein allgemeiner Brauch in der Schweiz, denn 1915 wurde für die Zwecke solcher »Lesehallen« eine vom Kirchenrat empfohlene Kollekte gesammelt. Eine ähnliche Einrichtung wurde im Sommer 1915 getroffen, als in Safenwil das Bataillon 83 einzog. So etwas gehörte zur kulturellen Funktion einer Kirchgemeinde zu Zeiten, in denen es z. B. noch keine Volksbibliothek in Safenwil gab, die erst während Barths Amtszeit gegründet und für deren Ausstattung auch in der Kirche kollektiert wurde.
Bei diesen beiden Gelegenheiten ist auch von Feldgottesdiensten die Rede. »Am 13. Juni (1915) fiel die Predigt und Kinderlehre aus in der Erwartung, daß die Gemeinde zahlreich an einer am Striegel abgehaltenen Feldpredigt teilnehmen werde. Das Interesse daran schien aber nicht sehr groß.« Zuvor schon, im Dezember 1914, wurde die Kirche »einmal für einen Vortrag von Feldprediger Wegemann über Hannibal (!!) requiriert.«
Zu einem inneren Gegensatz kam es in der Kirchenpflege, als im März 1915 ein vom Evangelisch-Kirchlichen Verein herausgegebenes Solda-

tenblatt, namens »Ein gute Wehr und Waffen«, um finanzielle Unterstützung bat. Der Präsident beantragte, dafür 10 Franken aus dem Haushalt zu bewilligen, und wurde darin von den Herren Hüssy und Ritschard unterstützt, »während der Aktuar den Standpunkt vertritt, es sei die Pflege eines patriotisch-militärischen Christentums, wie sie sich das genannte Blatt zum Zweck gesetzt hat, dem Armeestab und den H. H. Feldpredigern zu überlassen, indem wir als *Kirchengemeinde* auf einem anderen Boden stünden als diese Kreise.« Hier spiegelt sich an einem praktischen Entscheidungspunkt Barths grundsätzliche Haltung zum Krieg wider, in sehr dezidierter Form: Eine Kirchengemeinde steht als solche »auf einem anderen Boden« als die Militärseelsorge, für sie kommt ein »patriotisch-militärisches Christentum« nicht infrage, und dies gilt nicht nur für die kriegführenden Deutschen und Franzosen, sondern auch für die neutralen Schweizer. »Hüssy hält dem entgegen, daß man sich auf den Standpunkt der Soldaten versetzen und es von da aus begrüßen müsse, wenn ihnen solche Lektüre verschafft werde.« Nach einigem Hin und Her wurde Verschiebung dieses Traktandums beantragt, freilich mit Stichentscheid verworfen. »In der Abstimmung siegt die Empfehlung der Subvention mit 4:3 Stimmen. Geht zur Bewilligung an den Gemeinderat.«

Im nächsten Protokoll hören wir dann, daß der politische Gemeinderat die beschlossene Unterstützung des Blattes aus Haushaltmitteln ablehnte und Übernahme aus der Kollekte verlangte mit dem Bemerken: »Hier sei der Betrag wohl ebenso gut oder noch besser angewendet als für manche Zwecke, für welche Beiträge aus den Kirchenopfern bezahlt worden seien.« Der Aktuar ironisierte diesen Bescheid als »liebenswürdiges Schreiben«. »Die Kirchenpflege beschließt dieses Kompliment einzustecken und in der angegebenen Weise zu verfahren.« Barth hatte in dieser Sache eine knappe Niederlage erlitten, blieb aber in der Frage finanzieller Unterstützung von konservativen kirchlichen Aktivitäten am Ball. Wir hören anderthalb Jahre später, bei Anlaß der Kollektenverteilung im Dezember 1915, von seinem Antrag: »Es sei der Missionsbeitrag auch dies Jahr der Basler Mission zu überweisen mit Rücksicht auf die gegenwärtig stark ausgesprochene national-politische Orientierung« des bisher unterstützten Allgemeinen Evangelisch-protestantischen Missionswerks. »Dieser Antrag wird angenommen.« Es handelte sich um den Betrag von 20 Franken. (Im gleichen Jahr war übrigens in einer besonderen Anstrengung auch in Safenwil eine Hilfsaktion für Kriegsflüchtlinge unternommen worden, die den Ausnahmebetrag von 202,31 sfr eingebracht hatte).

Zu einer Kriegsfolge kann man die außerordentlich gefährliche Grippeepidemie zählen, die vom Spätsommer bis in den Dezember 1918 hinein in der Schweiz 21 500 Todesopfer forderte[8]. Ihre Gefährlichkeit wurde durch die ernährungswirtschaftliche Notlage verstärkt, in die der Krieg die Masse der Schweizer Bevölkerung gestürzt hatte; sie war sicher auch eine Folge der kriegsbedingten Abschneidung der Schweiz von Einfuhren aus dem Ausland, aber auch eine der sozialen Ungerechtigkeit, sofern die Arbeiterfamilien, deren Männer zum Militär eingezogen waren, ohne zureichende Unterstützung blieben. Die Bedrohung durch diese Epidemie war so groß, daß einerseits das sozialistische Oltener Komitee, das das ganze Jahr 1918 über eine revolutionäre Bewegung in der Schweiz organisierte (die Mitte November zu einem dreitägigen Ausbruch im Landesstreik kam), wegen des gesundheitlichen Zustandes der Arbeiter sich gehindert sah, daß andererseits auch die Regierung zögerte, zuviel militärische Verbände zur Bekämpfung dieser Unruhen zusammenzuziehen. Allgemein war ein Versammlungsverbot erlassen worden, von dem auch die Abhaltung von Gottesdiensten betroffen war. Wir hatten schon gehört, daß Barth im August zwei freie Sonntage beantragt hatte; wir wissen, daß er in dieser Zeit fieberhaft am Abschluß des »Römerbriefs« arbeitete. Dagegen wurde aber von den Kirchenpflegern auf »unfreiwilligen Unterbruch der Gottesdienste infolge der Grippe« hingewiesen. »Herr Hüssy erklärt« überdies, »er habe den Ortspfarrer diesen Sommer erst einmal predigen hören. Einmal habe er es sich außerdem durch Tausch mit Pfr. Thurneysen in Leutwil bequemgemacht.« Im September und bis in die zweite Oktoberhälfte scheint dann doch wieder gepredigt worden zu sein, denn wir hören am 15. November: »Der Gottesdienst war wegen der Grippe schon über drei Sonntage eingestellt«, und Barth wirft die Frage auf, »ob er nächsten Sonntag, 17. November, wieder eröffnet werden soll. Der Präsident«, heißt es, »ist wegen neu aufgetretenen Krankheitsfällen nicht dafür«. (Wir kennen heute die Monatsstatistik dieser Epidemie: In der ganzen Schweiz waren im September 1918: 41 672 Krankheitsfälle gemeldet, im Oktober: 238 399, im November immerhin noch 155 422, im Dezember dann 104 612)[9]. Dennoch ist Herr Ritschard »für Wiedereröffnung unter einigen Vorsichtsmaßregeln, wie sie anderwärts getroffen wurden.« Aus inneren politischen Gründen, über die noch zu berichten sein wird, hat Barth – entgegen seinem eigenen Antrag – gegen die Wiederaufnahme des Gottesdienstes votiert, was dann auch beschlossen wurde (diese inneren Gründe hängen mit einer schweren Krise zusammen, die Barths Einstellung zum Landesstreik betrafen). Am 20. November wurde be-

schlossen: »Der Gottesdienst soll nun wieder aufgenommen werden.«
Am 20. Dezember wiederum wurde darüber verhandelt, »ob die beiden Abendmahlsfeiern am IV. Advent und am Weihnachtstag trotz der Grippe stattfinden sollen. Der Präsident ist dafür, das Möglichste zu tun, um weiterer Ansteckungsgefahr vorzubeugen und schlägt darum vor, nur am Weihnachtstag Abendmahl zu feiern.« Herr Ritschard will sie auch da nicht. Dazu Barth: »Der Aktuar warnt vor der Tendenz, immer nur Schule und Kirche zum Gegenstand solcher Vorbeugungsmaßregeln zu machen, als ob gerade die geistigen Güter die am Ehesten entbehrlichen wären, während Fabrikarbeit und Wirtshausleben ungestört ihren Gang fortsetzen. Als Kirchenbehörde dürften wir uns diese Auffassung nicht so leichthin zu eigen machen. Bekennen wir uns gläubig zum Abendmahl, so wird es uns sicher nicht zur Gefahr werden«: ein *starker* theologischer Satz! Die Kirchenpflege beschloß den Kompromiß: Abendmahl nur an Weihnachten. – Offenbar hatte dies Votum Barths und die tatsächlich erfolgte Abhaltung von Gottesdiensten in dieser Zeit aber empörte Reaktionen in der bürgerlichen Presse ausgelöst. Es wurde verlangt, die Behörde solle »diese Ansammlung von Menschen« sofort untersagen. In einem »Eingesandt« aus Safenwil wurde Barths Bejahung des Gottesdienstes politisch angegriffen. »Das Verhalten unseres Seelsorgers in der Grippeepidemie ist uns unerklärlich. Während er in sozialer Fürsorge stets obenaus schwingt und sofort bei der Hand ist in staatlichen, kommunalen und privaten Betrieben, die kapitalistische Mißwirtschaft zu bekämpfen, berührt ihn hier das Volkswohl nicht im geringsten, ruhig amtet er seines Unterrichts, Ansteckungsgefahr hin oder her. Wenn ein Bürgerlicher sich dieses Ausnahmerecht anmaßen würde, dann bekäme er es bald zu hören, wie wenig Verständnis er für die soziale Fürsorge hätte. Wir wollen den klassischen Titulaturen hier nicht Ausdruck geben, mit denen die Behörden wieder angekreidet würden, wenn man sie, gelinde gesagt, einer solchen Vermessenheit beschuldigen könnte. Sapienti sat!« – so im bürgerlichen »Zofinger Tagblatt«.
Zur Bezeugung des Kriegs im Safenwiler Protokollbuch zum Schluß und zusammenfassend eine Äußerung, die das bestätigt, was die Predigten, Sozialistischen Reden und Briefe dieser Zeit beredet genug ausdrücken. Als es im Februar 1919 infolge von Barths Haltung zum Landesstreik zum Austritt von vier Presbytern aus der Kirchenpflege kam, fragte Barth in der letzten gemeinsamen Sitzung einen jeden noch einmal nach seinen Demissionsgründen. Während drei auf Barths gesellschaftliche und sozialistische Haltung und Aktivitäten verwiesen, die ihnen jede

weitere Zusammenarbeit mit ihm unmöglich machten, erklärte der Gärtner Ritschard »den Antimilitarismus des Pfarrers« als seinen Austrittsgrund.

III

Nach Ausweis der Protokolle hat Barth einige kleine *Neuerungen* in Safenwil eingeführt: eine wöchentliche Bibelstunde, einen »allwöchentlichen Abend für die konfirmierte Jugend, je abwechselnd für Burschen und Mädchen« (10. Oktober 1912). Ferner kam es vom Januar 1915 an zu einer jährlichen Vortragsveranstaltung in der Kirche.
Alle drei Neuerungen strebten biblische, lebenskundliche und kirchlich-theologische Bildungsaufgaben an – wie überhaupt Barths Pfarramtsführung, auch im Bereich seiner Aktivitäten beim Blauen Kreuz und in der Partei, einen starken volkspädagogischen Akzent aufweist, der sicher mit den kulturellen und sozialen Verhältnissen in seinem Dorf, aber auch mit einem Impetus seines Pfarramtsverständnisses zu tun haben dürfte. Er jedenfalls konnte sich nicht auf klassische kirchliche Funktionen beschränken und strebte nach ständiger Erweiterung seiner Wirkungsmöglichkeiten im Dorf, indem er sie sich – anders als sein Vorgänger, der ihr Fehlen nur beklagte – selber schuf. Man kann von einer sozial schöpferischen Amtsführung Barths sprechen – wie ja nicht zuletzt auch die drei Gewerkschaftsgründungen in Safenwil zeigen, auf die er später mit Genugtuung zurückblickte.[10]
Die *Einrichtung der Bibelstunden* hatte womöglich etwas mit einer schon früh sich in der Gemeinde meldenden Predigtkritik zu tun. Bei seinem Dienstantritt hatte Barth ja um »offene Kritik« gebeten – Zeichen eigener innerer Offenheit zu Zeiten, in denen ein Bedürfnis nach Selbstkritik noch nicht, wie heute, psychologisches und soziales Syndrom war. Nach gut einem Jahr in Safenwil lesen wir dann bereits: »Die Predigtweise des Aktuars hat im Lauf des Sommers zu verschiedenen Beschwerden und auch wieder zu einem Artikel im Zofinger Tagblatt Anlaß gegeben. Er wird einerseits ermahnt, recht vorsichtig zu sein, andererseits doch auch bestärkt in seinem Bestreben, offen und deutlich zu sein und soll sich bestreben, beides thunlichst zu vereinigen« (deutlich mit Humor notiert). Wir stoßen hier wieder auf das bürgerliche »Zofinger Tagblatt«, das schon ein halbes Jahr zuvor eine erste folgenreiche Affäre in der Barthschen Amtsführung ausgelöst hatte und das bis zum Weggang Barths, 1921, immer wieder in seine Arbeit durch Kampagnen einzugreifen versuchte.

Es ist also deutlich, daß eine Zeitungsveröffentlichung die Beschwerde über Barths Predigten in die Kirchenpflegebesprechung brachte, weil dies Gremium sich empfindlich zeigte für solche Art Presseanschwärzungen und weil das, wie gesagt, in der kurzen Zeit des Barthschen Wirkens bereits zum zweiten Mal geschah. Diese Zeitung hatte am 15. 7. 1912 unter dem Titel »Pfarrherrliche Hetzereien« eine Predigt »am letzten Sonntag in einer Gemeinde unseres Bezirks« als ein Beispiel für die Lust »gewisser Geistlicher« angegriffen, »die Zeiten der Religionsstürme, wenn auch in einem modernen, sozialpolitischen Kleid, wieder aufleben zu lassen.« »Hat der Herr Pfarrer auch wohl an die Zustände, die das Befolgen seiner Worte im engeren und weiteren Vaterland bringen müßten, gedacht? Wir können es nicht glauben. Findet er wirklich, daß bei den zugespitzt politischen Verhältnissen ein Gemeinwesen besser gedeihen kann, als wenn Friede unter den Bürgern herrscht? Glücklicherweise – und es ist uns dies Wort ein wahrer Trost – wird in unserem Gemeinwesen der Kampf zwischen beiden Parteien noch nicht so erbittert geführt. Der Gewerbetreibende und der Arbeiter, der nach des Tages Mühen daheim noch sein Gütlein bebaut, finden vorderhand noch nützlichere Arbeit, als dem Unfrieden einer neuen Zeit nachzugrübeln. Schließlich möchten wir noch fragen, ob die Kirche der Ort sei, wo der Pfarrer seine politischen Ansichten an den Mann bringen möchte? Die große Mehrzahl unserer Kirchgänger, der Freisinnige neben dem Sozialdemokraten, wünscht am Sonntag im Gotteshaus wenigstens auch seinen Gesinnungsgegner nicht beleidigt zu wissen. Sie suchen an diesem Tage mit mehr Vernunft als der Hirte zeigt, eine Stunde der Erbauung und der Andacht. Das ist wahrer Gottesdienst, Herr Pfarrer, und nicht, wie Sie ihn wagen uns zu bieten!« Aus einer Replik darauf erfahren wir, worum es in dieser Predigt eigentlich ging, denn dieser Angriff des Zofinger Tagblatts fand ein Echo in einer zweiten Zeitung, dem der Katholisch-konservativen Volkspartei nahestehender Aargauer Volksblatt, wo am 16. 7. 1912, unter der Überschrift »Ein fürchterliches Verbrechen« u. a. folgendes zu lesen stand: »Im Bezirke Zofingen hat ein reformierter Pfarrherr letzten Sonntag eine Predigt gehalten, in welcher er, anknüpfend an das Sonntagsevangelium der reformierten Lithurgie (Mathäi 5 über die Gerechtigkeitsbrüstung der Pharisäer) das Pharisäertum im politischen Leben etwas geißelte und die Hohlheit, Halbheit und Inkonsequenz gewisser Leute illustrierte, deren größte Lüge ihre Behauptung ist, sie seien freisinnig.« Das Aargauer Volksblatt nahm den Pfarrer gegen die »freisinnigen« Angriffe in Schutz und sprach »dem reformierten, echt und konsequent freisinnigen

Theologen, den das ›Zofinger Tagblatt‹ in hochnotpeinliche Behandlung nimmt, unsere volle Sympathie aus. Ein freies Wort im freien Land, ein freies Wort auch auf der Kanzel, ob der katholischen oder reformierten.« Der Mut, den Pfarrer über sein Predigen zur Rechenschaft zu fordern, dürfte auf einen solchen Öffentlichkeitsdruck zurückzuführen sein, der die Kirchenpfleger in eine für sie unangenehme Lage versetzte; auch die Demissionsaffäre von 1919 hatte letztlich darin ihren Grund, daß Presbyter sich den diversesten Formen von Öffentlichkeitsdruck gegen Barths Amtsführung nicht gewachsen zeigten. – Ein ganz anderer Typus von Predigtgespräch steckt wohl hinter einer Protokollnotiz vom 9. September 1915: »Herr Schärer leitet durch eine Frage, die letzte Predigt betreffend, eine lebhafte Aussprache ein.«
Schärer war Mann des Arbeitervereins; wir kennen leider die fragliche Predigt noch nicht und können darum keine inhaltlichen Schlüsse ziehen. Barth hatte aber offenbar diese Aussprache besonders gut gefunden, denn er protokollierte: »Der Aktuar bittet um Wiederholung ähnlicher Anfragen und Aussprachen.« Im Brief an Thurneysen vom 10. September 1915 lesen wir: »Wir hatten gestern Abend eine interessante Kirchenpflegssitzung mit langer Aussprache über den lieben Gott und sein Verhältnis zu den Safenwilern im Speziellen, im Anschluß an die letzte Predigt. Von neuen Ziegeln aufs Pfarrhaus und dergleichen wurde diesmal nur nebenbei geredet und beschlossen, öfters solche *sachlichen* Sitzungen abzuhalten.«[11]
Ihm lag deutlich daran, mit der Gemeinde über seine Predigten ins Gespräch zu kommen, und nach Ausweis der Briefe an Thurneysen geschah dies wenigstens im Kreis der Kirchenpfleger auch außerhalb der Sitzungen bei eigenen Einladungen ins Pfarrhaus mehrmals. Die Frage, wie man die Leute zu sachhaltigem Sprechen über die Predigt eigentlich bringen kann, stellte er mehrmals an den Freund in Leutwil, bei dem er dafür eine größere Begabung vermutete, als sie ihm selbst gegeben schien. Darum veröffentlichte er 1916 die schon genannte Predigt über den »Pfarrer, der es den Leuten recht macht« zunächst als Sonderdruck zur Verteilung hauptsächlich in seiner Gemeinde. Und genau im Jahr darauf erfahren wir, daß die Predigt vom 18. Februar 1917 »in alle Familien der Gemeinde zu verteilen« sei, dafür gedruckt werde und daß dafür aus der Kirchenkasse ein Betrag von ⅔ der Gesamtsumme bewilligt worden sei. Vermutlich handelte es sich hier um die Predigt über Mk 10,32–34, Jesu Weg hinauf nach Jerusalem, unter dem Titel »Über die Grenze! Ein Wort an die Gemeinde Safenwil zur Passionszeit 1917«, gedruckt bei der Verlagsanstalt Ringier & Cie., Zofingen. Ihr Skopus:

Mit Jesus zusammen ist Gott zum großen Grenzüberschreiter ins sog. »wirkliche« Leben geworden und akzeptiert nicht mehr die von den Menschen aufgerichteten Grenzpfähle der »Realität« gegen die Welt Gottes. Eine »furchtbarste Lüge« wäre ein Gott, »dem man überall die Tür weisen kann: hier hast du nichts zu suchen, im Geschäft nichts, in der Fabrik nichts, in der Schule nichts, im Wirtshaus nichts, nichts wo ernste ›lebenserfahrene‹ Männer über ›wichtige‹ Dinge reden und nichts, wo es lustig zugeht, nichts bei der Hochzeit und nichts bei der Beerdigung, nichts bei den Gebildeten und nichts bei den Politikern und nichts bei allen, die viel zu tun haben, ach ja und im Grund am liebsten auch nichts in der Kirche!« Mit dem wahren Gott Jesu aber will Barth die Safenwiler endlich über »die Grenze« rufen. Daß die Kirchenpflege bei ihrer Armut bereit war zur Übernahme so vieler Druckkosten, zeigt, daß sie sich der Barthschen Predigt als solcher nicht entziehen wollte und sie selbst der Verbreitung für wert hielt. Dennoch konnte Barth darüber nicht im unklaren sein, wie sehr seine Predigten über die Köpfe der Menschen hinweggingen – wohl schon wegen ihrer Länge, dann aber auch wegen ihres Inhalts: Vor der großen theologischen Krise und Wende von 1916 womöglich wegen ihrer Einseitigkeiten in den praktischen Konsequenzen seiner Verkündigung, danach dann wegen des praktisch kaum noch zu vermittelnden »Wartens und Eilens« dem Reich Gottes gegenüber – bei gleichzeitig anhaltender Kritik an individuellen Frömmigkeitsformen. Der Thurneysen-Briefwechsel zeigt die für den Neuansatz seiner Theologie noch nie genügend berücksichtigte Tatsache, daß der *Praxisbezug* der neuen Theologie als das eigentliche Problem empfunden wurde: von Barth deutlich mehr als von Thurneysen. Mehr als ein Gemeindeglied hat noch nach Jahrzehnten bekannt, Barth damals nicht recht verstanden zu haben. »›Ach, dieser Sozialismus‹, seufzte meine Mutter, wenn sie von der Predigt heimkehrte. Sie verstehe von solcher Predigt nichts mehr. Das drückte mich, und als ich mit Pfarrer Barth darüber redete, meinte er: ›Wenn alle wären wie ihre Mutter, dann gäbe es keine Sozialisten.‹« (Gemeint ist wohl: so hilfsbereit und fragend-bewegt, weil es dann keine Sozialisten *brauchte*.) »Den *reichen* Jüngling mußte Jesus auffordern: Gehe hin, verkaufe, was du hast... Abraham aber durfte seinen Reichtum behalten« – so erinnerte sich eine Barthsche Konfirmandin, Barths Meinung wahrscheinlich sehr genau wiedergebend. Und auch Hans Jent, der Organist, erklärte später: »Hingegen mit seinen Predigten erging es mir wie anderen Zuhörern: ich habe sie nicht alle vollumfänglich verstanden. Sie waren wohl für unsere Zuhörer etwas zu hoch und zu gelehrt« – ein Eindruck, dessen genaues

Gegenteil übrigens von Barths Konfirmandenunterricht erinnert wurde. Etwas differenzierter erinnerte sich Ernst Widmer-Wilhelm: »Die Safenwiler Kirchenbesucher bekamen von Barths Kanzel nicht immer Lieblichkeiten zu hören. Manchmal zog er ganz gehörig vom Leder: ›Es muß wieder einmal gesagt sein‹. Nach einem solchen ›Sonntagsmorgen-Strauß‹ – es durfte in der Kirche ja niemand etwas erwidern –, setzte dann am Sonntag-Nachmittag bis in den Abend hinein in den Wirtschaften oft eine gewaltige Kirchen-Redeschlacht ein, wobei auch die Kirchenpfleger nicht verschont blieben, soweit sie noch zu Pfarrer Barth hielten«. Scharfes Empfinden für die problematische Widerspruchslosigkeit der Form Predigt! Und eben deswegen wohl Verlagerung eines (nun wahrscheinlich nicht mehr qualifizierten) Predigtnachgesprächs in das Wirtshaus; vermutlich kamen von hier jene »Eingesandt« ans »Zofinger Tagblatt«, und eine Beziehung: Kanzel-Stammtisch-Presse ist wohl ein sehr starkes Strukturmoment der spezifischen Öffentlichkeit des Barthschen Wirkens gewesen (wobei »stilkritische« Erwägungen es nicht ausschließen, daß alle jene das Barthsche Jahrzehnt begleitenden »Eingesandt« immer ein und derselben Feder entstammten; aber es wäre schön, wenn man das noch genauer herausfinden könnte).

Das jedenfalls scheint die »Situation«, in der Barth sich 1912 zur Einrichtung einer wöchentlichen Bibelstunde entschlossen hat, womöglich als Ort für eine Belehrung und ein Gespräch, das auch zu besserem Predigthören helfen könnte. Dem Wirtshaus konnte dadurch allerdings seine »kirchliche« Funktion nicht entzogen werden. Doch abgesehen von diesen Zusammenhängen bedurfte es in Safenwil wohl auch eines kirchlichen Gegengewichts gegen ein starkes, zugleich frommes und konventikelhaftes Gemeinschaftschristentum im Dorf.

Zum Bildungsauftrag und zur Fundierung eines kirchlichen Bewußtseins der Gemeinde gehörte nun auch die Neueinrichtung von *Vortragsabenden* in der Kirche, für die nur auswärtige Redner geladen wurden und die durch eine musikalische Umrahmung auch einen gewissen Stil bekommen sollten. Dies war der Ort für Frau Pfarrer Barth mit ihrem Geigenspiel. Barth hat in das Protokollbuch die Zeitungsannonchen eingeklebt, die zu solchen »Öffentlichen Versammlungen« einluden. In der ersten – Sonntag, den 31. Januar 1915 – spielte Frau Barth vor dem Vortrag die D-dur Sonate von Händel zur Orgelbegleitung, nach dem Vortrag noch das Adagio aus Bachs E-dur Geigenkonzert. Der Vortrag aber hatte das lapidare Thema: »Wozu die Religion? Wozu die Kirche?«, gehalten von Herrn Fürsprech Dr. Widmer aus Lenzburg. Schon Ende des gleichen Jahres kam es zu einer ganzen Vortragsreihe: »Vorträge über die christliche Hoffnung« vom 21.-24. November. Ausdrücklich wurde darauf hingewiesen, daß die (wohl von Barth zu haltende) Vormittagspredigt am Sonntag, dem 21. November, die Einleitung zu der ganzen Reihe bilden sollte. Die Vorträge selbst fanden im alten Schulhaus in Safenwil statt, zuerst über »Die Arbeit der Heilsarmee und die christliche Hoffnung«, gehalten von Barths Berner Schulkameraden Ernst von May, der zur Heilsarmee gestoßen war und den Barth hoch schätzte, – dann »Unser Vaterland und die christliche Hoffnung«, – danach »Der Sozialismus und die christliche Hoffnung« (gehalten von Barths Freund, dem Pfarrer Paul Schild aus dem Nachbardorf Uerkheim), zuletzt Eduard Thurneysen: »Unsere Kirche und die christliche Hoffnung« – man sieht ein gut ausgedachtes Gefälle in der Gesamtanlage. Hierbei musizierte Frau Barth nicht, denn in der Zeitungsankündigung liest man: »Es wird aus dem Kirchengesangbuch gesungen.« Der »Reinertrag« aber »ist für die notleidenden Armenier bestimmt«, für die 61 Franken zusammenkamen. – Schon im Februar 1916 kam es wegen sichtbaren Zuspruchs zu den vorangegangenen, zur dritten Öffentlichen Versammlung (nun wieder mit »Violin- und Orgelvorträgen«): Pfarrer Richard Preiswerk aus Umiken sprach da auf ausdrücklichen Wunsch der Kirchenpfleger zum Thema »Christentum und Bürgerpflichten«. – Das parallele Vorhaben für das Jahr 1917 scheiterte auf folgende Weise. Barth schlug diesmal eine Frau als Referentin für einen Vortrag vor mit dem Thema: »Die Aufgaben der Frau in der Kirche«: »Frl. R. Gutknecht, cand. theol. in Zürich... Frl. G. steht vor dem theologischen Staatsexamen und würde sich freuen, da und dort zu Worte zu kommen. Dazu könnte unser Anlaß geeignet sein.« Die Ausdrucksweise dieser Notiz gibt wohl die Lage von Theologinnen zu dieser Zeit recht gut wider: Sie können wohl studieren und das Examen machen, dann aber müssen sie selbst sehen, daß und wie sie in der Kirche zu Worte kommen. Für die Safenwiler Kirchenpfleger war Barths Antrag wohl auch etwas Neues. »Auf Anfrage von Herrn Schärer erklärt der Aktuar, daß er kein grundsätzliches Bedenken gegen die Zulassung von Frauen zu pfarramtlichen Funktionen habe und daß sich hier wie bei jedem anderen Redner das Urteil nach dem inneren Wert des Gebotenen werde richten müssen.« Diese Äußerung hat aber offenbar die Vorbehalte der anderen Behörden-Mitglieder nicht sogleich überwinden können, die sich in folgende überraschende Form kleideten: »Herr Widmer würde vorziehen, Frl. G. für eine Predigt kommen zu lassen und sich danach ein Bild von der Möglichkeit ihrer Absichten zu machen.« Eben so wurde auch beschlossen. Eine Frau auf der Kanzel schien weniger fraglich als in einer Öffentlichen Versammlung – die Logik dieser Meinung und Entscheidung dürfte wiederum in der Rücksichtnahme auf eine die Kirchgemeinde übergreifende Dorföffentlichkeit zu suchen sein. Ersatzredner für die Öffentliche Versammlung ließen sich nicht mehr finden, so daß es 1917 nicht mehr dazu kam, und aus den späteren Jahren hören wir nichts mehr von einem Fortgang dieser Einrichtung. Wohl aber hören wir noch, daß Frau Gutknecht die Einladung zu der Predigt angenommen habe, mehr leider nicht. Thurneysen gegenüber hatte Barth erklärt, er überlasse die Themenwahl für diese Veranstaltungen gerne dem Presbyterium. Dennoch ist anzunehmen, daß die beiden Projekte über die christliche Hoffnung und über die Frauen-Frage von ihm eingebracht worden sind.

Neuerungen können sich auch in *Verweigerungen* ausdrücken. Die in den Protokollen dokumentierten beiden Fälle können wir als äußere Zeugnisse für die kritische Entwicklung des Barthschen Denkens in dieser Zeit werten.

Der erste Fall betrifft eine im Sommer 1916 ergangene Einladung der Kirchenpflege Zofingen, ein kirchliches Bezirksfest einzurichten, d. h. ein übergemeindliches Christentreffen nach Art eines kleinen Kirchentags. Als Gründe für diesen Plan machten die Zofinger geltend: »Es fehlt unserer Landeskirche an Leben und innerem Zusammenhang. Die Öffentlichkeit nimmt keine Notiz von dem, was sie bewegt. Weite Kreise wenden sich mehr und mehr bloß materiellen Interessen zu. Unterdessen gehen Viele zu den Sekten und die Gebildeten wenden sich immer mehr von der Kirche ab.« Dagegen: »Der Aktuar hat schwere Bedenken gegen dieses Mittel, die bezeichneten Übelstände zu beheben. Eine Besserung ist nur zu erwarten von innen heraus und durch die stille Arbeit, die in den Gemeinden getan wird, nicht von solchen... Anlässen. – Widmer weist darauf hin, daß schon früher ähnliche Anläufe gemacht wurden und mißlungen sind. – Hilfiker erwartet immerhin eine gewisse Anregung von solchen Zusammenkünften. – Hüssy ist der Meinung, daß die Kirche ihre Zusammenkünfte im weiten Kreis haben müsse so gut wie die Schützenvereine und politischen Parteien« (!). »Mit allen Stimmen gegen die des Aktuars wird beschlossen, ohne Vorbehalt die Einladung Zofingens zu einer solchen Tagung anzunehmen.« – Im folgenden Jahr wiederholte sich eine Diskussion über die Teilnahme an dem nun durchgesetzten Bezirkstag wieder mit dem Ergebnis, daß Barth seine Teilnahme verweigerte, während zumal die »bürgerlichen« Presbyter für Teilnahme stimmten. Es wurden auch nach der Veranstaltung jeweils Berichte abgegeben, jedoch auch nachlassendes Interesse der Allgemeinheit festgestellt. Zum 3. kirchlichen Bezirkstag am 1. September 1918 in Rothrist erklärte Barth sich bereit, Herrn Widmer zu begleiten »und dort seine und unsere Bedenken in grundsätzlicher Hinsicht zur Sprache zu bringen«: mit der Folge, daß nun weder Herr Widmer noch ein anderer Kirchenpfleger die Zeit zur Teilnahme fanden – so daß auch Barth nicht zu gehen brauchte. Barths Haltung ist in dieser Sache von seiner sich zuspitzenden Kirchenkritik geprägt – Kehrseite jener theologischen Konzentration, zu der es im Zusammenhang der Römerbriefarbeit seit gerade jenem Sommer 1916 kam. Nicht, daß die theologische Arbeit ein kirchlich-praktisches Interesse verdrängte: die zuvor genannten Beispiele zeigen, daß Barth praktische Arbeiten dann sogar neu einrichten konnte, wenn sie der theologischen Förderung der Gemeinde dienten. Aber seine theologische Konzentration führte auch zur Ausbildung von Kriterien für praktische Prioritäten, die ihn in Gegensatz zur Gemeindemehrheit bringen konnten.

Inhaltlich noch deutlicher wird dies am zweiten dokumentierten Verweigerungsfall. Nur wenige Wochen nach der ersten Zofinger Einladung bot der Aargauische Kirchenrat eine Broschüre von Prof. D. Hadorn zur Vorbereitung auf das 1917 ins Haus stehende »400te Jubiläum der Reformation« an – mit der deutlichen Erwartung an die Gemeinden verbunden, das Reformationsgedächtnis ausführlich zu begehen. Auch hier hat Barth sofort eine grundsätzliche Position eingenommen: »Der Aktuar erwartet auch davon nicht viel. Was soll dabei herauskommen, immer wieder auf Kosten der Gegenwart eine große Vergangenheit zu feiern. Die Kirche will wieder einmal sich selbst verherrlichen!« »Herr Widmer verspricht sich von der Broschüre einen gewissen Erfolg gegenüber der Agitation der Gemeinschaften. – Der Aktuar möchte dieser Agitation nicht anders als mit einem gewissen Ernst innerhalb der Kirche selbst begegnen. – Auf Antrag des Herrn Widmer wird beschlossen, 50 Exemplare zu bestellen« – und zwar so, daß die Kirchenkasse vom Verkauf des Büchleins pro Stück 10 Rappen Verdienst einnehmen soll. Im August 1917 mußte dann mitgeteilt werden, daß nur wenige Exemplare der Hadornschen Broschüre verkauft worden seien, »das Interesse scheint demnach nicht groß zu sein«, und Herr Widmer, der die Sache veranlaßt hatte, erklärte jetzt: »Es fragt sich auch, ob in der heutigen Zeit eine solche Feier der Situation entspreche und schlägt vor, es beim Läuten am 31. Oktober und bei der alljährlichen Gelegenheitspredigt am Reformationssonntag bewenden zu lassen.« »Der Aktuar begründet seine ebenfalls ablehnende Stellung gegenüber dem Jubiläum: Die Reformation ist vor 400 Jahren kaum erwacht, wieder stillgestanden. Unserer heutigen Kirche fehlt gerade der reformatorische Geist. So haben wir auch kein Recht, die Männer zu feiern, deren lebendiges Wort uns gänzlich fremd und erschreckend wäre.« Die Restbestände der Hadornschen Broschüre wurden später an die Konfirmanden verschenkt – das erhoffte Geschäft kam also nicht dabei heraus. Hingegen hat dann – in einer sehr beachtlichen Entscheidung – der Präsident Widmer in drei aufeinanderfolgenden Sitzungen des Frühjahrs 1918 je einmal über Luther, Zwingli und Calvin gesprochen. Zum Lutherreferat am 8. März heißt es: »Herr Widmer referiert über das Leben und die Bedeutung Luthers, woran sich eine angeregte Aussprache anschließt, besonders über das Wesen des religiösen Erlebnisses, über das Erlahmen der reformatorischen Bewegung, über das vom politischen Leben abgekehrte Gottesverständnis Luthers« – der Safenwiler Beitrag zum Jahr der Lutherrenaissance! Wo gibt es heute bei uns noch einen solchen Gemeindekirchenrat? Barth notierte in jenes Protokoll »Schluß um ¼12 Uhr!« (das einzige Mal, daß das Sitzungsende verzeichnet wurde.)

IV

Zum Schluß wollen wir nun die *politische* Geschichte des Barthschen Pfarramtes erzählen, soweit sie im Protokollbuch der Kirchenpflege, in Zeitungspolemiken und Erinnerungen von Gemeindegliedern einen Niederschlag gefunden hat. Es handelt sich um eine Kette von Affären, die, sei es nur mit bekanntgewordenen politischen Gedanken Barths, sei es mit politischen Anspielungen in den Predigten, sei es auch mit expliziten politischen Reden und Handlungen zusammenhängen – diese differenzierten Äußerungs- und Erscheinungsformen des Politischen sind wohl zu beachten; sie erweckten gerade in ihrer Vielfalt im Ort Safenwil (und darüber hinaus im Aargau) den Eindruck eines hartnäckigen Syndroms, andererseits machten sie Barth eine differenzierte Verteidigung und Begründung seines politischen Wirkens als Pfarrer möglich: mit zu *groben* Anwürfen konnte man ihm nichts anhaben.

Zum Verständnis dieses Teils der Pfarramtsgeschichte gehörte nun an sich eine Orientierung an Barths sozialistischer Entwicklung während dieser Zeit; da die Sozialistischen Reden zwar von mir schon seit Jahren entziffert, übertragen und kommentiert, aber immer noch unveröffentlicht im Basler Archiv liegen und ich aus autorenrechtlichen Gründen von ihnen immer noch keinen Gebrauch machen darf, muß ich mich hier auf äußerlich bleibende Mitteilungen beschränken. Die Sozialistischen

Reden begleiteten aber kontinuierlich fast den gesamten Zeitraum der Safenwiler zehn Jahre und gehören darum zum Verständnis der Barthschen Pfarramtsführung und der Gemeindegeschichte genauso integral hinzu wie die Kenntnis der Predigten, der Konfirmandenhefte, der Blaukreuz-Bibelstunden und der Briefe.
Am 1. Mai 1911 hatte Barth sein Amt in Safenwil angetreten. Bereits am 15. Oktober 1911, viereinhalb Monate nach Amtsbeginn, hielt er beim Arbeiterverein in Safenwil seine erste (später von ihm selbst so genannte) Sozialistische Rede. Der »Arbeiterverein« war die offizielle Ortsgruppe der Sozialdemokratischen Partei der Schweiz, deren Organisationsgeschichte und innere Entwicklung speziell in der Vorkriegs-, Kriegs- und Revolutionszeit man ziemlich genau kennen muß, wenn man Barths politische Haltung und ihre Wandlungen in diesen Jahren richtig beschreiben will; das ist hier nicht unsere Aufgabe und verlangte eine eigene ausführliche und detaillierte Darstellung, wir beschränken uns auf das für die Gemeindegeschichte Wesentliche. Barth war, als er mit den Sozialistischen Reden begann, noch nicht Mitglied der Partei, und wir wissen von seinem Zögern vor diesem Schritt aus dem Briefwechsel mit Thurneysen. Das erlaubt uns, das ganze Genus dieser Sozialistischen Reden zunächst als eines der vielen kulturellen Bildungsmittel anzusehen, mit denen er die Grenzen enger und »eigentlicher« Pfarramtstätigkeiten überschreiten wollte. Dazu gehörte z. B. auch eine (schriftlich erhaltene) »Gesundheitslehre« und ein »Buchführungskurs«, die er in der Haushaltungsschule Safenwil (ebenfalls schon 1911) vortrug. Dazu gehörten »Lebensbilder aus der christlichen Religion« oder eine »Missionskunde«, die er vor allem als Ergänzungen für das, was er im Konfirmandenunterricht nicht unterbringen konnte, vielleicht an den neueingerichteten Abenden für die konfirmierte Jugend verwertete. Man könnte dies alles als einen praktizierten Kulturprotestantismus auffassen und damit eine denkbar beste Bewertung verbinden. Nun zeigt sich allerdings, daß gerade die frühesten Sozialistischen Reden wörtlich ausgeschrieben worden sind, genau wie die Predigten, und lange ausführliche Texte bilden (im Unterschied zu den späteren Reden und auch zu den Blaukreuz-Vorträgen, die von Anfang an nur in Stichwort-Konzepten erarbeitet wurden). Das läßt auf ein gewisses Gewicht schließen, das Barth diesen Reden selbst gab – im Sinne einer Leidenschaftlichkeit und Genauigkeit der Mitteilung.
Die genannte erste Rede sollte auf Wunsch des Präsidenten des Arbeitervereins die Frage nach der Entstehung und Bedeutung des Staates behandeln, Barth begründete aber gleich am Anfang, warum er seinem

Vortrag lieber einen anderen Titel: »Menschenrechte und Bürgerpflicht« geben wollte: er verwandelte damit jede Versuchung zu einem metaphysischen, göttlichen Ordnungsbegriff vom Staat in eine Darlegung des Themas unter gesellschaftlichen Begriffen und hielt auch nicht hinter dem Berg mit einer Kritik des Klassenbegriffs, den die Sozialisten »nach konservativer Weise« zu einer definitiven Gesellschaftsform erhoben hätten – eine Kritik, die *nur* auf der Ebene funktionaler, gesellschaftlicher, nicht theologisch-fundamentaler Begrifflichkeit durchgeführt werden konnte. – Schon am 4. Februar 1912 folgte die zweite Rede im Arbeiterverein: »Religion und Wissenschaft« über die z. B. auch in den Gruppen der deutschen Arbeiterbildungsvereine – und darüber hinaus – damals überall diskutierten Probleme des Darwinismus und des Haekkelschen Monismus. – Wieder nur zwei Monate später sprach er dann im Textilarbeiterverein des benachbarten Fahrwangen ausführlich über »Verdienen, Arbeiten, Leben«, d. h. über die Frage nach dem Sinn des menschlichen Lebens unter den Bedingungen der kapitalistisch geordneten Arbeitsprozesse.

Dies gehört indirekt zur Vorgeschichte des ersten vom Aktuar protokollierten und gleich überaus heftigen Zwischenfalls. Wir lesen im Protokoll vom 13. Februar 1912 – also ein dreiviertel Jahr nach Barths Dienstantritt –, daß der Kirchenpflege eine inoffizielle Nachricht darüber zugegangen sei, daß »Herr Gustav Hüssy-Zuber als Präsident und Mitglied unserer Behörde seine Demission eingereicht habe. Es wird vorläufig von dieser Tatsache Notiz genommen.« Darüber kam es in der Sitzung natürlich sofort zur Diskussion. Barth hielt fest: »Diese Demission hängt zusammen mit einer vom 3.–12. Februar sich hinziehenden Polemik im ›Zofinger Tagblatt‹. Pfr. Barth hatte am 17. Dezember 1911 im hiesigen Arbeiterverein einen Vortrag gehalten über ›Jesus und die soziale Bewegung‹, der zwischen Weihnacht und Neujahr in extenso im ›Freien Aargauer‹ abgedruckt wurde. Am 3. Februar veröffentlichte Herr Walter Hüssy im ›Zofinger Tagblatt‹ einen ›Offenen Brief‹ – auf den Pfr. Barth am 9. Februar antwortete. Am 12. Februar mischten sich 2 anonyme Artikelschreiber in die Diskussion, von denen besonders der eine mit mehr Grobheit als Verstand gegen Pfr. Barth Stellung nahm. Mehrere Mitglieder der Kirchenpflege sprechen den Wunsch aus, durch eine Erklärung der Behörde diesen letzten Artikel zurückzuweisen. Der Aktuar dankt ihnen bestens für die freundliche Absicht, bittet aber inständig, diesen Schritt zu unterlassen, da er sich durch den Angriff nicht ernstlich beschwert fühle und da jeder einsichtige Leser sich selbst die Moral aus der Geschichte werde gezogen haben, während die

Der Aktuar 119

Uneinsichtigen doch nicht zu belehren seien. Es wird demgemäß auf eine Zeitungserklärung verzichtet.«
Die fragliche Rede aus dem »Offiziellen Organ der Arbeiterpartei des Kantons Aargau« ist in den sechziger Jahren während der Studentenbewegung mehrfach wieder veröffentlicht worden, sie braucht darum nicht ausführlich referiert zu werden. Sie ist noch ein klassisches Beispiel für eine typische religiös-soziale Identifikation der Arbeiterbewegung mit Jesus und Jesu mit dem Wollen dieser Bewegung. Sie stach im Vergleich mit den vorangehenden Reden durch ihren energischen biblischen Gehalt und Anspruch hervor. Aber offensichtlich nicht das löste die Affäre aus. Wenngleich wir annehmen dürfen, daß auch die drei vorangegangenen Reden ihre Aufmerksamkeit im Dorf und entsprechend gespaltene Reaktionen gefunden hatten, so daß dieser vierte Vortrag nun schon eine bestimmte Beharrlichkeit des Pfarrers gerade auf *dieser* Linie deutlich zeigte, so dürfte der Skandalauslöser doch in der Veröffentlichung des vollen Wortlauts dieser Rede in der sozialistischen Parteizeitung zu suchen sein. Ihr Text war so lang, daß sie in dem sehr großformatigen Freien Aargauer in Fortsetzung drei Nummern (am 23., 26. und 28. 11. 1911) zum Druck brauchte. Über das Vortragsereignis selbst berichtete der Freie Aargauer: »Der Vortrag des Hrn. Pfr. Bart am letzten Sonntag hier über ›Jesus und die soziale Frage‹ auf Ansuchen des hiesigen Arbeitervereins gehalten, war gut besucht. Auch das weibliche Geschlecht nahm daran teil. Die theoretische Abhandlung und den Vergleich mit der heutigen Zeit findet der Leser im zweiten Blatt der heutigen Nummer.«
Erst am 3. Februar erschien im bürgerlichen »Zofinger Tagblatt« der »Offene Brief« eines Herrn Walter Hüssy, eines Aarburger Neffen des Safenwiler Kirchenpflegepräsidenten. Er erklärte den Barthschen Vortrag als eine »mit einer unheimlichen Menge religiöser Zitate gespickte Agitationsrede«, und hatte daraus den Aufruf gelesen: »Das Privateigentum muß fallen« – wogegen Barth sich mit einem am 9. Februar an gleicher Stelle veröffentlichten Brief als einem fundamentalen Mißverständnis wehrte, indem er aus dem Sozialdemokratischen Parteiprogramm die Ziele der Aufhebung eines Privateigentums »an Produktionsmitteln« und deren Verstaatlichung richtigstellte. Beider Briefe bedienten sich eines groben Tons, der für alle weiteren Pressefehden kennzeichnend blieb, und Barth erklärte ausdrücklich, daß er den Kampf mit Hüssy »trotz der herrschenden Kälte nicht im Gehrock, sondern in Hemdsärmeln aufnehme und Ihnen mit der Deutlichkeit Gegenrecht halte«. Z. B. so: »Sie reden mir in meiner Eigenschaft als Pfarrer zu, ich

solle ›vermittelnd wirken‹. Ach ja, so wie Sie das verstehen, nicht wahr? Das könnte Ihnen passen! Mit Ihrer Erlaubnis stelle ich mir aber als Pfarrer ein anderes Programm, über das ich Ihnen keine Rechenschaft schuldig bin.« Für Barths Verfahrensweise interessant ist, daß er am Tag seiner Antwort gleichzeitig einen Brief an den Vater des Angegriffenen, Herrn Hüssy-Juri in Safenwil schrieb, in dem er seine harte Rückäußerung ankündigte und dem Vater erklärte, daß dieser weder gegen ihn noch gegen seinen Sohn »persönlich« gerichtet sei; ihm sei diese Pressefehde unerwünscht und unangenehm, er habe in beiden Äußerungen den Kapitalismus als System bekämpft, nicht in einer bestimmten Erscheinung, wozu er gar keinen Anlaß gehabt hätte; er hoffe im Interesse der Gemeinde, daß durch diesen Vorfall die bisherigen freundlichen Beziehungen zwischen dem Haus Hüssy und dem Pfarramt Safenwil keine Störung erleiden würden. In der objektiven Sache freilich sei er dadurch nur bestärkt worden, was sich darin bestätigt, daß Barths öffentliche Antwort einer der am deutlichsten marxistisch argumentierenden Texte geworden ist, die wir von ihm kennen.

Schlimm wurde alles aber erst durch die schon genannten anonymen Veröffentlichungen im Zofinger Tagblatt, vor allem ein erstes »Eingesandt« vom 12. Februar 1912 unter der dickgedruckten Überschrift »Zur roten Gefahr in Safenwil«. Hier wollte einer Barth, wie es heißt, »in den Hosenlupf greifen«, beschimpfte ihn als »roten Doktrinär«, »roten Messias«, »Messias von Safenwil«, »streitbares Päpstlein«, als den »Herrn Handelspfarrer«, als hinter Büchern verschanzten Dogmatiker (Reaktion auf die marxistische Argumentationsweise), als »Kathederweisen«, der im Stillen zum Klassenkampf schüre und dann in wahre Berserkerwut gerate, wenn ihm von gegnerischer Seite (wie durch Walter Hüssy) die verzapften Hirngespinste an die Sonne der Wirklichkeit gezogen werden. Ähnlich, doch im Ton etwas gemäßigter, die zweite anonyme Äußerung am 14. Februar. Mit folgender Leserzuschrift schloß die Zofinger Redaktion dann diesen »unersprießlichen Streit« ab: »Die offenen Briefe der beiden Safenwiler Herrn haben mich sehr gefreut. Auf diese Weise braucht man keine Couverts mehr zuzuschlecken, und jedermann darf die Briefe lesen. Ich glaube, das Beste wäre, wenn der Herr Pfarrer selbst ein Industrieller würde. Mit seiner Intelligenz, guten Büchern, aus denen er seine Lebenserfahrung zu ziehen beliebt, hätte er bald eine Lehrzeit hinter sich. Dann könnte er Profit und Verlust mit seinen Arbeitern teilen und dann sehen, ob sie bei dieser Abmachung bleiben oder davon laufen. Dem Hrn. W. Hüssy aber, dem Ritterlichen, der des Lebens Not weniger kennt, wäre anzuraten, umzusatteln und

Pfarrer in Safenwil zu werden. Der geistliche Beruf würde ihm nichts schaden. Nach ein paar Jahren würden sich Fabrikant und Pfarrer in ihren Ansichten sehr genähert haben. Hochachtungsvoll.«

Vom Ende dieser Affäre, deren Form und Ton wir hier etwas näher belegt haben, weil sie bereits am Anfang des Barthschen Wirkens sowohl die Temperatur als auch die Vorgehensweisen, Umstände und Abläufe aller späteren in sich haben, lesen wir im Protokollbuch vom 25. März: »Herr G. Hüssy, Präs., hat dem Bezirksamt seine Demission als Mitglied unserer Behörde eingereicht; ist aber damit abgewiesen worden. Er erklärt jedoch des Bestimmtesten, nicht mehr mitarbeiten zu können und erscheint nicht mehr zu den Sitzungen. Man beschließt, die Tätigkeit der Behörde vorderhand unter der Leitung des Hrn. Vizepräsidenten fortzusetzen«; das war der Lehrer J. Dambach. Dieser Rücktritt Gustav Hüssys zeigt das ganze als eine runde Familienfehde mit Barth, vor allem aber die große Bedeutung, die das Medium der Presse für diese Pfarramtsführung bekam – wobei die Safenwiler Querelen auch zwischen den Blättern der verschiedenen politischen Parteien zum Teil durch eigene Kommentierungen ausgetragen wurden. Der Freie Aargauer kommentierte am 20. Februar die Vorgänge im Zofinger Tagblatt als Fastnachtspossenspiele. »Aber Herrn Pfr. Barth geht es, wie einem Wanderer, der nachts durch ein fremdes Dorf geht; irgend ein bissiger Köter fängt sein Geheul an – ein Laut des Wanderers, und er ist von einer wütenden Meute umringt und irgend ein Kläffer tut sich dabei immer hervor.« Barth hat seinerseits das damals wichtigste Medium öffentlicher Kommunikation nicht gescheut und es in den Dienst seiner Sache und »Wanderung« gestellt.

Im Frühjahr 1913 begannen die Auseinandersetzungen mit einem anderen Großen der Safenwiler Industrie: mit dem Besitzer der Strickereifirma Hochuli & Cie. Da sie von da an die ganze Amtszeit Barths begleitet hat, möchte ich von ihr erst am Schluß berichten.

Ende 1913 fanden, nach der einzigen Eintragung dazu im Protokollbuch, Neuwahlen in die Kirchenpflege statt. Es erklärten ihren (oben schon genannten) öffentlichen Rücktritt die Herren Dambach, Jent, Diriwächter und Wilhelm – zweifellos als Folge der Hüssy-Affäre vom Frühjahr 1912, womit diese Vorgänge die Gemeinde schließlich fünf von sechs Presbytern gekostet haben. »Es wurden neu gewählt die Herren Hans Hilfiker, Wagner, Ernst Widmer, Artur Hüssy, Arnold Scheurmann, Spediteur und Ritschard, Gärtner. Es wurde zum Präsidenten gewählt Herr J. Schärer, Schulgutsverwalter.«

Diese Wahl war von heftigen politischen Bewegungen begleitet, die wir aus der einschlägigen Presse verfolgen können. Unseres Wissens begann es wiederum mit einem »Eingesandt« ans Zofinger Tagblatt vom 26. November 1913. Dort wurde in übelster Form Frau Pfarrer Barth angegriffen – als »nicht minder rot angehauchte Gattin« des »Genosse(n) Pfarrer«, weil sie zwar bei einem Bauern eine Fuhre Dünger für den Pfarrgarten kaufte, die Anfuhr aber nicht vom Bauern, sondern von ihrer Magd besorgen lassen wollte, weil ihr der Fuhrpreis von 5 Fr. zu teuer schien. Unter der Überschrift »Sozialismus in Theorie und Praxis« höhnte der Verfasser: »Was glauben die Herren Genossen, wie würde es gehen, wenn Genossin Pfarrer Fabrikherrin wäre? Item. Der biedere Bauer erbarmte sich in echt christlicher Nächstenliebe des Pfarrers Magd und führte den Mist selbst in den hungernden Garten, wofür ihn die Gemahlin unseres Theologen mit 20 Rappen belöhnte. – Jeder Arbeiter ist seines Lohnes wert.« Dazu äußerte sich der Freie Aargauer, das Sozialistenblatt, drei Tage später: »Es ist in dem Artikel natürlich nicht gesagt, welche Frau Pfarrer aus dem Bezirk Zofingen damit gemeint sei, aber von gewisser Seite wird so im Vertrauen deutlich genug gesagt, wen man damit treffen wollte. Wir kennen nun die betreffende Frau Pfarrer auch, sie ist ja noch eine ganz junge Hausfrau und hat bisher in einer der größten Schweizerstädte gelebt. Aus diesen Gründen ist es doch gewiß begreiflich, daß sie sich in das Leben und Treiben und an die Gebräuche einer so kleinen Landgemeinde auch erst noch gewöhnen muß. Sie steht aber, was Charakter und Bildung betrifft, gewiß viel höher als viele wohlbekannte Klatschweiber eines gewissen Dorfes im Bezirk Zofingen.« »Es ist bös genug«, daß sich der Einsender »gegen Frauen wenden muß, weil er sich an Männer, die eine kräftige Feder führen können, nicht getraut«. Das Medium des Klatsches, dem die Presse offensteht – wir werden ihm in noch ernsteren Zusammenhängen bald abermals begegnen. Am 1. Dezember 1913 erschien, wiederum in der bürgerlichen Zeitung, eine Erklärung, daß Herr Sektionschef Paul Wilhelm der Einsendung, betitelt ›Theorie und Praxis‹ »vollständig fernsteht«.

Dies ist die Atmosphäre, in der es Ende November zu einem Eklat kam. Am letzten Samstagabend des Monats hatten sich ca. 50 Einwohner Safenwils im alten Schulhaus zur Gründung eines Ortsvereins versammelt – einer überparteilichen politischen Gruppierung. Auch Barth war anwesend. Die Statuten wurden beraten und verabschiedet, ein siebengliedriger Vorstand gewählt, dessen Präsident der eben genannte Paul Wilhelm wurde und zu dem auch der Lehrer und Organist Hans Jent gehörte. Das Zofinger Tagblatt berichtete am 2. 12. 1913 davon: »Von den vorgeschlagenen Vertretern des Arbeitervereins hatte keiner das absolute Mehr erreicht. Nach Verlesen des Ergebnisses forderte Herr Pfarrer Barth die anwesenden Mitglieder des Arbeitervereins und des Blaukreuzvereins auf, mit ihm das Lokal zu verlassen, was unter Pfeifen und Gejohle geschah. Alle diese Verhältnisse werden wenig zum Frieden in der Gemeinde beitragen. Möge man das überall einsehen.« Auch hier also: Barth als politischer Einschärfer und als Scheidewasser deklariert. Diesen Vorgängen entsprechend, erschienen nun am 4. 12. im Schönenwarder Lokalanzeiger zwei getrennte Wahlaufrufe für die Kirchenwahl am 7. Dezember: einer vom neugegründeten »Ortsverein« mit den Namen der Kandidaten, die dann auch die Mehrheit gewannen, ein anderer gemeinsam vom Arbeiterverein und vom Blaukreuzverein Safenwil erarbeiteter. Mit dem Hinweis auf die Ereignisse des Frühjahrs 1912 und ihre Folgen wurden Männer zur Wahl vorgeschlagen »mit einer durch Erfahrung und eigenes Nachdenken gereiften Überzeugung, mit einem bewährten Charakter, mit dem ernsthaften Willen, am kirchlichen Leben mitzuarbeiten.« »Wer mit uns der Ansicht ist, daß gerade bei dieser Wahl die sachlichen religiösen Interessen der Gemeinde Ausschlag geben müssen, der helfe uns diese Liste zu unterstützen, der niemand den Vorwurf der Parteivoreingenommenheit oder der Personenpolitik wird machen dürfen.« Dieser Text trägt m. E. deutlich Barths Handschrift. Drei der hier vorgeschlagenen Kandidaten – Schärer, Hilfiker und Scheurman – standen auch auf der Ortsvereinsliste. Der Zusammenschluß aber von Arbeiterverein und Blaukreuzverein hat sofort eine wütende Reaktion des Zofinger Tagblatts (am 6. 12. 1913) hervorgerufen: »Viel höhere Wellen als die Gemeinderatswahlen scheinen bei uns die Kirchenpflegswahlen werfen zu wollen. Eigentümlich berührt hat uns ein Wahlvorschlag mit den Unterschriften: ›Der Arbeiterverein und der Blaukreuzverein‹. Wäre es da nicht viel einfacher gewesen, zu schreiben: K. Barth, Pfarrer? Das sind also seine Lieblinge, die er gerne um sich sähe, nicht etwa ihres weisen Rates wegen, beileibe nicht, sondern nur, um seinen Willen immer durchsetzen zu können. Von nun an regiert also der Herr Pffarrer; so ist nämlich seine Absicht. Können und wollen wir Bürger von Safenwil eine solche Zumutung kurzerhand akzeptieren? – Nein! – nein, wir lassen uns unsere Behörden nicht vom Pfarrer diktieren und uns von ihm regieren. Wir wollen Männer in der Kirchenpflege, die es wagen, dem Pfarrer, wenn es nötig ist, entgegenzustehen und ihm deutlich zu sagen, daß unsere Kirche kein Propagandalokal für den Sozialismus ist. Daher stimmen wir am Sonntag dem Vorschlage des Ortsvereins zu« – wie es auch geschah. Rückblickend auf die Wahlen teilte das Zofinger Tagblatt dann am 10. 12. »Gedanken eines

Laien« über »Die Pfarrer und die Kirchenpflegen« (in allgemeinerer Form) mit, wo es hieß: »Seit 30 Jahren kann ich mich nicht erinnern, daß die Wahlen der Kirchenpflegen solche Wellen geschlagen, oder daß die Pfarrer selbst hiebei in Wort und Schrift sich beteiligten.« Kritisch heißt es: »Auch ist die Predigt oft gar keine Stunde der Erbauung. Gemeinplätze, Dorfgeschichten, Wahlagitationen gehören nicht auf die Kanzel. Die christlich-sozialen Pfarrer brauchen in jeder Predigt ihre Schlagwörter wie Kapitalismus, Ellenbogenfreiheit usw. – Für den bedrückten Bauern haben sie kein Verständnis, der Handwerker liegt abseits vom Wege und der Arbeitgeber ist ihnen ein Greuel. Die Pfarrer haben es heute schwerer denn je; da sollten sie aber alles tun, um sich und der Kirche Freunde zu gewinnen. Es gibt nicht nur Kirchenpfleger, die nicht für ihr Amt taugen, es gibt eben auch Pfarrer, denen in vielen Sachen ein gewisses Verständnis mangelt.« In Safenwil bekamen die höchste Stimmzahl – nach einer Notiz Barths – aber doch nicht Arthur Hüssy oder Ernst Widmer, die dezidiert Freisinnigen, sondern die drei von Ortsverein und Arbeiterverein gemeinsam vorgeschlagenen Kandidaten: Hilfiker, Scheurmann und Schärer, während in der Präsidentenwahl Jakob Schärer und Ernst Widmer mit je 121 Stimmen gleichstanden und Schärer durch Los die Präsidentschaft errang.

Sofort in der ersten Sitzung der neuen Kirchenpflege am 15. Januar 1914 hieß es im Protokoll: »Es folgt dann eine offene Aussprache über die Tätigkeit und besonders über die Predigtweise des Pfarrers« – in dieser Reihenfolge. Wir wissen von dem Zusammenbruch dieses Gremiums im Jahre 1919 her etwas vom Selbstverständnis, in dem ein Mann wie Ernst Widmer die Wahl annahm: Er verstand die Aufgabe offenbar als Berufung zu einem Dienst der Versöhnung an der zerstrittenen Gemeinde, was ihm nicht gelang und nach der Lage in Safenwil auch nicht gelingen konnte. Ein neuer Vertreter des »Hauses Hüssy«, ein Arthur Hüssy (aber m. W. nicht jener Zeitungskontrahent von 1912), war nun auch wieder in der »Behörde« vertreten. Er verlangte sogleich – wie oben schon erzählt – ausführlichere Protokollierung der abgegebenen Voten. Wir werden weitersehen.

Für das Jahr 1915 hören wir nur über den vergleichsweise kleinen Gegensatz in der Frage der Unterstützung von »Ein gute Wehr und Waffen«. 1916 gab es einen nachher zu referierenden Fall Hochuli. Am 24. Juni 1917 stand die periodische Wiederwahl Barths durch die Kirchengemeindeversammlung an. Von 277 abgegebenen Stimmen votierten 189 mit Ja, 49 mit Nein, 36 gaben leere Zettel in die Urnen, 3 Stimmen waren ungültig.

Ende 1917 gewannen in Safenwil die Sozialisten die politischen Gemeinderatswahlen mit einer Stimme Mehrheit über die Freisinnigen. Dies blieb nicht ohne Rückwirkungen auch auf die innere Lage in der Kirchengemeinde. Der Sozialismus war in diesem Jahr in der ganzen Schweiz sehr gestärkt worden, nicht zuletzt durch eine galoppierend zunehmende wirtschaftliche Not in der Arbeiterschaft auf der einen Seite und ein deutliches Kriegsgewinnlertum auf der anderen. Im August war es überall zu Warnstreiks gekommen und zu Teuerungsdemonstrationen. Mitte November kam es nach dem Bekanntwerden der bolschewistischen Revolution in Rußland zu gewalttätigen Sympathie-Zwischenfällen, vor allem in Zürich, an denen der linke Parteiflügel nicht, dafür Vertreter eines Pazifismus und z. B. auch Willi Münzenberg sehr wohl beteiligt waren und wo es vier Tote gab[12]. Das Safenwiler Wahlergebnis stand also in größeren Zusammenhängen.
Mit der folgenden Konsequenz im Safenwiler Protokollbuch (in der Sitzung am 18. Dezember 1917; Präsident war inzwischen Ernst Widmer geworden, nachdem Jakob Schärer 1916 ein anderes Amt übernommen hatte, das Ämterhäufung verbot): »Der Präsident spricht den Wunsch der Kirchenpfleger aus, Pfr. Barth möchte sich in der Gemeindepolitik« (gemeint ist die in der politischen Gemeinde) »über die Parteien stellen.« »H. Hilfiker unterstreicht diesen Wunsch. Der Pfarrer sollte zu keiner Partei gehören oder doch ihre Versammlungen nicht besuchen. Es sollte überhaupt ohne Parteien gehen. – H. Ritschard: Wir haben vor Allem das Interesse, wieder mehr Leute in die Kirche zu bekommen. Die Beteiligung des Pfarrers an den Gemeinderatswahlen hat nun wieder Viele abgestoßen.« Worin bestand diese Beteiligung? Eberhard Busch berichtet[13], daß Barth in diesem Sommer 1917 mit Gewerkschaftsgründungen befaßt gewesen sei (von denen wir bisher leider noch nichts Näheres wissen). Darum war es Ende August, Anfang September zu »Zusammenstößen« im Dorf gekommen, über die uns auch noch nähere Nachrichten fehlen; Barth sei hier als Demonstrationsredner aufgetreten. Vom Aktuar Barth hören wir darüber hinaus aber Folgendes: »Von allen Behauptungen über seine Mitwirkung an den Gemeinderatswahlen ist nur das wahr, was er selber Herrn Widmer mitgeteilt, daß er im Arbeiterverein einmal beiläufig vor der vor 4 Jahren angewandten aussichtslosen Wahltaktik gewarnt hat« – also ein persönlicher politischer Ratschlag. In den Augen der freisinnigen Kirchenpfleger sah das aber völlig anders aus. Während Herr Scheurmann erklärte, von einer angeblichen Mitarbeit des Pfarrers auf Seiten der Sozialdemokratischen Partei anläßlich der Wahl nichts zu wissen, gab Arthur Hüssy dagegen zu

Protokoll: »Die Sozialisten hätten ihren Erfolg ohne die Mithilfe des Pfarrers nicht zustande gebracht. Der Pfarrer hat für sie agitiert. Die Folge war der Zusammenschluß der Freisinnigen Partei ihrerseits« – den es demnach im Dorf Safenwil bis dato nicht gegeben hatte. Hüssy verlangte, daß die Sache in der nächsten Gemeindeversammlung zur Sprache kommen sollte und wartete mit der Mitteilung auf, daß eine Anzahl »Bürger« Unterschriften zwecks Austritt aus der Landeskirche und Verweigerung der Kirchensteuer sammelten. Das ist eine starke Zuspitzung des Safenwiler Kirchenkonflikts im russischen Revolutionsjahr 1917. In der weiteren Diskussion brachten die freisinnig Gesonnenen weiter alle möglichen Klatschargumente vor: z. B. »der Pfarrer sei während der Wahl im Gespräch mit einer Gruppe Arbeiter gesehen worden« (!), oder jene schon berichtete Story vom Sitzwechsel Barths in der Kirche am Nachmittag des Wahlsonntags, oder: er sei auf der Wahlversammlung der Sozialisten am Vorabend der Wahl gesehen worden (was Barth mit Hinweis auf seine Blaukreuz-Bibelstunde zur gleichen Stunde widerlegen konnte). Barth selbst gab im Laufe dieser Sitzung zwei Erklärungen ab: 1. »Der Aktuar wundert sich über dieses Neutralitätsbedürfnis der Kirchenpflege zugunsten des Freisinns, das sich in Gemeinden mit freisinnigen Pfarrern zugunsten der Sozialisten keineswegs rege. Warum wollen wir einander nicht machen lassen? In 50 Jahren wird man sich wundern, daß wegen einem sozialistischen Pfarrer soviel Wesen gemacht und gar noch eine Kirchenaustrittsbewegung inszeniert wurde.« 2. (grundsätzlich zu den politischen Rechten und Pflichten des Pfarrers): »Das Einspracherecht der Kirchenpflege erstreckt sich auf meine Amtsführung, meine Beteiligung am politischen Leben dagegen ist meine persönliche Sache, in der ich mir wohl raten lassen kann, aber keinesfalls bindende Vorschriften entgegennehmen kann.« 3. »Im Übrigen bin ich der Überzeugung, daß sich die Abneigung und der Zorn der ›Bürger‹ im Grund keineswegs gegen das bischen Politik richtet, das ich bis jetzt getrieben, sondern gegen das, was ich als Pfarrer überhaupt zu vertreten suche und was offenkundig den ›Bürgern‹ sowohl wie den Sozialisten neu, fremdartig und unangenehm ist.« Dieser letzte Satz wäre natürlich kritisch zu durchleuchten. Mit Barths Ausruf gegen Arthur Hüssy ließe sich zunächst etwa sagen: So hätten Sie's gern, Herr Pfarrer – Angriffe auf Ihre Politik abfangen als Angriffe auf Ihr Evangelium! Was verstehen Sie denn unter »im Grunde«? Meinen Sie: »im Grunde« gehe es Ihnen um ganz etwas anderes als Politik? Aber warum lassen Sie sie dann nicht? Oder heißt »im Grunde« für Sie: Ihre Politik entspringe dem »Grunde« Ihrer Predigt und so sei dann Widerspruch gegen Ihre Politik zugleich Widerspruch gegen das von Ihnen ausgelegte Evangelium? Was aber sagen Sie von dem Evangelium, wenn Sie erklären: *eigentlich* löse dies den Zorn der »Bürger« aus? Meinen Sie damit: das Evangelium, so wie Sie es zu verstehen meinen, sei in der Tat anti-»bürgerlich«? Aber warum treten Sie dann den Sprung in ein allgemein-Menschliches an, wenn Sie erklären, ›Ihr‹ Evangelium sei auch »den Sozialisten neu, fremdartig und unangenehm«? Warum identifizieren Sie sich denn als Pfarrer und politisches Wesen zugleich: so deutlich für die politische Durchsetzung der Sozialisten und noch deutlicher: gegen »die Bürger«? Und wie wollen Sie wiederum damit Ihre Selbstunterscheidung in Amtsperson und Privatperson, deren Anerkennung Sie von uns verlangen, in Einklang bringen? Sind Sie – Ihrer Kritik an Luthers »unpolitischem Gottesverständnis« zum Trotz – doch ein Zwei-Reiche-Theologe? – Ich werfe diese Fragen auf, weil mir jene Auslegungen des »im Grunde«, die Barth die Vertretung eines eigentlich gemeinten Evangeliums gegen ein demgegenüber zurücktretendes politisches Kriterium unterstellen, so schlicht und einfach weder historisch noch sachlich möglich scheinen. Jedenfalls scheint mir gut verständlich, was der Präsident Widmer bei Schluß dieser Debatte erklärte: er nämlich werde »nicht nachgeben, ehe diese Sache in Ordnung gebracht ist.« Der Thurneysen-Briefwechsel zeigt in dieser Zeit überdeutlich, daß für Barth selbst das Problem dieses »im Grunde« (und zwar genau in der Form, in der es an diesem Abend zur Diskussion stand) keineswegs »in Ordnung« war (anders als für Thurneysen).

Überdies bekam diese Krisensitzung, in der der Pfarrer politisch neutralisiert werden sollte, noch eine letzte, überraschende Wendung: »Der Präsident möchte, gerade im Hinblick auf die heutige Diskussion, daß in der Kirchenpflege einmal wirklich sachliche Unterhaltungen möglich werden sollten. Die Mitglieder sollten etwas lesen, verstehen und sich darüber äußern lernen. Er wird nun zu diesem Zweck einige Mappen mit Lesestoff in Cirkulation setzen, zunächst Reformationsliteratur.« Offenbar sollte dies helfen, ein Wissens- und Sprachgefälle zwischen Pfarrer und Presbytern zu überbrücken. In folgenden Protokollen hören wir, daß Widmer doch allein nicht genügend Literaturkenntnisse zur Sammlung solcher Lesemappen besaß und daß diese Aufgabe schließlich der Pfarrer übernommen hat: mit dem Bemerken, daß ja nicht die eingelegte Literatur mit seiner eigenen Meinung verwechselt werden dürfe.

Was hieß »in Ordnung bringen«? Eberhard Busch erzählt, Barth habe sich auf diese Sitzung hin immerhin für einige Zeit politischer Vorträge enthalten.[14] In der Tat überspringt die Reihe der Sozialistischen Reden das Jahr 1918 und beginnt erst 1919 wieder. 1918 war das Jahr, in dem der Römerbrief zum Abschluß drängte. Aber das hob die politischen Spannungen in Safenwil nicht auf. Am 15. Mai wünschte Herr Hüssy, »daß in der Sitzung nicht mehr über Politik geredet werde, da dies zu persönlichen Unannehmlichkeiten führe. Es wird darauf aufmerksam gemacht, daß jedenfalls ein diesbezügliches Gespräch *nach* der letzten Sitzung und nicht in der Sitzung selbst stattgefunden habe und daß es überhaupt nie so schlimm damit gewesen sei. Er beharrt aber, daß im Allgemeinen im Gegensatz zu früher ein Mißtrauen in die Behörde eingezogen sei, das von der Politik herrühre. Die übrigen Mitglieder nehmen mit Verwunderung von diesen Mitteilungen Notiz.«

Wie recht Hüssy aber hatte, stellte sich im November heraus, in dem es zur Affäre wegen Barths Haltung zum Landesstreik, einem der größten Revolutionsversuche innerhalb der Schweizergeschichte kam. Am 15. November kündigte Präsident Widmer in bewußt unbestimmter Form eine in der nächsten Woche abzuhaltende Sondersitzung an; er könne noch nichts Inhaltliches zu der überraschenden Ankündigung sagen, weil er über den zu verhandelnden Gegenstand erst noch Informationen einzuziehen habe. Es liege »etwas Unangenehmes« vor, das ihn voraussichtlich zum Rücktritt aus der Kirchenpflege nötigen werde. Barth verwahrte sich dagegen, daß es wieder einmal um »anonyme Anklagen« gehen solle. Darauf gab Herr Hilfiker folgende Mitteilung: »Infolge der Tagesereignisse« (d. h. des vom 11. bis zum 14. November zum Höhepunkt gekommenen Landesstreiks) »fand im Schulhaus eine freisinnige Versammlung statt, als deren Ergebnis Safenwil eine Bürgerwehr besitzt (eine bürgerliche Selbstverteidigungsgruppe gegenüber drohenden revolutionären Elementen, wie sie in diesen Tagen an mehreren Orten in der Schweiz gegründet wurden)[15]. »Bei diesem Anlaß machte Herr Ernst Hüssy-Senn, Architekt, folgende Enthüllungen: Einer der schlimmsten Anhänger des Sozialismus sei der Pfarrer. Er habe nämlich in einem Privatgespräch in einer Familie den Generalstreik verherrlicht, indem er geäußert habe, der Bundesrat« (= die Schweizer Regierung) »lasse die armen Kinder verhungern und der Streik sei notwendig wegen der von der S.B.B.« (= der Schweizer Bundesbahn) »bezahlten Hungerlöhne. Er habe ferner bedauert, gegenwärtig infolge der Grippe nicht predigen zu können, ansonst er auch noch etwas dazu zu sagen hätte.« Eine für die Kinderernährung besonders gravierende Milchpreiserhöhung hatte in der Vorgeschichte des Generalstreiks eine besondere Rolle gespielt, und die Beteiligung der Eisenbahner am landesweiten Streik warf eines der schwierigsten inneren Probleme für das

Der Aktuar

Oltener Revolutions-Komitee auf, weil die Meinungen der verschiedenen Eisenbahnergewerkschaften darüber lange Zeit weit auseinandergingen, obgleich die Lohn- und Personalpolitik des Bundesrats gerade die Eisenbahner schon seit Kriegsbeginn mit Mißmut erfüllte; sie arbeiteten noch 1918 für einen Stundenlohn von nur 58–68 Rappen[16]; auf dem Höhepunkt des Streiks konnten freilich nur wenige Züge unter militärischer Bewachung Verbindungen zwischen den großen Städten des Landes aufrechterhalten[17].
Fünf Tage nach dieser Ankündigung, am Mittwoch, dem 20. November 1918, kam es im Pfarrhaus zu der angekündigten Sondersitzung. In einer Meldung »zur Tagesordnung« verwahrte Barth sich noch vor Eintritt in die Beratungen dagegen, daß eine privat gemachte Äußerung von der Behörde zum Gegenstand einer Anklage und Untersuchung gemacht werde. Er habe sich nach den Gemeinderatswahlen von 1917 von politischer Tätigkeit möglichst enthalten. »Nun aber geht die Kirchenpflege weiter und tritt auch seiner Gedanken- und Redefreiheit in den Weg«, dagegen müsse er von vornherein Verwahrung einlegen. Ihm wurde darauf erwidert, daß es nicht um eine »Anklage« gegen ihn gehe, sondern um eine Aufklärung dessen, »was dieser neuesten Erregung gegen den Pfarrer zu Grunde liege« und wie man sich dazu zu verhalten habe. Die zwischen der Safenwiler Öffentlichkeit und dem Pfarrer bestehende Situation sei »immer unhaltbarer« geworden. Es gäbe »kein Vertrauen zum Pfarrer, keinen zur Behörde, Vorwürfe und Angriffe auf beide bei jedem Anlaß!« Das beanstandete Gespräch sei in der Familie des Herrn Hüssy-Kunz geführt worden, von dort sei es durch andere Familien Hüssy an Herrn Hüssy-Senn weiterberichtet worden, der es in der bekannten Weise an der Bürgerversammlung wiedergegeben habe. Inzwischen habe Hüssy-Kunz diese Wiedergabe zwar als gänzlich entstellt desavouiert, aber daß alles so aufgefaßt werden könne, sei »eine notwendige Folge der allgemeinen Lage und der herrschenden Politik«. So halte auch Herr Hüssy die Situation für unhaltbar. – In der Diskussion wurden Zweifel geäußert, ob es bei einem anderen Pfarrer besser gehen könnte: »Es sind nun einmal Leute da, die Anlaß zu Angriffen suchen«; den Pfarrer könne man nicht der öffentlichen Meinung unterwerfen, und das müsse gesagt werden, auch wenn man den Generalstreik selbst nicht billigen könne. Barth notierte ein Votum von Herrn Hilfiker: »Über den Generalstreik gibts nichts zu diskutieren. Ich brauchte nicht nachzudenken darüber. Die Sache als solche ist zu verurteilen.« Und Herr Hüssy: »Die Ansichten sollen frei sein; aber es gibt Ansichten, die zum Vornherein unmöglich sind und diese darf man nicht

vertreten. Die Sache ist einfach die, daß der Pfarrer erbost ist über das Mißlingen des Generalstreiks. Bei den Sozialisten giebts, wie Vorkommnisse in Olten beweisen, auch keine Freiheit« (worauf diese letzte Bemerkung sich bezieht, kann ich nicht ausmachen). Barth verlangte in seinen Gesprächsbeiträgen daraufhin noch einmal die Freiheit, »als Pfarrer in der Tat auch Meinungen vertreten zu dürfen, die der öffentlichen Meinung oder einem Teil derselben als unmöglich scheinen.« Von dem Zustand der öffentlichen Meinung in Safenwil behauptete er, sie werde »zum großen Teil durch das ›Zofinger Tagblatt‹ gemacht, das im Besitz einer Gruppe von Herren steht und deren Interessen es vertritt« und so ein Werkzeug »dummer Bürger« sei (diesen letzten Ausdruck mußte Barth im Laufe der Debatte als »etwas zu scharf« zurücknehmen). Nun aber: »Zur Sache selbst ist zu sagen, daß es sich nicht um eine Verherrlichung, aber um ein ruhiges Begreifen des Generalstreiks handelt. Der Gebrauch von Gewalt ist selbstverständlich vom Bösen. Aber mit dieser Feststellung ist die absolute Verurteilung einer solchen Erscheinung noch nicht gerechtfertigt. Es ist übrigens mindestens die Frage, von welcher Seite mit der Drohung oder mit dem Gebrauch von Gewalt der Anfang gemacht worden ist. Die Freiheit, solche Erwägungen auszusprechen, wo es sei, kann sich der Pfarrer nicht beschneiden lassen.«

Aus dem Abstand eines Vierteljahrs hat Barth am 18. Februar 1919 im Arbeiterverein dann über den Generalstreik vom November 1918 referiert und alle ihm damals dafür verfügbaren Daten zu sammeln versucht: mit einer staunenswerten Genauigkeit im Detail, wie man im Vergleich mit den erst im letzten Jahrzehnt erscheinenden historischen Aufarbeitungen dieses Ereignisses erkennen kann. Sein Resümee war da, daß einerseits das Bürgertum die Gefahr, die sich aus der politischen und wirtschaftlichen Benachteiligung der Arbeiterschaft in der Gesellschaft ergibt, jetzt erkannt habe, daß man aber skeptisch bleiben muß, ob es die gehörigen praktischen Konsequenzen ziehen werde; wollte man auf den Generalstreik nur mit Repressionen reagieren, wie es die Mehrheit der bürgerlichen Schweizer offenbar verlangte: »dann kommts erst recht«, d. h. dann wird der Revolutionswille unten erst recht geschürt. Sollte es wirklich einen ernsten Willen zur Besserung geben, müßten bald Taten folgen. Wichtiger war Barth freilich die Frage: »Und wir?« (d. h. er und die Arbeiter in Safenwil). Barth meint, das Halsbrecherische einer radikal bolschewistischen Position sei im Streikablauf klar erkennbar geworden. Nur um so mehr stehe man jetzt vor einer großen Arbeit, die zu tun sei. Aus den hier leider nicht zu verwendenden Sozialistischen Reden geht Barths eigene politische Überzeugung noch sehr viel deutlicher hervor. Seine innerparteilichen Stellungnahmen zwar gegen den Bolschewismus, aber für einen radikalisierten Sozialismus werden nicht aufgehoben dadurch, daß wir ihn 1919 als Mitglied in einem »Schweizerischen Bund für Reformen der Übergangszeit« finden – nach dem Urteil Gautschis eine »idealistische Gruppe, deren Bemühungen einen Lichtpunkt in der Düsternis der sozialen Beziehungen der Zeit bildeten«, die aber »über bescheidene Anfangserfolge« nicht hinausgelangte, »weil persönliche Spannungen die fruchtbringende Arbeit behinderten«[18] – was wunder in einem Gremium, in dem bewährte schweizerische Arbeiterführer wie Emil Klöti oder Charles Naine mit dem Oberstdivisionär Emil Sonderegger an einem Tisch sitzen wollten, der am 10. November 1918 den Schießbefehl gegen die demonstrierenden Menschenmassen auf dem Münsterplatz in Zürich gegeben hatte!

In jener Sondersitzung der Kirchenpflege vom 20. November 1918 aber zog der Präsident Ernst Widmer schließlich ein Fazit der kirchlichen Lage in Safenwil. Die jetzige Kirchenpflege sei 1913 aus einem Parteikampf hervorgegangen. Sie habe sich damals die Aufgabe gestellt, »ein anderes Verhältnis zwischen dem opponierenden Teil der Gemeinde und dem Pfarrer zu Stande zu bekommen«. In der Kirchenpflege selbst sei dies gelungen. »Man stellte sich auf die Seite des Pfarrers. Da kehrte die Opposition den Spieß gegen die Kirchenpflege und beschuldigte sie, von diesem abhängig geworden zu sein. Immer wieder war Feuer im Dach. Nun ist die Erbitterung dieser Kreise größer als je. ›Mißlungene Versöhnung schlägt in ärgste Feindschaft um‹. Sein Entschluß, zurückzutreten, ist unwiderruflich gefaßt. Er tut diesen Schritt ohne Groll. Er nennt sich selber mitschuldig an der Lage, indem er offenbar nicht der rechte Mann sei, um an dieser Stelle solchen Stürmen zu trotzen. Die Mitschuld des Pfarrers an den zugespitzten Verhältnissen besteht darin, daß er nicht immer vorsichtig genug gewesen ist.« Barth bedauerte diesen Entschluß, fügte aber hinzu: »Die Versöhnungstaktik seitens der Kirchenpflege habe er nie als aussichtsreich angesehen. Es kann sich in der Kirche nicht *darum* handeln, sondern nur um die Vertretung der Wahrheit, die naturgemäß Widerspruch hervorrufen muß. Diese Demission aber ist unnötig und wird erst recht gefährlich werden.« »Daraufhin erklärten auch Herr Hilfiker und Herr Hüssy, daß sie sich für den Fall, daß Herr Widmer bei seinem Entschluß bleibe, ihm anschließen würden« – also die gleiche Situation wie im Frühjahr 1912!

Widmer blieb dabei, und am Donnerstag, dem 20. Februar 1919, fand die letzte Sitzung in dieser Zusammensetzung statt. Inzwischen hatte ein

vierter Presbyter, der Gärtner Ritschard, ebenfalls seine Demission eingereicht. Barths Schlußwort: »Der Aktuar dankt den abtretenden und besonders auch den ausharrenden Mitgliedern der Kirchenpflege für das Maß Vertrauen, das sie ihm trotz der Wirrungen der Zeit im Ganzen entgegengebracht haben. Er bedauert den Schritt der Zurücktretenden, begreift ihn aber auch wieder vollkommen. Den Druck der Lage empfindet er auch, er seinerseits gedenkt ihm bis auf Weiteres Widerstand zu leisten, versteht es aber, wenn andre sich genötigt fühlen, ihm auszuweichen.« Man sieht an den Formulierungen, wie hart Barth auch in diesem Augenblick »bei der Sache« bleiben und persönliche Motive letztlich doch nicht akzeptieren und nur als Schwäche werten wollte. Ganz zum Schluß stellte Hüssy dem Aktuar die Frage: »ob er von den Erfolgen seiner bisherigen Tätigkeit befriedigt sei, z. B. über das Anwachsen der Arbeiterbewegung. – Der Aktuar antwortet, er verstehe diese Frage nicht. Die Arbeiterbewegung wäre auch ohne ihn gekommen und im Übrigen habe ein Pfarrer sich überhaupt nicht mit seinem Erfolge oder Mißerfolge zu beschäftigen, sondern seinen Weg zu gehen«.
Das war am 20. Februar 1919. Am 19. März fand die Ersatzwahl für die ausgeschiedenen Mitglieder statt; dadurch kamen nun ausschließlich Sozialisten in die Kirchenpflege. Von den nun nicht mehr vertretenen Freisinnigen gingen damit Aktionen aus, die von niedriger Gesinnung zeugten und sie als schlechte Verlierer zeigten. Von den Versuchen, die Wahl Gottlieb Jents zum neuen Präsidenten rechtlich zu verhindern, weil sein Bruder Hans Jent Präsident und Mitglied der kommunalen Rechnungsprüfungskommission war, hörten wir schon oben. Als dies im Laufe des Juni/Juli 1919 mißlang, kam es bei der Kirchgemeindeversammlung am 10. August zu dem auch schon angedeuteten Versuch der Freisinnigen und der Ortsbauernpartei, eine Besoldungserhöhung für den Pfarrer zu verhindern. In einer vom Präsidenten der Freisinnigdemokratischen Partei, dem Kaufmann Hans Widmer, selbst verlesenen Antrag dazu hieß es, der Pfarrer »verherrliche den Spartakismus und Bolschewismus, treibe sozialistische Propaganda, schreibe Hetzartikel in Arbeiterblätter, nehme an Maiumzügen teil, vernachlässige dadurch sein Amt als Seelsorger«. Darauf wurde ihm von anderer Seite entgegengehalten: »Man sehe daraus, daß es sich um Parteisachen handle, nicht um etwas anderes.« »Herr Pfarrer Barth verteidigt sich in ruhiger Weise gegen die ihm gemachten Vorwürfe und Anschuldigungen. Seit zwei Jahren sei der Groll gegen ihn angewachsen und sei nun endlich zum Ausbruch gekommen. Daß er den Bolschewismus und Spartakismus verherrliche sei eine Lüge; gerade das Gegenteil habe er getan, er habe

die Arbeiterschaft hiervor gewarnt, daß dieses nicht der richtige Weg sei und hiervon entschieden abgeraten. Sozialistische Propaganda treibe er nicht und habe er noch nie getrieben. Seine Artikel, die er gelegentlich in Arbeiterblätter schreibe, seien keine Hetzartikel, wer dieselben richtig zu beurteilen verstehe, sondern seien ruhig und sachlich gehalten. An Maiumzügen habe er als Sozialist das Recht teilzunehmen, er schäme sich nicht, wenn er schon zu den Arbeitern halte. Man wolle jetzt mit der Verweigerung der Besoldungserhöhung einen Trumpf gegen ihn ausspielen, daß es ihm verleide und er fortgehe. Er werde jedoch nicht fortgehen, und wenn ihm die Besoldung nicht erhöht werden sollte, er gehe, wann es ihm beliebe oder falls ihn die Gemeinde das nächste Mal nicht mehr wähle.« Der nun neue Aktuar, der Spediteur Arnold Scheurmann, notierte im Anschluß: »Die übrigen gegenseitigen Aussprüche, die sich im Laufe der Diskussion noch abspielten, werden nicht zu Protokoll genommen.« Das Abstimmungsergebnis war bei 259 abgegebenen Stimmen 153 für, 99 gegen die Gehaltserhöhung, bei 7 Enthaltungen.
Alle diese hier berichteten Einzelaffären waren nun kontinuierlich begleitet von einer politischen Dauerauseinandersetzung, die noch ganz anders in die spezifischen Aufgaben des Pfarrers Barth und zugleich in die gesetzlichen Rechte der Safenwiler Kirchenpflege eingriffen; daß die Kirchenpflege allen inneren Spannungen zum Trotz doch letztlich immer wieder zu Barth hielt, beruhte nicht zuletzt wohl darauf, daß sie als Institution mit in die nun zu berichtenden Auseinandersetzungen hineingerissen wurde und eigene Kritik am Pfarrer zurückstellen mußte im Dienst der Bewahrung originärer kirchlicher Rechte gegen die Anmaßungen des Fabrikherren Hochuli in Safenwil. Es ging um die Uhr-Zeiten und die Dauer des Konfirmandenunterrichts.
Am 29. Dezember 1911 erhielt Barth von seiner Kirchenpflege die »Kompetenz«, den Konfirmandenunterricht jeweils im letzten Vierteljahr, zwischen Neujahr und Ostern, von 2 auf 3 Stunden wöchentlich auszudehnen; von der Kirchengemeindeversammlung wurde dies am 18. Februar 1912 bestätigt. Im Jahrgang 1912 betrug die Zahl der Präparanden 43, der Konfirmanden 47. Das veranlaßte den Pfarrer, sich auch die Genehmigung für eine Teilung des Konfirmandenunterrichts in zwei nach Knaben und Mädchen getrennte Klassen einzuholen.
Am 6. Februar 1913 hören wir: »Die Firma Hochuli & Co. beschwert sich in einem Schreiben vom 28. Januar über die Ansetzung des Konfirmandenunterrichts im letzten Vierteljahr des Unterweisungsjahres: drei wöchentliche Stunden für Knaben und Mädchen getrennt... Der Aktuar

wird beauftragt, der Firma Hochuli & Co. schriftliche und motivierte Auskunft zu geben unter Berufung auf § 44 der aargauischen Kirchenordnung, die für den Sommer 2–3, für den Winter 3–4 Wochenstunden vorschreibt.« Diese Auskunft beantwortete Hochuli mit der Mitteilung, daß er keine Konfirmanden in die Fabrik mehr aufnehmen wolle. Es heißt am 17. April 1913: Die Firma »hatte damit insofern Erfolg, als sich in manchen Kreisen der Gemeinde eine erregte Stimmung gegen – die Kirchenpflege geltend machte«. Diskutiert wurde, ob man dieser Stimmung nachgeben sollte; Barth schlug »um des Friedens willen« vor, die je 3 Stunden des letzten Vierteljahrs auf 2 mal 1½ Stunden zusammenzuziehen, »so bedauerlich das an sich sei und so wenig er grundsätzlich geneigt sei, der Fabrikarbeit der eben erst der Schule Entlassenen Vorschub zu leisten«. Die Behörde beschloß also die Ordnung: Von Mai bis Neujahr 2mal eine gemeinsame Stunde aller Konfirmanden, für die Zeit von Neujahr bis Ostern je zweimal 1½ getrennte Stunden. Diese Ordnung wurde der Firma mitgeteilt, die daraufhin alle in Betracht kommenden Konfirmanden in die Fabrik aufnahm, »außer einigen, die bereits in Aarburg und Suhr Arbeit gesucht und gefunden hatten«, und sich also hatten von der unerhörten Drohung Hochulis einschüchtern lassen.

1915 hatte sich Hochuli dann nach der Uhrzeit des Unterrichts erkundigt und erhielt für die Sommerzeit die Antwort: »Morgens 6½ Uhr.« Ende Dezember 1915 hören wir: »Ohne Anzeige und Grund kamen letzte Woche sämtliche bei Hochuli & Co. arbeitenden Konfirmanden zweimal ¼ Stunde zu spät in die Unterweisung. Der Pfarrer beschwert sich gegen diesen Eingriff beim Präsidenten und dieser konnte es in einer mündlichen Aussprache mit Herrn Hochuli erreichen, daß künftig die Stunden: Mittwoch und Freitag 5¼ wieder innegehalten werden. Im Anschluß daran, wünscht Herr Widmer, daß die Kirchenpflege die Ansetzung der Unterweisungsstunden nun einmal ohne alle Rücksicht auf Herrn Hochuli in die Hand nehme«, während Herr Hüssy »verlangt, daß die Unterweisungsstunden auch im Winter am Morgen erteilt werden sollen«.

Am 17. Januar 1916 »liegt ein Schreiben von Herrn Fabrikanten Hochuli« vor. »Anlaß dazu gab die Predigt vom 16. Januar und eine Ansprache an die Konfirmanden 2 Tage vorher, in denen sich der Pfarrer mit einer von Herrn Hochuli veranstalteten Festlichkeit seiner Arbeiterschaft auseinandersetzte. Herr Hochuli hält die dabei angewandten Ausdrücke für ›verleumderisch und kreditschädigend‹, verlangt Widerruf binnen 3 Tagen und droht mit Strafklage im Weigerungsfall.« Aus einem Brief an Thurneysen vom 10. Januar wissen wir darüber Näheres. »Unser Fabrikant Hochuli hat zur Feier der Verheiratung seiner Tochter eine große Sauferei für seine 500 Angestellten und Arbeiter veranstaltet, die sich dabei, meine Konfirmanden und Konfirmandinnen inbegriffen, scharenweise sinnlos betrunken und auf alle Weise schlecht aufgeführt haben. So wird unser Volk mit Peitsche und Zuckerbrot zum Narren gehalten und läßt sich alles bieten«[19]. (Interessant die völlig andere Kommentierung Thurneysens dazu: »Wenn ich den Vergnügungsanzeiger meines Lokalblatts am Samstag ansehe, so ergibt sich das gleiche Bild. Daß in Deinem Falle Hochuli das Angebot machte, ist insofern kein grundsätzlicher Unterschied, als das Volk einfach seine Gelage haben will und sie nimmt, wo es sie bekommen kann. Es kann Dich alles doch nur in Deinem Appell an die kleine Herde bestärken«[20] – d. h. Thurneysen spielt durch Verallgemeinerung und Absehen vom seelsorgerlichen Zusammenhang mit der Konfirmandenlage herunter und entpolitisiert einen Vorgang, der von Barth als ein politisches Ereignis im Verhältnis von Herrschenden und Volk begriffen wurde).

Die »verleumderischen und kreditschädigenden« Ausdrücke werden uns durch folgendes Dementi des Aktuars vorgestellt: Es stehe fest, »daß er die Strickerei *nicht* als die Hölle und Herrn Hochuli *nicht* als den Teufel bezeichnet habe«. Der Präsident beantragte Einladung von Herrn Hochuli zur nächsten Sitzung, gleichzeitig aber Protest der Kirchenpflege gegen den Weinausschank an Konfirmanden.

Selbstverständlich ist auch dieser Vorgang wieder in die Presse gelangt, diesmal hat aber das Sozialistische Blatt den Fall aufgegriffen. Es berichtete von der letzten Gemeindeversammlung (in deren Protokoll wir jedoch Entsprechendes nicht finden), daß hier Herr Hochuli die Gelegenheit genutzt habe, um sich von Anschuldigungen, die vom Pfarrer und der ganzen Kirchenpflege ihm gegenüber erhoben worden sind, reinzuwaschen. »Durch die gehässigen und schmutzigen Anrempelungen ist aber die Reinwaschung nicht erreicht worden.« »Ein jeder anständige Mensch ist empört über Hochulis blöde Reden.« »Hochuli wußte ganz genau, daß ihm niemand zu erwidern getraute, ausgenommen die Kirchenpflege, die sich verteidigte. Ist doch fast jede Arbeiterfamilie von ihm abhängig, entweder in seiner Fabrik selbst, oder durch Heimarbeit. Er hat also die Macht und den Willen, sie zu gebrauchen.« So hat Barth es auch gesehen. Angekündigte Konsequenz der Sozialisten: »Doch der Arbeiterverein dürfte endlich aus seiner Reserve hervortreten, auch ihm sind viele Sachen bekannt« (das Pfarramt also als Vorreiter für Aufdeckung von Mißständen in der Fabrik, die Partei sollte

folgen). »Dem unermüdlichen Herrn Pfarrer Barth kann die Sympathie des größten Bevölkerungsteils versichert werden.«
Am 13. November 1917 teilte Hochuli dem Aktuar mit, daß er die Kinder nur noch zweimal in der Woche in den Unterricht schicken werde, und am 6. Dezember untersagte er tatsächlich den Konfirmanden den Besuch am 7. Das veranlaßte die Kirchenpflege, die Kinder über die Rechtslage zu instruieren, so daß Hochuli in diesem Falle nachgeben mußte.
Im April 1919 erklärte Hochuli unter Hinweis auf »die bedauerlichen Zustände in der hiesigen Seelsorge« seinen und seiner näheren Familie Austritt aus der Reformierten Landeskirche. Wegen der Kirchensteuerverpflichtungen entstand danach ein wirres Hin und Her, zu dem die Kirchenpflege mehrere Juristen konsultieren mußte. Der Versuch Barths, mit Hochuli über diesen Schritt noch persönlich sprechen zu können, scheiterte an der Weigerung des Fabrikanten.
Aber auch noch nach diesem Kirchenaustritt ging der Kampf mit der Kirchenpflege weiter. Anfang März legte die Firma ihren Geschäftsbetriebsanfang auf ½8 fest und verlangte vom Pfarramt, daß die Unterweisungskinder ihre Arbeit zur gleichen Zeit antreten können, »ansonst wir uns leider gezwungen sehen würden, den in Frage kommenden Kindern den Besuch des Confirmandenunterrichts zu untersagen«. Mit Handschrift fügte Hochuli diesem Brief hinzu: »Morgen und übermorgen werden sie nicht kommen. Sie haben kein Recht, nach Belieben Stunden abzustellen und anzusetzen« (Brief von Hochuli an das Pfarramt Safenwil vom 2. März 1920). – Am 12. April 1920 lesen wir im Protokollbuch: »Herr Hochuli will nun dieses Jahr seine unterweisungspflichtigen Arbeiterinnen dem hiesigen Pfarramt entziehen und dieselben in Zofingen bei Herrn Geisbühler, Prediger, besuchen lassen, welcher am Sonntag Nachmittag, wenn die Arbeiterinnen frei haben, erteilt wird. Es betrifft 6 Kinder.« Barth berichtete, daß er schon lange eine Solidarität unter seinen Kollegen herzustellen versucht habe, um ein Ausgespieltwerden der Pfarrer gegeneinander zu verhindern – vergeblich. Hochuli wurde auf die Unrechtmäßigkeit seiner Handlungen schriftlich hingewiesen und die Gemeinde durch ein Rundschreiben über die Vorgänge aufgeklärt: aber auch das ohne Erfolg. Schon im Konfirmandenjahrgang 1919 war die Schülerzahl auf 3 Knaben und 15 Mädchen deutlich erkennbar gesunken. Von einer Reihe von Kindern wurde bekannt, daß sie in Nachbargemeinen nach Schönenwerd und Zofingen ausgewichen sind, weil dort nur einmal in der Woche der Unterricht angesetzt war. Aber auch die Eltern der in Safenwil Verbliebenen wichen dem Druck

der Firma und richteten im November 1920 an das Pfarramt das Gesuch, den Konfirmandenunterricht künftig zu einer anderen Zeit zu erteilen. Dazu verstand sich die Kirchenpflege, beharrte aber darauf, daß der Unterricht auch gemäß den Bestimmungen des neuen Fabrikgesetzes (und nicht nur der Aargauer Kirchenordnung) *innerhalb* der Arbeitszeit abzuhalten sei. Darauf ist Hochuli nicht eingegangen, und der Freie Aargauer wird auf der ganzen Linie recht bekommen haben mit seiner Aussage von 1916, daß in Safenwil fast jede Arbeiterfamilie von dieser Firma abhängig war und so sich niemand außer der Kirchenpflege ihm zu widersprechen getraute.

Diese Hochuli-Affären zeigen uns die Realitäten des Spätkapitalismus. Barths politisch geführtes Pfarramt hatte ganz sicher nicht nur in der Erfahrung der Brutalität dieser gesellschaftlichen Verhältnisse ihren Grund; aber sie motivierte seine sozialistische Entscheidung immer wieder und verschaffte ihm die Möglichkeit, sein Pfarramt auch dort durchzuhalten, wo sonstige tiefgreifende politische Gegensätze ihm seine Kirchenpflege immer wieder bedrohten und mehrmals zerstörten. Schon in den Predigten von 1913 verurteilte er ausdrücklich die Kinderarbeit und flehte die Eltern an, lieber die wirtschaftliche Notlage auszuhalten, als die Kinder zu früh der Fabrikwelt auszuliefern – auch dies natürlich vergebens. Daß er in dieser Situation zugleich zu radikal-revolutionären Überzeugungen wie reformerisch-mildernden Handlungen gelangte, erklärt sich aus dem objektiven Elend dieser Lage.

Als er 1921 dem Ruf nach Göttingen folgte und Safenwil verließ, öffneten sich in der Presse noch einmal die Schleusen gehässiger Polemik und dankbarer Verteidigung über ihn. Das Zofinger Tagblatt blickte zurück: »Kaum dem Universitätsstudium enthoben, ohne jede Erfahrung des praktischen Lebens und von einem fast sozial-revolutionären Geiste verblendet, stieß er hier in dem ländlichen Wirkungskreise an allen Ecken und Enden an. Die Kirchgenossen verstanden ihn nicht und er verstand sie nicht. Einzig die hiesige sozialistische Partei fand an ihm den erwünschten Protektor und Agitator. Die hiesige Großindustrie dagegen hatte in ihm einen zähen Gegner, doch schwächte die zunehmende Krise seinen Standpunkt. Mit den Jahren wich auch die elementare Kraft des Feuergeistes, doch zu einem Ausgleich und einem eigentlichen Frieden kam es nie. Viele Kirchgenossen mieden grundsätzlich die Gottesdienste, obschon Genosse Barth ein tüchtiger Kanzelredner und ein geistig hochstehender Mensch ist. Auf sozialem Gebiete hat er manche Besserung erwirkt und hätte in der Gemeinde und im Bezirk noch mehr leisten können, wenn sein Katheder-Sozialismus ihn nicht

von einem Zusammenwirken mit den Bürgerlichen abgehalten hätte.« Also: von dieser Seite ein Abgang cum infamia, wie er ihn später bei seinem Abgang von der Basler Universität noch einmal und mit ganz ähnlichem Inhalt erleben mußte. Noch infamer stand im Zurzacher Volksblatt: »Also weil er als Pfarrer nicht taugte, wurde er Professor, um Andere zu untauglichen Pfarrern zu machen. Ragaz der Zweite. Und die Berufung wird sich wohl auch als einfacher Protektionsakt irgend eines sozialistischen Busenfreunds im Reiche draußen erklären, wo solche Leute jetzt die hohen Schulen regieren.« –
Aber anderswo las man es auch anders. Mit Barths Fortgang hieß es z. B. »endigt für unsere Kirchengemeinde wohl die bedeutungsvollste Periode. Mit dem Auftreten von Pfarrer Barth verlor hier eine kleine Gruppe von Besitzenden ihren starken Einfluß auf die große Masse der Bevölkerung und dieser Einfluß wird... nicht mehr zurückerobert werden können. Damit erklären sich die Ausfälle, die nun kurz vor dem Wegzug von Herrn Pfarrer Barth in bürgerlichen Blättern nochmals gegen ihn unternommen werden«. An anderer Stelle hieß es: »Beseelt von den Prinzipien einer echt sozialen Wirksamkeit hat Pfarrer Barth sein Amt ausgeübt. Ihm galten nicht Namen und Stand. Er lehrte das wahre Christentum... Wenn Herr Pfarrer Barth nun aus unserem Dorf wegzieht, von den Eselstritten dieser Kaste bedroht, so ist ein großer Teil der Bevölkerung voll aufrichtiger Betrübnis über diesen Wegzug und gedenkt dankbar seiner aufopfernden Fürsorge für die Armen und Bedrückten. Für die zukünftige Wirksamkeit viel Glück!« Und im Freien Aargauer stand am 4. März 1922: »Die großen und kleinen Kläfferblätter des Bürgertums schnappten nach ihm und räsonnierten wegen seiner klassenhetzerischen Gesinnung. Und doch hatte Pfarrer Barth nichts anderes getan, als das Christentum unverfälscht gelehrt und seine praktische Anwendung gefordert. Er wurde von dem Hasse der Kapitalisten aller Religionen und ohne solche verfolgt, weil er sich mutig auf die Seite der Unterdrückten, Verfolgten und Armen gestellt hatte... Wir bringen dem im Heimatlande verkannten, im fremden Lande geehrten Streiter für ein wahres Menschentum unsere besten Glückwünsche dar!«. – Auch das war natürlich: Zeitung!

Anmerkungen

[1] Karl Barth, Der Pfarrer, der es den Leuten recht macht. Predigt über Hesekiel 13,1–16, in: Predigt im Gespräch 3, hg. v. R. Bohren und H. G. Geyer, Neukirchen 1967.
[2] K. Barth, Predigten 1913, hg. v. N. Barth und G. Sauter, Zürich 1976. – Predigten 1914, hg. v. K. und J. Fähler, Zürich 1974.
[3] K. Barth-E. Thurneysen, Briefwechsel Bd. 1, 1913–1921. hg. v. E. Thurneysen, Zürich 1973.
[4] K. Barth-M. Rade. Ein Briefwechsel, hg. v. Chr. Schwöbel, Gütersloh 1981.
[5] E. Busch, Karl Barths Lebenslauf. Nach seinen Briefen und autobiographischen Texten, München 1975.
[6] K. Barth, Der Römerbrief (Erste Fassung) 1919, hg. v. H. Schmidt, Zürich 1985.
[7] Vgl. K. Barth-E. Thurneysen, Briefwechsel Bd. 1 a.a.O. S. 19.
[8] Vgl. W. Gautschi, Der Landesstreik 1918, Zürich, Einsiedeln, Köln 1968, S. 204.
[9] Ebd.
[10] Vgl. E. Busch, Karl Barths Lebenslauf, a.a.O. S. 116.
[11] K. Barth-E. Thurneysen, Briefwechsel, Bd. 1 a.a.O. S. 80.
[12] Vgl. W. Gautschi, a.a.O. S. 69.
[13] E. Busch, a.a.O. 116.
[14] Ebd. S. 117.
[15] Vgl. W. Gautschi, a.a.O. S. 316.
[16] Vgl. P. Schmid-Amman, Die Wahrheit über den Generalstreik von 1918. Seine Ursachen. Sein Verlauf. Seine Folgen, Zürich 1968, S. 128.
[17] Vgl. W. Gautschi, a.a.O. S. 104a.
[18] Ebd. S. 372 f.
[19] K. Barth-E. Thurneysen, a.a.O. 123 f.
[20] Ebd. S. 124.

Karl Barth im Chr. Kaiser Verlag

Dietrich Bonhoeffer
Schweizer Korrespondenz 1941–42
Im Gespräch mit Karl Barth. (Theologische Existenz heute 214). Herausgegeben und kommentiert von Eberhard Bethge. 1982. 36 Seiten. Kt. DM 6,80.
ISBN 3-459-01465-2

Eberhard Busch
Karl Barth und die Pietisten
Die Pietismuskritik des jungen Karl Barth und ihre Erwiderung. (Beiträge zur evangelischen Theologie 82). 1978. 308 Seiten. Kt. DM 42,–.
ISBN 3-459-01165-3

Dieter Clausert
Theologischer Zeitbegriff und politisches Zeitbewußtsein in Karl Barths Dogmatik dargestellt am Beispiel der Prolegomena
(Beiträge zur evangelischen Theologie 90). 1982. 324 Seiten. Kt. DM 70,–.
ISBN 3-459-01415-6

Kjetil Hafstad
Wort und Geschichte
Das Geschichtsverständnis Karl Barths. (Beiträge zur evangelischen Theologie 98). 1985. 432 Seiten. Kt. DM 98,–.
ISBN 3-459-01617-5

Michael Weinrich
Der Katze die Schelle umhängen

Konflikte theologischer Zeitgenossenschaft: Anregungen aus der theologischen Biographie Karl Barths

Theologie wird auf der Erde und für das irdische Leben betrieben. Sie ist eine durch und durch *menschliche* Wissenschaft und hat Anteil an den Höhen und Tiefen, Stärken und Schwächen des menschlichen Denkens und Trachtens. Sie nimmt Anteil an der jeweiligen Gegenwart und richtet sich auf die konkrete geschichtliche Situation aus. Insofern steht die Theologie mitten in den Auseinandersetzungen und Konflikten des Lebens und unterliegt auch allen Gefährdungen und Versuchungen, denen der sein Leben gestaltende Mensch ausgesetzt ist. Sie sucht nicht erst einen Brückenschlag zwischen einer an sich zeitlosen Wahrheit und den Besonderheiten der jeweiligen historischen Situation, sondern sie befindet sich immer schon – ob eingestanden oder uneingestanden – in ›Zeitgenossenschaft‹. Man kann auf dieser Erde nur leben, indem man sich zu ihr verhält, so unterschiedlich da auch die Möglichkeiten sein mögen.

Es mag jetzt so klingen, als sei die Zeitgenossenschaft ein schicksalhaft hinzunehmendes Übel, mit dem man nur notgedrungen umzugehen habe, während es daneben noch einen reinen, gleichsam unberührbaren Ort zeitüberlegener Theologie gebe. Gegen dieses Mißverständnis bleibt herauszustellen, daß es sich vielmehr umgekehrt verhält: Theologie gibt es nur im Horizont der Herausforderungen der Zeit. Theologie bleibt »Theologie für die Zeit«[1]. Sie ist überhaupt nur bedeutungsvoll, weil das Evangelium unter den sich stets verändernden Zeitumständen angemessen bezeugt werden muß. Gott selbst ist »erschienen in der Zeit«[2] und sucht den Menschen dort auf, wo er lebt. Diese ›Zeitgenossenschaft‹ des Evangeliums hält auch die Theologie durch die Zeiten hindurch in Bewegung. Zeitgenossenschaft gehört im ganz und gar bejahenden Sinne zu den *Voraussetzungen* der Theologie, was ja nicht ausschließt, daß es sich da um eine sehr *kritische* Begleitung der jeweiligen Zeit handelt; im Gegenteil: Erst in der Kritik erhält die Zeitgenossenschaft ihre besondere Kontur.

Das Problem kann also nicht die Zulassung der Zeitgenossenschaft sein,

sondern ihre kritische Bestimmung. Eine ihre Zeitgenossenschaft ernst nehmende Theologie ist gerade nicht einfach die *zeitgemäße* Theologie, die sich am Maß des jeweiligen Zeitgeistes ausrichtet, um nun noch einmal das zu sagen, was ohnehin im Geist der Zeit liegt. Vielmehr fällt gerade dem Zeitgenossen die Rolle des ›Unzeitgemäßen‹ (Nietzsche) zu, mit der er sich nicht außerhalb seiner Zeit begibt, sondern sich zutiefst in die Zeit hineinstellt. Gerade in der Unzeitgemäßheit kann sich die besondere Verbindung des Zeitgenossen mit seiner Zeit zeigen.
Für die theologische Zeitgenossenschaft ergeben sich nun die Fragen: Wo liegen die Grenzen *nicht* der Zeitgenossenschaft, sondern der Einwilligung in die jeweiligen Umstände und Tendenzen der aktuellen Geschichte? Welche Koalitionen darf die Theologie eingehen, wenn es denn stimmt, daß sie faktisch niemals ganz ohne Koalition mit realen historischen Strömungen oder Bewegungen existiert? Mit welchem Unterscheidungsvermögen bewegt sich die Theologie zwischen all den Dienstbarkeiten, mit denen die Zeit ihre Zeitgenossen zu belegen trachtet? Diese Fragen weisen auf Probleme, die im Blick auf die Zeitgenossenschaft der Theologie jeweils zu bedenken sind.
Die Theologie kann keinen überlegenen Standpunkt beanspruchen, von dem aus ihren Urteilen ein besonderes Gewicht zugemessen werden könnte. Vielmehr wurzeln die aufgeworfenen Fragen gerade in der Erkenntnis, daß die Theologie als Angelegenheit des Menschen *prinzipiell* korrumpierbar bleibt, ganz gleich, ob und wie sie in ihre Zeitgenossenschaft einwilligt oder nicht. Deshalb ist es notwendig, sich die zahlreichen Koalitionsmöglichkeiten und Versuchungen für die Theologie vor Augen zu führen, um sie erst einmal unterscheidbar und dann auch kritisierbar zu machen. Absolute Lösungen stehen hier nicht zu erwarten, ist doch das Problem selbst ein prinzipiell relatives, so wie auch die Theologie eine relative Angelegenheit bleibt.
Wenn nun im Zusammenhang mit der Frage nach einer kritischen theologischen Zeitgenossenschaft Karl Barth thematisiert wird, so tragen wir keine fremde Frage an ihn heran. Eher ist es umgekehrt, daß uns Karl Barth auf diese Frage gestoßen hat, so daß sich gerade an seiner Theologie aufzeigen läßt, wie weitreichend und im Grunde unabschließbar diese Frage als eine theologische Frage bedacht werden muß. Immer wieder hat er uns mit seiner Wendung »Bibel und Zeitung«[3] auf den engen Zusammenhang von Theologie und Zeitgenossenschaft aufmerksam gemacht. Daher bietet Barth keine Patentlösung an, vielmehr dokumentiert seine Theologie, daß die Konflikte theologischer Zeitgenossenschaft immer wieder neu und anders aufbrechen. Es gibt keinen General-

schlüssel, der für alle Eventualitäten paßt. Wohl aber gibt es Koalitionen, deren Wege bereits in Sackgassen führten, so daß wir uns vor ihnen gewarnt sein lassen sollten. Ebenso zeigt Barth, daß man sich in der Suche nach einer angemessenen theologischen Zeitgenossenschaft auf einen Weg begeben muß, der nicht schnell und direkt auf einen gesicherten Standpunkt zielt, sondern den Theologen zunächst einmal in Bewegung hält. Immer neu muß danach gefragt werden, was »*heute, jetzt, hier* erkannt und ausgesprochen sein will«, wie »*heute* zu den Menschen von *heute* geredet werden soll«, was »*jetzt, jetzt* auf allen Kanzeln gesagt werden sollte«[4]. Theologie und Kirche reflektieren nicht auf ihre »Ewigkeitsgenossenschaft«, sondern bedenken ihre »Zeitgenossenschaft«[5].
Die Frage nach einer bedachten Zeitgemäßheit der Theologie muß unsere Aufmerksamkeit auf den besonderen Gegenstand der Theologie lenken. Beide Fragen sind eng miteinander verwoben, ohne daß sich vorab eine eindeutige Rangordnung angeben ließe, zumal der Gegenstand der Theologie nicht zeitlos ist. Traditionell wurden die beiden Fragen entweder auf die beiden Disziplinen Dogmatik und Ethik verteilt oder in Gestalt einer natürlichen Theologie derartig miteinander vermischt, daß man Gott unmittelbar in den zeitgeschichtlichen Ereignissen am Werk glaubte. Barth problematisiert sowohl die abstandslose Vermischung von Gotteserkenntnis und menschlicher Geschichte als auch die abstandnehmende Trennung von Dogmatik und Ethik. Hier sind schon die Alternativen (Vernunft – Offenbarung, Offenbarung – Geschichte, Dogmatik – Ethik, Indikativ – Imperativ, Zuspruch – Anspruch, Glauben – Handeln, Theorie – Praxis) falsch, die in unseren Fragen stecken und mit denen wir dann möglichst schnell klare Rangordnungen von wichtigen und unwichtigen, von unerläßlichen und weniger bedeutungsvollen Fragen festschreiben wollen. Jedenfalls läßt sich Barth mit solchen Zuordnungen nicht erfassen.
Ich möchte nun an vier Stationen des Weges der Barth'schen Theologie aufzeigen, in welcher Weise sich für Barth die Frage nach der konkreten Zeitgenossenschaft immer wieder neu gestellt hat und wie vielschichtig der theologische Umgang mit diesem Problem ist. Dazu soll Barth als *Kontroverstheologe* zur Sprache kommen, nicht im traditionellen Sinne – d. h. in der Auseinandersetzung zwischen protestantischer und römisch-katholischer Theologie –, sondern im Sinne der zeitgeschichtlichen Streitbarkeit seiner Theologie. Zwar wäre es ein fundamentaler Fehler, Barth nun vor allem als einen Kontroverstheologen zu stilisieren, aber es gibt eine deutliche, seine dogmatische Arbeit gleichsam flankierende Linie, in der die sonst impliziten Auseinandersetzungen explizit geführt

werden. In diesen Auseinandersetzungen tritt besonders hervor, wie sehr und wie selbstverständlich Barth ein ›Kontexttheologe‹ gewesen ist, der stets aufmerksam die historischen und gesellschaftlichen Bewegungen und Entwicklungen in seiner Theologie berücksichtigt. Der Konfliktbereich in dieser konkreten Kontextualität seiner Theologie, in dem sich immer wieder neu die Frage nach der Grenze der Solidarität mit dem jeweiligen Zeitgeist für die Theologie stellt, soll hier besonders betrachtet werden. Dabei beziehe ich mich jeweils auf literarisch belegte Auseinandersetzungen, um von den jeweiligen Quellen aus auch den Situationsbezug in die Überlegungen einzubeziehen. In diesem Sinne sollen die Anregungen aus der theologischen Biographie Karl Barths für unsere ›theologische Existenz *heute*‹ bedacht werden.

Diese Studie ist nicht die erste, die Barths Zeitgenossenschaft untersucht. Es gibt sehr unterschiedliche Zugangsweisen zu dieser Fragestellung. Bei den bereits vorliegenden Untersuchungen liegt der Akzent meist darauf, den engen Zusammenhang vor allem zwischen Theologie und Politik nachzuweisen. Dieser Nachweis wurde dadurch herausgefordert, daß unter anderem von Fr. Gogarten, K. Scholder und W.-D. Marsch ein solcher Zusammenhang bei Barth bestritten wurde[6]. Dagegen wird das politische Gefälle von Barths Theologie herausgestellt, so daß seine politischen Stellungnahmen in der *Konsequenz* seiner Theologie zur Darstellung kommen[7]. Die vorliegende Studie betritt einen anderen Weg, ohne damit die Berechtigung anderer Zugangsweisen bestreiten zu wollen[8]. Sie sucht zunächst die konkreten Konflikte auf, in die Barth durch die Zeitumstände geraten ist, um dann über seine Stellungnahmen die stringente *theologische Verarbeitung* seiner konkreten Zeitgenossenschaft anzuzeigen[9]. Die Begrenztheit dieses Zugangs liegt ebenso auf der Hand wie seine systematische Berechtigung, zumal es mir nicht um eine Rehabilitierung irgendeiner Form der natürlichen Theologie geht.

Die aufgeführten Konflikte, in die sich der ›zeitgenössische‹ Theologe Barth gestellt fand, haben jeweils eine historisch vergangene Seite, gewinnen aber schnell – wenn man sie mit vergleichbaren Ereignissen zusammensieht – eine grundsätzliche Bedeutung. Die Themen, die in den vier Abschnitten dieses Beitrags angesprochen werden, lassen sich mit den Stichworten *Geschichtsverständnis* (I.), *Bedeutung der menschlichen Praxis* (II.), *Wissenschaftsbegriff der Theologie* (III.) und *Kirche und Staat* (IV.) andeuten. Barth wendet sich jeweils gegen die Vereinnahmung der Theologie für Interessen, die nicht dem Wesen ihrer besonderen ›Sache‹ folgen, um Theologie und Kirche freizuhalten für ihr Zeugnis, das sie in kritischer Zeitgenossenschaft zu den jeweiligen

Problemen sagen sollen. Barth hängt insofern in den je verschiedenen Situationen der Katze die Schelle um, als er auf eingeschlichene oder sich einschleichende Gefahren aufmerksam macht, die Theologie und Kirche zugunsten von irgendwelchen vordergründigen Opportunitäten um ihre freie ›theologische Existenz‹ bringen können. Dabei sind es keine Gefahren, die die Kirche von außen bedrohen, vielmehr ist die ›Katze‹ bereits in die Kirche eingedrungen, und es ist die Kirche selbst, die im Zuge ihrer immer neuen Selbstbestimmungsversuche das je sanft erscheinende ›Raubtier‹ beherbergt und unbehelligt großzieht. Um nicht zusehen zu müssen, daß die im Blick auf das eigene ›Vermögen‹ tatsächlich eher ›arme Kirchenmaus‹ – in der Gestalt von Theologie und Kirche – schließlich der von ihr genährten ›Katze‹ zum Opfer fällt, schien es Barth geboten, ihr in den je verschiedenen Situationen eine möglichst deutlich zu vernehmende Schelle umzuhängen.

I Hominum confusione et Dei providentia

a) »Aber warum lassen Sie bei dieser ganzen weltlichen, sündigen Notwendigkeit Gott nicht aus dem Spiele?«[10] Das ist die entscheidende Frage, mit der sich Barth dem Gleichschritt der deutschen Kriegstheologie, der ›frommen Kriegsfertigkeit‹ zu Beginn des Ersten Weltkrieges entgegenstellt. Jenseits aller historischen und politischen Einschätzungen wird es Barth »schrecklich... zu Mute, wenn die Theologen kommen und das Alles nun religiös verklären wollen mit ihrer furchtbar gewandten Dialektik. *Da* regt sich aller Widerspruch in mir,...« (127 f.) »Vaterlandsliebe, Kriegslust und christlicher Glaube« sind »in ein hoffnungsloses Durcheinander geraten« (96). Und in diesem Durcheinander stellt Barth in seinem Briefwechsel mit Martin Rade die im Grunde schlichte Frage, ob Gott nach den Bedürfnissen von Zeit, Situation und vor allem der Nation pariert.

Mit seiner Frage faßt er nicht den – sicherlich auch bestehenden – politischen Gegensatz ins Auge; der wäre auf einer gemeinsamen Ebene politischer Meinungsbildung auszudiskutieren. Daß es Barth um anderes ging, zeigt seine Bemerkung: »Ich habe nun nur die *eine* Angst,... daß Sie diesen Gegensatz wieder auf einen politischen, schweizerisch-reichsdeutschen reduzieren.« (98; vgl. 95). Und in der Tat suchte man immer wieder außertheologische Unterscheidungen und Trennungslinien, um auf diese Weise den theologischen Anfragen Barths auszuweichen. Wenn Barth hier auf dem Unterschied zur politischen Ebene besteht, so liegt darin keine Abwertung der politischen Fragen; ihm geht es zunächst darum, die Politik aus ihren religiösen Verklärungen herauszuholen. *Rade* verschiebt nun die Differenz in die politische Psychologie hinein:

»Nicht, daß Sie Schweizer sind, erschwert Ihnen das Verständnis. Aber, daß Sie neutral sind, daß Sie mit Ihrem Volk und Staat an diesem Kriege keinen Anteil haben. ... Eines entgeht Ihnen: das *Erlebnis*. ... Eins habe ich doch voraus vor Ihnen: die Erfahrung, wie dieser Krieg über die *Seele meines Volkes* kam. ... Wie das Bewußtsein alle bewegt: wir wollen keinen Krieg, aber wenn es sein muß, wollen wir ihn auf uns nehmen. ... Das einhellige Laufen zu den Waffen. Die ruhige, klare, von keinem moralischen Mißton getrübte Mobilisierung. Die Ordnung, die Alkoholfreiheit, die Sicherheit des Betriebes und der Leitung. (Freuen sich die Engel im Himmel denn nicht über alles, was *gut* ist in der Welt?) ... Und Sie verlangen, wir sollten bei dem Erleben dieses Krieges Gott außerm Spiele lassen. Das ist unmöglich. Für eine so überwältigende Sache gibt es nur Einen möglichen Grund und Urheber: *Gott*. ... Wer wagt da Vorschriften zu machen und nur zu kritisieren, wenn eine Volksseele erzittert, weil sie Gottes Walten spürt! ... Aber dafür, daß der Krieg bloß Menschenwerk sein soll, während Gott der Herr eigentlich etwas ganz anderes möchte: eine solche Gottesvorstellung mache ich nicht mit. Übernimmt also mein Gott die Verantwortung für das Kriegsgeschick, so ist es dann *auch* fromm, aus dem Kriege herauszuholen an Gutem, was man nur kann. ... Daß Sie nun diesen Krieg nicht so miterleben wie wir Reichsdeutschen, dafür können Sie nichts. Es ist ganz recht, daß Sie ihn *auf Ihre Weise* erleben. ... Die Neutralen müssen eben diesen Krieg anders verarbeiten wie wir. Und mit unseren verschiedenen Erfahrungen sollen wir uns dann dienen. Wir leiden alle stellvertretend. Sie für uns, wir für Sie. Und die ratio vicaria [stellvertretende Einsicht] ist und bleibt doch schließlich Kern und Stern der christlichen Ethik. So meine ich, daß wir uns auf gemeinsamem Boden immer wieder zusammenfinden werden.« (109–112)

Die Argumentation zielt auf den Vorrang des Erlebens, und es scheint die *Tiefe* des jeweiligen Erlebens zu sein, die über die Beteiligung Gottes an der erlebten Geschichte entscheidet. Je tiefer man von einem Ereignis bewegt wird, um so unausweichlicher der Hinweis auf das Handeln Gottes. Überall dort, wo ›man‹ oder gar die ›Volksseele‹ besonders bewegt wird, ereignet sich mehr als menschliche Geschichte, und zwar nicht gegen den Augenschein, sondern augenscheinlich. Die Unterscheidungskompetenz darüber, was Wirken Gottes ist und was nicht, bleibt dem Empfindungsvermögen des Menschen überlassen. Und es muß unterschieden werden, denn damit, daß er überall am Werke ist, wird offensichtlich nicht gerechnet; sonst würde das religiöse Erlebnis um seinen *besonderen* Wert gebracht. Und so wird Gott mit einem Teil des

Erlebens verbunden und mit einem anderen Teil des Erlebens eben nicht. Das mag plausibel sein, solange man vom Erleben ausgeht, das stets nur partikular und ausschnitthaft ist; weniger plausibel ist es allerdings der theologischen Wahrheit nach, Gott auf die Partikularität unseres Erlebens zu verpflichten.

Doch was kann man überhaupt von Gott Gewisses sagen? Daß Rade kriterienlos argumentiert, zeigt sich an seiner Bereitschaft, um des Erlebnisses willen den Deus absconditus (den verborgenen Gott) einzuführen: »Ich könnte den Deus absconditus nicht vertragen, wenn ich den Deus revelatus, wenn ich Jesus nicht hätte. Aber wenn nun in der Erschütterung eines solchen Kriegserlebnisses, das ein ganzes Volk auf die Knie wirft, Gott noch andere Züge trägt als Jesus, wenn er über uns kommt als die reine Macht, von der wir zunächst nichts spüren als unsere absolute Abhängigkeit – weshalb wollen Sie diese Frömmigkeit schelten?« (111) Vor dem ›*reflektierenden* Wesen‹, »das sich unter uns Theologen so breit macht« (108), erfaßt Rade Abscheu, und er glaubt ihm mit Hilfe von Stimmungen entkommen zu können.

Lassen wir dabei einmal Volksseele und Weltkrieg weg, so treffen wir hier auf ein Verständnis von Theologie, das gerade in jüngster Zeit wieder modern zu werden scheint, zumal sich das Erlebnis in seiner ›Authentizität‹ als besonders emanzipiert zu präsentieren versteht. Der Vorrang des Erlebnisses ist die Absicherung des Vorrangs der menschlichen Subjektivität, von der man im Grunde alles erwartet, was substantiell von Gott zu sagen ist. Gott taucht in den unterschiedlichsten Arrangements auf und wird durch die ›Betroffenheit‹ der ihn zur Sprache bringenden Menschen ausgewiesen. Die Konzentration auf die Erfahrung stellt aber keine Erweiterung dar, sondern bedeutet nur, daß uns der Glaube bei uns selbst bleiben läßt. In diesem Sinne stellt Erfahrungsorientierung eher eine Engführung dar, zumal sie ja meist mit einem geballten Ressentiment gegenüber der dogmatischen Tradition und dem theologischen Denken vorgetragen wird. Und im Grunde ist es immer eine Art Deus absconditus, der so flexibel ist, wie ihn unsere Erlebnisse benötigen.

Barth sieht treffend, daß die Vorordnung des Erlebnisses im Grunde einen Diskussionsabbruch bedeutet (vgl. 117 f.). Auch darin ist sie eine Einengung, denn die Betonung der persönlichen Erfahrung eröffnet das Gespräch gerade nicht, sondern macht es praktisch bedeutungslos. Es funktioniert nur noch auf der Ebene der Gemeinsamkeit von Erfahrungen. Wer jedoch der Überzeugungskraft bestimmter Erlebnisse gegenüber verschlossen ist, bleibt als bloßer ›Theoretiker‹ ausgeschlossen und gilt als einer, der nur »Studierstubensprüche tut«, während man für sich selbst in Anspruch nimmt, in der Wirklichkeit zu stehen (vgl. 121). Indem Barth die Evidenz des Erlebens theologisch nicht gelten läßt, bringt er ans Licht, daß auf diese Weise eine gemeinsame Ebene nicht gefunden wird. Barth sieht in Rades Argumentation Tor und Tür für alle Partikularisierungen geöffnet, die sich auf nichts anderes, als auf die Tiefe des jeweiligen Erlebens zu berufen brauchen. Und daher wird der mit der Einschätzung des Krieges aufgebrochene Gegensatz von Barth als ein unversöhnlicher, grundsätzlicher Gegensatz empfunden. »Das Wasser ist gar zu tief.« (120) Indem er die theologische Frage nach dem »klaren Inhalt des Wortes ›Gott‹« (127) aufwirft, verdeutlicht er, daß es keine die beiden Standpunkte relativierende Ebene mehr gibt. Es ist »der ganz ernste religiöse Gegensatz« (97), den Barth ausspricht, der nicht mehr auf einer gemeinsamen Ebene zusammenprallt. Vielmehr – und darin besteht die empfundene Unversöhnlichkeit – folgen die gegensätzlichen Standpunkte jeweils einem ›anderen Geist‹, wie Barth es in Anspielung auf Luthers Wort zu Zwingli ausdrückt.

»Aber nicht Gott in der Weise in die Sache hineinziehen, als ob die Deutschen mit samt ihren großen Kanonen sich jetzt als seine Mandatare fühlen dürften, als ob sie in diesem Augenblick mit gutem Gewissen schießen und brennen dürften. *Das* nicht! Und gerade das, das gute Gewissen predigen Sie jetzt, jetzt wo das schlechte Gewissen das christlich allein Mögliche wäre gegenüber der nun einmal vorhandenen weltlichen, sündigen Notwendigkeit. Wie soll es mit den Menschen vorwärts gehen, wenn man ihnen jetzt – in diesem furchtbaren Ausbruch menschlicher Schuld – für ihr Tun noch den Trost des guten Gewissens spendet?... *Wir* sagen: Hominum confusione et Dei providentia mundus regitur, wehren uns gegen die confusio, so lange es geht, fügen uns ihr in bitterer Beschämung, wenn es nicht mehr geht, und glauben dann, daß Gottes providentia trotz uns zustande bringt, was er haben will. *Sie* gehen religiös von dem neuesten Testament aus, daß der Christ heute unter ganz anderen Bedingungen lebe als zur Zeit der Apostel, folgern daraus, ohne Zaudern die Pflicht, sich als Deutsche mit Ehren zu behaupten, und gehen dann ohne weitere Umstände dazu über, ›ein festes Herz‹ zu bekommen.« (97)

Barth sieht in der *Vermischung* von Gott und menschlicher Geschichte das ›hoffnungslose Durcheinander‹, das nur noch relative Unterscheidungen, aber keine prinzipiellen Unterschiede mehr kennt. Er setzt dagegen die fundamentale Unterscheidung zwischen dem Menschen als einem begrenzten und unzuverlässigen Wesen und der überlegenen Treue Gottes, die sich nicht von der confusio des Menschen von ihrem Ziel abbringen läßt. Barth will damit ausschließen, daß wir von unserer menschlichen Geschichte auf Gottes Geschichte mit dem Menschen schließen. Denn durch einen solchen Rückschluß wird das Wesen Gottes angegriffen. Es müßten notwendigerweise Abstriche von seiner Überlegenheit über die menschlichen Irrtümer gemacht werden, da nun auch die Geschichte der menschlichen Entfremdung zu einem Bestimmungsmoment seines Wesens erhoben würde. Gott wird durch den Menschen an das gebunden, was ohnehin und zwar unter menschlicher Regie stattfindet. Damit ist die Souveränität Gottes derartig eingeschränkt, daß man im Grunde von einer Entmachtung Gottes sprechen muß. Es gibt kein Gegenüber mehr zum Menschen und seiner Geschichte, an dem sie ihre Grenzen finden. Der Mensch macht sich seinen Richter zum Kollaborateur mit mehr oder weniger hochrangiger Etikette. Damit verliert zugleich die Theologie ihr kritisches ›Prinzip‹, das sie in Bewegung hält; sie wird nicht mehr von den realen Widersprüchen zwischen menschlicher Geschichte und Gottes Souveränität in Atem gehalten; sie vernimmt nicht mehr die auch gegen sie ergehenden Einsprüche Gottes und verstrickt sich kriterienlos in die confusio menschlicher Geschichtsgestaltung.

Es ist die mit dem Erlebnis signalisierte Unmittelbarkeit Gottes, die Barth angesichts des Ausbruchs des Weltkrieges nicht nur fraglich, sondern anstößig geworden ist. Mit der Kritik an diesem nationalen Geschichtsgott, der den Menschen – genau genommen, jeweils nur einem Teil der Menschen – ein gutes Gewissen bei ihrem verheerenden Treiben gibt, fragt Barth nach den Grenzen der Solidarität mit der Geschichte für die Theologie. Diese Frage richtet sich weder auf einen abstrakten Geschichts*begriff* noch auf eine bestimmte Vorstellung von Theologie als Wissenschaft, sondern zur Debatte steht das kritische Verhältnis der jeweiligen historischen *Realität* zu der *Realität* Gottes. In diesem Sinne stehen hier zwei Wirklichkeiten gegeneinander, von denen für die Theologie nur eine die übergeordnete und die andere die untergeordnete sein kann.

Die Frage würde nicht ernst genommen, wenn man sie als eine rhetorische Frage hören würde. Die Schwierigkeiten der Zeitgenossenschaft der Theologie lassen sich nicht mit einer glatten Lösung aus der Welt schaffen. Wenn Barth in seinem Brief an Rade den Theologen das Schweigen als eine Form des Protestes empfiehlt, so ist das mehr als eine Geste höflicher Bescheidenheit. Mit dem Hinweis auf das Schweigen wird die Ernsthaftigkeit der Frage unterstrichen. Dem sich willfährig in der menschlichen Geschichte ergehenden Gott stellt Barth nicht einfach einen die Geschichte in Pflicht nehmenden Gott gegenüber. Außer der

Gewißheit, daß, wenn es ernsthaft um Gott gehen soll, er nicht in den positionellen und notwendig partikularen Interessen der geschichtsmächtigen Menschen aufgefunden werden kann, bleibt gegenüber allen Selbstverständlichkeiten Gottes zunächst nur die *Frage* nach Gott stehen. Nun »ist uns Gott ein *Fremder* geworden. Das ist unser Zustand.«[11]

Damit ist aber der für Barth entscheidende Bruch vollzogen. Es wird ein Gegensatz aufgetan zwischen dem, was der Mensch von sich aus über Gott wissen kann, und dem, was der Mensch allein von Gott aus über ihn und sich wissen kann. Die Aufmerksamkeit der Theologen wird weggelenkt von *Gottes Diensten* an der menschlichen Geschichte und hingelenkt auf den *Gottesdienst* des Menschen im Horizont der Geschichte Gottes mit dem Menschen. Damit sind die prinzipiellen Schwierigkeiten des Zeit- und Weltverhältnisses der Theologie zunächst nur lokalisiert. ›Prinzipiell‹ heißt, daß sie nicht aus der Welt zu schaffen sind, sondern je und je erörtert werden wollen. Insofern liegt hier der theologische Akzent darauf, die Wahrnehmung dieser Schwierigkeit für die Theologie zurückzugewinnen. In dieser Problematik sind bereits alle Vorbehalte enthalten, die Barth in seinem Leben dann immer wieder in den jeweiligen Konfliktsituationen konkret angemeldet hat. Sie lassen sich insgesamt als Variationen und Konkretionen seines hier ausgesprochenen generellen Widerspruchs gegen jede Form der Geschichtstheologie als der modernen Form der natürlichen Theologie verstehen.

b) Zur Veranschaulichung der Grundsätzlichkeit dieses Bruches soll nun stichwortartig auch Material aus späteren Konflikten herangezogen werden, wobei ich bei den Beispielen jeweils nur einige Linien skizzieren will: In durchaus vergleichbarer Massivität wie beim Ausbruch des Ersten Weltkriegs wird die Machtübernahme der *Nationalsozialisten* von der Kirche weithin als Heils- und Offenbarungsereignis interpretiert. Barth betrachtet dies Ereignis nicht isoliert, sondern stellt es in den Zusammenhang einer Reihe anderer Weltanschauungstheologien:

»Hatte man früher den bürgerlichen Moralismus der Aufklärung, dann die idealistische Philosophie oder die Weltanschauung Goethes, hatte man später den monarchischen Nationalismus der Bismarckzeit und noch später doch auch den marxistischen Sozialismus in eine derartige ›positive‹ Beziehung zum Christentum gebracht, warum sollte dasselbe nun nicht auch mit dem hitlerischen System, von dem die Nation ihre Errettung erhoffen zu dürfen glaubte, versucht werden?«[12]

Wieder wird eine besondere geschichtliche Stunde als Gottesbegegnung und Ruf zur Entscheidung proklamiert. Auch die Parteinahme für diesen geschichtlichen Aufbruch wird zu einem göttlichen Gebot erklärt, und Verweigerung gilt als Ungehorsam gegen Gott. Dieser von Emanuel Hirsch besonders profiliert vorgetragenen Position der Deutschen Christen tritt Barth mit dem Vorwurf der Schwärmerei entgegen. Es handelt sich um eine Geschichtstheologie, die sich als »Themapredigt *ohne* Text« darstellt. Ihr fehlt »jede ›Sicherung und Bürgschaft‹« durch das biblische Zeugnis und ist daher »freie Spekulation oder Grübelei«.[13] Wenn Barth hier wiederum scharfen Protest einlegt, so hat sich insofern der Akzent verschoben, als er nicht allein die Theologie und ihre ideologische Kollaboration angreift, sondern nun die *Kirche* und ihre reale Koalition mit dem Nationalsozialismus kritisiert. Daraus ergibt sich zwar kein anderer Begründungszusammenhang für seine Argumentation, wohl aber eine für das Werk Barths charakteristisch bleibende Präzisierung des Ortes und zugleich des Adressaten der Theologie: Theologie ist und bleibt *kirchliche* Theologie, und als solche bedenkt sie auch die Probleme der jeweiligen Zeitgenossenschaft der Kirche (vgl. dazu in diesem Beitrag Kap. III).

Barth bestreitet der Kirche die Freiheit, »unsere Tage zu deuten, wie es uns gefällt, um dann dem Geschöpf unserer Deutung zuversichtlich seinen heiligen Namen beizulegen. ... Kirche ist da und nur da, wo Gott so und dort gesucht wird, wie und wo er gesucht sein will, das heißt aber in der Bindung an seine Zeugnisse, in der Erinnerung, Erforschung, Auslegung und Anwendung jener Botschaft des Alten und Neuen Testamentes, die die Kirche ganz allein begründet hat und sie auch ganz allein erhalten kann und je und je ganz allein erneuern will und wird.«[14] Damit ist der Text angegeben, dem die Kirche ihre Themen entnimmt, auch wenn sie sich zu der Geschichte äußert, in der sie steht und an der sie Anteil hat. Die Gefahr, daß die Kirche völlig beteiligungslos an der Geschichte vorbeigehen könnte, sieht Barth als bloß rhetorische Frage an:

»Es ist gesorgt dafür und es wird immer dafür gesorgt sein, daß auch dieses Suchen Gottes immer ein menschlich-allzumenschliches sein, daß es ganz und gar im Raum der Welt und unter den Eindrücken von allerlei geschichtlichen Stunden vor sich gehen und deren Art an sich tragen wird. Es kann und soll darum doch dieses ganz bestimmte, die Kirche als Kirche konstituierende und auszeichnende, dieses an die Schrift gebundene Suchen sein und bleiben. Es darf darum doch nicht zu einem eigenmächtigen Suchen in jenem Raum und in diesen Stunden werden. Die Kirche müßte nicht nur sich selbst aufgeben, sondern ihren

Auftrag und Dienst verleugnen, ja ihren Herrn verraten, wenn sie dazu übergehen wollte, ein solches eigenmächtig Gesuchtes und Gefundenes als den ›Gott‹ auszugeben, zu dem sie aufzurufen, dessen Güte und Strenge sie zu verkünden, dessen Namen sie zu lieben und zu loben habe.«[15]

Doch Barth wendet sich nicht allein gegen die Verbeugungen der Kirche vor den national gefeierten Aufbruchsstunden der Geschichte, sondern gegen alle irdisch-geschichtlichen Bewegungen, die vom Menschen als besondere Geschichtsmächte ausgewiesen werden. Die Kritik folgt nicht einer politischen Einstellung, sondern entspringt einem theologischen Denkzusammenhang. Deutlich wird das unter anderem daran, daß Barth später immer wieder seine konsequente Ablehnung aller geschichtsphilosophischen Begründungen für die Theologie am Beispiel seiner Kritik am Religiösen Sozialismus erläutert hat. Der Religiöse Sozialismus – auf den wir im folgenden Kapitel in anderem Zusammenhang noch eingehender zu sprechen kommen wollen – ist insofern als Beispiel weniger mißverständlich, als Barth als Mitglied der sozialdemokratischen Partei nun nicht mit dem Vorwurf politischer Befangenheit zu rechnen brauchte, so daß die Aufmerksamkeit nicht so leicht von der theologischen Problematik abgelenkt werden konnte.
In einem Brief vom 10. Juli 1963 an seinen ihm politisch nahestehenden tschechoslowakischen Freund J. Hromádtka wehrt sich Barth grundsätzlich dagegen, die geschichtliche Lage theologisch zu deuten. Barth faßt seine Bedenken zusammen:

»daß ich nun einmal, seit ich hier in der Schweiz meine Erfahrungen mit dem ›Religiösen Sozialismus‹ von Kutter und Ragaz machte, seit ich dann 1921 nach Deutschland kam und dort die Jahre 1933 f. miterlebte, höchst allergisch reagiere gegen alle Identifikationen, aber auch gegen alle solche Parallelisierungen und Analogisierungen des theologischen und des sozial-politischen Denkens, in welchen die Superiorität des analogans (des Evangeliums) gegenüber dem analogatum (den politischen Einsichten und Ansichten der betreffenden Theologen) nicht eindeutig, sauber und unumkehrbar festgehalten und sichtbar bleibt. Wo deren Verhältnis umkehrbar wird, da rede ich – ... – von einer die Theologie und christliche Verkündigung beeinträchtigenden ›Geschichtsphilosophie‹. ... Mein Punkt ihnen ... gegenüber ist das Bedenken dagegen, daß da die geschichtliche Lage überhaupt (...) *gedeutet* wird, wo es darauf ankäme, *in* der geschichtlichen Lage (im Blick auf deren jeweils tatsächliche Gestalt, nicht von ihrer ›Analyse‹ her) das christliche *Zeugnis* von dem Reich laut werden zu lassen, das, indem es weder von der östlichen noch von der westlichen Welt herkommt, in beiden laut und gehört werden will.«[16]

Die politische Analyse steht hier nicht zur Debatte, und man würde Barth mißverstehen, wollte man aus dieser Zurückhaltung in der Parteinahme nun wieder nur eine politische Stellungnahme heraushören. Es geht nicht um ein Bekenntnis zur Blockfreiheit – auch wenn er dieser politischen Linie zuneigte –, sondern um das unvermischbare Gegenüber der Realität des Reiches Gottes zu der Realität unserer irdischen Reiche. Wenn Barth hier in betonter Unterscheidung zu unseren politischen Interpretationen auf die »tatsächliche Gestalt« zielt, soll damit die Relativität aller unserer Einschätzungen angezeigt werden, nicht um uns damit überhaupt Einschätzungen abzusprechen, wohl aber um uns auf die ideologischen Anteile unserer Interpretationen aufmerksam zu machen. Es bleibt Nüchternheit und Bescheidenheit angesagt, da unsere Deutungen den tatsächlichen Ereignissen niemals völlig entsprechen. Es ist im Grunde die gleiche Zurückhaltung, wie sie Barth auch in die Richtung der Theologie und ihrer Rede von der Wirklichkeit Gottes und seines Reiches gefordert hat. In beiden Richtungen bleibt der Vorrang der Wirklichkeit zu respektieren. Die gebotene Bescheidenheit soll nicht lähmen oder gar zum Schweigen verpflichten, sondern den Blick für die Wirklichkeit schärfen helfen, der gerade durch die meist streng fixierten Interpretationsraster bzw. weitgespannten Geschichtsperspektiven beengt und getrübt wird. Die theologisch zwingende Relativierung unserer Einsichten vom Reich Gottes befreit und schärft auch die Weltwahrnehmung.

c) In einem weiteren Gedankenkreis soll nun versucht werden, dem in den Konflikten verborgenen allgemeinen Problem ein wenig näher zu treten. Dabei rückt nun das bisher aufgezeigte historische Material etwas mehr in den Hintergrund zugunsten einer aktuellen systematischen Betrachtung. Barth will mit seinen Rückfragen und Widersprüchen jedem selbstlegitimatorischen Gebrauch Gottes für weltliche Partikularinteressen entgegentreten. So wie er es als unanständig und respektlos empfindet, wenn Gott in den Wirrnissen des vom Menschen vom Zaun gebrochenen Krieges unter nationalen Gesichtspunkten die Schlachtfelder segnen soll, so widersetzt er sich allen Platzanweisungen und Festlegungen, in denen der Mensch von sich aus zu wissen vorgibt, wo sich denn heute Gott erfahren lasse. Barth erteilt dem politischen Gott eine Absage, der auf der Bühne des vom Menschen zu verantwortenden politischen Geschehens auftritt, bzw. vom Menschen zur überirdischen Unterstützung seines irdisch-politischen Willens vorgeführt wird.[17] In dieser Perspektive werden die Schlachtfelder des Ersten Weltkrieges als

Boden für Gottesmitteilungen dann aber auch prinzipiell vergleichbar mit allen philosophischen, psychologischen, religiösen oder wissenschaftlichen, ja mit allen weltanschaulichen Festlegungen, mit denen die Theologie ihren besonderen Gottesbesitz auszuweisen sich bemüht. Mit dem Glauben läßt sich nicht arbeiten »wie mit einem... zur Disposition stehenden Kapital«[18]. Er läßt sich nicht einfach propagandistisch in Betrieb nehmen, ohne gleichzeitig das Evangelium zu verraten.[19]
Die haltlosen Verhältnisse dieser Wirklichkeit enthalten weder direkte noch indirekte Hinweise auf den Gott, der sich in Jesus Christus den Menschen vor Augen geführt hat, wie es im Alten und Neuen Testament bezeugt wird.[20] Zwischen dem biblischen Gott und der gegenwärtigen Wirklichkeit ist eine radikale gegenseitige Fremdheit getreten, die nicht mehr mit relativen Unterschieden zu beschreiben ist, sondern nur als grundsätzliche Infragestellung der einen Seite durch die andere erfaßt werden kann. Der Mensch, der mit Gott zu tun bekommt, bekommt es an erster Stelle mit seiner eigenen Entfremdung zu tun. Dabei bleibt hervorzuheben, daß Barth Entfremdung nicht individualistisch in den Blick nimmt, sondern die Entfremdung der gegenwärtigen Wirklichkeit meint, d. h. die gesellschaftliche Entfremdung, an der natürlich auch das Individuum teilhat. Eben das läuft dem in diese Wirklichkeit so aktiv verstrickten Menschen entgegen, zumal er von Gott vor allem Hilfestellung und Ermutigung erwartet. Doch Hilfestellung und Ermutigung müssen hindurch durch die Erkenntnis der Entfremdung, d. h. durch das Erkennen der tatsächlichen menschlichen Konfusion, die ihm nirgends deutlicher als in der Fremdheit *Gottes* und *seiner* providentia vor Augen geführt wird.
Da wird nun ganz deutlich, daß sich Barth mit der Problematisierung Gottes im Horizont unserer jeweiligen Geschichtsoptionen nicht aus der erfahrbaren Wirklichkeit dieser Welt auf einen höheren oder gar jenseitigen Standpunkt zurückzieht, vielmehr konfrontiert er mit seiner Frage nach Gott den Menschen mit einer ungeschminkten, d. h. konsequent ernüchterten Wahrnehmung der tatsächlichen Verhältnisse seines Lebens. Von hier aus wird der Widerspruch, den Barths Theologie nach wie vor auf breiter Front erfährt, verständlich. Dieser Widerspruch hat wohl weniger diese oder jene Aussage über Gott im Auge als vielmehr die in diesen Aussagen implizierte Kritik. Barths konsequente Zuspitzungen verunsichern den durch die Wirren der Verhältnisse ohnehin schon haltlos gewordenen Zeitgenossen und Theologen noch einmal mehr, denn ihnen wird damit auch noch jede Aussicht genommen auf einen gesicherten irdischen Boden, auf den man sich niederlassen kann.

Jede erwartete oder gar geforderte Koalition mit den gegebenen Verhältnissen könnte ja nichts anderes sein als eine Einverständniserklärung mit den Bedingungen der menschlichen Entfremdung, d. h. des Widerspruchs gegen Gott. Es bleibt allein die Aussicht auf die »Neue Welt in der Bibel«[21].

Damit ist das entscheidende Kriterium benannt, dem Barths Aufmerksamkeit in allen Angelegenheiten und Fragen der Kirche gilt. Die Bibel ist die einzige Quelle für unsere Rede von Gott und uns selbst. Sie ist der einzige verläßliche Hinweis auf Gottes Wirklichkeit, in deren Licht auch die Wirklichkeit des Menschen recht erkannt werden kann. Allein im »anspruchslosen Achten auf das Zeichen der Heiligen Schrift... wird der Theologe zum Theologen, in nichts sonst« (KD I/1, 300 f.). Von hier aus wird deutlich, daß es mehr als zufällig war, wenn die ersten großen theologischen Arbeiten Barths nicht die Schriftauslegung von einer geschichtlichen Position aus problematisieren, sondern Bibelauslegung unter lebendiger kirchlicher und politischer Zeitgenossenschaft vollziehen. Die biblische Konzentration bleibt für sein ganzes theologisches Werk kennzeichnend in dem Sinne, daß auch dogmatische Arbeit nichts anderes ist als biblische Theologie in einer je konkreten historischen Situation der Kirche. Von hier aus wollen alle Einwände gegen die Theologie und die Kirche bewertet werden. Die kritische Auseinandersetzung mit Barth müßte auf dieser Ebene geführt werden, auch um dem Eindruck entgegenzutreten, als habe Barth vor allem herumgenörgelt und der Theologie und der Kirche jeden Boden unter den Füßen unsicher machen wollen. Auf Barths Umgang mit der Bibel wird im Absatz III noch näher eingegangen.

Kehren wir zu Barths Widerspruch gegen jede geschichtsphilosophische Begründung der Theologie zurück. Zwei grundsätzliche Aspekte sollen noch gesondert angesprochen werden: 1. die Rückgewinnung der kritischen Kraft des dogmatischen Denkens und 2. die theologische Kritik des menschlichen Geschichtsoptimismus. Der erste Aspekt liegt mehr in der Konsequenz des theologischen Neins zu den großen Stunden nationalen Erwachens, die als Offenbarungen Gottes gefeiert wurden, während der zweite Aspekt mehr in die andere Richtung auf den Religiösen Sozialismus und Barths Rückfrage an Hromádtka weist.

1. Den ethischen Herausforderungen der Geschichte, wie etwa dem Ausbruch des Ersten Weltkriegs oder der Machtergreifung des Nationalsozialismus, ist keine ethische Replik gewachsen. Der ethische Einspruch bleibt in seiner Kritik relativ, er artikuliert sich auf der gleichen

Ebene wie die jeweilige Geschichtsbewegung, denn er würde ebenso wie diese – freilich mit entgegengesetzter Intention – an die menschliche Verantwortung appellieren. Da bewegt man sich auf dem Boden von politischen und historischen Bewertungen, von zwangsläufig subjektiven Einschätzungen der Vorgänge, und als Berufungsinstanz bleibt wenn nicht die Geschichte, so doch der geschichtliche Mensch und sein Begriff von sich selbst. Die Berufung auf Gott dient nur der eigenen Bestätigung bzw. Stärkung. Der Wille Gottes soll bei den vielen Möglichkeiten den einen Recht und den anderen Unrecht geben. Mit im Grunde notwendiger Selbstverständlichkeit findet sich dann Gott immer auf der eigenen Seite und bestreitet mit uns eben das, was *wir* uns zu bestreiten vorgenommen haben. Es wird gar nicht damit gerechnet, daß er auch uns in den Weg treten könnte, daß er uns auch nicht helfen möchte bei unserem Vorhaben, von dessen Güte wir so überzeugt sind. Der von der Ethik aus in den Blick genommene Gott wird beschränkt von den Alternativen unserer Geschichtsoptionen. Er muß sich an dem orientieren, was wir *können*. Sein Wille ist von vornherein *relativer* Wille, der sich immer schon auf die realen Verhältnisse eingelassen hat und nun hilft, aus ihnen das jeweils Beste zu machen. Der Mensch ist stets schon kompetent, zumal er sich letztlich für verantwortlich hält und nur um der eigenen Verantwortlichkeit willen den Willen Gottes konsultiert. In jeder Hinsicht bleibt der Mensch sowohl am Anfang als auch am Ende des Gedankens die entscheidende Instanz. Er bleibt – und darauf kommt es ihm an – bei aller Berufung auf den so geschichtsunmittelbar proklamierten Willen Gottes das sogenannte *ethische Subjekt,* das sich aus eigener Freiheit heraus am Willen Gottes orientiert, um mit dieser Rückversicherung dann die Geschichte in die eigenen Hände zu nehmen. Dieser zu ethischer Selbstsicherung verharmloste Gott wird schließlich zu einer weltanschaulichen Größe, die – wie beim Ersten Weltkrieg und auch im Nationalsozialismus – vor allem zur Unterstützung der jeweils angemeldeten *Macht*ansprüche des Menschen dient.

Dem zu wehren, rückt Barth konsequent die *Dogmatik* vor die Ethik. Denn allein die Dogmatik kann dem Machtanspruch des Menschen im Hinweis auf die Macht Gottes seine *prinzipiellen* Grenzen zeigen. Die Dogmatik macht die Anstößigkeit der Theologie aus, während sich die Ethik stets mit den Denk- und Handlungsspielräumen der jeweiligen historischen Situation vermitteln muß. Die Dogmatik ist nicht in erster Linie von den historischen Herausforderungen des Humanums bewegt, sondern sie folgt den Selbstmitteilungen Gottes, die nicht aus den jeweiligen geschichtlichen Stunden vernommen, sondern allein im biblisch bezeugten Wort Gottes gehört werden können. Die Vorordnung der Dogmatik unterstreicht vor allem die unantastbare Selbständigkeit Gottes, die dem ständig selbstmachenden Menschen fremd und anstößig in den meist ethisch geebneten Weg tritt. Sie trägt konsequent der Einsicht Rechnung, daß Gott allein durch sich selbst und nicht in irgendeiner irdisch-geschichtlichen Nützlichkeit erkannt werden kann. Nur wenn er für sich erkannt wird, zeigt er sich auch für uns; der umgekehrte Weg führt nicht zu ihm, sondern zu irgendwelchen religiösen Geschichtsphilosophien, in denen Gott als Mitarbeiter des Menschen agiert, auch wenn vom Menschen noch so oft beteuert sein mag, daß er sich als Mitarbeiter Gottes verstehen möchte.

In diesem *Mit* steckt die ganze Problematik. Sowohl instrumental im Sinne von ›durch uns‹ als auch additiv im Sinne von ›und auch unser Tun‹ bleibt das Mit eine Nivellierung des kritischen und unüberbrückbaren Unterschieds zwischen Gott und Mensch. Jeder Abstrich an der Unvergleichlichkeit von Gott und Mensch bedeutet einen Angriff auf die Gottheit Gottes. Der Mensch stellt seine Praxis und sein Vermögen in den prinzipiell unmöglichen Komparativ mit dem Handeln Gottes. Dies ist nicht nur eine Überschätzung seiner eigenen Möglichkeiten, sondern vor allem eine Unterschätzung von Gottes tatsächlicher Praxis für den Menschen.

Allein durch die Rückgewinnung der *dogmatischen* Aufgabe der Theologie können die von Barth ins Auge gefaßten Unterscheidungen getroffen werden. Nur auf diese Weise vermag die Theologie ihre spezifische kritische Bedeutung zur Geltung bringen, selbst wenn sich die von ihr ausgesprochene Kritik auch immer wieder gegen sie selbst wendet. Kritik und Widerspruch ergehen ja nicht aus grundsätzlicher Opposition, sondern wollen insofern für Theologie und Kirche eintreten, als sie diese an ihre ursprüngliche und wesenseigene Aufgabe erinnern.

2. Die theologische Kritik der Geschichtsphilosophie erfährt noch eine besondere Zuspitzung, wenn Barth den mit der Geschichte verknüpften Glauben an den menschlichen *Fortschritt* angreift. Auf dieser Linie kommt der Religiöse Sozialismus in den Blick und später auch Hromádtka in seiner Parteinahme für die östlich-kommunistische Interpretation der Weltlage. Die Perspektive des Fortschritts unterstreicht zwar versteckter, aber im Grunde viel konsequenter als der religiös garnierte politische Machtwille den Anspruch des Menschen auf die uneingeschränkte Zuständigkeit für die gesamte irdische Geschichte. Barth gibt zu bedenken:

»Mag man... daran festhalten, daß im Bild der Geschichte... eine Schatten- und eine Lichtseite immer wieder zu unterscheiden sein werden, so bleibt es doch bei der furchtbaren Tatsache, daß zwar die Leugnung von allerlei Fortschritten im Einzelnen nicht möglich ist, daß aber die Feststellung einer *Teleologie,* einer *Progression* im *Ganzen* der Weltgeschichte zwar immer wieder versucht worden ist, sich aber auch immer wieder als noch viel unmöglicher erwiesen hat. Es braucht Narren dazu – irgendwo und irgendwie sind wir aber alle immer wieder diese Narren – um das Einzelne mit dem Ganzen zu verwechseln und also etwa im Blick auf die Entwicklung der Technik (im weitesten Sinn dieses Begriffs) von einem in der Weltgeschichte stattfindenden Fortschritt des Menschen, der Menschheit im Ganzen, zu träumen. Der Mensch selbst ist, alles Wandels seiner geschichtlichen Gestalten und Betätigungen ungeachtet, gerade *nicht* ›progressiv‹. Hinsichtlich seiner Fähigkeit bzw. Unfähigkeit als *homo sapiens* zu leben, sein Sein und Zusammensein auch nur im Blick auf eine gewisse Erträglichkeit, auch nur auf eine gewisse Dauer in Griff zu bekommen, ist er vielmehr wunderbar *stationär,* in seinem Agieren und Reagieren einem am Göpel im Kreis herum laufenden, höchst unvernünftigen Rindvieh leider gar sehr vergleichbar.« (KD IV/1, 565)

Man kann die grundsätzliche Bedeutung dieser Betrachtung daran ermessen, daß Barth bereits 1919 in seinem Römerbriefkommentar davon sprechen kann, daß die Geschichte den Menschen »in den öden Kreislauf des ›Fortschritts‹«[22] banne. Mit diesem Fortschrittsbewußtsein wird dem neuzeitlichen Geschichtsbewußtsein das Fundament entzogen. Der Mensch wächst nun nicht mehr an seiner Geschichte, und sie nicht mehr durch ihn, sondern sie wird zum Spiegel seines Eigensinns, der darin im Kreis läuft, daß er sich selbst hinterherläuft. Diese Sichtweise der Geschichte schärft sich an dem theologisch gewonnenen Verständnis von Geschichte, das Barth der Geschichtsphilosophie gegenüberstellt. Will man theologisch angemessen von Geschichte reden, dann muß unsere Aufmerksamkeit dem Handeln Gottes und seinem Willen gelten. Vom irdischen Geschehen aus läßt sich nicht auf Gott schließen; vielmehr muß der Anfang unserer Überlegungen von Gott ausgehen. *Seine* Zuwendung zum Menschen und *sein* Wille einschließlich *seiner* Verheißungen sind die entscheidenden Bestimmungen aller Geschichte, die vorläufig im irdischen Geschehen noch nicht unzweideutig zutage treten, so daß die Erkenntnis dieser wesentlichen Geschichte auf den *Glauben* des Menschen verwiesen ist. Doch hinsichtlich des Glaubensbezugs unterscheidet sich das theologische Geschichtsverständnis in *formaler* Hinsicht weniger von den philosophisch geprägten Geschichtsbegriffen, als man bei oberflächlicher Betrachtung annehmen könnte, denn auch die Geschichtsphilosophie kommt im Entscheidenden –

nämlich bei der Benennung der das irdische Geschehen zusammenhaltenden Prinzipien – auch nicht ohne Glaubenssätze aus, – und sei es nur der Glaube daran, daß der Mensch seine Geschichte tatsächlich zu bestimmen vermag.

Die Zuwendung Gottes zu dem Menschen wird von Barth als die Geschichte Gottes mit dem Menschen verstanden. Damit werden wir auf die biblische ›Geschichte‹ verwiesen, durch die wir »weit über das hinausgeführt werden, was wir sonst ›Geschichte‹ heißen«[23]. Dabei gilt Barths Aufmerksamkeit schon im Römerbriefkommentar von 1919 der *Christologie:* »Denn im Christus wird uns der im Längsschnitt der vergangenen und zukünftigen Geschichte verborgene Sinn der Zeiten offenbar.« (102/GA 144) Im Licht der Geschichte Gottes mit dem Menschen verliert die eigenwillige Geschichte des Menschen ihren Anspruch. »Im Strom der sogenannten Geschichte wird das neue, entgegengesetzt strömende Element der eigentlichen Geschichte sichtbar.« (58/GA 85) Dies ist der verborgene Sinn aller Geschichte, der vom Unsinn der vom Menschen inszenierten ›Geschichte‹ immer wieder verdeckt wird (vgl. 60/GA 88). Und so kann Barth auch sagen: »Indem das Werk Gottes im Christus in die Erscheinung tritt, offenbart es sich auch als die verborgene Einheit der ganzen Geschichte.« (75/GA 106)

Von dieser theologischen Zuspitzung aus leuchtet es ein, daß Barth Vorbehalte andeutet, den Begriff Geschichte für die profane Betrachtung des Weltgeschehens zu verwenden; er zieht hier den Begriff der ›Historie‹ vor. In theologischer Perspektive ist jede von Gott absehende Geschichte eine Erfindung des menschlichen Hochmuts (vgl. KD IV/1, 563). In der Geschichte werden wir aufmerksam auf die Konfusion – Barth übersetzt mit Verlegenheit[24] – aller menschlichen Geschichte, was dann auch die Gestalt unserer Zeitgenossenschaft nicht unberührt läßt. Die Kirche lebt zwar *in* den Reichen dieser Welt, aber sie lebt nicht *aus* ihnen oder *für* sie, sondern sie bezeugt das Reich Gottes, das nicht ein Reich wie die Reiche dieser Welt ist. Die damit angezeigte kritische Distanz und Freiheit folgt gerade nicht aus ihrem Tun oder ihrer ethischen Einsicht, sondern allein aus ihrer Erwählung und Bestimmung (Providentia Dei), d. h. sie folgt dem Glauben, in dem sie ganz und gar von Gott und seinem Handeln abhängig ist. Der Glaube lebt aus und in der Geschichte Gottes mit dem Menschen, die ihm vor allem die Hoffnung auf das Reich Gottes stärkt. Von dieser Geschichte her erwarten wir tatsächlich Veränderung, nicht von irgendwelchen Fortschritten unserer Weltgeschichte, die sich bei nüchterner Betrachtung allzumeist in Nichts auflösen.

Von hier aus bleibt Barths strenge Kritik an den religiösen Sozialisten verständlich:

»Und weil ihnen der Fortgang der *eigentlichen* Geschichte keine Sorge macht, fühlen sie sich um so sicherer in ihrem religiös-sittlichen Ausnahmezustand innerhalb der sogenannten Geschichte. Sie vergessen, wie relativ dieser Zustand ist. ... Sie vergessen, daß der menschliche Weltrichter auf seiner Stufe mitmacht, was jedermann macht: Feiner vielleicht, geistiger, moralischer, aber innerhalb desselben wohlbekannten Schemas. Das Ansichhalten und die Geduld Gottes, die sie in ihre besondere Stellung versetzt hat für *seine* Zwecke, mißdeuten sie, als ob Gott nun gerade mit ihnen besonders einig und zufrieden sei. Die große, gerade *ihnen* offenbarte Gottesgüte, wird ihnen zum Beweis, daß gerade sie keine Buße nötig haben. ... Sie widersetzen sich der göttlichen Absicht, und während sie theoretisch auf Gottes Seite stehen, sind sie praktisch Gottes schwerstes Hindernis. (...)« (Römerbrief 1919, 27 f./GA 46; zu Röm. 2,3-5).

Der theologisch-dogmatische Widerspruch gegen die Geschichtsphilosophie wurde in diesem Kapitel ohne die Berücksichtigung der ethischen Implikationen erörtert. Im nächsten Kapitel soll nun das Augenmerk besonders auf die Frage nach dem Stellenwert des menschlichen Handelns gelegt werden, um die Fragestellung in diese Richtung abzurunden.

II »Sozialdemokratisch, aber *nicht* religiös-sozial«[25]

a) Die ganze Tragweite der Auseinandersetzung Barths mit dem Religiösen Sozialismus kann hier nicht bedacht werden[26], aber der in ihr thematisierte Konflikt bedarf einer Benennung, zumal er für Barth auch später in verschiedenen Zusammenhängen virulent geblieben ist. Auch hierbei geht es weniger um eine Mahnung zu mehr Zurückhaltung als vielmehr um eine Bestimmung theologischer Radikalität. Es sind keine Berührungsängste, die hier die Skepsis bestimmen, sondern Barth sieht – ebenso wie beim Konflikt mit der Kriegstheologie – in der theologischen Interpretation des Sozialismus ein grundsätzliches Problem, aus dem nicht einfach eine positionelle Entscheidung herausführt. Das Problem besteht in der Frage nach der Verhältnisbestimmung von christlichem Glauben und konkreter politischer Verantwortung.
Im Januar 1915 war Barth in die Sozialdemokratische Partei eingetreten. Gerade damals fühlte er sich frei zu diesem Schritt, weil er vorher dem Totalitätsanspruch der Politik auf unser ganzes Leben kritisch und

distanziert gegenüberzustehen gelernt hatte. Der Ausbruch des Ersten Weltkriegs hat die Frage nach dem Verhältnis des christlichen Glaubens und der Theologie zur politischen Ethik neu und grundsätzlich aufgeworfen. Das Versagen der deutschen Sozialdemokratie sowie des europäischen Sozialismus insgesamt, »den wir dann doch überall in die nationalen Kriegsfronten einschwenken sahen«[27], ernüchterten die in den Sozialismus gesetzten Hoffnungen. Doch diese Enttäuschung führt nicht zur Abkehr vom Sozialismus, sondern zur Versachlichung des politischen Engagements; in diesem Sinne kann durchaus im wörtlichen Sinne von einer Ent-Täuschung gesprochen werden. Erst in kritischer Distanz zum Banne des Politischen sind für Barth die Voraussetzungen zur Teilnahme an der Politik gegeben. Er fühlte sich nun »so liberal«, daß er »– im Gegensatz zu den dortigen Liberalen – Sozialdemokrat werden konnte«[28]. In der zweiten Bearbeitung seines Römerbriefkommentars sagt Barth 1922, und das trifft seine Entscheidung zur Sozialdemokratie im Jahre 1915:

»Politik... wird *möglich* von dem Augenblick an, ... wo es klar ist, daß vom objektiven Recht dabei nicht die Rede sein kann, von dem Augenblick an, wo der absolute Ton aus den Thesen wie aus den Gegenthesen verschwindet, um einem vielleicht relativ gemäßigten, vielleicht relativ radikalen Absehen auf menschliche Möglichkeiten Platz zu machen.« (472; zu Röm. 13,2–4)

Erst aus dem deutlichen Bewußtsein der *Relativität* bekam Barth sein durchaus radikales Bewußtsein für die unausweichliche Notwendigkeit der Einmischung in die Politik, das ihn zeitlebens bestimmte. Zugleich wächst seine Skepsis gegenüber allen politischen Bewegungen, die sich ausdrücklich als *christlich* ausgeben. Diese Skepsis gilt auch den Religiösen Sozialisten gegenüber, denen sich Barth politisch noch am ehesten verbunden wußte.
Die Problematik läßt sich verdeutlichen an der gegen den christlichsozialen Fr. Naumann gewendeten Parole der Schweizer Religiös-Sozialen: »Christus gegen Cäsar«. Naumann hatte mit deutlichem deutschnationalen Akzent seine Überlegungen zur Doppelrolle der Christen, die einerseits in der Nachfolge Jesu (Bergpredigt) stehen und andererseits der »gepanzerten Faust« der Nation zu folgen haben, in der Formel zusammengefaßt: »Jesus und Cäsar«[29]. Die religiösen Sozialisten interpretieren nun ihren politischen Kampf gegen die bestehenden Verhältnisse als den Zusammenstoß zwischen Gottesreich und Weltreich[30], und es sind nach L. Ragaz dann ganz folgerichtig die religiösen Sozialisten,

die »nun das Gottesreich in seinem Gegensatz zum Weltreich vertreten«[31] müssen. Hier wird im Rahmen der politischen Urteilsbildung sehr hoch gegriffen. Barth fragt in einem Brief an E. Thurneysen: »Versteht es sich denn von selbst, daß ›wir‹ das Gottesreich ›vertreten‹ (ein ganz toller Ausdruck!)? Beachte auch das getroste ›nun‹! Haben wir denn das Gottesreich in seinem radikalen Ernst überhaupt erfaßt, erlebt? Ist der *Glaube* nur auch für Ragaz persönlich, geschweige denn für die übrige Menschheit eine selbstverständliche Voraussetzung, über die man einfach hinweghüpft, um nun das Gottesreich eins zu vertreten? Kein Wort von der ›Erkenntnis Gottes‹, von der ›Umkehr‹, dem ›Warten‹ auf das Gottesreich, ... das doch das Apriori alles ›Vertretens‹ ist!«[32] Barth sieht in der Parole ›Christus gegen Cäsar‹ einen ›eigenmächtigen Kurzschluß‹, in dem verschiedene Ebenen unangemessen miteinander *vermischt* werden.

»Daß Ihr als Christen mit Monarchie, Kapitalismus, Militarismus, Patriotismus und Freisinn nichts zu tun habt, ist so selbstverständlich, daß ich es gar nicht zu sagen brauche. ›Die wir der Sünde gestorben sind, wie sollten wir in ihr weiterleben können?‹ ([Röm.]6,2). Viel näher liegt euch natürlich die andere Möglichkeit, die im Christus kommende Revolution willkürlich vorauszunehmen und dadurch hintanzuhalten. Und *davor* warne ich Euch! Die Sache der göttlichen Erneuerung darf nicht vermengt werden mit der Sache des menschlichen Fortschritts. Das Göttliche darf nicht politisiert und das Menschliche nicht theologisiert werden, auch nicht zugunsten der Demokratie und Sozialdemokratie. Ihr müßt euch, mag eure Stellung in den vorletzten Dingen sein, welche sie wolle, freihalten für das Letzte. Ihr dürft in keinem Fall in dem, was ihr gegen den jetzigen Staat tun könnt, die Entscheidung, den Sieg des Gottesreiches suchen.« (Römerbrief 1919, 381/GA 509; zu Röm. 12,21–13,8a)

Bei allem Widerspruch bleibt deutlich, daß Barth keine politische Abstinenz vor Augen hat. Eine für sich bleibende, gleichsam privatisierte christliche Existenz ist ausgeschlossen. »Vom Leben, von der Gesellschaft kann man sich nicht abwenden. Das Leben umgibt uns von allen Seiten; es gibt uns Fragen auf; es stellt uns vor Entscheidungen«[33]. Barth konfrontiert den von der Gesellschaft so unausweichlich umstellten Menschen nun aber nicht an erster Stelle mit den *möglichen* Alternativen der *Politik*, um diese dann von einem theologisch-ethischen Standpunkt aus zu werten, sondern er fragt zunächst nach *Gottes* Verhältnis zur Gesellschaft als der *wirklichen* Alternative, die sich in Gottes Nein und Gottes Ja zur Welt verbirgt. Vom *Christen* in der Gesellschaft lenkt er zunächst zum *Christus,* der von den Kirchen und Theologen nicht für die Christen vereinnahmt werden darf. Vielmehr ist Christus »immer auch für die andern, für die, die draußen sind, gestorben.«[34] Das ist kein ethischer, sondern ein fundamental dogmatischer Satz! Das Kreuz ist keine partikulare Angelegenheit, aus der sich für eine besondere Gruppe von Menschen eine besondere Position ableiten ließe, die dann als christlich ausgegeben werden kann. Die Verheißung ist »*universalistisch, nicht sektenhaft*«[35].

Nur weil Christus *da* ist, ergibt es einen Sinn, ihn zu suchen; nur in der Gewißheit, daß er sich finden läßt, hat die Frage nach ihm einen Halt. Aber er läßt sich nicht zur Stützung einer besonderen Position finden. Christus tritt nicht ein in die Konkurrenz zwischen den verschiedenen irdisch-geschichtlichen Positionen, in der wir es ja sein müßten, die ihn recht in Szene zu setzen hätten. Gott ist auch in seiner Gegenwart nichts einfach Vorkommendes, kein bereitstehender Verrechnungsfaktor, der sich in unsere irdischen Rechnungen – und das sind sie ja alle – einführen ließe. »Es gibt dem Glaubensgebot gegenüber keine Berufung auf etwas schon Vorhandenes. – Gott... gibt keinem das Recht, sich mit überlegenem ›Ich weiß schon‹ aus der Reihe der andern heraus und auf seine Seite zu stellen.«[36]

Barth wittert hinter allen Bindestrichen und Genitiven, mit denen die Theologen ihre besonderen geschichtlichen Koalitionen signalisieren, ›gefährliche Kurzschlüsse‹. Die Gefahr ist nicht nur graduell einzuschätzen, so als sei das Übergewicht des Koalitionspartners zu befürchten. Solche Proporzüberlegungen sind nicht bestimmend, sondern es geht Barth um die Wahrung der qualitativen Differenz, um mit der Fremdheit Gottes auch das Ausmaß der menschlichen Entfremdung und damit der Entfremdung der Gesellschaft, an der wir alle Anteil haben, überhaupt erst recht ahnen zu können. Gegenüber dem Zorn Gottes über das reale Weltgeschehen »gibt es kein Mitzürnen, sondern nur ein Mittragen der Schuld und Mitleiden der Strafe und Mitseufzen nach Erlösung.«[37] Erst wenn Gott von den weltanschaulichen Alternativen befreit ist, ist er auch zu seinem Wort befreit, das *er* in die Welt hineinspricht und mit dem *er* in der Welt wirkt. Stellen sich die Menschen – etwa als religiöse Sozialisten – von sich aus auf die Seite Gottes, so wird »aus Gottes Sache alsbald eine Menschensache... Statt nach Anleitung der Gottesgüte, die über ihnen ist, aller Menschen mitklagende und mitseufzende Freunde zu werden, stellen sie sich den meisten Menschen parteiisch gegenüber, hochmütiger als die Gottlosen. Sie genießen sich selbst in ihrer Sonderstellung und Kampfespose.«[38]

Gerade der Eifer für Gott bringt den Menschen in den schärfsten

Widerspruch zu ihm. Er verstellt den tatsächlichen Willen Gottes für diese Welt, der allein in der Verheißung *seines* Reiches erkennbar wird. Gemessen an diesem Reich führen die menschlichen Anstrengungen »im besten Fall zu einer Reform oder auch bloß Neudrapierung der alten Weltverhältnisse, die vom Standpunkt Gottes aus betrachtet mehr schadet als hilft, weil es über die Notwendigkeit des Kommens *seines* Reiches wieder auf eine weitere Weile hinwegtäuscht.«[39] Der anmaßliche Zugriff auf Gott folgt aus der leichtfertigen *Vermischung* von Gottespraxis und unserer Praxis. Wenn da ›alles ineinander schwimmt‹[40], dann werden schließlich Gott und Mensch ununterscheidbar.

b) Barth geht hier einen entscheidenden Schritt voran, mit dem er die bereits gegen die Kriegstheologie vorgetragene Kritik konkretisiert: gegen die undialektische neuzeitliche Erhebung des Menschen zum *Subjekt*. Für den als Subjekt bestimmten Menschen wird die eigene Praxis konstitutiv. Er ist es, der handelt, tut und macht und auf diese Weise Geschichte gestaltet und beherrscht. Und alles, was für die Geschichte zu erwarten ist, aller Fortschritt oder gar die Revolutionierung der Verhältnisse, fällt in seine Zuständigkeit, in der er sich zu bewähren hat. Das (lediglich von der Grenze des Machbaren gehemmte) Handeln bestimmt die ganze menschliche Existenz, wobei es durchaus nicht zufällig ist, daß sich damit ein Grundgesetz des modernen kapitalistischen Handels in seiner rastlosen Geschäftigkeit allgemein durchgesetzt hat. Aber auch eine Gegenrevolution gegen diese kapitalistische Revolution führt nicht prinzipiell heraus aus der Identität von menschlicher Praxis und Geschichte.
Den Wandel zum neuzeitlichen Verständnis des Menschen als Subjekt datiert Barth spätestens ins 18. Jahrhundert. Er stellt dabei neben der Aufklärung das besondere Gewicht des *Absolutismus* heraus, wobei er das Verständnis von Absolutismus sehr weit faßt und damit seiner Beschreibung der Neuzeit ihre besondere kritische Spitze verleiht[41]:

»›Absolutismus‹ kann ... allgemein bedeuten: ein Lebenssystem, das gegründet ist auf die gläubige Voraussetzung der Allmacht des menschlichen Vermögens. Der Mensch, der seine eigene Kraft, sein Können, die in seiner Humanität, d. h. in seinem Menschsein als solchem schlummernde Potentialität entdeckt, der sie als Letztes, Eigentliches, Absolutes, will sagen: als ein Gelöstes, in sich selbst Berechtigtes und Bevollmächtigtes und Mächtiges versteht, der sie darum hemmungslos nach allen Seiten in Gang setzt, dieser Mensch ist der absolutistische Mensch.«[42]

Barth sieht das Verhängnis darin, daß die Frage des Handelns in der Neuzeit zu einer (pseudo)dogmatischen Frage geworden ist, an der für den neuzeitlichen Menschen die ganze Anthropologie hängt. Im neuzeitlichen Primat der Ethik verbirgt sich eine rigide ›Dogmatik‹, die den Menschen am Gesetz des Handelns (des Handels) bemißt. Wenn Barth hier ein großes Fragezeichen setzt, so soll nicht die Ethik und damit das politische Engagement angegriffen werden, sondern er richtet sich gegen jene ›Dogmatik‹, die den Menschen als Handlungssubjekt festlegen will. Barth greift nicht das menschliche Tun an, sondern die Prinzipien, auf denen das menschliche Tun gründet, d. h. das Tun an sich, die Verselbständigung des Tuns und damit die Vergegenständlichung des Menschen unter den Bestimmungen der von ihm selbst inszenierten Geschichte. Der Selbstdogmatisierung der menschlichen Praxis stellt Barth nun die Dogmatik gegenüber, in der von *Gottes* Handeln und *seiner* Revolution die Rede ist. Gottes Geschichte begrenzt die menschliche Geschichte, d. h. aber vor allem, daß das Tun des Menschen deutlich begrenzt wird. Nur wenn wir uns in *unserem* Tun das Tun *Gottes* verboten sein lassen, handeln wir nach dem Willen Gottes[43].

Der Mensch, der sich in seinem Bekenntnis zur Selbstkonstitution im Handeln an die Vorherrschaft des historisch Machbaren in seiner ganzen Relativität verschrieben hat, um selbst in selbstzugemessener Freiheit im Range des Absoluten erscheinen zu können, erfährt nun in der Begegnung mit der Praxis Gottes seinerseits eine höchst folgenreiche Relativierung darin, daß ihm die Hybris seines Subjektanspruchs vor Augen geführt wird. Nun wird er damit konfrontiert, daß bereits etwas getan *ist* und daß das Entscheidende, was noch zu tun bleibt, nicht von ihm, sondern von Gott zu erwarten steht. An die Stelle des Vorrangs der menschlichen Praxis tritt der Vorrang der Wirklichkeit Gottes, zu der sich der Mensch nicht in seinem Wollen verhalten kann, sondern allein im Eingeständnis der eigenen Schuld und der Bitte um ihre Vergebung.

Wenn zur Vermeidung aller *Vermischungen* Barth nun auf die konsequente *Unterscheidung* von Gott und Mensch drängt, dann geht es aber nicht um die Isolierung des Menschen von Gott, denn damit erübrigte sich jede weitere Mühe um theologische Erkenntnis. Eine – sowieso nicht vollziehbare – Suspendierung der menschlichen Praxis steht ebenfalls nicht zur Debatte. Vielmehr geht es um eine theologisch ausgewiesene Bestimmung des menschlichen Lebens. Sie wird von dem biblischen Gegensatz zwischen dem von Gott getrennten, entfremdeten (d. h. sündigen) zu dem mit Gott versöhnten (d. h. gerechtfertigten) Menschen angezeigt. Es handelt sich dabei nicht um eine graduelle Differenz, sondern um Tod und Leben, wie es bei Paulus durch die Rede vom ›alten‹ und ›neuen Menschen‹ (Röm. 6) beschrieben wird. Doch auf diesen Gegensatz stoßen wir nicht von uns aus, sondern werden allein durch das Tun Gottes auf ihn gestoßen. Die *Praxis Gottes* öffnet uns die Augen für die tatsächliche Entfremdung des Menschen und seiner eigensinnigen Praxis in seiner Welt, die vom Tod beherrscht und in Atem gehalten wird. Allein die Gotteserkenntnis führt zu rechter Selbsterkenntnis. Damit wird deutlich, daß die Unterscheidung – nicht Trennung! – zwischen *Gottes* Praxis und *unserem* Tun vorausgesetzt werden muß, um den *Zusammenhang* von Welterkenntnis und Gotteserkenntnis überhaupt beschreiben zu können.

Zugleich wird das Gefälle angezeigt: Nicht die irdische Not findet zu ihrem ›Heiland‹, sondern der ›Heiland‹ offenbart die tatsächliche irdische Not. Der Tod hat nicht die Phantasie zum Leben, wohl aber offenbart das Leben die angemaßte Vorherrschaft des Todes. Vom Leben kann nicht an und für sich gesprochen werden, sondern nur in seinem Protest gegen den Tod, von dem der Mensch in seiner entfremdeten Existenz umgeben ist. Ebenso kann es keine rechte Weltwahrnehmung ohne die Begegnung mit dem wahren Leben geben:

»Es gibt kein Erwachen der Seele, das etwas anderes sein könnte als ein ›mitleidend Tragen der Beschwerden der ganzen Zeitgenossenschaft‹. Dieses Erwachen der Seele ist die Bewegung, in der wir stehen, die Bewegung der Gottesgeschichte oder der Gotteserkenntnis, die Bewegung im Leben aufs Leben hin. Wir können es, indem wir in diesem Erwachen begriffen sind, nicht mehr unterlassen, alle Gültigkeiten des Lebens zunächst einer prinzipiellen Verneinung zu unterwerfen, sie zu prüfen auf ihren Zusammenhang mit dem, was allein gültig sein kann. Alles Leben muß es sich gefallen lassen, sich am Leben selbst messen zu lassen. Ein selbständiges Leben *neben* dem Leben ist nicht Leben, sondern Tod.«[44]

Menschliches Leben thematisiert sich nicht selbst, sondern erhält seine Bestimmung von Gott, und zwar ganz und gar. In diesem Sinne geht es um das Ganze und d. h. um die Prüfung der Ausrichtung aller ›Teile‹. Barth stellt sich damit gegen alle Partikularisierungen und gegen jede Behauptung von besonderen Eigengesetzlichkeiten und geschichtlichen Unabänderlichkeiten. Wenn er hier dem universalen Aspekt einen besonderen Akzent verleiht, dann geht es nicht um die Abwertung oder Nivellierung des jeweils aktuellen Geschehens, sondern um die Perspektive unserer Wahrnehmungen. Es wird Protest erhoben gegenüber unserer – inzwischen schon selbstverständlichen – Duldung der verbreiteten Zersplitterung der Welt und des Lebens in die vielen kaum noch miteinander in Beziehung zu bringenden Einzelwelten in Politik, Wirtschaft, Kultur und Privatheit. Auch die Theologie hat sich weithin mit den partikularen Rollen zufrieden gegeben, die ihr von der Neuzeit noch zugestanden werden. Doch sie wird ihrer Aufgabe nicht gerecht, wenn sie sich auf die ›religiösen Teile‹ des Lebens beschränkt, sondern muß sich auch den ›profanen‹ Fragen und Nöten dieser Welt zuwenden. Dazu ist es nötig, daß sie erst einmal neu nach den biblischen Bestimmungen des menschlichen Lebens zu *fragen* lernt.

Dabei bleibt sie allerdings recht unbehaust zwischen all den Verheißungen und Ansprüchen, mit denen die Welt um die Gefolgschaft und Opferbereitschaft der Menschen wirbt. Und so weiß sich Barth, nachdem alle historischen Dienstverhältnisse von Theologie und Kirche in ihrer Relativität erkennbar geworden sind, ganz auf die Anfänge der Theologie zurückgeworfen, nicht etwa, weil es von dort her positionelle Stärkung zu erwarten gibt, sondern weil sich allein hier ein angemessenes Kriterium für die Zeitgenossenschaft von Theologie und Kirche ergeben kann.

»Sich auf den Anfang zurückwerfen lassen, ist keine öde Verneinung, wenn wir wirklich auf den Anfang, auf Gott geworfen werden; denn nur mit Gott können wir positiv sein. Positiv ist die *Negation,* die von Gott ausgeht und Gott meint, während alle *Positionen,* die nicht auf Gott gebaut sind, negativ sind. Den Sinn unserer Zeit in Gott *begreifen*, also hineintreten in die Beunruhigung durch Gott und den kritischen Gegensatz zum Leben heißt zugleich unserer Zeit ihren Sinn in Gott *geben*.«[45]

Barth erinnert den Theologen daran, daß er in der je konkreten Situation »in seinem Denken allezeit *mit dem Anfang anzufangen*«[46] hat. Damit ist zunächst nur der »archimedische Punkt« bezeichnet, »von dem aus die Seele und mit der Seele die Gesellschaft bewegt ist«[47]. Nicht ein Zustand wird beschrieben, sondern die den Menschen bewegende Wirklichkeit Gottes, wie der Glaube sie erkennt, wenn er die Welt im Licht dieses Lebens zu sehen vermag. »Das Reich Gottes fängt nicht erst mit unseren Protestbewegungen an.«[48] Vielmehr ist es mitten unter uns, auch wenn alles, was wir sehen und erfahren, gründlich dagegen spricht. Und so kann es sich bei unserer Opposition zu den vorfindlichen Verhältnissen stets nur um einen historisch bedingten und damit vorletzten – d. h. im Letzten aufgehobenen – Widerspruch handeln. Die Welt entscheidet nicht über das Schicksal Gottes, sondern Gott *hat* sich bereits des Schicksals der Welt angenommen, nicht etwa nur in der Kirche. Wir werden uns allerdings eingestehen müssen, »daß uns die Tragik unserer Lage stärker bewußt ist als die Souveränität, mit der wir uns allenfalls mit dieser Lage abzufinden wissen. Die Tränen sind *uns* näher als das Lächeln. *Wir* stehen tiefer im Nein als im Ja, tiefer in der Kritik und im Protest, als in der Naivität, tiefer in der Sehnsucht nach dem Zukünftigen als in der Beteiligung der Gegenwart.«[49] Das Ja *und* Nein wurzeln in dem von Gott gesetzten Anfang unserer Erkenntnis und sind daher keine Programme für menschliche Lebensgestaltungen. Es sind zunächst Erkenntniskategorien in strenger Entsprechung zu Leben und Tod als der tatsächlichen Spannung, in der sich unser irdisches Leben vollzieht. Erst von hier aus werden wir gleichsam entlassen in die historischen Möglichkeiten der Welt, nicht um nun *den* Weg zu beschreiben, sondern um teilzunehmen an den vorletzten Möglichkeiten, mit denen der Mensch die vorfindlichen Verhältnisse umgestalten kann, ohne dabei den Anspruch zu erheben, die nach wie vor bestehende Entfremdung von Gott aufheben zu können. Dies wird zum entscheidenden Kriterium für jede kritische Zeitgenossenschaft von Kirche und Theologie: Die konsequente und radikale Aufkündigung des Friedens mit dem status quo. Diese Kündigung beruft sich vor allem auf zwei Motive: a) auf das *verheißene* Reich Gottes als dem einzig verläßlichen *Grund* unserer Hoffnung, die uns die Augen öffnet für die Entfremdung und die Vorläufigkeit der menschlichen Geschichte, so daß wir uns prinzipiell nicht auf irgendeinen vorletzten Zustand verlassen können, und b) auf das in Christus bereits *angebrochene* Reich Gottes als der einzig tragenden *Bestimmung* des irdischen Lebens in seiner unteilbaren Ganzheit, die uns die faktische und praktische Anstößigkeit unseres Entfremdungszustandes vor Augen führt, so daß wir unsere Kräfte für jede Stabilisierung des status quo verweigern müssen.

Wie kann man aber diesem strengen Kriterium gerecht werden, ohne für sich die Rolle eines Werkzeug Gottes in Anspruch zu nehmen? Barths Antwort lautete seinerzeit: kritische Mitarbeit »als mithoffende und mitschuldige Genossen *innerhalb* der *Sozialdemokratie*, in der *unserer* Zeit nun einmal das Problem der Opposition gegen das Bestehende gestellt, das Gleichnis des Gottesreiches gegeben ist und an der es sich erweisen muß, ob *wir* dieses Problem in seiner absoluten und relativen Bedeutung verstanden haben.«[50] Allein in der Beteiligung an profanen Aktivitäten bleiben wir im Bereich der Politik vor eigenmächtigen Synthesen bewahrt. Wir bleiben streng im *Gleichnis* und stehen mit beiden Beinen in der Welt als dem Ort, dem die bereits wirksame Verheißung Gottes *gilt*. So wie es sich bei den biblischen Reich-Gottes-Gleichnissen stets um ganz profane Angelegenheiten handelt, so muß auch in unserem Engagement erkennbar bleiben, daß es nicht selbst das Reich Gottes in Szene setzen will. Der ›Himmel‹ soll nicht auf die Erde herabgeholt werden, sondern es kann nur darum gehen, daß die Erde mit ihren irdischen Möglichkeiten möglichst deutlich sichtbar zu machen versucht, daß sie bereits jetzt von der Verheißung des himmlischen Reiches weiß.

Das Bekenntnis zur Sozialdemokratie ist ein pragmatisch-politisches, das keinem unabsehbaren kategorischen Treueschwur untersteht, sondern der historisch-politischen Einschätzung der jungen Weimarer Republik folgt. Im Parteienstreit und in der politischen Auseinandersetzung folgt der Christ keinen weitgespannten Geschichtsentwürfen, sondern in größtmöglicher *Nüchternheit* dem Willen Gottes für die jeweilige historische Stunde.

c) Wie aber läßt sich der Wille ermitteln, und wer bestimmt dann, daß nicht auch die entgegengesetzte Entscheidung mit dem Willen Gottes in Einklang gebracht werden kann? Warum durften sich die kriegsführenden Parteien im Ersten Weltkrieg nicht auf den Willen Gottes berufen, was nun ausgerechnet der Sozialdemokratie gestattet sein soll? Warum kann Barth dann später im Zweiten Weltkrieg den Briten bestätigen, daß sie »einen rechten, von Gott nicht nur zugelassenen, sondern gebotenen Krieg«[51] führen, während er nicht lange nach dem Ende dieses zweiten großen Krieges besonders in die westliche Richtung den kalten Krieg attackierte, da dieser bestimmt nicht dem Willen Gottes entspräche? In seiner Ethik von 1928 ist Barth sehr zurückhaltend in seiner Bewertung der ›Militärdienstverweigerung‹[52], nach dem Zweiten Weltkrieg stellt er sich dann entschieden auf die Seite der Gegner der Wiederbewaffnung der Bundesrepublik[53]. Ist da nicht alles beliebig und höchst subjektiv von persönlicher politischer Neigung gefärbt? Barth mutmaßt selbst, daß »man dereinst zusammenfassend von mir sagen wird, daß ich mir zwar in der Erneuerung der Theologie und allenfalls im deutschen Kirchenkampf gewisse Verdienste erworben habe, in politischer Hinsicht aber ein bedenkliches Irrlicht gewesen sei!«[54] Auch wenn es aus der Ferne betrachtet so aussehen mag, so haben bei näherem Hinsehen all diese unterschiedlich erscheinenden Ratschläge einen vergleichbaren Entscheidungszusammenhang.

Barth thematisiert diesen Entscheidungszusammenhang seit 1938 unter dem Stichwort des »*politischen Gottesdienstes*«[55]. Schon das Stichwort zeigt an, daß Barth nicht die Theologie verläßt, um sich nun *auch* politisch zu betätigen, sondern er fragt nach dem Gottesdienst, der außerhalb der Kirche in der Welt geschieht. Der Begriff des Gottesdienstes macht deutlich, daß nicht allein die Kirche, sondern auch die profane Welt Gott dient, auch wenn dies von der Welt nicht ausdrücklich angezeigt wird. Es geht nicht um eine politische Theologie, sondern um eine theologische Betrachtung der Politik, die hier stellvertretend für das profane menschliche Handeln überhaupt thematisiert werden soll. Dabei wollen wir uns zunächst an einem konkreten historischen Problemzusammenhang orientieren, um dann auch einige allgemeingültige systematischen Überlegungen anzuschließen.

1. Barth hatte sich seit Antritt seiner Lehrtätigkeit in Göttingen während seiner ganzen Zeit in Deutschland bis 1935, als er in die Schweiz zurückkehrte, weithin politische Zurückhaltung auferlegt. Auch nach der Machtübernahme durch den Nationalsozialismus stellt er noch die ›Theologische Existenz heute‹ vor den politischen Widerstand gegen den Nationalsozialismus. Dabei ging es ihm jedoch um mehr als um politische Neutralität, zu der er sich als Schweizer in Deutschland verpflichtet fühlte.
Einerseits liegt hier ein Beispiel für den notwendigen *Realitätssinn* theologischer Zeitgenossenschaft vor, wenn sich Barth ganz nüchtern die tatsächliche Widerstandskraft der deutschen Kirche vergegenwärtigt, denn die deutsche Kirche war weithin deutsch-national, wenn nicht ohnehin nationalsozialistisch politisiert. Aber nicht allein das *praktisch-taktische* Kalkül in Abschätzung der Erfolgsaussichten eines Aufrufs zum Widerstand war entscheidend, sondern die politische Neutralität hatte *andererseits* auch einen theologischen Grund, der darin besteht, daß die Kirche ihr Verhältnis zum Staat nicht von ihren tagespolitischen Meinungen oder gar Neigungen zu einer bestimmten Staatsform und Gesellschaftsordnung abhängig machen darf. *Alle* Staatsformen und Gesellschaftsordnungen sind vorläufig und unvollkommen und können daher – ungeachtet aller politischen Wünsche – in durchaus vergleichbarer Weise Raum für die Kirche sein.
Der Widerspruch der Kirche gegen den Staat kann nicht allein aus *formalen*, sondern muß aus inhaltlich aufweisbaren Gründen erfolgen. Um aber solche Gründe überhaupt sachlich recht ausmachen zu können, muß die Kirche vor allem *Kirche* sein. Die Kirche in Deutschland mußte überhaupt erst Kirche *werden*, d. h. sie mußte sich erst einmal aus ihrer

inneren Verstrickung mit dem nationalsozialistischen Staat herauslösen. Es bedurfte zunächst einer Entpolitisierung hin zur Neutralität, und darin lag bereits ein brisantes *Politikum*, das Barth in der Betonung der ›Theologischen Existenz heute‹ vor Augen hatte. Nur eine Kirche, die tatsächlich bei ihrer ›Sache‹ ist, d. h. die in ihrem Reden und Tun Zeugnis vom Reden und Tun Gottes ablegt, vermag ein eigenes bedenkenswertes Wort zu sprechen. Die Kirche mußte, um überhaupt die Freiheit für ein eigenes Wort zu erhalten, zunächst aus ihren längst eingegangenen politischen Bindungen befreit werden, denn von »Disteln kann man keine Trauben lesen«.[56]
Die Neutralität dem Staat gegenüber kann jedoch nur solange bewahrt werden, als sich der Staat seinerseits auf die ihm gegenüber der Kirche gezogenen Grenzen beschränkt. Schränkt er jedoch die Freiheit des Bekenntnisses ein, so ist Widerstand geboten. Der Widerstand beginnt für Barth damit, daß er den Treueid auf den Führer verweigert (vgl. dazu ausführlich Kapitel IV in diesem Beitrag). Doch auch die Verweigerung reicht nicht mehr aus, wenn erkannt ist, daß der Staat in dem Sinne ein totaler sein will, daß er sich selbst an die Stelle Gottes setzt, indem er als »religiöse Heilsanstalt«[57] auftritt. Es geht Barth beim Widerstand gegen den Nationalsozialismus um die *Gottesfrage* und damit um den *Glauben* der Kirche ebenso wie den der Welt überhaupt.

»Der Nationalsozialismus ist eine regelrechte, sehr säkulare, aber in ihrem ganzen Inventar deutlich als solche zu erkennende *Kirche*, deren eigentliche, ernstliche Bejahung (...) nur in Form des Glaubens, der Mystik, des Fanatismus möglich ist. Sicher sieht man das auch heute [Dez. 1938] nicht immer auf den ersten Blick. Aber eben so sicher versteht man ihn in der Tiefe überhaupt nicht, wenn man ihn nicht so versteht, täuscht man sich, wenn man meint, anders zu ihm Stellung nehmen zu können als so, wie man eben zu einer Kirche, zu einer religiösen Heilsanstalt und Heilsbotschaft Stellung nimmt.«[58]

Die Entscheidung, die hier von der Kirche zu fällen ist, kann nur Ja oder Nein sein. Es geht dabei um das Ja und das Nein der Kirche zur Herrschaft Gottes. Kompromisse kann es hier nicht geben. Der hier von Barth herausgeforderte Widerstand ist zwar nicht politisch motiviert, denn er führt keine politischen Gründe auf, aber er hat weitreichende politische Wirkungen.
Daß es sich beim Nationalsozialismus um einen Angriff auf Gott handelt, läßt sich besonders drastisch an den Judenverfolgungen aufzeigen. »Wer ein prinzipieller Judenfeind ist, der gibt sich als solcher, und wenn er im übrigen ein Engel des Lichtes wäre, als prinzipieller Feind

Jesu Christi zu erkennen. Antisemitismus ist Sünde gegen den Heiligen Geist. Denn Antisemitismus heißt Verwerfung der *Gnade* Gottes.«[59] Ja, Barth kann sogar sagen: »Die Judenfrage ist die Christusfrage.«[60] Der Angriff auf die Juden wird damit zum direkten Angriff auf »das, was den Menschen mit Gott verbindet«[61]. Darin zeigt sich besonders unverstellt das Widergöttliche des Nationalsozialismus in seinem ganzen Übermenschenwahn.
Allein indem sich die Kirche konsequent an das erste Gebot hält, gerät sie in der »totalen und prinzipiellen Diktatur«[62] in eine *zwangsläufig politische* Auflehnung[63]. Es stehen hier zwei Götter gegeneinander, und damit steht die Kirche in der selbstzerstörerischen Versuchung, sich in den Dienst von zwei Herren begeben zu wollen. Die Kirche wird auf die Konkretheit und Ernsthaftigkeit ihres Bekenntnisses hin geprüft. Sie wird daran erinnert, daß ihre »Bezeugung Jesu Christi, nie raum- und zeitlos, nie leiblos und also nie ohne die Gestalt, den Ton und die Farbe bestimmter Entscheidungen in den die Kirche und die Welt heute, jetzt und hier bewegenden Fragen sein«[64] kann. Barths Fragen zielen nicht von einem theologischen Fundus in eine politische Verantwortung hinein, sondern auf die zeitgeschichtliche Realitätsverarbeitung der Theologie und damit auf die theologische Verarbeitung der jeweils konkreten Zeitgenossenschaft der Kirche. Hier haben sich Theologie und Kirche zu bewähren. Und Barth fragt im Blick auf den Nationalsozialismus: »Was hat sie [die Kirche] überhaupt zu sagen in Bezeugung Jesu Christi, wenn sie etwa dazu nichts zu sagen hat?«[65]

»Eine Kirche, die aus lauter Angst, nur ja von keinem ›Kotflügel‹ gestreift zu werden, nur ja nicht in den Schein zu kommen, Partei zu ergreifen, nie und nimmer Partei zu sein sich getraut, sehe wohl zu, ob sie sich nicht notwendig nun *wirklich* kompromittiere: mit dem Teufel nämlich, der keinen lieberen Bundesgenossen kennt als eine in der Sorge um ihren guten Ruf und sauberen Mantel ewig schweigende, ewig meditierende und diskutierende, ewig neutrale Kirche: eine Kirche, die, allzu bekümmert um die doch wirklich nicht so leicht zu bedrohende Transzendenz des Reiches Gottes – zum *stummen Hunde* geworden ist.«[66]

Es liegt in der Konsequenz seiner theologischen Zuspitzung, wenn Barth dann den Krieg gegen den deutschen Faschismus als »eine Sache des christlichen Gehorsams« gegenüber dem »klare[n] Willen Gottes« bezeichnet[67]. Doch wichtig ist nun, wie Barth diesen Krieg charakterisiert: Es handelt sich um einen Notwehrkrieg[68], der mit dem Einsatz der Feuerwehr[69], mit der Hilfe eines Arztes bei einem Todkranken[70] oder mit einer Polizeimaßnahme[71] zu vergleichen ist. Diese anschaulichen Vergleiche wollen anzeigen, daß man in dem Krieg »weder einen Kreuzzug, noch einen Religionskrieg«[72] sehen darf, in dem die Sache Gottes gegen den Teufel verteidigt wird, sondern er ist in seiner ganzen – auch theologisch aufgezeigten – Notwendigkeit nicht mehr als eine *menschliche* Antwort »auf eine *menschlich* gestellte Frage«[73] (und dies nicht etwa, weil man 1940 noch nicht den Ausgang des Krieges voraussagen konnte). Deshalb ist der Krieg in größter Nüchternheit, d. h. ohne jedes heroische Pathos zu führen. Mit der Berufung auf den Willen Gottes verbindet sich für Barth keineswegs eine besondere religiöse Praxis des Menschen und schon gar nicht ein heiliger Krieg der Guten gegen die Bösen. Es geht lediglich darum, der Herausforderung standzuhalten und dem Nationalsozialismus einen möglichst wirksamen Widerstand entgegenzustellen, damit er möglichst bald abgestellt ist. Barth warnt schon vor dem Nachsinnen über irgendwelche Friedensziele, die über den konkreten Kampf gegen den Nationalsozialismus hinausgehen.[74] Ebenso wehrt er sich gegen alle ideologischen Verklärungen des Krieges, so als ginge es da um die Sache Frankreichs oder Englands[75], sondern er ist für die Kirche allein als diese aktuell erforderliche Polizeimaßnahme gegen diese »politische Räuberhöhle«[76] zu rechtfertigen und zu unterstützen.

Die Begründung für diese Bescheidenheit, die vielleicht überrascht, nachdem nicht allein der Wille Gottes, sondern auch die Existenz der Kirche und damit die Freiheit des Evangeliums auf dem Spiel zu stehen schienen, lenkt mit der Frage nach dem Weltverständnis der Kirche unsere Aufmerksamkeit – ebenso wie in der Auseinandersetzung mit dem Religiösen Sozialismus – auf die ›Anfänge‹ der Theologie. Barth weist auf die Auferstehung Jesu Christi von den Toten. Der Glaube an die Auferstehung verbietet ein Weltverständnis, in dem die Welt blinden und teuflischen Schicksalsmächten ausgeliefert ist.

»Wir würden die Auferstehung Jesu Christi verachten und sein Regiment zur Rechten des Vaters verleugnen, wir könnten auch in der Kirche, in unserer Anbetung Gottes, in unserer Verkündigung und in unserem Hören seines Wortes, in unserem persönlichen Glauben, Lieben und Hoffen keine ruhige Stunde mehr haben, keinen Trost und keine Kraft mehr finden, wir müßten vor Gott und seinen Engeln und allen Kreaturen in Schanden dastehen, wenn wir die schon geschehene Heiligung der Welt, in der wir leben, vergessen, wenn wir nicht um Jesu Christi willen den Koboldsgeistern entschlossen und mutig gegenüber treten würden. Das Unternehmen Adolf Hitler mit allem seinem Geräusch und Feuerwerk, in seiner ganzen Raffiniertheit und Dynamik ist das

Unternehmen eines Koboldsgeistes. Er ist wahrlich dazu eine Weile in Freiheit gesetzt, um unseren Glauben an die Auferstehung Jesu Christi und vor allem auch den Gehorsam unseres Glaubens auf die Probe zu stellen.«[77]

Das ist eine konsequente Argumentation, auch wenn sie sich so steil, wenn nicht gar anmaßend anhört. Dahinter steht die bedenkenswerte Frage: Sieht die Kirche in der Welt nur ein gottloses Gegenüber oder rechnet sie ernsthaft damit, daß sich Gott in Jesus Christus tatsächlich der Welt zugewandt hat, so daß sich auch der Wille Gottes für diese Welt bereits real in dieser Welt auffinden läßt. Nur wenn sie ernsthaft damit rechnet, kann sie überhaupt zu ethischen Entscheidungen kommen. Der Gehorsam des Glaubens orientiert sich nicht an gesetzlichen Forderungen, sondern an der Wirklichkeit des Handelns Gottes in der Welt. Allein von hier aus ist der Wille Gottes das entscheidende Kriterium für das Tun der christlichen Gemeinde. Er weist uns nicht auf ethische Imperative, sondern auf die Wirklichkeit Gottes wie sie sich in Jesus Christus in der Welt gezeigt hat; sein Tod und seine Auferstehung, in denen der Wille Gottes für diese Welt offenbar wird, sind eine der Welt bereits bereitete *Wirklichkeit*, von der nun alles menschliche Handeln bestimmt werden muß. Der Weltbezug Gottes verbietet nun auch der Kirche, sich in ihren Aktivitäten auf sich selbst zu beschränken.

»Jesus Christus wohnt nicht in einem mystischen, kultischen, pietistischen, individual-moralischen oder theologischen Hinterland jenseits der politischen Sphäre, so daß das eigentliche Leben mit ihm dort anfangen würde, wo diese aufhört. Wir freuen uns, daß wir ihn in der Kirche erkennen, anbeten und verkündigen, daß wir wiedergeboren durch die Taufe auf seinen Namen, und genährt und gestärkt durch seinen Leib und sein Blut im Abendmahl, als Glieder an seinem Leibe leben und wachsen dürfen. Wir sind aber, weil sein Leib nicht auf die Mauern der Kirche beschränkt ist, weil auch die politische Sphäre ihm und weder zum Menschen, noch dem Teufel gehört, eben als Glieder seiner Kirche zum Gottesdienst auch in dieser Sphäre unweigerlich verbunden.«[78]

2. Mit diesen Überlegungen gibt Barth im Grunde eine Interpretation der Formulierung in der 2. These der Barmer theologischen Erklärung von 1934, daß Christus »auch Gottes kräftiger Anspruch auf unser ganzes Leben« ist, so daß es keine Bereiche gibt, »in denen wir nicht Christus, sondern anderen Herren zu eigen wären.«[79] Christus selbst wird damit zu der ethischen Wirklichkeit, auf die sich die Kirche zu besinnen hat. Nun steht bei der Frage nach dem Handeln des Menschen nicht mehr der Mensch mit seinen Möglichkeiten im Mittelpunkt des

Interesses, sondern Gott in seinem Handeln an der Welt. Es geht nun nicht darum, was von *uns* erwartet wird, womit *wir* nun gleichsam für Gott einzutreten hätten, weil es in der Geschichte ja vor allem auf uns ankomme, sondern es geht allein darum, ob wir tatsächlich *Gott* und *sein* Handeln recht erkannt haben.

Um dieses Denkgefälle theologisch festhalten zu können, wird von Barth auch *innerhalb* der ethischen Fragestellung konsequent die Dogmatik der Ethik vorgeordnet. Die Ethik bedenkt die konkrete Konformität des Glaubens mit der von Gott ins Werk gesetzten und verheißenen Wirklichkeit. Der Wirklichkeit Gottes wird nicht eine eigene Wirklichkeit des Menschen gegenübergestellt. Es findet im Rahmen der Ethik keine »bedenkliche Vertauschung des Subjekts mit einem anderen Subjekt, nämlich Gottes mit dem Menschen«[80] statt. In der Ethik wird gegenüber der Dogmatik weder die »Blickrichtung« noch das »Thema« gewechselt, sondern es kann lediglich um den »ethischen Gehalt« der Dogmatik gehen (vgl. KD II/2, 599). Es geht um den von der Wirklichkeit Gottes beanspruchten tatsächlichen Menschen (das meint die Rede von der Heiligung). Doch erst in diesem Gefälle bekommt die ethische Frage ihr theologisches Gewicht. Nur wenn Dogmatik und Ethik streng zusammengenommen werden, wird sichtbar, daß der Glaube die *ganze* Existenz des Menschen betrifft. Man hat nicht die ganze Existenz des Menschen im Blick, wenn man nicht auch und gerade die Praxis des Menschen bedenkt. »Denn der Mensch existiert als Person, indem er handelt. Und so ist die Frage nach der Güte, der Würde, der Richtigkeit, der echten Kontinuität seines *Handelns*, so ist die ethische Frage nicht mehr und nicht weniger als die Frage nach der Güte, Würde, Richtigkeit und echten Kontinuität seiner *Existenz*, seiner selbst. Sie ist eine Lebensfrage, die Frage, mit deren Beantwortung er steht und fällt.« (KD II/2, 572) Die theologische Ethik erhält erst ihre besondere Kraft, wenn sie ihre sachliche Einheit mit der Dogmatik wiederfindet. Wenn Barth diese inhaltliche Konzentration so unterstreicht, will er einen verbreiteten neuzeitlichen Schaden beheben:

»Es steckte auch in jener ganzen neuzeitlichen Emanzipation der Ethik gegenüber der Dogmatik nicht nur ein berechtigtes Anliegen... und geschichtlich wohl verständliche Reaktion gegenüber dem Sündenfall, vor dem keine Dogmatik sicher ist, dem Sündenfall in eine Zuschauermetaphysik, in den Luxus einer müßigen Weltanschauung. Es ist aber an der Zeit, daß man aus diesem geschichtlich berechtigten, aber sachlich hoch gefährlichen Reagieren gegen eine unethische Dogmatik herauskomme, Zeit, jenem Anliegen so gerecht zu werden zu suchen, ... daß jene letztlich heidnische Einführung eines zweiten heterogenen Gesichtspunktes, bei dem dann wohl der erste und eigentliche unvermeidlich verlorenzugehen pflegt, rückgängig gemacht und auch in der Ethik ausschließlich, wenn auch in der besonderen Zuspitzung *ihrer* Frage nicht nach einem Zweiten, sondern nach dem Einen und Einzigen, was not tut, gefragt wird.«[81]

Diese Reparatur ist sehr folgenreich. Es bleibt nämlich zu fragen, ob der Verlust der Selbstkonstituierung des Menschen durch sein Handeln nicht eine Annullierung der Grundlagen der gesamten am individuellen Subjekt orientierten Anthropologie der Neuzeit bedeutet. Und damit geht die Frage weiter an unser Freiheitsverständnis, das insofern als Schrittmacher des Fortschritts angesehen wird, als es die Voraussetzungen für die leistungs- und gewinnorientierte Konkurrenzwirklichkeit schafft. Und von hier aus ist man sofort bei ökonomischen Fragen, die dann auf die ideologischen Grundlagen unserer marktwirtschaftlich ausgerichteten Gesellschaft zielen.
Barth stellt nun heraus, daß die Alternative zum status quo bereits im status quo mitenthalten ist, daß die vorfindliche Wirklichkeit schon die Wirklichkeit ihrer Aufhebung real verbirgt. Damit ist *einerseits* dem rastlosen ethischen Subjekt Ein-Halt geboten. Ihm werden die Gesinnungen, Geschichtsutopien und ethischen Ideale versagt, denn sie greifen über die tatsächliche Wirklichkeit hinaus und erwarten alles belangvolle Geschehen von der verändernden Praxis des menschlichen Subjekts. *Andererseits* ist damit die Bestimmung und der Ort für die menschliche Praxis, d. h. das Engagement der Gemeinde angezeigt. In ihrer Praxis ist die Kirche *Welt*, d. h. sie hat weltlich zu handeln und sich dort zu engagieren – und in diesem Zusammenhang fiel auch Barths Entscheidung für die Sozialdemokratie –, wo am deutlichsten die Zeichen dafür erkennbar sind, daß die Welt nicht sich selbst überlassen ist, sondern daß es, wenn auch vorläufig und unvollkommen, Bewegungen in den vielen irdischen Bewegungen gibt, die den Willen Gottes für diese Welt *deutlicher* erkennen lassen als die anderen. Wenn Barth also auf die Welt als dem Ort des menschlichen Handelns weist, so ist damit kein fester Standpunkt gemeint; vielmehr bleibt stets nach dem Engagement zu suchen, das am meisten gleichnisfähig ist zum verheißenen Reich Gottes. In diesem Sinne kann Barth formulieren: »Die freie Predigt von der Rechtfertigung wird dafür sorgen, daß die Dinge an ihren Ort zu stehen kommen.«[82] In ihrem *Handeln* muß sich die Kirche auf den *Komparativ* bescheiden, der weder in einen Indikativ noch in einen Superlativ gewendet werden darf. Es ist der Komparativ zwischen

prinzipiell relativen, weltlichen Möglichkeiten und nicht der unmögliche Komparativ, in den sich der Mensch mit Gott stellt.
Wenn Barth vom ›politischen Gottesdienst‹ spricht, hat er die profane Welt vor Augen. Obwohl diese Welt die Verheißungen Gottes nicht kennt, untersteht sie doch seinem Anspruch. Die politische Ordnung ist nicht einfach gottlos, sondern hat die Aufgabe, eine für das menschliche Leben heilsame »Ordnung des äußerlichen Rechtes, des äußerlichen Friedens, der äußerlichen Freiheit... mitten im Chaos des Weltreiches«[83] zu errichten. Indem die Politik und die irdischen Machthaber dies tun, vollziehen sie den politischen Gottesdienst, d. h. sie übernehmen einen dem Willen Gottes entsprechenden Dienst in dieser Welt. Insofern auch die Kirche zur noch nicht erlösten Welt gehört, hat sie auch teilzunehmen am politischen Gottesdienst, d. h. sich politisch (profan) zu engagieren. Dieses Engagement besteht vor allem darin, darüber zu wachen, ob die Ausübung politischer Macht des Menschen über den Menschen auch tatsächlich einer heilsamen Ordnung des Lebens dient, so daß sich ihr *Dienst* als ein von Gott gewollter beschreiben läßt. Die Kirche wird widersprechen oder gar Widerstand leisten müssen, wo sich die Machthaber gegen Recht, Frieden und Freiheit kehren, um sich selbst an die Stelle Gottes zu setzen.[84]
Der Begriff des politischen Gottesdienstes stellt einerseits die Profanität des Politischen heraus und unterstreicht andererseits die theologische Relevanz der profanen Welt. Er verbietet damit die Theologisierung der Profanität im Sinne einer politischen Theologie, denn dies läuft auf eine Profanisierung Gottes hinaus. Ebenso verbietet er eine Entpolitisierung der Theologie, denn dies läuft auf eine willkürliche Partikularisierung und Privatisierung Gottes hinaus. Im Blick auf die Kirche spricht Barth später in dem einen Fall von der *extravertierten* und im anderen Fall von der *introvertierten* Kirche.[85] Beide Gestalten bezeichnen einen Irrweg der Kirche, auf dem sie anderen Herren als ihrem lebendigen Herrn dient.
Die Unmöglichkeit einer unpolitischen Kirche stellt Barth besonders deutlich in seinen Fragen an die Bekenntnisbewegung ›Kein anderes Evangelium‹ heraus, die sich schon in den 60er Jahren mit aufwendigen Großveranstaltungen in Szene zu setzen versuchte:

»Seid ihr willig und bereit, eine ähnliche ›Bewegung‹ und ›Großkundgebung‹ zu starten und zu besuchen: Gegen das Begehren nach Ausrüstung der westdeutschen Armee mit Atomwaffen? Gegen den Krieg und die Kriegsführung der mit Westdeutschland verbündeten Amerikaner in Vietnam? Gegen die immer wieder sich ereignenden Ausbrüche eines wüsten Antisemitismus (Gräberschändungen) in Westdeutschland? Für einen Friedensschluß Westdeutschlands mit den osteuropäischen Staaten unter Anerkennung der seit 1945 bestehenden Grenzen? Wenn euer *richtiges* Bekenntnis zu dem nach dem Zeugnis der Heiligen Schrift für uns gekreuzigten und auferstandenen Jesus Christus das in sich schließt und ausspricht, dann ist es ein *rechtes,* kostbares und fruchtbares Bekenntnis. Wenn es das nicht in sich schließt und ausspricht, dann ist es in seiner ganzen Richtigkeit *kein rechtes,* sondern ein totes, billiges, Mücken-seigendes und Kamele-verschluckendes... Bekenntnis.«[86]

Barths Frage konzentriert hier alles auf das Bekenntnis, das selbst kein politisches Bekenntnis ist, aber in seiner Ernsthaftigkeit daran zu bemessen ist, von welchem irdischen Ort aus es gesprochen wird und in welche irdische Bewegung es hineindrängt. »Im *Leben* der Kirche... fällt die Entscheidung über die Reinheit oder die Unreinheit ihrer Lehre« (KD I/2, 861). Und nachdem Barth alle traditionellen Bereiche des kirchlichen Lebens aufgezählt hat, fügt er ausdrücklich hinzu: »in ihrer Botschaft an die Welt und nicht zuletzt in ihrer konkreten Haltung gegenüber den Mächten von Staat und Gesellschaft« (ebd.). Barth hat dabei keine besondere Kontur einer christlichen Ethik im Blick, durch die sie mit besonderen christlichen Lösungen aufwarten könne, sondern es geht darum, daß sich die Kirche in ihrem Tun von den Nöten und Problemen der Welt bewegen läßt. In der Verheißung des Reiches Gottes, die ja nicht der *Gegenstand* von Theologie und Kirche ist, sondern die sie *bestimmende Wirklichkeit,* wird der Kirche der Blick für die Welt geweitet. Indifferenz wird nun zum Unglauben an die Verheißung, denn sie steht im Widerspruch zum realen Handeln Gottes.
In der Verheißung des Reiches Gottes, die unseren Blick in dieser Welt auf Kreuz und Auferstehung Jesu Christi lenkt, werden der Kirche die Augen geöffnet für den jeweils größeren Zusammenhang und die jeweils übergeordneten Gesichtspunkte. Damit wird ja nicht festgestellt, daß die Kirche nun die Probleme der Welt von einer höheren Warte aus betrachtet, sondern es wird der ethische Anspruch des Bekenntnisses unterstrichen, denn sie darf nun die Augen nicht vor dem ›geknickten Halm‹ verschließen und die Grenzen ihrer Zuständigkeit eng um das eigene Haus ziehen. Der jeweils größere Zusammenhang soll zu nichts anderem dienen als zu mehr Konkretheit, denn das Einzelereignis und das Partikularinteresse bleiben so lange abstrakt, als sie ›an sich‹ gesehen werden. Erst im realen Zusammenhang werden sie konkret. In diesem Denkgefälle – und damit schließen wir nun wieder an den Anfang dieses Kapitels

an – wird Barths Solidarität mit der sozialistischen Bewegung sowohl in ihrer entschiedenen Begrenzung als auch in ihrer Radikalität plausibel. Es ist zwar keine prinzipielle, wohl aber eine zwingende Entscheidung theologischer Zeitgenossenschaft gewesen. Insofern war sie nicht beliebig, sondern sie folgte aus der konsequenten Unterscheidung von Gottes Praxis und unserer Praxis: Gott führt sein Reich selbst herauf, das gilt es in profaner und tätiger Solidarität mit der noch nicht erlösten Welt zu bezeugen in und gegenüber den Reichen dieser Welt.
Ob die sozialistische Bewegung für uns heute noch eine verheißungsvolle Orientierung und konkrete Herausforderung darstellt, müßte genau geprüft werden. Doch wird man sich ihr wohl kaum verschließen dürfen, solange keine andere Bewegung sachlich an ihre Stelle getreten ist. (Fr.-W. Marquardt sieht heute in der ökumenischen Bewegung einen Solidaritätspartner für die christliche Gemeinde, ohne damit die Aufmerksamkeit auf den Sozialismus vernachlässigen zu wollen. Eine grundlegende Veränderung sieht Marquardt darin, daß heute die Kirche weniger auf eine politische Partei zu ihrer Blickerweiterung achten müßte, als vielmehr den verkarsteten politischen Parteien in Gestalt der ökumenischen Bewegung eine Alternative vor Augen führen könnte; denn die Kirche sei darin faktisch mehr am Ganzen orientiert als die in Blöcken fixierte Politik.[87])

III Die ›Sachlichkeit‹ der Theologie

Wenn es um das Ganze geht, was könnte da geeigneter zur Verständigung erscheinen als die Wissenschaft? Auch wenn man sich scheut, so pauschal von *der* Wissenschaft zu sprechen, traut man ihr doch einen gleichsam über den Ideologien stehenden Blickwinkel zu. Ihre Wahrnehmungen bleiben nachvollziehbar und kontrollierbar. Die Wissenschaft legt sich Rechenschaft über ihren Gültigkeitsbereich ab und meidet so weit es irgend geht alle Mutmaßungen. In diesem Sinne bemüht sie sich um größtmögliche Objektivität und setzt ihre Erkenntnisse, indem sie die Gesetzlichkeiten zu ihrer Wahrnehmung beschreibt, der Kritik auch der Unbeteiligten aus. Damit leistet sie Gewähr, daß ihre Aussagen plausibel und begründet sind und von daher – freilich unter dem Vorbehalt auf bessere Belehrung – als verläßlich gelten können. Um die Glaubwürdigkeit einer vorgetragenen Position zu desavouieren, genügt es meist, ihren Widerspruch zu wissenschaftlichen Erkenntnissen

aufzuzeigen oder auch nur die unwissenschaftliche Präsentation zu monieren.
So läßt sich die Position skizzieren, von der aus Adolf von Harnack »Fünfzehn Fragen an die Verächter der wissenschaftlichen Theologie unter den Theologen«[88] stellt, die sich auch an Barth richten (vgl. 13). Sie wenden sich energisch gegen einen vermuteten Subjektivismus, durch den alles in die Beliebigkeit des persönlichen Eindrucks gestellt wird. Harnack vermutet eine unzulässige Vermischung nun bei Barth, nämlich die Vermischung von persönlichem Glauben und wissenschaftlicher Theologie. In dieser Vermischung sieht Harnack die Theologie subjektiver Willkür ausgeliefert, die damit auf die Ebene »unkontrollierbarer Schwärmerei« (7) gerät und sich vor allen kritischen Einwänden verschließt, so daß am Ende die Wissenschaft ganz ausgetrieben ist und das Evangelium »ausschließlich in die Hand der Erweckungsprediger gegeben« (17) wird. Harnack erwartet dagegen vor allem von der historischen Wissenschaft einen festen Grund für alles Verstehen in der Theologie.
Neben der Kritik dieser Vermischung von Glauben und kritischer Erkenntnis steht die Klage über den von Barth vollzogenen Bruch mit dem Kulturprotestantismus: »Wenn Gott alles das schlechthin nicht ist, was aus der Entwicklung der Kultur und ihrer Erkenntnis und Moral von ihm ausgesagt wird, wie kann man diese Kultur und wie kann man auf die Dauer sich selbst vor dem Atheismus schützen?« (8) Das ohnehin durch Atheismus und ›Barbarei‹ gefährdete christliche Abendland erfahre nach Meinung Harnacks durch Barth eine weitere Schwächung. Die bedrohliche Destabilisierung sieht Harnack darin, daß Barths Theologie unentschlossen gleichsam »zwischen Tür und Angel hängen« bleibe, so daß sich »Durchgangspunkte christlicher Erfahrung verselbständigen und die Dauer ihrer Schrecknisse verewigen« (8). Dagegen gelte es, gerade die Verbindung zwischen Kultur, Moral und Gotteserlebnis hervorzuheben, die in der Vernunft als kritischer Instanz gegeben sei. Ohne sie bleibe der Mensch ›untermenschlich‹ und verfalle wahnhafter Sektiererei. Eben deshalb steht für Harnack die Theologie »in fester Verbindung und Blutsverwandtschaft mit der Wissenschaft überhaupt« (9), die einen von der Geschichte überkommenen Kulturauftrag zu erfüllen hat.[89]
Harnack reagiert damit auf eine Grundentscheidung der Theologie Barths, die heute in eben dieser Mischung von Abendlandsapologetik und Vertrauen in die allgemeine Wissenschaftskommunikation etwa noch von *W. Pannenberg* energisch angegriffen wird. Wenn sich die

Akzente zwischen Harnack und Pannenberg auch verschoben haben, so ist diese Verschiebung im Grunde nur die selbstverständliche Folge der historischen Entwicklung der im Prinzip gleichgebliebenen Konfliktbeschreibung. Auch Pannenberg wirft Barth vor, er habe »den theologischen Subjektivismus wider Willen auf die äußerste Spitze getrieben.«[90] Die »irrationale Subjektivität« und die durch sie eröffnete unüberschaubare »rational nicht mehr ausgleichbare(n) Pluralität von Positionen«[91] führe zwangsläufig zu einem folgenschweren Traditionsbruch mit der Geschichte und der von ihr herausgebildeten Wissenschaftlichkeit. Die »rationale Rechtfertigung der Theologie im allgemeinen« ist vor allem nötig, um der »atheistischen Religionskritik gegenüber« argumentationsfähig zu bleiben[92] und so der sich ausbreitenden Entwurzelung unserer Gesellschaft und Kultur entgegenzuwirken.

Wissenschaft meint sowohl bei Harnack als auch bei Pannenberg ›Wissenschaft überhaupt‹, den jeweils gültigen Konsens für rationale Verständigung. Sie sei die entscheidende Kommunikationsebene, auf der sich das Selbstbewußtsein des Menschen herausbildet, bewährt und auch korrigieren kann. Sie stifte den Zusammenhang und bewahre damit vor der Gefahr der Sektiererei, durch die die moralischen und kulturellen Grundlagen der Gesellschaft angegriffen und ausgehöhlt würden. Die Übereinstimmung von Harnack und Pannenberg erreicht ihre systematische Spitze darin, daß beide in der geschichtlichen Konstruktion ihres Wissenschaftsverständnisses ausschließlich die Geistesgeschichte in den Blick nehmen. Und auf dieser Ebene wollen sie dem allgemeinen Kulturzerfall Einhalt bieten. Dies sei aber nicht möglich, wenn man Gott aus ihr herausnimmt, um ihn der Kultur gegenüberzustellen, sondern dazu müsse in ihr das Wirken Gottes erkannt und gegen seine Verleugnungen verteidigt werden.

In dieser Apologetik liegt wohl das eigentliche Interesse der wissenschaftlichen Verpflichtungen auf die Geschichte. So läßt sich am einfachsten ein schützenswertes Erbe gegen die gewitterten Gefährdungen des gegenwärtigen Lebenszusammenhangs herausstreichen, ohne dabei unkritisch zu wirken – ganz im Gegenteil, man wird gerade zum kritischen Hüter der Kultur. Die unausgesprochene Grundlage dieser Geschichts- und Wissenschaftsansicht bildet ein christlich interpretierter idealistischer Geistbegriff, auf dem alle moderne Kultur substantiell gegründet sei. Von hier aus kommt der Theologie die Aufgabe zu (um es mit einer auf Harnack gemünzten Formulierung von D. Braun zu sagen), »Religion als Religion zu erhalten, d. h. ihr Besitztum zu pflegen und sich ihres Ansehens um ihres Reichtums und ihres Reichtums um ihres

Ansehens willen zu freuen.«[93] Von dieser Auffassung aus werden in mehr oder weniger versteckten Variationen bis heute die gleichen Einwände der Theologie Barths entgegengestellt. Es handelt sich also bei dem 1923 in der Auseinandersetzung mit Harnack aufgebrochenen Konflikt um eine das Zentrum berührende Kontroverse um die Theologie Karl Barths.
Der Schlüssel zu Barths Abweisung liegt darin, daß er in der von Harnack apostrophierten ›Wissenschaft überhaupt‹ im besten Fall *eine* Möglichkeit von Wissenschaft zu sehen vermag, die allerdings gerade den Anforderungen nicht genügt, die an eine wissenschaftliche und damit kritische *Theologie* zu stellen sind. Eine wissenschaftliche Form, die den zu möglichst großer Klarheit zu bringenden Inhalt auf eine ganz bestimmte Funktion hin befragt und damit vorbestimmt, kann nicht angemessen sein. Barth besteht zunächst allein auf dem sachlichen Entsprechungsverhältnis von Inhalt und Form, das höher zu bewerten ist als die Übereinstimmung mit dem historischen Konsens über das, was gemeinhin als Wissenschaft gilt. Sollte »die heutige zufällige opinio communis der Anderen wirklich die Instanz sein, von der wir unserem Tun ›Überzeugungskraft‹ und ›Wert‹ zusprechen lassen müßten?« (13) Es gibt keine ›Wissenschaft überhaupt‹, keine Wissenschaft an sich; sie ist kein allgemeingültiges Formalprinzip, das für alle Eventualitäten paßt. Der Widerspruch Barths gegen Harnack ist nun von drei zusammenhängenden Fragen geprägt: 1. nach dem besonderen *Gegenstand* der Theologie, 2. nach dem besonderen *Ort* der Theologie und 3. nach den besonderen *Aufgaben* der Theologie. Erst wenn man sich über diese drei Fragen Rechenschaft abgelegt hat, kann über die Wissenschaftlichkeit der Theologie befunden werden.

1.) Bei der Bestimmung ihrer Wissenschaftlichkeit darf die Theologie nicht von ihrem besonderen Inhalt absehen. Für Barth kommt hier wieder alles auf das Denkgefälle an. Die Theologie kann nur wissenschaftliche Theologie werden auf dem Boden ihrer »Gebundenheit an die Erinnerung, daß ihr Objekt *zuvor Subjekt* gewesen ist und immer wieder werden muß« (10). Jede Form der Wissenschaft, die Gott einfach zum Objekt erklärt, befaßt sich mit etwas Totem, das dann durch die Auslegungen des Theologen erst mühsam zum Leben erweckt werden muß. Es ist ein unumgehbares Dilemma der Theologie, daß sie nicht einfach einen solchen ausharrenden Gegenstand hat, sondern schon bevor sie überhaupt ihre Arbeit aufnimmt auf die prinzipiellen Grenzen ihres Unternehmens gestoßen wird. Barth erinnert die Theologen daran, daß in jedem Kapitel der Theologie erkennbar bleiben muß, daß es mit Gott als dem bestimmenden Subjekt rechnet. Es kann als entmündigend, aber auch als befreiend empfunden werden, daß die Theologie im Unterschied zu den anderen Wissenschaften nicht für ihren Gegenstand einstehen kann. Vielmehr wird sie gerade im Vertrauen betrieben, daß schließlich der ›Gegenstand‹ für die Theologen – und nicht nur für sie – einstehen wird. Die von Harnack für die Theologie ins Auge gefaßte Zielbestimmung, »sich des Gegenstandes erkenntnismäßig zu bemächtigen« (14), bleibt völlig ausgeschlossen.

Von der Theologie als Wissenschaft erwartet Barth, daß sie sich in diesem Sinne um ›Sachlichkeit‹ bemüht (vgl. 19). Sie strebt in ihrem Erkenntnisweg die höchstmögliche Entsprechung zu ihrem besonderen ›Gegenstand‹ an. Alle Methodenfragen müssen im Dienst dieser Entsprechung beantwortet werden. Eine theologische Methode, die die vom Bilderverbot geschützte Lebendigkeit Gottes nicht achtet, kann nicht sachlich sein, denn sie wird der Besonderheit ihres Gegenstandes nicht gerecht. Sie bemächtigt sich zwangsläufig der Wirklichkeit, in der sich Gott selbst mitteilt, und unterstellt sie ihren menschlichen Möglichkeiten. Zwar erlangt das Gottesverständnis auf diesem Weg ein hohes Maß an Plausibilität, so daß man womöglich von einem Gottes*begriff* oder gar einem Gottes*bild* sprechen mag, aber seine Gültigkeit entspricht der lediglich historisch auszumachenden Gültigkeit der jeweils zum Zuge gekommenen menschlichen Vernunft, die heute diesen und morgen jenen Prämissen folgt. In diesem Sinne bleibt die von der Vernunft hergestellte Gewißheit eine grundsätzlich relative Gewißheit, auch – oder gerade (?) – wenn sie durch historische Kritik gewonnen wurde.[94]

Daß aber die Relativität der menschlichen Vernunft von dem Gegenstand der Theologie überboten wird, zeigt Barth damit an, daß er von *Offenbarung* spricht. Sie steht für den Vollzug der Selbsterschließung Gottes. Nur wenn sich Gott von sich aus zu erkennen gibt, bekommen wir es wirklich mit ihm und nicht nur mit mehr oder weniger ›vernünftigen‹ Phantasieprodukten zu tun. Und die Theologie nimmt eben in der Behauptung ihren Ausgang, daß sich Gott *tatsächlich* dem Menschen mitgeteilt hat. Noch genauer muß man wohl sagen: die Theologie bewegt sich »immer auf dem schmalen Weg von der geschehenen Offenbarung her zu der verheißenen Offenbarung hin« (KD I/1, 13). Würde sie nicht in dieser Tatsächlichkeit mit Gottes Offenbarung rechnen, so kann sie nicht von Gott, sondern nur von sich selbst und ihrer Beeindruckbarkeit durch bestimmte Ereignisse, d. h. zu religiösen Erfahrungen stilisierte Erlebnisse oder Erkenntnisse reden. Doch damit ver-

läßt sie ihr besonderes Thema, denn als Theologen ›sollen wir von Gott reden‹.⁹⁵ Das ist das Problem: als Mensch von Gott zu reden.
Barth erinnert daran, daß die Theologie ganz und gar eine *menschliche* Anstrengung ist, wenn er gegenüber Harnack unterstreicht, »wie erschütternd relativ *Alles* ist, was man über den großen Gegenstand, der Sie und mich beschäftigt, *sagen* kann.« (30) Die Theologie kann sich auf keine besonderen und unmittelbaren Einsichten in die Wirklichkeit Gottes berufen, so daß von ihr keine ›direkten Mitteilungen‹ zu erwarten sind. In allen Mitteilungen muß zu erkennen bleiben, daß sie nicht selbst die ›Sache‹ sind, sondern nur möglichst deutliche *Hinweise* auf den lebendigen Gott. Theologische Erkenntnis und Wissenschaft müssen sich auf das *Gleichnis* beschränken. Sie fallen in die Zuständigkeit *menschlicher* Praxis und bleiben als solche konsequent vom Handeln Gottes zu unterscheiden, so wie es im vorigen Kapitel bereits unterstrichen wurde.
Die Theologie hat für Barth in diesem Sinne stets nur *relative* Bedeutung, in der sie auf Gott und den von ihm gewirkten Glauben weist. Wenn so von Relativität gesprochen wird, empfindet man schnell eine Abwertung, wenn nicht gar – wie Harnack – eine restlose Eliminierung alles Menschlichen aus der Theologie (vgl. 14 ff.). Um dem entgegenzuwirken, verwendet Barth häufig den Begriff der ›Krisis‹, in die der Mensch durch Gottes Offenbarung gerate. Häufig wird dieser Begriff falsch verstanden: im Sinne eines Vernichtungsurteils, weil er dem neuzeitlichen Erfolgs- und Fortschrittszwang kritisch gegenübertritt. Für Barth steht er dagegen im Dienst der Wiedergewinnung theologischer Sachlichkeit, indem er die Wirklichkeit Gottes und seiner Praxis den Wirklichkeitsvorstellungen gegenüberstellt, die sich der Mensch zum Schutz seiner Praxis zurechtgelegt hat. In der Krisis werden dem Menschen die Augen für seine wahre Situation geöffnet. Das Menschliche wird nicht eliminiert, sondern – wenn auch zunächst in der Form der Frage – ernst genommen: »Sollte es nicht gerade dadurch bedeutungs- und verheißungsvoll, erst wichtig und möglich werden, daß es aus dem Zwielicht vermeintlicher Erfüllung in das Licht wirklicher *Hoffnung* gerückt wird?« (28 f.)
Diese Hoffnung ist nun der Inhalt des *Glaubens,* auf den die theologische Rechenschaft ausgerichtet ist. Es ist für Barth im Blick auf das Selbstverständnis der Theologie das gleiche, ob von einem uneinholbaren Vorrang der Offenbarung für die Theologie oder vom Vorrang des Glaubens gesprochen wird. *Beide* sind unabhängig von der Theologie und gehören insofern zu ihren Voraussetzungen, als sich die Theologie

vornehmlich auf sie bezieht. *Beide* bleiben *Gottes Sache* und unterstehen nicht der Theologie. Damit ist eine folgenreiche Einsicht gewonnen: Der Glaube gehört *nicht* auf die Seite des Menschen, so sehr er auch den Menschen real betrifft. Als solcher steht er in der Theologie ebensowenig zur Disposition wie er der Theologie einen festen und kontinuierlich begehbaren Boden zu liefern vermag. Auch den Glauben kann der Mensch nur bezeugen, und dieses Zeugnis ist identisch mit dem Zeugnis von Gottes Offenbarung. Auch der Glaube vermag sich nur indirekt – im mehr oder weniger adäquaten Gleichnis – mitzuteilen. Die kritische Trennungslinie zwischen Gott und Mensch geht gleichsam durch den glaubenden Menschen hindurch. Eben deshalb ist es so naheliegend, daß sich der Mensch immer wieder an ihr vergreift, um sich wenigstens ein wenig von Gott begabt zu fühlen und wenigstens durch sein Tun ein wenig Einfluß auf das Handeln Gottes nehmen zu können.

Daß Barth diese Trennungslinie stets bewußt im Auge behält, läßt sich an der fundamentalen Bedeutung des Begriffes ›*Zeugnis*‹ für seine Theologie aufzeigen. Alles, worauf sich die Theologie bestenfalls berufen kann, ist Zeugnis. Alles, was bei der Theologie im besten Fall herauskommen kann, ist Zeugnis aus zweiter Hand, d. h. ein Zeugnis, das sich selbst auch nur an einem Zeugnis – dem biblischen Zeugnis – ausweisen kann. Das ist durchaus eine Entlastung für die Theologie, denn zum einen hat die Theologie so etwas wie eine materiale Basis, zum anderen steht sie nicht unter dem hohen Anspruch, mit ihrem Zeugnis allein für die Offenbarung einstehen zu müssen. Andererseits wird sie in Pflicht genommen, so daß sie weder einfach zu einer Funktion der abendländischen Kultur noch zu einem unkritischen Parteigänger eines allgemeinen Wissenschaftsverständnisses gemacht werden kann. Daher rückt Barth die Bibel als das *primäre* Zeugnis in den Mittelpunkt des Interesses der Theologie.

Um nun aber keinem Mißverständnis zu verfallen, betont Barth die historische Bedingtheit der Bibel. In dieser Betonung liegt auch die Zulassung *historischer Kritik*. Doch woran soll sich die Kritik schärfen? Sie läßt sich nicht einfach in einer Methode ankündigen und dann unbeirrt durchführen, sondern sie bedarf ihrerseits der kritischen Überprüfung ihrer sachlichen Angemessenheit. Harnack hatte in seinen Fragen an Barth immer wieder die historische Kritik herausgestellt, ohne aber ein anderes Kriterium als die ›Wissenschaft überhaupt‹ anzugeben. Folgender Absatz aus dem Vorwort zur zweiten Auflage des Römerbriefkommentars von Barth (1922) liest sich wie eine vorweggenommene Auseinandersetzung mit Harnack:

»*Kritischer* müßten mir die Historisch-Kritischen sein! Denn wie ›das was *dasteht*‹ zu *verstehen* ist, das ist nicht durch eine gelegentlich eingestreute, von irgendeinem zufälligen Standpunkt des Exegeten bestimmte *Wertung* der Wörter und Wortgruppen des Textes auszumachen, sondern allein durch ein *tunlichst lockeres* und williges Eingehen auf die innere Spannung der vom Text mit mehr oder weniger Deutlichkeit dargebotenen Begriffe. κρίνειν heißt für mich einer historischen Urkunde gegenüber: das Messen aller in ihr enthaltenen Wörter und Wörtergruppen an der Sache, von der sie, wenn nicht alles täuscht, offenbar reden, das Zurückbeziehen aller in ihr gegebenen Antworten auf die ihnen unverkennbar gegenüberstehenden Fragen und dieser wieder auf die eine alle Fragen in sich enthaltende Kardinalfrage, das Deuten alles dessen, was sie sagt, im Lichte dessen, was allein gesagt werden *kann* und darum auch tatsächlich allein gesagt *wird*. Tunlichst wenig darf übrigbleiben von jenen Blöcken bloß historischer, bloß gegebener, bloß zufälliger Begrifflichkeiten, tunlichst weitgehend muß die Beziehung der Wörter auf das Wort in den Wörtern aufgedeckt werden. Bis zu dem Punkt muß ich als Verstehender vorstoßen, wo ich nahezu nur noch vor dem Rätsel der *Sache*, nahezu nicht mehr vor dem Rätsel der *Urkunde* als solcher stehe, wo ich es also nahezu vergesse, daß ich nicht der Autor bin, wo ich ihn nahezu so gut verstanden habe, daß ich ihn in meinem Namen reden lassen und selber in seinem Namen reden kann.« (XII)[96]

Das ist für Barth die zwingende Konsequenz daraus, daß wir es in der Bibel nicht mit irgendwelchen Berichten oder theologisch-philosophischen Überlegungen, sondern »mit Zeugnissen und immer *nur* mit Zeugnissen zu tun haben« (24). Eine historische Kritik, die diesen Sachverhalt nicht konsequent zur Geltung bringt, mag an allem möglichen herumkritisieren, aber an das zentrale Interesse der Texte vermag sie nicht heranzuführen. Sie ist *sachlich* unangemessen und daher *wissenschaftlich* unbrauchbar. Allein um ihres Charakters als Zeugnis willen betont Barth »die restlos anzuerkennende historische Bedingtheit«[97]. Mit dem Begriff des Zeugnisses hält Barth der Vernunft und dem Wissen der historischen Kritik den besonderen Geist der Bibel entgegen. Nur wenn die Kritik zu mehr Klarheit über diesen im Zeugnis angezeigten Geist führt, kann sie theologisch Bedeutung haben. Es soll unterstrichen werden, daß jedes menschliche Zeugnis ebenso wie das Zeugnis der Bibel, das ja auch ein menschliches Zeugnis ist, »in einer bestimmten Richtung über sich selbst hinaus auf ein Anderes hinweist« (KD I/1, 114). Die Kritik dient dem Verstehen und bekundet damit gerade unser Verwiesensein auf das biblische Zeugnis. Sie dient damit ausdrücklich nicht – wie Barth es bei Harnack vermutete – der Bestätigung unseres vermeintlich überlegenen Standpunktes. Eine solche im Grunde besserwisserische historische Kritik, die in den Rang eines Dogmas erhoben ist, zählt Barth zu dem »Protest des Geistes der Neuzeit« (19), in den wir so distanzlos verstrickt sind, daß wir gar nicht in der Lage sind, ihn in seiner tatsächlichen Bedeutung und Reichweite recht zu verstehen. Deshalb fügt Barth zum »Protest des Geistes der Neuzeit« gleich in Klammern hinzu: »der sich selbst vielleicht erst verstehen lernen muß!«

Andererseits tritt Barth mit dem Begriff des Zeugnisses dem *Fundamentalismus* entgegen, der das Wort Gottes in der Bibel direkt zu finden meint. Zwar auf entgegengesetztem Weg, aber in durchaus vergleichbarer Weise wie bei der historischen Kritik mit ihrem ›Gott in der Geschichte‹ werde hier der lebendige Geist geleugnet, der sich nicht an den Buchstaben heftet. Beide Male wird der Bibel Gewalt angetan: durch den Historismus, der das biblische Zeugnis mit unserer natürlichen Vernunft in Einklang bringt, und den Fundamentalismus, der es durch »mechanische Stabilisierung« des existentiellen Hinweises auf die Lebendigkeit Gottes beraubt. Barth sieht deshalb beide einem ›historischen Relativismus‹ verfallen[98]: einmal durch die Verflüchtigung in die Geschichte, das andere Mal durch die Fixierung an dogmatisierte geschichtliche Ereignisse. Beide Male ist es nicht die im Zeugnis verborgene Sache, auf dessen Spur sich die Vernunft gesetzt weiß, sondern es wird bereits vor der Auseinandersetzung mit dem Text eine Bindung eingegangen, die nun ihre Wahrnehmungsfähigkeit gefesselt hält. Damit wird nicht nur die Theologie, sondern auch ihr Gegenstand in den Bereich hineingestellt, für den sich der Mensch zuständig fühlt, d. h. der Gegenstand wird zu einer religiösen Angelegenheit, bei der schließlich die jeweils ins Auge zu fassende Form zu ihrem Inhalt werden muß. Gegen beide Wege des Umgangs mit der Bibel stellt Barth im Grunde sehr einfach und im Blick auf die Gegenständlichkeit der Theologie auch sachlich zwingend heraus: »Theologische Exegese ist eine historisch-grammatikalische Aufgabe wie eine andere, nur daß der theologische Exeget sich grundsätzlich nicht mit seiner philosophischen Weltanschauung über den Text, sondern in der Erwartung, daß dieser Text ein Offenbarungszeugnis sei, unter ihn zu stellen hat.«[99]

2.) Alle Überlegungen über den Gegenstand und das Wesen theologischer Aussagen geraten unweigerlich von einem bestimmten Punkt an auf eine abstrakte Ebene nichtssagender Allgemeingültigkeiten, wenn sie nicht auch den besonderen *Ort* bedenken, an dem die Theologie betrieben wird. Darum geht es, wenn Barth Harnack gegenüber das dichte

Beieinanderstehen von Katheder und Kanzel betont. Wissenschaft und Predigt dürfen nicht gegenseitig außer Sichtweite geraten, sie gehören vielmehr zusammen, denn beide haben die gleiche Aufgabe. Sie können nicht – wie Harnack es tut – prinzipiell voneinander unterschieden werden, sondern nur taktisch-praktisch. Der Professor ist von der gleichen Wahrheit bewegt wie der Prediger. Es geht Barth um mehr als nur um die Verweigerung des ›Kaisergrußes‹ an eine allgemeine Wissenschaftsidee. Der innere Konflikt der Auseinandersetzung mit Harnack wird durch die Fragen nach der Angemessenheit dieser oder jener Methoden noch gar nicht erreicht. Vielmehr muß besonders die räumliche Dimension des Konfliktes herausgestellt werden.
Wenn Barth die Theologie an den Ort der Kanzel erinnert, dann wehrt er sich dagegen, daß sich die Theologie überall bereitzuhalten und anzubieten habe. Sie ist von ihrer ›Sache‹ her weniger dem – häufig eitlen – Jahrmarkt der Wissenschaft verpflichtet als vielmehr der *Kirche* als dem Ort, wo das Evangelium verkündigt und gehört wird. Nicht daß Barth mit der Kirche nun einen festen Standpunkt verbindet, wohl aber stellt er sich gegen die Allpräsenz und Allzuständigkeit der Theologen, die überall dabei sein wollen und sich deshalb dem jeweiligen wissenschaftlichen Trend unterwerfen. Um die Theologie nicht orientierungslos zwischen allem umherirren zu lassen, stellt Barth sie ganz dicht an die Kanzel und verpflichtet die Theologen darauf, die Kanzel bei allem, was sie zu tun haben, nicht aus den Augen zu verlieren. Nur wenn man die Kanzel noch im Auge hat – so könnte man die Ortsbestimmung umschreiben –, wird sich die Theologie auf all ihren je verschiedenen Wegen nicht verirren.
Damit wird noch keine Stellungnahme zur Theologie als Wissenschaft abgegeben. Vielmehr wird zunächst nur eine Platzanweisung ausgesprochen, um die Theologen von ihren allseitigen Geschäftigkeiten zunächst einmal zurückzurufen in die Kirche. Sie sollen nun nicht gleich wieder aus der Tür oder dem Fenster hinaussprechen, sondern sich drinnen umsehen in der Gemeinde und nach den Nöten der Verkündigung des Evangeliums und den Konflikten des Glaubens fragen. Die *Kirche* ist der Ort, an dem theologische Fragen gestellt werden; sie sorgt sich um das rechte Zeugnis des Evangeliums in der Welt, an das die Theologie als ihren Gegenstand gebunden ist. Die Kirche stellt nicht von außen Anfragen an die Theologie, sondern sie fragt selbst theologisch. Die Kirche ist der einzige Ort, wo der Theologie über die Bindung an ihren Gegenstand hinaus keine weiteren Bedingungen gestellt werden, sofern sie selbst allein diesem Zeugnis lebt. Allein die Kirche garantiert die

Freiheit der Theologie, die dann verlorengeht, wenn sie sich marktgerecht am allgemeinen Angebot und der jeweiligen Nachfrage orientieren würde. Nur dort, wo das Evangelium gehört wird, stellen sich überhaupt die Fragen nach der Angemessenheit unseres Redens und Denkens über Gott. Die Theologie hat nur da Relevanz, wo dem Wort Gottes *geantwortet* wird, – das meint nämlich Zeugnis. Sie ist – ebenso wie sich »die Jurisprudenz zum Staat und seinem Recht verhält«[100] – »eine Funktion der Kirche« (KD I/1,1). Dabei dient die Theologie nicht der Kirche, weil es in erster Linie um die Kirche ginge, sondern weil sie immer neu um die Klarheit dessen ringt, was sie als Wahrheit glaubt und verkündigt: Die alles verändernde Verheißung für die Welt und die darin aufgehobene Bestimmung des Menschen. Freiheit und Bindung sind unauflöslich miteinander verknüpft:

»Sie [die Theologie] ist die freieste, sie ist aber auch die gebundenste unter allen Wissenschaften. Sie darf allen Fragen nach ihrem Recht gegenüber schlicht auf die Kirche und auf die die Kirche begründende göttliche Offenbarung verweisen. Das ist aber auch die einzige Antwort, die sie zu geben vermag und gerade mit dieser einzigen Antwort entkleidet sie sich alles selbständigen Rechtes.«[101]

Niemals steht für Barth die Wichtigkeit der Theologie als solche zur Debatte. Er erinnert die Theologen immer wieder daran, daß die Theologie sich nicht selbst empfehlen kann, da sie für das, wovon sie Rechenschaft ablegt, nicht selbst einstehen kann. Und so vermag sie auch nicht ihren Gegenstand besonders wichtig zu machen, um damit der Welt einen allgemeinen Respekt abbitten zu können. Sie ist nicht die Instanz, die die Welt von ihrem Zweifel befreit, indem sie etwa in der Gestalt einer positiven Theologie den einen Recht gibt und die anderen ins Unrecht versetzt. Vielleicht liegt gerade in dieser prinzipiellen Unzulänglichkeit der Theologie ihre bleibende Anstößigkeit, die zugleich auch die Anstößigkeit der Kirche sein sollte. Denn sie bescheidet sich nicht aus der Einsicht, daß eben ›alles relativ sei‹, zu ihrer Relativität, sondern erkennt sie in der absoluten Überlegenheit Gottes. Relativität bedeutet in diesem Sinne keine Abkehr von der Wahrheits*frage*, sondern nur ein Zurücktreten von dem Anspruch des Wahrheits*besitzes*. Die Theologie ist der Wahrheit gegenüber relativ. ›Relativ‹ heißt aber ebenso ›bezogen auf‹: in diesem Sinne muß sie relativ zur Wahrheit, aber auch zur Kirche und zu ihrer Zeit und Geschichte bleiben. In dieser Bezogenheit auf die von ihr angezeigte Wahrheit verbirgt sich ein Angriff auf alle anderen Wahrheitsansprüche, ja auf *jeden* vom Menschen erhobenen Wahrheitsanspruch. Das bringt der Theologie den Verdacht ein, daß sie ein unzuverlässiger Parteigänger sei. Womöglich ist eine Theologie nur dann rechte Theologie und eine Kirche nur dann rechte Kirche, wenn dieser Verdacht geäußert wird, wenn man ihnen diese tatsächliche Freiheit zum Vorwurf macht.

3.) Doch diese Freiheit ist alles andere als willkürlicher ›Subjektivismus‹, als ein Freibrief zu ›irrationaler Subjektivität‹ oder ein Einfallstor für ›gnostischen Okkultismus‹ (9). Die kritische Vernunft darf nicht entlassen werden. Wenn nun nach den Aufgaben der Theologie gefragt werden soll, kommt es vielmehr darauf an, der Vernunft eine möglichst klare Bestimmung zu geben. Wir müssen uns zunächst Rechenschaft über den Begriff der *Vernunft* ablegen. Es gibt keine Vernunft an und für sich, ebensowenig wie sich abstrakt sagen läßt, was denn vernünftig ist. Sie partizipiert nicht am absoluten Geist, sondern an unseren Wünschen und Interessen, denen wir mit Hilfe der Vernunft zur Argumentation verhelfen. Sie ist ein *Rationalisierungsinstrument*, das nicht sich selbst gehorcht, als sei Rationalität schon in sich etwas richtungsweisendes. So wie jedes Instrument hat sie dienende Funktion mit gewissen Möglichkeiten und ebenso gewissen Grenzen, wie jedes andere Werkzeug auch. Es waren vor allem M. Horkheimer und Th. W. Adorno, die uns später die Unausweichlichkeit der »Kritik der instrumentellen Vernunft« vor Augen geführt haben[102].

Die Vernunft kann sich – wie bei Harnack – einem idealistischen Geschichtsverständnis dienstbar machen, um sich auf den Flügeln der Geistesgeschichte über die Gräben und Abgründe der sozialen Konflikte hinweghelfen zu lassen. Ebenso bereitwillig kann sie – entweder mit Hilfe einer allgemeinen Religionsvorstellung oder über die Psychologie bzw. einer bestimmten Emanzipationsidee – den unbegrenzbaren Bedürfnissen des Individuums dienen. Schließlich hält sie sich keineswegs weniger geschmeidig für politische und ökonomische Ideologien bereit, für Wachstum und Fortschritt gleichermaßen wie für besondere historische Stunden oder gar den Glauben an die Evolution der Menschheitsgeschichte. In dieser nicht erst in der Neuzeit aufgebrochenen allseitigen Bereitwilligkeit hat Luthers Formulierung von der ›Hure Vernunft‹ ihren begründeten Halt.

Die Kontrollinstanzen der Vernunft müssen stets neu kontrolliert und abgewogen werden. Nur ein solcher Vernunftgebrauch ist ›vernünftig‹, der zugleich auch Vernunfts*kritik* ist, und das meint: ideologiekritische Aufklärung der jeweiligen Indienstnahme der Vernunft. Das gilt auch für den theologischen Vernunftgebrauch. Dabei bleibt für die Theologie zu beachten, daß es nicht um die Evolution durch neue Ideen oder Zeitumstände geht, sondern um die ständige Reorganisation der Vernunft im Zusammenhang mit den je neuen Zeitumständen. In jeder Zeit muß die Theologie neu zu ihrer ›Sache‹ finden.

In der Theologie wird die Vernunft in den Dienst des *Glaubens* gestellt. Der Glaube ist dabei aber keine subjektive, persönliche Angelegenheit, die nun erst mit Hilfe der Vernunft kommunikabel gemacht werden muß. Dann würde die Individualität der Ausgangspunkt des Fragens sein und die Vernunft hätte dazu die größeren Zusammenhänge herzustellen. Die Vernunft hätte gleichsam die subjektive Erregung des Glaubens auf ihren ›objektiven‹ Gehalt hin zu befragen, um diesen dann – möglichst attraktiv – als bedeutungsvoll herauszustreichen. Ihre Aufgabe wäre es, eine Art Abstraktionsvorgang zu vollziehen mit der Maßgabe, ein subjektives Geschehen so zu präsentieren, daß es allgemein nachvollziehbar wird. Bei genauerem Hinsehen handelt es sich hier allerdings nicht um den Weg vom Besonderen zum Allgemeinen, sondern um den umgekehrten Weg. Das läßt sich daran zeigen, daß eine Interpretation des individuellen Glaubenserlebnisses überhaupt nur möglich ist, wenn bereits von der Annahme der allgemeinen Relevanz des sich je persönlich anzeigenden Glaubens *ausgegangen* wird. Das kann auch gar nicht anders sein, wenn man die entscheidenden Aufschlüsse von der Erklärungskraft der Vernunft erwartet, denn diese arbeitet grundsätzlich mit allgemeingültigen oder zumindest für allgemeingültig gehaltenen bzw. dazu erklärten Orientierungen, ohne die sie sich nicht als vernünftig darstellen kann. Der *Vorrang* des Glaubens verkümmert dann zu dem schlichten *Vorgang* des Glaubens, wobei alles von dem Vorrang der Vernunft und ihren historischen Plausibilitätskategorien abhängig wird.

Gegen diesen Weg hat sich Barth zeitlebens gestellt. Wenn Barth die Theologie und somit die Vernunft in den *Dienst* des Glaubens stellt, dann bleibt der Vorrang des Glaubens bzw. der Offenbarung unangetastet. Ja man kann sogar sagen, daß Barths ganzes Engagement der Unterordnung unserer Erkenntnis unter den prinzipiellen ›Vorsprung der Bibel‹[103] gilt, der seinerseits auf Gottes reales Handeln am Menschen in Wort und Tat verweist. Die Vernunft wird hier nicht als übergeordnete *Interpretationsinstanz*, sondern als ein nüchternes *Rezeptionsorgan* angesprochen, d. h. sie hat nicht zu kategorisieren oder gar zu beurteilen, sondern wiederzugeben. In diesem Zusammenhang heißt Denken konsequent *Nach*denken. Die von sich aus nicht zur Objektivität fähige Vernunft wird in ihren theologischen Diensten zu größtmöglicher Ob-

Der Katze die Schelle umhängen

jektivität genötigt. Zwar vermag sie der aktuellen Tatsächlichkeit der Wirklichkeit Gottes – und das meint hier Objektivität – niemals gerecht zu werden – und deshalb bleibt die Theologie eine unabschließbare Aufgabe –, denn sie kann sich als intelligenter Verwalter der subjektiven Interessen des Menschen niemals ganz zurücknehmen, aber dennoch fällt es vornehmlich ihr zu, den Menschen vor dem Okkultismus seiner wirren Gefühlsbewegungen ein wenig in Schutz zu nehmen.

Hier bekommt die auf das biblische Zeugnis aufmerksame Vernunft nun auch eine durchaus *kritische* Aufgabe. Da sie die Wahrheit immer nur in Annäherungen und diese Annäherungen auch nur in je konkreten historischen Situationen aussprechen kann, gibt es prinzipiell keine gesicherte menschliche Rede von Gott. Die Theologie kann sich deshalb »auch nicht als Wahrheitsforschung... gebärden«[104]. Jede in der Not des Zeugendienstes riskierte Aussage über Gott und d. h. auch jede für den Dienst der Kirche riskierte ›kirchliche Dogmatik‹ bleibt *subjektiv*, d. h. getrübt von der menschlichen Eigenwilligkeit und der zwangsläufig partikularen Historizität. »Dogmatik muß sein, weil Verkündigung fehlbares Menschenwerk ist.« (KD I/1, 84). Das Reden der Kirche bleibt stets vorläufig und damit kritisierbar, d. h. am Zeugnis der Bibel immer wieder neu zu bewährende Rede. Hier hat die Theologie und in ihrem Dienst die Vernunft ihre kritische Aufgabe, die Barth auch als die *Demut* der Theologie beschreiben kann:

»Die Theologie ist wie alle anderen Funktionen der Kirche ausgerichtet auf das Faktum, daß Gott gesprochen hat und daß der Mensch hören darf. Die Theologie ist ein besonderer Akt der Demut, die dem Menschen durch dieses Faktum geboten ist. Darin besteht dieser besondere Akt der Demut: in der Theologie versucht die Kirche, sich immer wieder kritisch darüber Rechenschaft zu geben, was das heißt und heißen muß vor Gott und vor den Menschen: Kirche zu sein. Existiert doch die Kirche als eine Versammlung von Menschen, und zwar von fehlbaren, irrenden, sündigen Menschen. Nichts ist weniger selbstverständlich als dies, daß sie immer aufs Neue Kirche wird und ist. Sie existiert unter dem Gericht Gottes. Eben darum kann es nicht anders sein, als daß sie sich auch selbst richten muß, nicht nach eigenem Gutdünken, sondern nach dem Maßstab, der identisch ist mit ihrem Existenzgrund, also nach Gottes Offenbarung und also konkret nach der heiligen Schrift. Und eben dies: Die immer wieder notwendige und gebotene Selbstprüfung der Kirche am Maßstab des göttlichen Wortes ist die besondere Funktion der Theologie in der Kirche.«[105]

Barth kann auch vom *Wächteramt* der Theologie sprechen. Nicht weil er nun ihr die Rolle des Lehramtes zumißt, sondern weil sie gerade umgekehrt ständig vor allen Versuchungen theologischer, kirchlicher und praktischer Lehramtlichkeit zu warnen hat. Sie wacht über die ständig zu beachtende Unterscheidung zwischen Gottes eigenem Wort und unserem menschlichen Zeugnis. »Der theologische Irrtum ist diejenige relative Wahrheit, die sich als solche absolut und an die Stelle der Wahrheit Gottes setzen will. Die Theologie hat ihm gegenüber zur Einkehr und Umkehr aufzurufen.«[106]

Kehren wir nun zum Ausgangspunkt dieses Kapitels zurück, zur Frage nach der Wissenschaftlichkeit der Theologie: Für Barth ist die »Frage ob die Theologie überhaupt eine ›Wissenschaft‹ sei... auf keinen Fall eine Lebensfrage für die Theologie« (KD I/1, 5). Vielmehr stellt sich die Frage für Barth stets umgekehrt. Nicht die Übereinstimmung mit aktuellen Wissenschaftsvorstellungen, sondern die Bindung an Gegenstand, Ort und Aufgabe der Theologie ist entscheidend. Wird allerdings die von der Theologie geforderte Disziplin in ihrem präzisen und kritischen Sinn tatsächlich aufgebracht, dann kann sie mit Fug und Recht als Wissenschaft betrachtet werden, denn sie ist nicht subjektiven Einstellungen verpflichtet, sondern einem besonderen *Gegenstand*. Ihre Erkenntnis ist auch im Blick auf die zu wählenden *Erkenntniswege* an diesen Gegenstand insofern gebunden, als nicht jeder Weg sachgemäß ist. Und schließlich setzt sich die Theologie der *Kritik* aus, indem sie nicht einfach einen Erkenntnisweg behauptet, sondern diesen beschreibt und nachvollziehbar macht.

Alles entscheidet sich hier an der Ausrichtung an dem besonderen Gegenstand, der weder in seiner Tatsächlichkeit noch in seiner spezifischen Inhaltlichkeit von den Beschreibungen der Theologie abhängig ist. Diese Unverfügbarkeit ihres Gegenstandes gibt dem Prinzip der Sachgemäßheit in der Theologie seinen »ärgerlich unbestimmbaren Sinn« (KD I/1, 7), der es der Theologie auch unmöglich macht, ihre spezifische Andersartigkeit gegenüber dem allgemeinen Wissenschaftsverständnis plausibel zu rechtfertigen. »An der Gegensätzlichkeit des Willens, das theologische Thema aufzunehmen oder nicht aufzunehmen, muß jeder Versuch dieser Art schon im Keime zuschanden werden.« (KD I/1, 8). Es wäre ja in jedem Falle eine apologetische Bezugnahme auf den allgemeinen Wissenschaftsbegriff.

Umgekehrt gibt Barth nicht einfach den Wissenschaftsbegriff für die Theologie auf, zumal es generell keine Instanz gibt, die über Wissenschaftlichkeit oder Unwissenschaftlichkeit verbindlich verfügen könnte. Vielmehr unterstreicht die Bezeichnung ›Wissenschaft‹ in besonderer Weise den *menschlichen* Charakter der Bemühungen und der Theologie und »erinnert sie... daran, daß sie eben *nur* ›Wissenschaft‹ ist und also an die ›Profanität‹, in der sie auch in ihrem relativ besonderen Weg auch in den höchsten Regionen ihr Werk tut« (KD I/1, 9). Der Akzent ist hier gegenüber Harnack deutlich anders gesetzt. Während Harnack in der Übereinstimmung mit der ›Wissenschaft überhaupt‹ den besonderen Adel der Theologie sieht, liegt für Barth in der Wissenschaftlichkeit der Theologie gerade das Signum ihrer prinzipiellen Bescheidenheit, sowohl von ihrer ›Sache‹ als auch von dem der Wissenschaft zu zollenden Respekt her. Mit dieser merkwürdigen Schwebe zwischen Nein und Ja zur Wissenschaft in je seinem spezifischen Recht wird sich die Theologie abzufinden haben:

»Die populäre Scheu vor der Theologie (und in der Theologie vor der Dogmatik insbesondere) ist nur zu wohl begründet. Immer scheint sich hier der Mensch zu viel anzumaßen und immer scheint er hier nach aller gehabten Mühe doch mit leeren Händen dazustehen. Immer scheint hier ein Versuch am untauglichen Objekt und mit ungenügenden Mitteln vorzuliegen. Und viel zu sehr ist es im Wesen der Sache begründet, daß dieser Schein möglich ist, als daß er etwa durch einen Wechsel der Methode auf die Dauer abzuwehren wäre.« (KD I/1, 22)

IV Die Grenze der Staatsbürgerpflicht

Besonders empfindlich erweist sich die Frage nach der Zeitgenossenschaft von Theologie und Kirche, wenn sie im Blick auf die Loyalität gegenüber dem Staat gestellt wird. Es gehört zu den prägenden Hervorbringungen der Neuzeit, daß der Staat in der Gestalt des Nationalstaates in allen öffentlichen Belangen zur obersten und damit maßgebenden Instanz aufgerückt ist. Selbst wenn man heute Einschränkungen machen muß, so hat der Staat auch in seiner modernen demokratischen Gestalt seinen Absolutheitsanspruch keineswegs zurückgenommen. Als Einschränkung ist einmal in Anschlag zu bringen, daß inzwischen die internationale Wirtschaft mit ihren transnationalen Konzernen ihre Bedingungen weitgehend den Regierungen der Nationalstaaten diktieren kann. Zum anderen ist die Souveränität der Nationalstaaten dadurch eingeschränkt, daß beinahe alles Geschehen auf der politischen Weltkarte von zwei sich gegenseitig mißtrauisch bedrohenden Militärblöcken bestimmt wird. Beide Einschränkungen beschneiden zwar die nationale Souveränität der Staaten, erweitern auf der anderen Seite aber die staatlichen Befugnisse gegenüber der eigenen Bevölkerung. Nicht zuletzt fördert heute vor allem der Sicherheitsaufwand, der in militärischer

Hinsicht oder zum Schutz gefährlicher oder brisanter Hochtechnologien betrieben wird, die auf eine Totalisierung des Staates zielenden Entwicklungen. Eben deshalb gehört zu den aktuell-nervösen Problemen unserer Zeit die Frage nach der Treuepflicht gegenüber dem Staat, und zwar durchaus unabhängig von der jeweiligen Staatsform, womit die Differenzen ja nicht in Abrede gestellt werden sollen.

Barth wird mehrfach in seinem Leben direkt mit der Frage nach der Loyalität gegenüber dem Staat konfrontiert. Ich wähle zwei Beispiele aus: einmal das Abverlangen des Treueids auf den Führer von seiten des totalen Staates im nationalsozialistischen Dritten Reich, zum anderen die Auseinandersetzung um den Vorwurf, Barths Theologie sei staatsfeindlich, wie er im Zuge des kalten Krieges am Anfang der 50er Jahre auf dem Boden der demokratischen Schweiz erhoben wurde. Beide Male geht es um die vorbehaltlose Anerkennung staatstragender ›Prinzipien‹: einmal um die vorbehaltlose Unterwerfung unter den Führer Adolf Hitler, und das andere Mal um den prinzipiellen Antikommunismus des am Westblock orientierten Freiheitsverständnisses. Beide Male geht es um den staatlich erhobenen Anspruch auf die Unterordnung der Theologie unter die Machtinteressen des Staates und damit um die der Theologie abverlangte Anerkennung des so oder so gearteten uneingeschränkten Souveränitätsanspruchs des Staates gegenüber seinen Bürgern.

a) Am 5. November 1934 meldet der Rektor der Universität Bonn, Hans Naumann, dem Reichskultusminister Bernhard Rust:

»Leider habe ich einen peinlichen Vorfall zu melden, der zu schweren Folgen führen kann. Es erschien bei mir anläßlich der bevorstehenden Vereidigung des noch unvereidigten Teils der hiesigen Dozentenschaft der Professor der protestantischen Theologie Dr. Karl Barth und erklärte, er könne den Eid nur leisten mit dem Zusatz: ›soweit ich es als evangelischer Christ verantworten kann‹. Ich habe den Eindruck, daß Barth nach einen Martyrium sucht, und daß seine Absetzung ein vielleicht erwünschtes Signal für neuen, großen Aufruhr in der protestantischen Kirche wäre. Es handelt sich ja um einen weltbekannten Theologen, das Haupt einer ungeheuren Anhängerschaft in aller Welt. Barth ist geborener Schweizer. Meine Vorstellungen, daß die Freiheit des Christenmenschen von dem Eide gar nicht berührt werde, fruchteten nichts. Ich übersehe natürlich nicht, ob der Fall vereinzelt dasteht, und bitte um Anweisung, was ich zu tun habe. Ließe sich ein Skandal vermeiden, so wäre das sehr gut.
Heil Hitler!
[gez.] Naumann«[107]

Barth ist also durchaus bereit, den Beamteneid abzulegen, aber nur mit dem genannten Vorbehalt. Bereitschaft und Vorbehalt zeigen den Loyalitätskonflikt an, in den sich Barth versetzt sah. Barth bestreitet dem Staat nicht das Recht, seine Beamten in besonderer Weise zur Loyalität dem Staat gegenüber zu verpflichten – ob das in der Form eines Eides zu geschehen hat, mag dahingestellt bleiben –, aber er widersetzt sich der Verpflichtung auf eine Person. Die Eidesformel lautete: »Ich schwöre: Ich werde dem Führer des Deutschen Reiches und Volkes, Adolf Hitler, treu und gehorsam sein, die Gesetze beachten und meine Amtspflicht erfüllen, so wahr mir Gott helfe.« Barth war von vornherein deutlich, daß es der Sinn dieses Eides war, jeden Vorbehalt gegenüber Adolf Hitler auszuschalten. Damit war der ›status confessionis‹ gegeben. Es ist der Treueschwur auf den Führer und nicht die Verpflichtung auf Gesetz und Amtspflicht, dem Barth mit seinem Vorbehalt eine Grenze setzen will, denn:

»Die Verpflichtung auf den Führer Adolf Hitler ist nach der für die Interpretation maßgebenden nationalsozialistischen Auffassung eine Verpflichtung von unendlichem, also unübersichtlichen Inhalt. Soll die Verpflichtung auf den Führer Adolf Hitler durch einen Eid bekräftigt werden, so kann dies nur mit einem Zusatz geschehen, der ihren Inhalt begrenzt, das heißt zu einem endlichen und also übersichtlichen macht.« (54)

Das folgende Dienststrafverfahren gegen Karl Barth stellt dann am 20. 12. 34 auch ganz ohne Umschweife die vom Rektor Naumann in dem oben zitierten Brief an den Reichskultusminister erwähnte Interpretation ins Unrecht, daß die Freiheit des Christenmenschen durch den Eid nicht berührt werde. Der Vertreter der Staatsanwaltschaft stimmt, wenn auch nicht in der Formulierung so aber doch sachlich mit Barths Interpretation der Eidesformel überein und bestätigt, daß Barth den Sinn jenes Eides vom Eidnehmer aus richtig begriffen hat:

»Die in der Eidesformel enthaltene Anrufung Gottes soll lediglich besagen: *Der Schwörende ruft Gott zum Zeugen dafür an, daß er das in dem Eid enthaltene Versprechen der Treue und des Gehorsams gegenüber dem Führer abgegeben habe.* Ob nun das, was auf Grund dieser Treue- und Gehorsamspflicht von dem Beamten verlangt wird, im Einklang mit dem Gebote Gottes steht – die Entscheidung darüber liegt nicht bei dem einzelnen Beamten, *sondern allein und ausschließlich beim Führer selbst,* den Gott auf seinen Platz gestellt hat, und dem man daher auch das *blinde Vertrauen* schenken kann und muß, *daß er auf Grund seines besonderen Verhältnisses zu Gott nichts von seinen Untergebenen verlan-*

gen wird, was Gott verbietet. Daß der Beamte dieses bedingungslose und rückhaltlose Vertrauen zum Führer haben und ihm allein deshalb ein für alle Male die Entscheidung überlassen soll, ob zwischen seinen Befehlen und Anordnungen und dem Willen Gottes kein Widerspruch besteht, *darin liegt gerade der Sinn des auf die Person des Führers geleisteten Treueides. Treue kann immer nur bedingungslos versprochen werden. Eine Treue unter Vorbehalt gibt es nicht.«* (96)

Barth hatte am 5. 12. 1934 an Hans v. Soden in Marburg geschrieben:

»Der Sinn und Wille des Nationalsozialismus ist aber der, daß wir es in Adolf Hitler mit einem Zaren und Papst in einer Person, theologisch genaugenommen würde man zweifellos sagen müssen: mit einem inkarnierten Gott zu tun haben. Ein Eid auf Hitler nach nationalsozialistischer und also maßgeblicher Interpretation bedeutet, daß sich der Schwörende mit Haut und Haar, mit Leib und Seele diesem einen Manne verschreibt, über dem es keine Verfassung, kein Recht und Gesetz gibt, dem ich zum vornherein und unbedingt zutraue, daß er ganz Deutschlands und so auch mein Bestes unter allen Umständen weiß, will und vollbringt, von dem auch nur anzunehmen, daß er mich in einen Konflikt führen könnte, in dem er Unrecht und ich Recht hätte, schon Verrat wäre, dem ich mich also, wenn ich ihm Treue und Gehorsam schwöre, entweder den Einsatz meiner ganzen Person bis auf meine verborgensten Nachtgedanken oder eben gar nichts zuschwöre. Ein Vorbehalt bei diesem Eid ist nicht nur nicht selbstverständlich sondern unmöglich. Es ist ihm wesentlich, daß er mich auf eine schlechthin unendliche, schlechthin unübersichtliche Weise verpflichten will.« (271)

Dem aufgebrochenen Gegensatz mißt Barth theologisch prinzipielle Bedeutung zu. Es geht um die Unantastbarkeit Gottes. Barth stellt nicht etwa dem totalen Staat eine andere Staatsform gegenüber. Er diskutiert nicht über politische Alternativen bzw. Wunschvorstellungen, sondern stellt sich nüchtern auf den Boden der historisch gegebenen Umstände. Denn *prinzipiell* läßt sich die eine Staatsform nicht von der anderen abheben. Es sind alles relative Lösungen, unter denen weder die eine von Gott noch die andere vom ›Teufel‹ ist. Deshalb soll uns die Form der staatlichen Ordnung zwar nicht gleichgültig sein – Barth spricht sich verschiedentlich deutlich für die Demokratie aus –, aber in dem konkreten Konflikt stand nicht die Staatsform zur Debatte, sondern die unüberschreitbare Grenze, die einem jeden Staat gesetzt ist. Diese Grenze ist für die christliche Gemeinde mit dem Bekenntnis zu Jesus Christus als dem lebendigen Gott gegeben. Es geht um die Frage, wem wir uns mit unserem ›Leben und Sterben‹ anvertrauen wollen. Damit ist deutlich, daß es sich bei der Verpflichtung auf Adolf Hitler nicht um eine politische, sondern um eine theologische Frage handelte. Deshalb konnte dieser Frage auch keine politische Antwort gerecht werden. Die Reaktionen seiner ebenfalls betroffenen Kollegen bleiben sehr zurückhaltend bis hin zur gehässigen Ablehnung. Barth hat sich mit dem Vorwurf auseinanderzusetzen, er handle lediglich auf Grund übertriebener Gewissensskrupel. Wenn Barth sich dagegen in den status confessionis versetzt sieht, in dem er stellvertretend für die schweigende Kirche das ausspricht, »was normalerweise die Kirche für mich tun müßte« (273), dann erwartet er nicht erst in der Zukunft irgendwelche Konflikte, sondern er alarmiert die Kirche damit, daß dieser Konfliktfall bereits eingetreten ist. Dabei beruft sich Barth gerade nicht auf das Gewissen, dem auch subjektive Beweggründe zugestanden werden. Der status confessionis folgt vielmehr einer konkret beschreibbaren Situation, deren Anstößigkeit jedem in die Augen springt, der sie bewußt betrachtet. In diesem Sinne entspricht der status confessionis der Wahrnehmung »der nationalsozialistischen Wirklichkeit, in die dieser Eid hineingehört« (ebd.), nämlich der Einsicht, daß sich dieser Staat

»eben nicht damit begnügte, ›Obrigkeit‹ zu sein, sondern [daß er] wie jenes Fischers Frau durchaus der liebe Gott sein wollte. So kann ich nicht zugeben, daß mein Einspruch auch nur *formal* d. h. wegen seiner Subjektivität absurd sei: Er wäre es, wenn der Staat, der diesen Eid fordert, gewisse Einsprüche selbst als notwendig und selbstverständlich voraussetzte. Das tut dieser Staat nicht. Wie soll es da anders sein, als daß nun doch die Subjektivität gegen – nein *für* ihn in die Schranken tritt? Für ihn, sofern sie ihn mit ihrem Einspruch bittet, wieder Obrigkeit und damit wieder wirklicher Staat zu werden.« (272)

Barth interpretiert seine eigene Rolle in diesem notwendigen Widerspruch der Kirche in der Weise, daß er feststellt, »daß nun eben irgend jemand der Katze die Schelle angehängt hat« (274). Doch hat es erst einmal geläutet, dann ist die ganze Kirche aufgerufen, aus der Verantwortung vor dem Evangelium zu prüfen, ob es sich da um eine Anzeige einer bisher unerkannten Gefahr für die Kirche oder nur um einen etwas voreiligen Alarm auf Grund einer irrigen Einschätzung der tatsächlichen Situation handelt. Eben diese Frage mutete Barth mit seinem Vorbehalt gegenüber dem »Totalitätseid«[108] der Beamten auf den Führer der Kirche zu, was von der Kirche dann weithin eher als Zumutung empfunden wurde.[109]
Als beispielhaft für die taktierende Haltung der Kirche, die Barth mit keiner offiziellen und verbindlichen Stellungnahme zur Eidesfrage unterstützte, kann etwa die Haltung von R. Bultmann und von H. v. Soden

angesehen werden, die insofern besonders zu einem Vergleich mit Barth einlädt, da beide in der gleichen Beamtensituation wie Barth standen, aber keinen Grund sahen, den Treueid in der vorgegebenen Formulierung zu verweigern. Auf der einen Seite erkennen beide, daß der Eid jeden Vorbehalt gegenüber dem Staat ausschalten soll, auf der anderen Seite sehen sie in dem Eid noch keinen Konfliktfall. Die Argumentation zielt darauf, daß es im Grunde erst noch viel schlimmer und konkreter kommen müsse, bis es sich lohne, mit dem Staat in einen Streit zu treten und seine eigene berufliche Existenz aufs Spiel zu setzen. Deshalb spielen beide die Bedeutung des Eides herunter, indem sie dem Staat das Recht zubilligen, einen solchen Eid zu fordern, wobei sie nun den Vorbehalt des Glaubens einreihen in eine ganze Palette möglicher Vorbehalte, auf die sich der Staat ja unmöglich einlassen könne. H. v. Soden schreibt am 2. 12. 1934 an Barth:

»Der Staat kann eine derartige Klausel niemandem zugestehen; vom Staate her gesprochen wäre sie eine staatlich unmögliche Privilegierung. Was Sie für das christliche Gewissen fordern, könnte – vom Staat aus gesehen – ein anderer für sein deutsches Gewissen fordern und ein dritter für sein menschliches und ein vierter für sein wissenschaftliches und ein fünfter für sein Gewissen als Familienvater usw. In Wahrheit fordert der Eid von Ihnen gar nichts, was nicht schon bisher von Ihnen gefordert worden und die Voraussetzung Ihres Beamtenverhältnisses gewesen ist. Dieses Verhältnis als für Sie nicht haltbar aufzugeben, muß Ihnen jederzeit unbenommen bleiben; es von jetzt an für Sie unter von Ihnen zu setzende Bedingungen zu stellen, ist dagegen ausgeschlossen.« (265 f.)

Hier wird ein Staatsverständnis sichtbar, in dem der Staat in unproblematisierter Selbstverständlichkeit *totaler* Staat sein kann. Doch das taktische Kalkül all dieser Einwände tritt erst dann deutlich hervor, wenn gegen Barth der Vorwurf erhoben wird, er gefährde durch seine Einzelaktion die Bekenntnisfront der Kirche, denn Barth leiste »unvermeidlich dem Verdacht Vorschub..., daß die Bekenntnisfront gegen den legitimen Anspruch des Staates stehe und eine unevangelische Autonomie der Kirche im Staat verfechte« (266). Daß es hier weniger um begründete Positionen als um zurechtgelegte Rechtfertigungsargumentationen für ihre eigene Gefügigkeit ging, wird darin deutlich, daß Bultmann und v. Soden in dem Moment, wo sie für Barths Anliegen eine politische Chance erblicken – nachdem sie zunächst Barth zur Zurücknahme seiner Bedenken aufgefordert hatten – nun Barth ermuntern, die nächste Instanz anzurufen, nachdem der Prozeß in erster Instanz verloren war[110]. Barth soll nun gleichsam in einem Musterprozeß allein und ohne

jede Hilfe der Kirche durchprobieren, welchen Bekenntnisspielraum der Staat seinen Bürgern einzuräumen bereit ist. Und je nachdem, wie das Urteil ausfallen wird, ließen sich dann nachher auch Empfehlungen für das Verhalten der Kirche aussprechen.
Auch die Bekennende Kirche verstrickt sich in kirchenpolitisch motivierte Zurückhaltung, um mit dem Staat nicht in Konflikt zu geraten, anstatt ein eindeutiges Wort in der Eidesfrage zu sagen, das der von Barth angezeigten theologischen Herausforderung gerecht zu werden versucht. Und so wird Barth in die Rolle des Störenfriedes gedrängt, daß Marahrens sogar zu behaupten wagt, daß »Karl Barth die größte Gefahr für die Deutsche Evangelische Kirche« sei (39). Man geht Barth aus dem Weg, indem man seine unbequemen theologischen Vorbehalte, die die Kirche an ihre ›Sache‹ erinnern wollten, einfach auf die politische Ebene verschiebt, so daß man als Kirche – abgesehen von persönlichen »Sympathiekundgebungen und Postulaten« (347) – weithin Stillschweigen bewahren konnte. Als politische Angelegenheit wird der Konflikt zu Barths persönlicher Angelegenheit erklärt (vgl. 153).
Auf diese Weise verschafft sich die Kirche einen im Grunde beliebig ausdehnbaren Spielraum. Dieser bis heute immer wieder genutzte Spielraum wird mit Hilfe zweier Variablen offengehalten, deren Zusammenspiel die gewünschte Beliebigkeit garantiert. Auf der einen Seite steht die neuzeitliche Trennung von Theologie und Politik. Auf der anderen Seite steht die auch die Kirche betreffende Unterstellung, daß alles Erkennen, Denken und Handeln heute vor allem politischen Charakter habe. Auf den ersten Blick scheinen sich die beiden Grundsätze auszuschließen. Sie fügen sich aber kooperativ zusammen, entweder wenn man theologischen Einspruch aus politischen Gründen abwehren will oder aber sich eine Legitimation sucht, um konkrete politische Verhältnisse theologisch interpretieren zu dürfen. Da beide Interessen – Isolierung und Identifikation – meist zusammengehen, bedarf es nur einer jeweiligen Umakzentuierung im Zusammenspiel beider Variablen, so daß sich unschwer jede politische Konstellation als unantastbar sowohl von seiten der Theologie als auch von der politischen Seite aus darstellen läßt. Das Interesse an *Entpolitisierung* geht meist Hand in Hand mit einem ebenso konsequenten Interesse an einer *Politisierung*.

b) Daß es sich bei Barths Vorbehalt nicht um eine politisch-taktierende, sondern um eine grundsätzliche Entscheidung gehandelt hat, belegt die ›Affäre‹, in die Barth 1950/51 durch Regierungsrat Dr. jur. Markus Feldmann, Kirchen- und Erziehungsdirektor der Regierung im Kanton

Bern, gerät. Die Angriffe zielen darauf, daß Barth einerseits »eine betont wohlwollende Neutralität gegenüber dem Kommunismus an den Tag« lege, während er und seine Anhänger »gegenüber den freiheitlich-demokratischen Grundlagen« der Schweiz »ein ebenso betontes Desinteresse« bezeugten[111]. Bei genauerem Hinsehen geht es auch hier nicht um die Bekämpfung einer von Barth vertretenen politischen Position, sondern um die Bestreitung einer von Barth für die Kirche ausgesprochenen Verweigerung, nämlich seine Verweigerung gegenüber dem öffentlich gepflegten prinzipiellen Antikommunismus.

In dem Vortrag »Die Kirche zwischen Ost und West« vom Februar 1949 spricht Barth »ein entschlossenes Nein« zum Konflikt zwischen Ost und West aus, denn in diesem Konflikt stehe nicht Recht und Unrecht gegeneinander, sondern es handle sich um einen ›Gigantstreit‹ zweier um die Vorherrschaft ringender Riesen, die sich gegenseitig ängstlich in Angst versetzten. Für die Kirche könne es da nur heißen:

»*Nicht mittun* bei diesem Gegensatz! Er geht uns als Christen gar nichts an. Er ist kein echter, kein notwendiger, kein interessanter Gegensatz. Er ist ein bloßer Machtkonflikt. Wir können nur warnen vor dem noch größeren Frevel, diesen Konflikt in einem dritten Weltkrieg austragen zu wollen. *Wir* können nur jede Lockerung dieser Spannung, wir können gerade in dem Zwischenbereich, in welchem wir uns auch geographisch befinden, nur dem Rest von Vernunft das Wort reden, der der notorisch so unvernünftigen Menschheit noch geblieben sein möchte.«[112] »Messer weg! Kein weiteres Öl in dieses Feuer! Denn so, indem hier fernerhin herüber und hinüber geflucht wird, bis schließlich nur noch ein drittes Mal geschossen werden kann, – so wird nichts besser, so wird keinem Menschen geholfen, und keine Frage gelöst.«[113]

Verbietet für Barth schon die nüchterne Betrachtung dieses Konfliktes eine undifferenzierte Parteinahme für die eine oder andere Seite, um so mehr widerspricht eine solche Parteinahme der besonderen Verpflichtung und Freiheit der Kirche. Sie ließe sich auf einen Glaubenskrieg ein, in dem beide Seiten mit ihren Ideologien zum Kreuzzug rüsten, entweder um das ›christliche Abendland‹ zu retten oder um die Segnungen des machtpolitisch durchgesetzten Kommunismus der ganzen Welt aufzudrängen. Immerhin: das kommunistische Heilsangebot ummäntelt sich nicht mit einem christlichen Gewand; vielmehr zeigt sich der ›Osten‹ ›achristlich‹ und erweist sich faktisch als »brutales, aber *wenigstens ehrliches* Gottlosentum«[114]. Die Gottlosigkeit des westlichen Machtwahns verhüllt sich dagegen allzumeist in einer als christlich ausgegebenen Selbstrechtfertigungsmoral, mit der sich der hemmungslose Durchsetzungswille noch das gute Gewissen verschafft.

Dieser entscheidende Unterschied verbietet nun die Gleichsetzung des kommunistischen Totalitarismus des Ostens mit dem nationalsozialistischen Totalitarismus, ganz davon abgesehen, daß sich der Marxismus im Gegensatz zur menschenverachtenden Hybris des Nationalsozialismus einer tatsächlich brennenden Frage, nämlich der sozialen Frage, angenommen hat. Jenseits der unbestreitbaren Greuel findet sich hier eben nicht nur ›Unvernunft, Wahnsinn und Verbrechen‹[115] wie im Nationalsozialismus. So vermutet Barth, daß die Gleichmacherei von Rot und Braun anderen Zielen dient als einer sachgemäßen Wahrnehmung der politischen Gegebenheiten. Sie lenkt ab vom Totalitarismus der westlichen Freiheitsideologie mit seiner gnadenlosen Konkurrenzwirklichkeit und den damit verbundenen Unmenschlichkeiten. Solange »es im Westen noch eine ›Freiheit‹ gibt, Wirtschaftskrisen zu veranstalten, eine ›Freiheit‹, hier Getreide ins Meer zu schütten, während dort gehungert wird, so lange ist es uns jedenfalls als Christen verwehrt, dem Osten ein unbedingtes Nein entgegenzuschleudern.«[116]

Die ideologische Dehnbarkeit des westlichen Freiheitsverständnisses ließe sich ohne Schwierigkeiten noch drastischer vor Augen führen, zumal nach den politischen Entwicklungen der letzten Jahre. Die Situation hat sich im Kern keineswegs verändert, sondern nach wie vor bestimmt ein prinzipieller, fast bekenntnisartiger Antikommunismus den politischen Handlungsspielraum, wobei die Explosivität der gegenseitigen militärischen Bedrohungspotentiale Jahr für Jahr ebenso unermeßlich gesteigert wurde, wie gleichzeitig von den Militärs die Hemmschwelle zu einer offensiven Militärstrategie jedenfalls im Westen vor aller Öffentlichkeit herabgesetzt wird (Stichworte: Flexible Response, Ersteinsatzoption, begrenzt führbarer Nuklearkrieg). Der kalte Krieg ist destruktiv und bereitet nichts anderes vor als das Inferno. Eben deshalb darf sich die christliche Gemeinde in keiner Form daran beteiligen. Es geht also um keine nur falsch zu verstehende politische Neutralität, die beteiligungslos zusieht, sondern um das aufbauende Zeugnis für die christlich gebotene und zugleich politisch vernünftige Abkehr von der Konfrontationspolitik zu einer Freiheit *und* Gerechtigkeit verbindenden und damit friedensfördernden menschlichen Politik. »Die christliche Kirche kann von daher nicht gegen den Westen, nicht gegen den Osten sein. Sie kann von daher nur zwischen beide hineintreten. Wobei es freilich nicht anders sein kann, als daß sie hier im Westen – mögen unsere Brüder im Osten das Ihrige tun! – *nachdrücklicher* für *das* eintreten muß, was nun eben hier im Westen übersehen und vergessen sein dürfte, was darum hier im Westen zu sagen und zu hören ist. ... Die Kirche kann gerade heute nur dann Kirche sein, wenn sie dazu *frei* bleibt.«[117] Diese Freiheit auch gegenüber dem demokratischen Staat kann sich die Kirche nicht selbst geben, sondern sie gründet im Wort Gottes, an dem sie sich auch vergewissert.

Die Einsprüche von seiten des Regierungsrates Feldmann geben ungewollt der Diagnose Barths recht. Feldmann sieht in Barths Ortsbestimmung für die Kirche die Loyalität gegenüber dem Staat gefährdet. Der Staat sei aufgerufen, sich dagegen zur Wehr zu setzen. Feldmanns Vorstellung von der Kirche orientiert sich spiegelbildlich an der politischen Figur der Mehrparteiendemokratie. In der Kirche müsse der gleiche politische Pluralismus bestimmend sein wie im Staate. In dieser von der Kirche zu schützenden Spiegelbildlichkeit erweise sich gleichsam ihre Loyalität dem Staat gegenüber. Doch es kommt nun für Feldmann darauf an, daß sich die politische Phantasie der Kirche auch auf diese Spiegelbildlichkeit beschränkt. Im Grunde steht gar nicht die politische Phantasie der Kirche zur Debatte, sondern die Frage, wie dezidiert von der Kirche eine politische Position vorgetragen werden darf. Die Auseinandersetzung konzentriert sich auf den Zusammenhang des Bekenntnisses der Kirche mit ihrer Stellung zu den jeweiligen politischen Verhältnissen. Und Barth fragt nun:

»Sie sagen (...), daß die evangelisch-reformierte, die römisch-katholische und die christ-katholische Kirche dem Staat Bern im Prinzip gleich nahe stehen. Obwohl es Ihnen bekannt sein wird, daß die römisch-katholische Kirche sich selbst für die ›allein seligmachende‹ und also allein wirklich christliche Kirche hält und immer wieder in aller Form erklärt! Könnten Sie von da aus nicht Verständnis dafür haben, daß es auch innerhalb der evangelisch-reformierten Kirche eine ›Richtung‹ geben kann und von der Bibel her vielleicht geben muß, die hinsichtlich der ›reformierten Grundlage‹ etwas Bestimmtes glaubt (und nicht nur ›meint‹!), das sie durch andere ›Richtungen‹ implizit und explizit geleugnet hört, so daß sie mit diesen wohl im Verhältnis zum bernischen Staat, nicht aber als *eine christliche* Kirche Gemeinschaft haben kann? Hat die ›Toleranz‹ nicht sogar im demokratischen Staat ihre ganz bestimmten Grenzen? Können Sie sich als dessen Vertreter dagegen verwahren, daß (eventuell mit noch viel höherem Recht) eine bestimmte geistliche, theologische Intoleranz in der Kirche vertretbar ist, daß irgendwo auch in der Staatskirche (eben im Blick auf deren ›reformierte Grundlage‹) ein deutliches Ja und ein deutliches Nein gesagt und – immer im Rahmen der Staatskirche – selbstverständlich auch betätigt werden darf?«[118]

c) Mit dieser Frage umreißt Barth den Konflikt, in dem die Kirche immer schon steht, wenn sie ihre Zeitgenossenschaft ernst nimmt. Denn eben darin unterscheidet sich der Staat grundsätzlich von der Kirche, daß er kein *Bekenntnis* und keine *Botschaft* hat[119]. So ist es nicht seine Aufgabe, an einen bestimmten Glauben zu appellieren oder eine bestimmte Wahrheit zu verkündigen. Und da, wo der Staat ein Bekenntnis ablegt oder gar einklagt, überschreitet er seine Grenzen, die ihm als Hüter von ›Recht und Ordnung‹ gesetzt sind. Umgekehrt ist die Kirche aber von allen Problemen des Staates zumindest mitbetroffen, so daß sie sich nicht neutral halten kann, sondern von Fall zu Fall Stellung beziehen muß. Dabei erinnert Barth immer wieder daran, daß Gott sich nicht vorzüglich der Kirche, sondern der Welt insgesamt zugewandt hat. Und deshalb sollte es in der Kirche nicht strittig sein, daß der Herr der Kirche auch der Herr der Welt ist, als welcher er auch den Staat heiligt: Er hat »nach dem Maß menschlicher Einsicht und menschlichen Vermögens« (Barmen V) für die »äußerliche relative, vorläufige Begrenzung und Bewahrung« der menschlichen Existenz zu sorgen[120]. Die Beschreibung der Aufgabe des Staates ist zugleich die Beschreibung der Begrenzung des Staates. Daran orientiert sich die Solidarität der Kirche zum Staat. Wenn wir auch hier von einem ›Wächteramt‹ der Theologie bzw. der Kirche sprechen würden, so liegt der Akzent bei Barth deutlich auf der *Begrenzung* des Staates.

In diesem Sinne beteiligt sich die Kirche »an dem menschlichen Fragen nach der besten Gestalt, nach dem sachgemäßesten System des politischen Wesens, ist... sich aber auch der Grenzen aller vom Menschen auffindbaren (auch der unter ihrer eigenen Mitwirkung aufzufindenden) politischen Gestalten und Systeme bewußt, wird sie sich also wohl hüten, *ein* politisches Konzept – und wenn es das ›demokratische‹ wäre – als *das* christliche gegen alle anderen auszuspielen. Sie hat, indem sie das Reich Gottes verkündigt, allen politischen Konzepten gegenüber ihre Hoffnungen, aber auch ihre Fragen geltend zu machen.«[121] Barth erinnert uns auch daran, daß der Staat von seinem Wesen her keineswegs »ein nationaler, d. h. ein auf ein bestimmtes Land und Volk begrenzter und also nur nationalen Interessen dienender Staat sein muß«[122]. Ohne jede Überlegenheitsattitüde, aber auch ohne jegliche unkritische Untertanengesinnung wägt die Kirche »von Fall zu Fall, von Situation zu Situation«[123] zwischen ›besser‹ und ›schlechter‹ ab. Diese Aufgabe des Unterscheidens spielt sich grundsätzlich auf der von der Vernunft überschaubaren Ebene des Komparativs ab, d. h. die Kirche findet sich weder mit dem status quo des Indikativs ab, noch zielt sie auf den Superlativ einer nicht mehr hinterfragbaren Lösung. Wenn nach der ›besten Gestalt‹ oder dem ›sachgemäßesten System‹ gefragt wird, so

bleibt auch dieser Superlativ insofern ein Komparativ, als der jeweils avisierte Vorzug allein im Vergleich beschrieben und vertreten werden kann. Solange die Überlegungen und Entscheidungen an der konkreten Historie orientiert bleiben, solange bleibt auch die notwendige Relativität gewahrt. »Wer beim Staat zu viel sucht, verfehlt das Wenige, das er da tatsächlich finden könnte.«[124]
Schließlich gibt Barth auch noch Hinweise zu den Maßstäben des politischen Engagements der christlichen Gemeinde. Unbedingt vorrangig sollte für sie sein, daß sie sich

»im politischen Raum immer und unter allen Umständen in erster Linie des Menschen und nicht irgendeiner Sache annehmen wird, gleichviel ob diese Sache das anonyme Kapital sei oder der Staat als solcher (das Funktionieren seiner Bureaux!) oder die Ehre der Nation oder der zivilisatorische oder auch kulturelle Fortschritt oder auch die so oder so konzipierte Idee einer historischen Entwicklung der Menschheit. Die letztere auch dann nicht, wenn es die Erhebung und das Wohl künftiger Menschengenerationen ist, die als Ziel dieser Entwicklung verstanden wird, zu dessen Erreichung dann der Mensch, die Menschenwürde, das Menschenleben in der Gegenwart zunächst einmal mit Füßen getreten werden dürften. Sogar das Recht wird da zum Unrecht (...), wo es als abstrakte Form herrschen, statt als Menschenrecht der Begrenzung und Bewahrung eben des Menschen dienen will.«[125]

Damit zeigt Barth eine grundsätzliche Bestimmung des politischen Engagements der Kirche an, die darin besteht, den jeweils lebenden Menschen zu ihrem Recht zu verhelfen, d. h. auf der Seite der von der tatsächlichen gesellschaftlichen Praxis um ihr Recht betrogenen Menschen zu stehen. Wir brauchen uns nur an das zu erinnern, was im Abschnitt II bedacht wurde, um den Zusammenhang zu verstehen, wenn Barth das politische Handeln in der *Weltzugewandtheit* Gottes begründet. Ihr entspricht weder eine provinzielle Kirchturmspolitik noch eine an nationalen oder an sonstwie beschränkten Interessen orientierte ›Weltpolitik‹. Es gibt hier so etwas wie eine praktische ›Ökumenizität‹, die im profanen Zeugnis (Gleichnis) auf die tatsächliche Ökumenizität Gottes hinweist. Deshalb warnt Barth immer wieder vor allen Fixierungen an Partikularinteressen. Die Kirche sollte vielmehr stets über die eigenen Mauern – und das sind eben auch die Mauern von Nation, Volk und Staat – hinaussehen und die »Verständigung und Zusammenarbeit im größeren Kreis«[126] suchen. Wiederum nicht von einer überlegenen Position aus, in der sie einen besonderen christlichen Standpunkt in Anschlag bringen könnte, sondern in bezug auf die Christlichkeit durch-

aus anonym[127], in bezug auf die Parteinahme für den Menschen aber durchaus offensiv und dezidiert.
So stimmig und doch eher selbstverständlich diese Zuspitzungen zum politischen Engagement der Kirche erscheinen mögen, so folgenreich nervös und als staatsgefährdend wurden sie von Feldmann aufgenommen. Auch Feldmann nimmt nicht den theologischen Begründungszusammenhang bei Barth wahr, sondern sieht ausschließlich die politischen Implikationen, die dann – abgespalten von ihren theologischen Wurzeln – zum Gegenstand der Auseinandersetzung genommen werden. Man wird nicht sagen können, daß Feldmann Barth so ganz falsch verstanden hat, denn Barths Argumentation greift tatsächlich die Ideologie der Freiheitssicherung durch Antikommunismus an, als deren Vertreter sich Feldmann zu erkennen gibt. Feldmanns Wahrnehmungshorizont ist ebenso wie seine Urteilsbildung derartig an die aktuellen politischen Verhältnisse gebunden, daß jeder andere Begründungszusammenhang oder auch nur eine angedeutete Distanzierung bereits als ein Sakrileg gegen die Souveränität des Staates notiert wird.
Die darin erkennbare totale Politisierung alles Erkennens und Wollens weist auf den entscheidenden Defekt: Die distanzlose Selbstauslieferung des Menschen und auch der Kirche an den irdisch-geschichtlichen Bedingungshorizont ihrer Existenz. Das Vorfindliche und die von ihm gestellten Bedingungen, die meist mit der unumstößlich erscheinenden Autorität von Sachzwängen ausstaffiert sind, bestimmen hier das Selbstbewußtsein, das in seiner Distanzlosigkeit auf jede Durchbrechung dieses politischen Totalitarismus mit Angst und Abwehr reagiert. Jeder Angriff – und selbst wenn er nur in der Gestalt der Frage ergeht – auf die ideologischen Grundlagen der jeweiligen politischen Ordnung wird fast zwangsläufig als eine Unterminierung der ›Existenzgrundlagen‹[128] angesehen. Allenfalls lassen sich bei ausdrücklicher Anerkennung der ideologischen Grundlagen subjektive *Meinungs*verschiedenheiten austragen, denn damit wird nicht der Absolutheitsanspruch der politischen Macht bestritten. Kritisch wird es aber dort, wo auch diese Grundlagen relativiert werden und zwar nicht nur mit dem Anspruch einer subjektiven Meinung, sondern mit dem Hinweis auf das von Gott erwartete Zeugnis seiner Gemeinde in ihren konkreten historisch-politischen Verwicklungen.
Der Konfliktfall tritt sofort ein – und das liegt auch ganz und gar in der Natur der Sache –, wenn die Kirche nur andeutet, daß sie in bestimmten Punkten dem Staat gegenüber die Loyalität verweigert, d. h. wenn die Kirche sich darauf besinnt, daß sie mehr ist als der verläßliche Diener bei

der Verbreitung und Festigung der gerade politisch wirksamen Staatsideologie. Ebenso wie schon im Kirchenkampf[129] findet sich Barth, diesmal von der Seite der freiheitlich-demokratischen Schweiz dem Vorwurf ausgesetzt, daß er mit seiner Theologie lediglich einer vorgefaßten Meinung – und da ist eben die politische Meinung im Visier – zu einer nachträglichen und daher unwissenschaftlichen Beweisführung verhelfe[130]. Barths Intervention mit der Gott geschuldeten Loyalität, die in ein kritisches Verhältnis zu der dem Staat gegenüber zu erweisenden Loyalität tritt, muß so lange als bedrohlich empfunden werden, wie man seine ganze Lebenserwartungen und Hoffnungen auf den Staat und die Politik konzentriert. Sobald man die ganze diesseitige Wirklichkeit dem Staat und der Politik unterstellt – so wie es in der Staatsphilosophie von Th. Hobbes für die Neuzeit vorgedacht worden ist –, wird jede öffentliche Intervention aus einem anderen Bereich – ganz gleich welchen Inhalt sie vorträgt – als lebensbedrohlich empfunden. Wahrheit und Wirklichkeit beschränken sich auf den Rahmen politischer Alternativen.
Hier hat die theologische Kritik und der Protest der Kirche einzusetzen, denn in diesem Horizont wird die eigene Weltanschauung zum Gott und die machtpolitische Selbstsicherung zur Liturgie des menschlichen Lebens erhoben. In dieser uneingeschränkten Bereitschaft, die Omnipotenz des politischen Lebens zu akzeptieren, wird der Staat als Nationalstaat – unterstützt durch den distanzlosen Dienst der Kirche – seinerseits zu einer religiösen Institution, ja zur im Grunde übergeordneten Religion des modernen Menschen, der Gott nur noch im Horizont der von ihm selbst zu verantwortenden Bedingungen zu akzeptieren bereit ist. Der Staat ist nicht mehr der profane Staat mit seinen limitierten Funktionen, sondern entwickelt sich zunehmend zum totalen Staat – auch im demokratischen Gewand –, wenn und indem er auch den Glauben und die Hoffnung der ihm unterstellten Menschen binden und gestalten will. Selbst wenn er freistellt, daß der einzelne Bürger dieser oder jener Konfession angehört, bindet er alle seine Bürger an den Glauben, an die Fürsorge und Vorsorge seiner Zuständigkeit. Er behält sich jenseits der konfessionellen Unterschiede – und das belegen die Vorwürfe von Feldmann gegen Barth – höchstrichterliche Urteilskompetenz auch in ›religiösen‹ Angelegenheiten vor. Und da ist es mehr als ein Ausrutscher, wenn Feldmann Barth in die Nähe ›ausgekochter Landesfeinde‹ rückt, mit ›landesverräterischen Gesinnungen und Ansichten‹, die ›in der widerlichsten Weise vor einem fremden Machthaber Kotau machen‹.[131]
Es besteht Barth gegenüber wohl weniger die Gefahr des politischen als vielmehr des *theologischen* Mißverständnisses. In den politischen Stel-

lungnahmen ist Barth recht genau verstanden worden, was sich weniger daran ablesen läßt, daß man sich auf seine Stellungnahmen berufen hätte als vielmehr daran, daß man ihn als Störenfried empfand. Barths Verweigerungen sind fast übergenau registriert worden, was auch ein Hinweis auf die allseitigen besonderen Empfindlichkeiten ist. Immer wieder wird – und damit trifft man ja durchaus etwas Richtiges – auf eine Stelle aus dem zweiten Römerbriefkommentar zu Röm. 13,1 angespielt:

»Es gibt keine energischere *Unterhöhlung* des Bestehenden als das hier empfohlene sang- und klang- und illusionslose *Geltenlassen* des Bestehenden. Staat, Kirche, Gesellschaft, positives Recht, Familie, zukünftige Wissenschaft usf. leben ja von der durch Feldpredigerelan und feierlichen Humbug aller Art immer wieder zu nährenden Gläubigkeit der Menschen. Nehmt ihnen das Pathos, so hungert ihr sie am gewissesten aus.« (467)

Der subversive Aspekt seiner Stellungsnahmen findet hier scheinbar eine klare Begründung. Indem Barth sich immer wieder weigert, sich auf bestimmte *politische* Positionen festzulegen, wird der politische Streit, in den man hier und da vielleicht gern eingetreten wäre, unfruchtbar. Er führt nicht auf die für Barth entscheidende Problematik, denn die Beweggründe seiner Verweigerungen liegen nicht im politischen Kalkül. Es ist daher eine sehr verengte Sichtweise, wenn die zitierte Textstelle aus dem Römerbriefkommentar als Begründung für Barths politische Stellungnahmen herhalten muß. Barth erscheint dann als der unsolidarische und zugleich unberechenbare Verweigerer, dem ausschließlich an der ›Unterhöhlung‹ gelegen sei. Auf der anderen Seite zielen Barths Angriffe in der Tat auf *alle* Formen einer selbstgewissen Weltanschauung und *jeden* Friedensschluß mit dem jeweiligen status quo.

Es gerät aber alles in ein schiefes Licht, wenn nun Verweigerung und ›Unterhöhlung‹ für sich genommen werden. Sie sind für Barth weder praktisch noch im Blick auf eine gesellschaftliche Theorie kennzeichnend, sondern zielen ganz dezidiert auf die verschiedenen Formen der Selbstüberhebung des Menschen, die sich in der Politik besonders zahlreich und augenfällig finden. Sie sind aber keineswegs auf die Politik beschränkt, sondern können sich – wie wir oben gezeigt haben – auch in der Wissenschaft Ausdruck verschaffen. Nehmen wir die hier betrachteten Konflikte Barths zusammen, so wird allerdings deutlich, daß für ihn die Politik als das in der Neuzeit bevorzugte Terrain menschlicher Selbstüberhebung galt. Wenn Barth hier Verweigerung empfiehlt, hat er die Versuchungen des Politischen vor Augen, mit denen es sich des ganzen Menschen zu bemächtigen versucht, um sich schließlich die ganze menschliche Wirklichkeit untertan zu machen. Die Verweigerung gilt der Hybris des modernen politischen Lebens, nicht einer nüchternen Tagespolitik.

»Wenn der Staat anfängt, Liebe zu fordern, dann ist er immer schon im Begriff, zur Kirche eines falschen Gottes und damit zum Unrechtsstaat zu werden. Der Rechtsstaat braucht keine Liebe, sondern nüchterne Taten einer entschlossenen Verantwortlichkeit.«[132]

Das Verhältnis zum Staat wird nicht durch Vertrauen getragen, sondern durch das Recht und die Gerechtigkeit. Barths Verweigerung gilt den allseitigen Werbungen um das *Vertrauen* der Menschen. Solange man etwa in einem Wahlkampf um das Vertrauen der Wähler ringt, und umgekehrt die Wähler ihr Vertrauen umwerben lassen, solange ist es nicht verwunderlich, wenn bei Wahlentscheidungen keine politischen Sachfragen, sondern die Sympathie von Personen und persönlichen Versprechungen im Vordergrund stehen. Dieser Unsachlichkeit der Politik erteilt Barth eine Absage, zumal sich im Schatten der harmoniebedürftigen Sympathieentscheidungen meist durchaus weitreichende und brisante Sachentscheidungen verbergen. Es geht auch um den politisch-sachlichen Widerstand gegen die psychologischen Vernebelungen der oft harten Realitäten der Politik.

Die Perspektive der Verweigerung aber bleibt die *Menschlichkeit* und die *Weltlichkeit,* um deren Willen allein auch die Verweigerung im Recht ist, denn es geht ja nicht um Destruktion. Die Bestimmung von Menschlichkeit und Weltlichkeit sucht Barth allerdings nicht beim Menschen oder der Welt, sondern in der Bibel, d. h. dem Zeugnis vom Wort Gottes. Nicht Selbstbestimmung ist dabei der Leitbegriff, sondern die Freiheit zum Gehorsam. Das ist die Freiheit, in der die christliche Gemeinde lebt und die sie ganz und gar in die Welt hineinstellt. Es ist gerade nicht die Freiheit *von* der Welt, sondern – und das ergibt sich aus der Geschichte Jesu Christi – vor allem Freiheit *für* die Welt, d. h. die Freiheit, den Willen Gottes *in* der Welt anzuzeigen. Der Wille Gottes ist aber nicht in erster Linie politischer Wille, sondern zielt auf die Menschlichkeit des Menschen. Diese ist nun nicht vom Menschen erst herzustellen, da sie in Christus bereits hergestellt ist; wohl aber gilt es, allem Widerspruch gegen diese Menschlichkeit entgegenzutreten.

Insofern die Politik ein praktisches Instrument zur Humanisierung des Lebens sein kann, bleibt sie für Barth höchst relevant. Und wer will schon bestreiten, daß sie in vielen Fällen ein geeignetes Instrument sein könnte, auch wenn sie faktisch meist im Dienst ganz anderer Interessen betrieben wird? Bei all ihrem Versagen hat die Politik ihr gutes Gewissen behalten. Und dieses gute Gewissen wird nun von Barth empfindlich gestört – nicht mit einem neuen politischen Programm oder mit hochgesteckten moralischen Idealen oder christlichen Werten, sondern mit im Grunde ganz schlichten Rückfragen. Die Reaktionen auf diese Rückfragen sind dann entlarvend für den Zustand unserer Politik und die faktische Unfähigkeit der Politiker, die Verhältnisse noch anders als durch parteipolitisch bzw. bündnisopportunistisch gefärbte Brillen zu betrachten. Um ihrer politischen Karriere willen passen sich die Politiker den machtpolitisch abgezweckten Weltanschauungen wie dem Antikommunismus an. Es geht stets mehr um die Politiker als um die Politik. Nicht Barths Rückfragen sind radikal, sondern sie werden erst durch die apologetischen Antworten radikalisiert. Barth erinnert die Politiker an die Politik und an die Menschen, denen sie mit ihrer Politik *dienen* sollten. Die Politiker suchen nun aber nicht die Auseinandersetzung mit Barth, sondern weichen mit Exekution des unbequemen Fragers den aufgeworfenen Sachfragen aus; ein Mechanismus, der bis heute fast die Regelreaktion darstellt.

Wenn Barth von seiner Theologie aus zu seinen Rückfragen kommt, so praktiziert er das, was er das Wächteramt der Kirche nennt. Er spricht nicht allein aus persönlicher Betroffenheit, sondern als Glied der Gemeinde, die in besonderer Weise zu Menschlichkeit und Weltlichkeit befreit und berufen ist, d. h. zum Widerstand gegen die Unmenschlichkeit und alle Machtphantasien, mit denen die Welt ihre Bestimmung an sich zu reißen versucht und sich damit um ihre eigene Wirklichkeit bringt.

Damit öffnet sich unsere Untersuchung zum Schluß zur dogmatischen Arbeit Barths. Die Dogmatik hat in ihrer Orientierung am biblischen Zeugnis neben der Aufgabe der Selbstkritik der Kirche stets auch den Ort der Kirche in der Welt im Blick zu behalten. Es könnte überlegt werden, ob nicht die ganze dogmatische Rechenschaft der Kirche vor allem der ständigen Erinnerung an die tatsächliche Welt dient. Die Dogmatik hat die Aufgabe der kritischen Realitätsverarbeitung im Lichte des biblischen Zeugnisses. Wenn man einmal unter dieser Perspektive Barth zu lesen gelernt hat, wird sich zeigen, wie politisch Barths *Theologie* ist, gerade darin, daß sie *keine* politische Theologie ist. Nur wenn man bereit ist, stets Kirche und Welt zusammenzusehen, ist man einigermaßen vor dem Mißverständnis gefeit, Barth zwar theologisch, nicht aber politisch folgen zu wollen, denn es geht gerade'nicht um eine

Synthese von Theologie und Politik, sondern um konsequente Theologie in der Welt. Indem Barth dabei die Theologie in den Dienst des Zeugnisses der Kirche stellt, das seinerseits auf das biblische Zeugnis und dieses auf Gottes Handeln am Menschen zeigt, bleibt schließlich unterstrichen, daß es am Ende weder auf Barth, noch auf die Theologie oder die Kirche, sondern – wenn es noch etwas zu hoffen gibt – auf Gott selbst ankommt.

Anmerkungen

[1] Fr. Mildenberger, Theologie für die Zeit. Wider die religiöse Interpretation der Wirklichkeit in der modernen Theologie, Stuttgart 1969.
[2] L. Steiger, Erschienen in der Zeit. Dogmatik im Kirchenjahr, Kassel 1982.
[3] Bis in seine letzte Vorlesung hinein wird dieser Zusammenhang betont; vgl. Einführung in die evangelische Theologie, 3. Aufl., Zürich 1970, S. 88, 123, 154 f.; vgl. dazu die Einleitungen von E. Busch u. E. Thurneysen in: K. Barth-E. Thurneysen, Ein Briefwechsel aus der Frühzeit der dialektischen Theologie, Hamburg 1966 (Siebenstern), S. 5–31.
[4] Die christliche Dogmatik im Entwurf, Karl Barth Gesamtausgabe, Zürich 1982, S. 499, 565 f. (Hervorhebungen von mir).
[5] Vgl. K. Barth, Weihnacht, 3. Aufl., Göttingen o. J. (Kleine Vandenhoeck-Reihe 48), S. 37.
[6] Vgl Fr. Gogarten, Gericht oder Skepsis. Eine Streitschrift gegen Karl Barth, Jena 1937, S. 9 f.; K. Scholder, Neuere deutsche Geschichte und protestantische Theologie, in: EvTh 23, 1963, S. 510–536; ders., Die Kirchen und das Dritte Reich, Band 1, Vorgeschichte und Zeit der Illusionen 1918–1934, Frankfurt/Berlin/Wien 1977, S. 56 f.; W.-D. Marsch, »Gerechtigkeit im Tal des Todes«, in: W. Dantine u. K. Lüthi (Hg.), Theologie zwischen gestern und morgen, München 1968, S. 167–191.
[7] Vgl. u. a. G. Casalis, Karl Barth. Person und Werk, Darmstadt 1960; D. Clausert, Theologischer Zeitbegriff und politisches Zeitbewußtsein in Karl Barths Dogmatik, München 1982; D. Cornu, Karl Barth und die Politik, Wuppertal 1969; U. Dannemann, Theologie und Politik, München 1977; K. Kupisch, Karl Barth in Selbstzeugnissen und Bilddokumenten, Reinbek b. Hamburg 1971.
[8] Problematisch erscheinen mir allerdings Untersuchungen zur Theologie Barths, die bei einer systematischen Diskussion der Theologie Barths ohne zeitgeschichtliche Verknüpfungen auskommen und damit den Anschein erwecken, als ließe sich Barths Dogmatik gleichsam als ein theologisch-begriffliches Kunstwerk lesen; vgl. z. B. K. Hafstad, Wort und Geschichte. Das Geschichtsverständnis Karl Barths, München 1985.
[9] Auch dieser Weg wird nicht von mir zum ersten Mal betreten, sondern wurde und wird mit je eigenem Akzent außer von Fr.-W. Marquardt u. D. Schellong auch von P. Winzeler, Widerstehende Theologie, Stuttgart 1982 u. a. gegangen.
[10] Karl Barth-Martin Rade. Ein Briefwechsel, hg. v. Chr. Schwöbel, Gütersloh 1981, S. 96; die Seitenangaben im folgenden Text beziehen sich auf diesen Fundort.
[11] Karl Barth, Predigten 1914, Karl Barth Gesamtausgabe, Zürich 1974, S. 616.
[12] Karl Barth, Eine Schweizer Stimme 1938–1945, 3. Aufl., Zürich 1985, S. 259.

[13] Karl Barth, Offenbarung, Kirche, Theologie, München 1934 (ThExh Heft 9), S. 6.
[14] Ebd. S. 7 f.
[15] Ebd. S. 8.
[16] Karl Barth, Briefe 1961–1968, Karl Barth Gesamtausgabe, Zürich 1975, S. 152 f.
[17] Vgl. dazu D. Schellong, Jenseits von politischer und unpolitischer Theologie, in: J. Taubes (Hg.), Der Fürst dieser Welt, Paderborn/München/Wien/Zürich 1983, S. 292–315.
[18] Karl Barth, Die kirchliche Dogmatik, Band I/1, 8. Aufl., Zürich 1964, S. 236; im Folgenden werden die Belege aus der kirchlichen Dogmatik mit der Abkürzung KD im Text angegeben.
[19] Vgl. dazu ausführlicher D. Clausert, Theologischer Zeitbegriff und politisches Zeitbewußtsein in Karl Barths Dogmatik, München 1982, S. 99 ff.; die Untersuchung von Clausert setzt zu Recht hier einen ganz besonderen Akzent.
[20] Vgl. D. Schellong, Theologie nach 1914, in: Richte unsere Füße auf den Weg des Friedens, Helmut Gollwitzer zum 70. Geb., München 1979, S. 451–468.
[21] Karl Barth, Die neue Welt in der Bibel, in: Das Wort Gottes und die Theologie, Gesammelte Vorträge I, München 1924, S. 18–32.
[22] Karl Barth, Der Römerbrief, unveränderter Nachdruck der ersten Aufl. v. 1919, Zürich 1963, S. 65; jetzt auch in der Gesamtausgabe (GA), Zürich 1985, S. 95.
[23] Karl Barth, Die neue Welt in der Bibel, a.a.O., S. 24.
[24] Vgl. Karl Barth, Eine Schweizer Stimme 1938–1945, 3. Aufl., Zürich 1985, S. 233.
[25] Karl Barth, Der Römerbrief, a.a.O., S. 390; GA S. 521.
[26] Vgl. Fr.-W. Marquardt, Theologie und Sozialismus. Das Beispiel Karl Barths, München 1972, 3. erweiterte Aufl., München 1985; H. Gollwitzer, Reich Gottes und Sozialismus bei Karl Barth, München 1972 (ThExh Heft 169); es gibt nach wie vor eine kontroverse Diskussion um die hier vorgetragenen Thesen, auf die Marquardt in der Neuauflage seiner Untersuchung in einem ausführlichen Nachwort eingeht.
[27] Karl Barth, Rückblick, in: Das Wort sie sollen lassen stahn, Festschrift für A. Schädelin, Berlin 1950, S. 1–8, 4.
[28] Karl Barth, Letzte Zeugnisse, Zürich 1969, S. 40.
[29] Fr. Naumann, Werke, Bd. 1, Köln/Opladen 1964, S. 876.
[30] Vgl. L. Ragaz, Christentum und Vaterland, in: Neue Wege 5, 1911, S. 322; weitere Belege in der von H. Schmidt besorgten Ausgabe: Karl Barth, Der Römerbrief. 1. Fassung 1919, Gesamtausgabe, Zürich 1985, S. 465, Anm. 4.
[31] Vom Gottesreich und Weltreich, in: Neue Wege 9, 1915, S. 276.
[32] Karl Barth-Eduard Thurneysen, Briefwechsel, Band 1: 1913–1921, Karl Barth Gesamtausgabe, Zürich 1973, S. 69 f.; zum Stichwort ›Warten‹ vgl. Der Römerbrief, a.a.O., S. 90; GA S. 125 f. und die Hinweise des Hg. in Anm. 20.
[33] Karl Barth, Der Christ in der Gesellschaft, in: Das Wort Gottes und die Theologie, Gesammelte Vorträge I, München 1924, S. 33–69, hier zitiert nach: Anfänge der dialektischen Theologie, hg. v. J. Moltmann, Teil 1, 2. Aufl., München 1966, S. 3–37, 3.
[34] Ebd. S. 4.
[35] Der Römerbrief, a.a.O., S. 95; GA S. 134.
[36] Ebd. S. 24; GA S. 42; zu Röm. 2,1–2.
[37] Ebd. S. 24; GA S. 43.
[38] Ebd. S. 27 f.; GA S. 46 zu Röm. 2,4–5.
[39] Ebd. S. 299; GA S. 401 zu Röm. 10,3.
[40] Karl Barth-Eduard Thurneysen, Briefwechsel, Band 1: 1913-1921, GA, Zürich 1973, S. 69.

[41] Vgl. dazu K. G. Steck u. D. Schellong, Karl Barth und die Neuzeit, München 1973, ThExh Heft 173.
[42] Karl Barth, Die protestantische Theologie im 19. Jahrhundert, Zollikon 1947, S. 19.
[43] Vgl. Fr.-W. Marquardt, Theologie und Sozialismus, a.a.O., S. 158 f.
[44] Karl Barth, Der Christ in der Gesellschaft, a.a.O., S. 14.
[45] Ebd. S. 17.
[46] Das Geschenk der Freiheit, Zollikon-Zürich 1953 (ThSt Heft 39), S. 21 f.
[47] Der Christ in der Gesellschaft, a.a.O., S. 18.
[48] Ebd. S. 20.
[49] Ebd. S. 28.
[50] Ebd. S. 32.
[51] Eine Schweizer Stimme, a.a.O., S. 181.
[52] Ethik I. Vorlesung Münster 1928, wiederholt in Bonn 1930, GA, Zürich 1973, S. 264 f.
[53] Der Götze wackelt. Zeitkritische Aufsätze, Reden und Briefe von 1930–1960, hg. v. K. Kupisch, 2. Aufl., Berlin 1964, S. 150–157.
[54] Ebd. S. 204.
[55] Zuerst in: Gotteserkenntnis und Gottesdienst nach reformatorischer Lehre, Zollikon 1938, S. 230–216.
[56] Eine Schweizer Stimme, a.a.O., S. 281. Vgl. zum ganzen Zusammenhang D. Schellong, Alles hat seine Zeit, in: EvTh 45, 1985, S. 61–80.
[57] Eine Schweizer Stimme, S. 85.
[58] Ebd. S. 86 f.
[59] Ebd. S. 90.
[60] Ebd. S. 318.
[61] Ebd. S. 320.
[62] Ebd. S. 84.
[63] Vgl. ebd. S. 61.
[64] Ebd. S. 74.
[65] Ebd. S. 87; vgl. S. 246.
[66] Ebd. S. 76.
[67] Ebd. S. 185.
[68] Nur so ist Krieg überhaupt zu rechtfertigen. Vgl. Ethik I, a.a.O., S. 264.
[69] Vgl. Eine Schweizer Stimme, a.a.O., S. 135.
[70] Vgl. ebd. S. 142.
[71] Vgl. ebd. S. 194.
[72] Ebd. S. 193.
[73] Ebd. S. 140 (Hervorhebung von mir).
[74] Vgl ebd. S. 194 f., 290 f.
[75] Vgl. ebd. S. 100, 111 u. ö.
[76] Ebd. S. 216.
[77] Ebd. S. 186.
[78] Ebd. S. 193.
[79] Die Barmer theologische Erklärung. Einführung und Dokumentation, hg. v. A. Burgsmüller u. R. Weth, Neukirchen 1983, S. 35.
[80] Ethik I, a.a.O., S. 17 f.
[81] Ebd. S. 29.
[82] Rechtfertigung und Recht, 4. Aufl., Zürich 1970, S. 47 (ebenfalls in: Eine Schweizer Stimme, a.a.O., S. 56).

[83] Gotteserkenntnis und Gottesdienst nach reformatorischer Lehre, Zollikon 1938, S. 206.
[84] Vgl. ebd. S. 212–216.
[85] Das christliche Leben (KD IV/4), GA, Zürich 1976, S. 225 ff.
[86] Offene Briefe 1945–1968, GA, Zürich 1984, S. 520 f.
[87] Vgl. Fr.-W. Marquardt, Der Christ in der Gesellschaft: 1919–1979, München 1980 (ThExh Heft 206), S. 95 ff.
[88] In: Karl Barth, Theologische Fragen und Antworten, Gesammelte Vorträge III, Zollikon 1957, S. 7–9; der Briefwechsel ist ebd. S. 7–31 dokumentiert. Die Seitenangaben im folgenden Text beziehen sich auf diese Dokumentation.
[89] Vgl. zur Auseinandersetzung zwischen Harnack und Barth: D. Braun, Der Ort der Theologie, in: Parrhesia, Karl Barth zum 80. Geb., Zürich 1966, S. 11–49.
[90] W. Pannenberg, Anthropologie in theologischer Perspektive, Göttingen 1983, S. 16.
[91] W. Pannenberg, Wissenschaftstheorie und Theologie, Frankfurt 1973, S. 274 f.
[92] Vgl. W. Pannenberg, Anthropologie in theologischer Perspektive, a.a.O., S. 16.
[93] D. Braun, Der Ort der Theologie, a.a.O., S. 27.
[94] Vgl. dazu M. Weinrich, Grenzen der Erinnerung, in: Wenn nicht jetzt, wann dann? H.-J. Kraus zum 65. Geb., Neukirchen 1983, S. 327–338.
[95] Karl Barth, Das Wort Gottes als Aufgabe der Theologie, in: Das Wort Gottes und die Theologie, München 1924, S. 156–178; jetzt in: Anfänge der dialektischen Theologie, hg. v. J. Moltmann, Teil 1, 2. Aufl., München 1966, S. 197–218.
[96] Vgl. Offenbarung, Kirche, Theologie a.a.O., S. 38.
[97] Das Schriftprinzip der reformierten Kirche, in: Zwischen den Zeiten 3, 1925, S. 215–245, 226.
[98] Vgl. ebd. S. 227 f.
[99] Offenbarung, Kirche, Theologie, a.a.O., S. 40.
[100] Einführung in die Evangelische Theologie, Zürich 1963 (3. Aufl., Zürich 1985), S. 50.
[101] Offenbarung, Kirche, Theologie, a.a.O., S. 34.
[102] Vgl. M. Horkheimer, Zur Kritik der instrumentellen Vernunft [Eclipse of Reason, New York 1947], Frankfurt 1985; M. Horkheimer u. Th. W. Adorno, Dialektik der Aufklärung [zuerst: Amsterdam 1947], in: Th. W. Adorno, Gesammelte Schriften, Band 3, Frankfurt 1981.
[103] So lautet der Titel eines Aufsatzes von I. Baldermann, in: I. Baldermann u. G. Kittel, Die Sache des Religionsunterrichts, Göttingen 1975, S. 69–79.
[104] Offenbarung, Kirche, Theologie, a.a.O., S. 38.
[105] Ebd. S. 36 f.
[106] Ebd. S. 40.
[107] H. Prolingheuer, Der Fall Karl Barth. Chronographie einer Vertreibung 1934–1935, S. 26. Die Seitenangaben im folgenden Text beziehen sich auf diesen Fundort.
[108] Rechtfertigung und Recht, a.a.O., S. 42 (ebenfalls in: Eine Schweizer Stimme, a.a.O., S. 51).
[109] Immer wieder gibt Barth zu bedenken, daß er als einzelner zunächst nur in Stellvertretung für die Kirche gehandelt habe – das sei in den meisten Situationen auch gar nicht anders möglich. Die Kirche müsse sich von dem Einzelbekenntnis zu einem Bekenntnis der Kirche herausfordern lassen, oder sie habe begründete Einwände namhaft zu machen; sie kann sich nicht auf eine scheinbar neutrale Position zurückziehen. Vgl. Eine Schweizer Stimme, a.a.O., S. 6 f., 104 ff., 249 f., 299; Politische Entscheidung in der Einheit des Glaubens, München 1952, (ThExh NF Heft 34); KD I/2, S. 659 f., 961 f.; KD III/4, S. 588 ff.; KD IV/3, S. 888 ff., 980 ff., 1017 ff.

[110] Vgl. Brief vom 26.12.1934 von R. Bultmann an Barth, in: K. Barth-R. Bultmann, Briefwechsel 1922–1966, GA, Zürich, 1971, S. 158f.
[111] Aus der Rede von Markus Feldmann vor dem Großen Rat in Bern am 13.9.1950, in: Karl Barth, Offene Briefe 1945–1968, GA, Zürich 1984, S. 220.
[112] Der Götze wackelt, a.a.O., S. 129.
[113] Ebd. S. 134.
[114] Ebd. S. 138 (Hervorhebung von mir).
[115] Vgl. ebd. S. 137.
[116] Ebd. S. 137.
[117] Ebd. S. 141 f.
[118] Offene Briefe 1945–1968, GA, Zürich 1984, S. 230 f.
[119] Vgl. Christengemeinde und Bürgergemeinde, 2. Aufl., Zürich 1970 (ThSt Heft 104), S. 50.
[120] Vgl. ebd. S. 56.
[121] Ebd. S. 58 f.
[122] Eine Schweizer Stimme, a.a.O., S. 275.
[123] Christengemeinde und Bürgergemeinde, a.a.O., S. 60.
[124] Eine Schweizer Stimme, a.a.O., S. 187.
[125] Christengemeinde und Bürgergemeinde, a.a.O., S. 67 f.
[126] Ebd. S. 73.
[127] Barth bekräftigt hier seine Kritik an jedem als christlich ausgegebenen politischen Engagement: »im politischen Raum können nun einmal die Christen gerade mit ihrem Christentum nur anonym auftreten«. Christengemeinde und Bürgergemeinde, a.a.O., S. 78.
[128] Vgl. Karl Barth, Offene Briefe 1945–1968, GA, Zürich 1984, S. 226 f., u. ö.
[129] Vgl. H. Prolingheuer, Der Fall Karl Barth, a.a.O., S. 119, 143, 151, 180 ff., 214 f.
[130] Vgl. Karl Barth, Offene Briefe 1945–1968, GA, Zürich 1984, S. 257.
[131] Vgl. ebd. S. 126 f.
[132] Rechtfertigung und Recht, a.a.O., S. 43 f. (ebenfalls in: Eine Schweizer Stimme, a.a.O., S. 52).

Karl Barth im Chr. Kaiser Verlag

Hermann Kutter in seinen Briefen 1883–1931.
Herausgegeben von Max Geiger † und Andreas Lindt. 1983. 692 Seiten. Ln. DM 78,–.
ISBN 3-459-01514-4

Friedrich-Wilhelm Marquardt
Der Christ in der Gesellschaft: 1919–1979
Geschichte, Analyse und aktuelle Bedeutung von Karl Barths Tambacher Vortrag. (Theologische Existenz heute 206). 1980. 128 Seiten. Kt. DM 15,–.
ISBN 3-459-01290-0

Peter Eicher
Gottes Wahl: Unsere Freiheit

Karl Barths Beitrag zur Theologie der Befreiung

»Und da er hinausging auf den Weg, lief einer hinzu und fiel vor ihm auf die Knie und befragte ihn: ›Guter Lehrer, was soll ich tun, damit ich ewiges Leben ererbe?‹ Jesus sprach zu ihm: ›Was heißest du mich gut? Niemand ist gut als der eine Gott. Du kennst die Gebote: Nicht töten! Nicht ehebrechen! Nicht stehlen! Nicht falsches Zeugnis geben! Nicht rauben! Vater und Mutter ehren!‹ Er aber antwortete: ›Meister, dies alles habe ich gehalten von Jugend an.‹ Jesus sah ihn an und liebte ihn und sprach zu ihm: ›Eines fehlt dir! Geh hin, was du hast verkaufe und gib es den Armen – so wirst du einen Schatz im Himmel haben – und komm, folge mir nach! Er aber entsetzte sich über das ihm gesagte Wort und ging traurig von dannen; denn er hatte viele Güter. Und Jesus sah um sich und sprach zu seinen Jüngern: ›Wie schwer kommen die Besitzenden in Gottes Reich!‹ Nun entsetzten sich auch die Jünger über seine Worte. Aber Jesus antwortete wiederum und sprach zu ihnen: ›Kinder, wie schwer ist es, in Gottes Reich hineinzugehen! Leichter kommt ein Kamel durch ein Nadelöhr als ein Reicher in Gottes Reich.‹ Sie entsetzten sich noch viel mehr und sprachen untereinander: ›Wer kann da gerettet werden?‹ Jesus aber sah sie an und sprach: ›Bei den Menschen ist das unmöglich, aber nicht bei Gott; denn alle Dinge sind möglich bei Gott.‹
Petrus aber sprach zu ihm: ›Siehe, wir haben alles verlassen und sind dir nachgefolgt; was wird aus uns?‹ Jesus aber sprach zu ihnen: ›Wahrlich, ich sage euch: Es ist niemand, der Haus, Brüder, Schwestern, Vater, Mutter, Kinder oder Äcker um meinetwillen und um des Evangeliums willen verließ, der nicht Hundertfältiges schon in dieser Welt empfinge: Häuser, Brüder, Schwestern, Mütter, Kinder und Äcker mitten in den Verfolgungen – und in der künftigen Welt das ewige Leben. Viele Erste aber werden Letzte sein und die Letzten werden Erste sein.‹« (Mk 10,17–31)[1]

1. Das politische Gleichnis

»Die Sozialdemokraten streben danach, die Herrschaft der reichen Schinder und Ausbeuter über das arme arbeitende Volk abzuschaffen. Aber dabei, so sollte man meinen, müßten die Diener der christlichen Kirche als erste die Sozialdemokraten unterstützen und ihnen die Hand reichen, denn die Lehre Christi, deren Diener die Priester sind, sagt doch, daß eher ein Kamel durch ein Nadelöhr geht, als daß ein Reicher in den Himmel kommt!« Das war die politische Konsequenz, die *Rosa Luxemburg* in ihrer taktischen Propagandaschrift »Kirche und Sozialismus« im Revolutionsjahr 1905 aus dem Ruf des Evangeliums in die Nachfolge des Gekreuzigten für die Kirche zog[2]. Sie, die 1919 im Programm des Spartakusbundes das revolutionäre Proletariat mit dem auf Golgatha Gekreuzigten identifizierte[3], sah 1905 die kämpfende Sozialdemokratie Polens gleichsam als den Jüngling, der *nicht* traurig wie die Kirche wegging, als ihn der Ruf Jesu traf, allen Besitz aufzugeben, ihn für die Armen zu verwenden und nachzufolgen. Dem polnischen Klerus, der die Sozialdemokratie bekämpfte, obwohl diese sich gegen das Zarentum erhob, das mit dem armen Volk auch die katholische Kirche unterdrückte, rief sie zu: »... vergebens schützt ihr mit dem Zeichen des Kreuzes die Reichen und die Ausbeuter des Volkes! ... Heute seid ihr euren Lehren, eurem ganzen Lebenswandel nach Heiden, wir aber, die wir den Armen, den Ausgebeuteten und Unterdrückten das Evangelium der Brüderlichkeit und Gleichheit bringen, wir erobern heute die Welt wie jener der gesagt hat: ›Wahrlich, wahrlich ich sage euch, es ist leichter, daß ein Kamel durch ein Nadelöhr gehe, denn daß ein Reicher ins Reich Gottes komme‹«.

Durchaus im Sinne religiöser Sozialisten identifizierte Rosa Luxemburg die materiellen Bestimmungen und den Sinn der Nachfolge Jesu mit »dem Evangelium der Brüderlichkeit und Gleichheit« für die Unterdrückten. Zwar wollte sie der Kirche nicht das Evangelium enteignen, wohl aber dränge sie die Kirche um des Evangeliums willen zur praktischen Solidarität im Kampf um die Befreiung aus dem materiellen Elend, im Kampf um die »Auferstehung« des Volkes. Damit waren zwei sachliche Fragen aufgeworfen, die sich in der gegenwärtigen Theologie der Befreiung noch verschärft und nicht mehr nur im europäischen Kontext stellen: Weist der Ruf des Evangeliums in die Nachfolge der Armut die Kirche in die praktische Solidarität mit dem politischen Kampf um Befreiung in sozialistischer Form? Und steht der politische Kampf um Befreiung aus der wirtschaftlichen, sozialen und politischen Unterdrückung selbst schon in der Nachfolge Jesu im Sinne des Evangeliums, so daß die praktische Distanzierung von diesem Kampf Distanzierung vom Evangelium, ja Gottlosigkeit im Sinn des biblischen Zeugnisses von Gottes Handeln bedeutet?

In seinem entscheidenden Vortrag zur Differenzierung dessen, was nach dem 1. Weltkrieg »religiöser Sozialismus« hieß, hat *Karl Barth* 1919 in

Tambach die revolutionäre Erschütterung, die von den Spartakisten Rosa Luxemburgs ausging, ausdrücklich und im theologischen Kontext direkt angesprochen. Im Blick auf die biblisch bezeugte »Bewegung der Gottesgeschichte ..., die Bewegung, deren Kraft und Bedeutung enthüllt ist in der Auferstehung Jesu Christi von den Toten«[4], verstand er den Kampf der Spartakisten gegen eine Politik, welche um der bloßen Arbeitsbeschaffung willen die sozial ungerechten Wirtschaftsstrukturen zu erhalten trachtete, als eine ernstliche Infragestellung der »tödlichen Isolierung des Menschlichen gegenüber dem Göttlichen«. Denn das Wunder der Offenbarung Gottes zeigt sich in der *leiblichen* Auferstehung Christi von den Toten; und deshalb können wir »nicht mehr lassen von dem Wagnis, es unmittelbar auf unser Leben in seiner ganzen Ausdehnung zu beziehen«, also nicht nur auf religiöse Bezirke oder einzeln zu reformierende Bereiche, sondern auf den »Staat und die Wirtschaft, die Kunst und die Wissenschaft«. So verstand Karl Barth – im Gefolge der beiden *Blumhardts* – das biblisch bezeugte Handeln Gottes gegen alle Isolierungen der autonomen Bereiche von Wirtschaft, Staat, Politik, Wissenschaft und Religion als den guten Widerspruch, ja als die »Revolution des Lebens« gegen das Ganze der bürgerlich ausdifferenzierten Lebenswelten, die er nach dem 1. Weltkrieg auch schlicht den »umklammernden Mächten des Todes« gleichsetzen konnte. Das Evangelium des Alten und des Neuen Testamentes will nicht eine Kirche *neben* der Welt, denn es bezeugt die »Kraft des lebendigen Gottes, der eine neue Welt schafft«.

Für die katholische Theologie der Befreiung, wie sie nach der gesamtlateinamerikanischen Bischofskonferenz von Medellín (1968) in Puebla (1979) mit lehramtlicher Verbindlichkeit formuliert wurde, zielt die »umfassende Befreiung«[5] des auferstandenen »Herrn der Geschichte« nicht auf die Erlösung *von* der Geschichte, sondern wie im Tambacher Vortrag auf die »Umwandlung des Universums« im Zeichen und in der Kraft der Auferstehung. Freilich: sosehr für Rosa Luxemburg sachlich und parteipolitisch über das Verhältnis von Evangeliumsverkündigung und der Umgestaltung der schlechten Verhältnisse entschieden war, sosehr blieb für Karl Barth und bleibt für die Theologie der Befreiung die Verbindung des Glaubens an Gottes Handeln mit dem gesellschaftlichen Auftrag der Kirche eine ständige Aufgabe der theologischen Reflexion und eine ständige Herausforderung des kirchlichen Handelns in der Öffentlichkeit.

Drei Formen der Verbindung von Verkündigung und politischem Handeln kamen 1919 für Karl Barth nicht in Frage.

Erstens erachtete er die Bestrebungen, neben der sozialdemokratischen Politik noch einen eigenen »christlichen Sozialismus« aufbauen zu wollen, sowohl aus politischen wie aus theologischen Gründen als zum Scheitern verurteilt: »Haben die Gottlosen Gott besser verstanden als die Christen, dann kann es nicht deren Sache sein, jene durch eine ›christliche‹ Nachahmung überbieten zu wollen; dann heißt es, Gott die Ehre, und in diesem Fall den Gottlosen Recht geben«[6]. Damit wird allerdings die religiöse Überhöhung der Politik, wie sie auch Rosa Luxemburg formulierte, durchaus überflüssig; sie bliebe doch eine unnötige Vergötzung der profanen Parteipolitik.

Zweitens kommt trotz der notwendigen kritischen Unterscheidungen eine Diskreditierung der utopischen Endzielvorstellung in der sozialistischen Bewegung nicht in Frage, weil die Zukunft des Reiches Gottes den Christen in die *spes futurae vitae* stellt, in die von Gottes Erwählung bestimmte Hoffnung auf ein ewiges Leben, welches als kommende Wirklichkeit die von den Mächten des Todes bedrohte gegenwärtige Wirklichkeit bis zur Wurzel verändert[7].

Drittens schließlich wird jede Möglichkeit der Anpassung der christlichen Verkündigung an ein politisches Programm, auch an ein radikal utopisches, vom biblisch bezeugten Handeln Gottes her ausgeschlossen. Gottes Handeln, das in der Geschichte Jesu Christi real identisch wird mit dem innerweltlichen Handeln dieses Menschen, erschöpft sich nicht in dieser tödlichen Geschichte. Denn Gottes Handeln – hier folgt Barth *Overbecks* radikaler Eschatologie – greift durch die Auferweckung Jesu von den Toten die von ihrer eigenen Todeslinie begrenzte Zeit der Geschichte im ganzen an. Allen innerweltlichen Revolutionen gegenüber bezeichnet die Verkündigung des Reiches *Gottes* theologisch die grundlegende Revolution: »Das Reich Gottes fängt nicht erst mit unsern Protestbewegungen an. Es ist eine Revolution, die *vor* allen Revolutionen ist, wie sie *vor* allem Bestehenden ist ... Wir glauben also *darum* an einen Sinn, der den einmal gewordenen Verhältnissen innewohnt, aber auch an Evolution und Revolution, an Reform und Erneuerung der Verhältnisse, an die Möglichkeit von Genossenschaft und Bruderschaft auf der Erde und unter dem Himmel, weil wir noch ganz anderer Dinge warten, nämlich eines neuen Himmels und einer neuen Erde.«[8]

Diese drei negativen Bestimmungen, das Verbot einer religiösen Politik, die Absage an eine pauschale Diskreditierung des Utopischen am Sozialismus und an jede Anpassung von Gottes eigenem Handeln an diese Utopie, verdankte Karl Barth – wie angedeutet – der Begründung des religiösen Sozialismus durch Vater und Sohn Blumhardt einerseits, der

»apokalyptischen Gerichtsluft« Overbecks[9] andererseits. Alle drei Bestimmungen sind auch für die katholische Theologie der Befreiung grundlegend. Gustavo Gutiérrez setzt in seinem grundlegenden Werk »Theologie der Befreiung«[10] bei der sozialwissenschaftlichen Analyse der gesellschaftlichen Situationen ein – und anerkennt damit die der politischen Arbeit eigene Würde. Er bezieht dann aber die »eschatologische« Reich-Gottes-Botschaft produktiv und kritisch auf die humane Utopie. Die »eschatologische« Bestimmung meint dabei den Inhalt des Zeugnisses, das *die Verheißung* von Gottes Kommen in Jesus Christus als realen Beginn seines Reiches auch in der Form praktischen Handelns verkünden darf: »Die Relevanz der Eschatologie bezieht sich auf innergeschichtliche Wirklichkeiten ... So macht uns die christliche Hoffnung radikal frei, damit wir uns, getrieben von einer befreienden Utopie und mit den Mitteln, die uns die wissenschaftliche Analyse der Wirklichkeit anbietet, in die Pflicht der sozialen Praxis nehmen lassen ... Das Evangelium liefert uns keine Utopie. Während die Utopie Menschenwerk ist, ist das Evangelium unverdientes Geschenk des Herrn. Aber das Evangelium steht dem historischen Projekt nicht fremd gegenüber ... Auf Christus zu hoffen, heißt gleichzeitig an das Abenteuer der Geschichte glauben, wobei dieser Glaube ein Feld unbegrenzter Möglichkeiten für die Liebe und den Einsatz des Christen eröffnet«.
Der weiterführende Beitrag Barths lag schon 1919 in dem Hinweis, der in den späten Bänden der Kirchlichen Dogmatik breit entfaltet werden sollte, aber in seiner politischen Bedeutung zumeist mißverstanden oder – je nach der politischen Option der Barth-Interpreten – schlicht überlesen wird: Barth ersetzte damals schon alle versucherischen *Gleichungen* von politischer Utopie und Reich Gottes, politischer Praxis und kirchlichem Handeln durch den Begriff des *Gleichnisses*. Der entscheidende Satz aus dem Tambacher Vortrag, der falsch gelesen wird, wenn er als Gleichung gelesen wird, lautet im Zusammenhang:

»*Haben* wir verstanden, was wir verstanden haben? Daß eine Neuorientierung an Gott dem *Ganzen* unseres Lebens gegenüber, nicht nur ein in die Opposition treten in einigen oder vielen Einzelheiten heute die Forderung des Tages ist? Daß wir diese Wendung im ganzen dann aber auch erwahren und bewähren müssen in einer großen kritischen Offenheit im einzelnen, in mutigen Entschlüssen und Schritten, in rücksichtslosen Kampfansagen und geduldiger Reformarbeit, heute wohl ganz besonders in einer weitherzigen, umsichtigen und charaktervollen Haltung gegenüber, nein, nicht als unverantwortliche Zuschauer und Kritiker *gegenüber*, sondern als mithoffende und mitschuldige Genossen *innerhalb* der *Sozialdemokratie,* in der *unserer* Zeit nun einmal das Problem der Opposition gegen das Bestehende gestellt, das Gleichnis des Gottesreiches gegeben ist und an der es sich erweisen muß, ob *wir* dieses Problem in seiner absoluten und relativen Bedeutung verstanden haben.«[11]

Nicht an und für sich und auch nicht einfach von sich selbst her ist die Sozialdemokratie das Gleichnis des Gottesreiches (das wäre immer noch die Gleichung von Geschichte und Gottesreich), vielmehr *wird* denen, die in die Neuorientierung des Ganzen des Lebens durch Gott gestellt sind, in ihrer geschichtlichen Situation (»heute wohl ganz besonders«) die Sozialdemokratie als Gleichnis des Gottesreiches *gegeben* – und zwar nicht zur erbaulichen Anschauung, sondern zum Erweis des eigenen Geistes und der eigenen Kraft. Wenn Rosa Luxemburg den Ruf in die Nachfolge Jesu mit dem Ruf zum politischen Handeln identifizierte, so differenziert Barths theologische Bestimmung des politischen Kampfes um soziale Gerechtigkeit beides: die Politik und ihren Gleichnischarakter, die von uns zu machende Geschichte und Gottes Handeln, das von uns angestrebte Reich der Freiheit und das uns befreiende Reich Gottes. Die Ersetzung aller Gleichungen durch das Gleichnis[12] hält im einzelnen die – für eine *Theologie* der Befreiung entscheidenden – Momente fest:
– Das Gleichnis hält die Differenz zwischen dem politischen Handeln und Gottes Handeln offen. Was den politischen Kampf um gerechtere Wirtschaftsstrukturen, um Demokratie und Menschenrechte zum Gleichnis macht, das verdankt er Gottes Erwählung der Unterdrückten zu ihrer Befreiung, wie sie freiwillig Tod und in der Auferweckung Jesu Christi offenbar ist. Daß dieser Kampf *als* ein Gleichnis für das kommende Reich der Befreiung erkannt werden kann, setzt die Kundgabe von Gottes Wahl in der Geschichte Jesu Christi voraus. Beides wird im 3. und 4. Teil zu begründen sein.
– Aber das Gleichnis demonstriert nicht etwas, was außerhalb seiner wirklich ist, sondern stellt gerade in seiner Profanität die Wirklichkeit dar, die es bezeichnet. Der Kampf der Unterdrückten um elementare Lebensbedingungen außerhalb jedes kirchlichen Kontextes kann nicht zur Illustration einer dogmatischen Wahrheit von Gottes Gerechtigkeitswillen oder einem anonymen Christentum mißbraucht werden: er ist außerhalb der Kirche als ein Gleichnis für die Inanspruchnahme der Welt durch den Herrn der Welt auch dann gegeben, wenn sich die politisch Handelnden dessen nicht bewußt sind. Das gilt – was für die Befreiungspraxis der Basisgemeinden heute banal klingt – vor allem auch *extra muros ecclesiae,* also außerhalb der kirchlichen Praxis für »eine *Menschlichkeit,* die nicht lange fragt und erwägt, mit wem man es im

Anderen zu tun hat, in der man sich vielmehr schlicht mit ihm solidarisch findet und anspruchslos für ihn da ist ... Haben diese Phänomene etwa keine Sprache? Und sollte ihre Sprache nun nicht doch, wie befremdlich das uns erscheinen mag, die Sprache *wahrer* Worte sein – die Sprache von ›Gleichnissen des Himmelreichs‹?« Die Gerechtigkeit der Liebe Gottes offenbart sich, indem sie sich realisiert, und sie realisiert sich, wo sie sich handelnd Anerkennung verschafft. Welcher Glaubende könnte sich diesem Gleichnischarakter des Kampfes um Gerechtigkeit außerhalb der Kirche verschließen? Und umgekehrt: wie sollte ihm dieses Gleichnis nicht Anlaß werden, die Lüge eines Bekenntnisses, dem kein gleichnishaftes profanes Handeln entspricht, zu durchschauen.

– Das Gleichnis verändert die Wirklichkeit, indem es in den Widersprüchen der gesellschaftlichen Verhältnisse auf ganz profane Weise dem Kommen Gottes entspricht. Wenn die katholische Theologie der Befreiung darauf insistiert, daß ohne die reale Veränderung der unterdrückerischen Strukturen Gottes Reich nicht kommen kann, so wird dadurch nicht Gottes Macht eine Grenze gesetzt, sondern *seine* Macht handelnd bezeugt. Das Himmelreich gleicht einem realen Geschehen gerade darin, daß in ihm die Verhältnisse neu werden, wobei das Neue selbst die Wirklichkeit von Gottes Reich nahe bringt.

– Das Gleichnis erschöpft aber auch die Wirklichkeit nicht, die es mit sich bringt und anzeigt. Es ist nicht identisch mit Gottes Reich, sondern hält die eschatologische Differenz, den Unterschied zum Kommen Gottes selber offen: indem es die schlechten Verhältnisse negiert, das Kommende zeichenhaft antizipiert und in der Solidarität mit den Leidenden die Herrschaft des Gekreuzigten anerkennt. »Das *andere*, das wir mit unserm Denken, Reden und Tun in Gleichnissen meinen, das *andere*, nach dessen Erscheinung wir uns, der Gleichnisse müde, sehnen, es ist nicht nur *etwas* anderes, sondern es ist das *ganz* andere des Reiches, das das Reich *Gottes* ist.«[13]

– Wie die Gleichnisse des neuen Testamentes nicht verstanden werden, wenn sie nur verstanden werden, so wird auch das auf Befreiung zielende politische Handeln nicht als Gleichnis begriffen, wenn es nicht selbst getan wird. »Gehe hin und tue desgleichen« (Lk 10,37) heißt eine der Auslegungsregeln, welche das biblische Gleichnis selber gibt.

Dies alles, meinte Barth 1919, sei der Kirche im Gleichnis des politischen Kampfes der Sozialdemokratie gegeben. Heute stellt sich die Frage, welches Gleichnis uns gegeben ist. Da sich nicht nur ein Teil des nordamerikanischen Protestantismus, sondern auch der lutherischen

Kirche in Deutschland und – wie bekannt – auch die römisch-katholische Glaubenskongregation heute schwer tun, in dem auch mit politischen Kräften in Lateinamerika solidarischen Kampf der kirchlichen *comunidades* (Basisgemeinden) ein Gleichnis zu erkennen[14], möchte ich gerade in Karl Barths Auslegung der Perikope vom »reichen Jüngling« prüfen, was Jesu Ruf in die Nachfolge der Armut uns heute zu tun gibt. Für Rosa Luxemburg schien von dieser Perikope her die politische Aufgabe klar – von der europäischen Theologie kann nicht gesagt werden, daß ihr die Aufgabe klar wäre, welche das Evangelium in der Situation der gleichzeitig wachsenden Produktion von Reichtum und Armut ihr aufgibt. Mit ihrem kulturellen und materiellen Reichtum steht sie wie ein Kamel vor dem Nadelöhr. Mir will scheinen, daß Karl Barths Auslegung dieser Perikope in der kirchlichen Dogmatik (KD II/2, 681–701) auch gerade in ihrer dogmatischen Form als Theologie der Befreiung begriffen werden kann. Da eine solche Vermutung jedoch dem der europäischen Theologie eingefleischten kolonialistischen Integrationswillen entspringen könnte, sei dafür dem ›Kirchenvater‹ der Theologie der Befreiung, *Gustavo Gutiérrez* das Wort gegeben[15]:

»In letzter Zeit war viel die Rede vom Einfluß, den Karl Barths Erfahrung als Seelsorger im Arbeitermilieu auf seine theologische Position hatte. Bekanntlich bewog ihn dies zu einem klaren sozialistischen Engagement. Wie es auch immer um die tatsächliche Bedeutung seiner politischen Entscheidungen bestellt sein mag, sicher ist, daß seine Sensibilität für die neuen Formen von Entrechtung und Ausbeutung, welche die kapitalistische Gesellschaft hervorgebracht hat, in seinem theologischen Denken eine Rolle spielt. Dies macht ihn skeptisch und kritisch gegenüber der »Verbürgerlichung des Evangeliums« und gegenüber einer Theologie, die im Dienst an diesen gesellschaftlichen Kategorien steht. So findet er zu einem Begriff von Gott, der sich für die Armen und gegen die Mächtigen einsetzt, und zu einem Verständnis von Kirche, die für die soziale Gerechtigkeit für alle Unterdrückten kämpft. Auf den ersten Blick mag dies überraschen. Barth, der Theologe der Transzendenz Gottes, der im Gegensatz beispielsweise zu Bultmann dem Hörer des Wortes wenig Beachtung schenkt, ist empfänglich für die Situation der Ausbeutung, in der weite Teile der Menschheit leben. Bultmann hingegen, der Theologe, der bei den Fragen dessen ansetzt, den er für den Menschen von heute hält, der Theologe, der mit den Schwierigkeiten dieses Menschen ringt, die Botschaft des Evangeliums zu verstehen, hat kein Ohr für die Fragen, die aus der Welt der Unterdrückung kommen, jener Welt, die doch gerade vom Menschen der Moderne – Bultmanns Ausgangspunkt – hervorgebracht worden ist. Der eine setzt ›oben‹, bei Gott an und fühlt mit jenen, die in der Hölle dieser Welt leben; der andere von ›unten‹, vom Menschen aus und beachtet kaum die Situation der Ausbeutung, in der die Welt steckt...

Die moderne bürgerliche Mentalität läßt sich nicht durch geistige Auseinandersetzungen mit ihr überwinden, sondern nur im dialektischen Gegensatz zu dem, was sie in der realen Welt der Geschichte darstellt – in den hier und heute stattfindenden gesellschaftlichen Widersprüchen. Auf die Herausforderungen der modernen bürgerlichen Welt läßt sich nur von außen eine Antwort geben, oder genauer: nur aus der Erfahrung dessen, was diese Welt an Armut und Ausbeutung in der Geschichte hervorbringt.«

Karl Barths Auslegung der Perikope vom reichen Jüngling zeigt, worin das Evangelium das in sich – auch theoretisch – verschlossene bürgerliche Universum sprengt und wie sich Gott auf »die Hölle dieser Welt« bezieht.

2. Zur Tradition der bürgerlichen Auslegung

Wenn man die Geschichte überblickt, die Jesu Ruf in die Nachfolge der Armut (Mk 10,17–31, Mt 19,16–30, Lk 18,18–30) seit dem 2. Jahrhundert in der Kirche bewirkt hat[16], so muß man paradoxerweise sagen, daß die Distanzierung des reichen Jünglings vom Ruf Jesu mehr Geschichte gemacht hat als Jesu befreiender Anspruch an den »Jemanden«, der »viele Güter hatte« (und bei Lukas ›archon‹, d. h. Behördenmitglied, bei Matthäus ›reicher Jüngling‹ genannt wird). Gegen jede sozialromantische Betrachtung des frühen Christentums auch in der Theologie der Befreiung[17] ist nüchtern festzuhalten, daß gerade dieses Evangelium schon von der im Neuen Testament aufgenommenen jüdischen Tradition der Wohltätigkeit der Reichen *für* die Armen verdrängt wurde (z. B. 2 Kor 8,1–15; Mt 6,3 f., 25,35–40; Lk 19,8) und auch sehr früh von den besitzenden Christen entmaterialisiert und in eine geistliche Sphäre gehoben wurde, in welcher der Reichtum als solcher unangegriffen blieb. Es fällt auf, daß das wörtliche Verständnis dieser Perikope eher zur Ketzer- als zur Kirchengeschichte gehört, wofür in der alten Kirche nicht nur Tertullian und die Donatisten stehen, sondern eindrücklich auch Pierre Valdes, der 1173 gerade durch die Auslegung dieses Rufes Jesu[18] zu seiner Armut und zur Gründung einer Laienbruderschaft der freiwillig Armen (Waldenser) fand.

In seinem Überblick über die Auslegungsgeschichte meinte Karl Gerhard Steck, daß die kirchliche Auslegung von ihren Anfängen bis nach dem 1. Weltkrieg die radikale Eindeutigkeit der Weisung Jesu »auf alle Weise ... zu entschärfen suchte«, danach aber eine »Theologisierung« dieser Perikope herrschend geworden sei, wofür er gerade die ausführlichste Auslegung unserer Zeit bei Karl Barth in der Kirchlichen Dogmatik nennt[19]. Das läßt einerseits fragen, in welchem Sinn denn die Tradition den Text nicht *theologisch* verstanden hätte – und andererseits, wie sich denn die »theologische« Auslegung Barths zum materiellen Gehalt dieses Nachfolgerufs verhalte.

Die erste zusammenhängende Auslegung unserer Perikope gab *Klemens von Alexandrien* (um 150–216) unter dem bezeichnenden Titel »Wer ist der gerettete Reiche?«[20]. Als Philosoph und Apologet des Christentums für die der Kirche neu zuströmenden Oberschichten in Alexandrien, »dem größten Handelsplatz des Weltkreises« (Strabon), will Klemens dieses Evangelium, das der aufstrebenden Schicht in der Gemeinde durchaus im Wege stand, offensichtlich weniger den Armen verkünden als für die Reichen interpretieren. Da Klemens als der erste »Fachtheologe« der Kirche überhaupt gelten kann, zeigt sich in seiner Auslegung zugleich, welcher sozialen Funktion die »Theologie« von ihrem Ursprung her verpflichtet war. Sie läßt das Evangelium deshalb anderes als etwas »bloß Materielles« sagen, weil die begüterten Schichten nicht primär an der sozialen Gerechtigkeit des Reiches Gottes, sondern am ewigen Leben der wahren Gotteserkenntnis (Gnosis) interessiert sind: »Da wir genau erkennen, daß der Erlöser den Seinen alles auf göttlich-mystische, nichts aber auf menschliche Weise lehrt, dürfen wir seine Worte auch nicht fleischlich auffassen«. Das materiell elende Leben steht aber der Muße erleuchtender Gotteserkenntnis ebenso im Wege wie die Begierde der Reichen nach immer mehr Reichtum. Deshalb ruft Jesus die Reichen nicht zum materiellen Besitzverzicht, wohl aber zur inneren Lösung vom Geld, diesem »Allotria«, das vom Schöpfer gegeben wurde, um Zeit für Gott und Gelegenheit zum sozialethisch verdienstlichen Handeln an den Armen zu haben.

Im Streit der Gelehrten, die je nach ihrem politischen Standort die Schrift für ein kommunistisches Manifest (K. Farner), für eine gesunde (O. Schilling) oder zart-fromme Verteidigung des Reichtums (E. Troeltsch) oder kurzerhand für ein theologisches Alibi der reichen Christen (W.-D. Hauschild) halten[21], scheint der Grundvorgang der Auslegung selbst übersehen zu sein: er liegt in der schlechten Trennung von Evangelium und Gesetz, einer Unterscheidung, nach welcher der geschichtliche Gehalt, die Realität des Evangeliums selbst zu verschwinden droht. Der reiche Jüngling steht nach Klemens für das dem Gesetz verpflichtete Israel: es kommt nicht zum ewigen Leben. Christus aber bietet dem ethisch reichen Israel etwas Anderes, er gibt denen, die ihn als den Lehrer der Unsterblichkeit anerkennen, »das Gute, das über dem

Gesetz ist«. Dem gnadenlosen Verständnis des jüdischen Gesetzes entspricht das spiritualisierte Evangelium als die »überhimmlische Weisheit« des ganz »apathischen« Christus-Logos. So entzog sich der reiche Jüngling nach Klemens der Nachfolge Jesu nicht, weil er viele Güter hatte (die hätte er behalten können), sondern weil er – wie die Jünger, die sich ob der Rede Jesu entsetzten – den geistlichen Sinn des Rufes Jesu nicht verstand. Während Jesus nach den Synoptikern den Reichtum immer als die faktische Macht, als den Mammon denunzierte, welcher den Menschen so gefangennimmt, daß er in Gottes Reich nicht eingehen *kann*, wird bei Klemens Geld und Reichtum zum an sich unschuldigen Instrument, das »von Natur aus zum Dienen, nicht zum Herrschen geboren« ist. Wer durch das Evangelium zur wahren Gottesliebe entzündet wurde, dem erkaltet die Liebe zum Mammon so, daß er ihn mit der rechten »téchne« auch geschickt zu gebrauchen weiß. Das über dem Gesetz stehende Evangelium macht den Christen frei zum rechten und sozialpflichtigen Gebrauch seiner ökonomischen Macht. Die rechte Sozialmoral wird zur Konsequenz des Lebens in der Gnade, die Befreiung zur Konsequenz der Erlösung, die Ethik zur Konsequenz der Dogmatik. Hier schon, in der Theologie des alexandrinischen Stadtbürgertums, liegt die Wurzel für die bürgerliche Entschärfung des Evangeliums.

Es ist wahr, daß *Martin Luther* den Mammon für den natürlichen Abgott aller Menschen hielt, von dem schon das Evangelium im alten Gesetz, also das erste Gebot, den Menschen befreien will[22]. Und wahr ist auch, daß er in seiner großen Predigt zum reichen Jüngling den Ruf des Evangeliums nicht mehr über den Sinn des Gesetzes stellt: Jesus zeigt dem gesetzeswilligen Jüngling nur seine Unfähigkeit, das erste Gebot, das Gott über allen Mammon zu lieben heißt, auch faktisch halten zu können: »Thustu das nicht, so hastu die zehen Gebott noch nicht gehalten«[23]. Trotzdem bleibt Luthers Auslegung und Zirkulardisputation[24] über unsern Text der altkirchlichen Spiritualisierung verhaftet. Zwar gilt Jesu Ruf in die Nachfolge der Armut allen Menschen, aber es ist »dieses gebots geistlich zu verstehen und zu deuten, Erstlich das das hertz soll von den gutern gescheiden werden ... zum andern, wen die noth einfellet, das du nicht allein alles verkeuffest, sondern auch Christo folgest ... Darumb wird alhier der nicht Reich genennet, der viel geldes und guths hat, sondern der sich auff sein guth verlesset ... Aber die menschen thuns nicht, derhalben so sind sie alle reich, das ist: fur Gott gottloss und Schecher ...«[25]. Der letzte Satz kann nicht darüber hinwegtäuschen, daß der Christ als Bürger den Reichtum gemäß der zweiten

Tafel der Gebote (mit der innerlichen Distanz des 1. Gebotes) gut zu »bewahren, zu verteidigen und zu verwalten«[26] hat und nur in dem Notfall, daß ihm das öffentliche Bekenntnis von der Obrigkeit verweigert wird, äußerlich gezwungen seine Güter dahingeben darf. So kann der Christ denn beides bleiben: als Bürger der reiche Jüngling, der alle sozialen Gebote erfüllt und als Christ, wenn's Not tut, ein Jünger, der alles wegzugeben gezwungen wird.

In seiner scharfen Kritik gegen die Inanspruchnahme unserer Perikope durch die monastische Armutsbewegung besonders der Franziskaner hat Martin Luther indirekt auch noch jene Wahrnehmung der Nachfolge Jesu getilgt, welche die freiwillige und durchaus zeichenhaft verstandene Armut für den leichtesten Weg zur Vollkommenheit hielt. In der Tat hatte Thomas von Aquin den Ruf an den reichen Jüngling wörtlich verstanden, aber nicht als Gesetz Christi für alle Glaubenden, sondern als Rat für jene, welche den leichtesten Weg zum ewigen Leben zu gehen sich berufen wußten[27]. Damit wurden zwar der Weltklerus und die Laien vom Radikalismus der Nachfolge entlastet, aber der Stachel saß nun doch im Fleisch der Kirche und des sich seiner materiellen und politischen Mächtigkeit bewußt werdenden Stadtbürgertums, welches mit dem ihm eigenen Reichtum in der Form des Kapitals auch eine neue und anhaltende Form des Elends hervorbrachte.

Der moderne Bürger, der sein Bedürfnis Mensch zu sein, durch Arbeit befriedigen muß, produziert mit seiner eigenen Befriedigung zugleich den unbefriedigenden Gegensatz seiner Selbst: den Nicht-Bürger. Des Bürgers »Ehre, durch eigene Tätigkeit und Arbeit zu bestehen, bringt die Erzeugung des *Pöbels* hervor«, notierte Hegel[28]. Als den Grund für die Produktion radikaler Ungleichheit erkannte schon er (nach Smith, Say und Ricardo) jene extrem arbeitsteilige Produktionsweise, nach welcher der Arbeiter als einzelner sich mit der Allgemeinheit nur mehr durch den abstrakten Reichtum, durch das Kapital, verbunden findet. Diese Verbindung aber ist eine radikal ungleiche, eine, wie er formulierte, klassenbestimmte. Für die Theologie dieser bürgerlichen Gesellschaft kam alles darauf an, die realen Widersprüche zu versöhnen (wenn sie diese nicht einfach verschleiern wollte). *Friedrich Schleiermacher,* der die widersprüchliche »Natur« der bürgerlichen Gesellschaft mit dem Geist der christlichen Gemeinde zu versöhnen sich berufen wußte, spürte in seinen Predigten zur Perikope vom reichen Jüngling[29], wie verwunderlich, bedenklich und fremd die Anforderung Jesu der gesellschaftlichen Ordnung gegenübersteht: »Spricht nicht unsere Erfahrung ganz und gar dagegen? ... Und in welchen Widerspruch würde auch eben dieses Reich

Gottes gesetzt werden müssen mit allen anderen menschlichen Verhältnissen, wenn jeder auf dieses Wort des Herrn bauen wollte ...«. In diesen guten Widerspruch, in den Widerspruch von Gottes Reich zu den schlechten Widersprüchen der bürgerlichen Gesellschaft sollte das Evangelium nicht führen. Und deshalb vollendet Schleiermacher die Spiritualisierung und Entschärfung des Rufes zur freiwilligen Armut um des Gottesreiches willen. Jesus konnte keinen Besitzverzicht gemeint haben, das wäre ein »falscher Wahn«, er wollte den Reichen (der psychologisch in der bürgerlichen Gesellschaft auch immer ein Armer ist, weil es immer noch Reichere gibt) vielmehr zum christlichen Gemeingeist führen. Dieser Geist der (bürgerlichen Gesellschaft) aber soll die materiellen Widersprüche durch die Liebe heilen, welche die Geschlechter, die Völker und schließlich die Menschheit mit sich selbst versöhnt.
Es mag sein, daß diese Auslegungsgeschichte nach dem Hinweis von K. G. Steck von anderen als *theologischen* Interessen geleitet war. Die Frage ist dann, was eine theologische Auffassung dieses Evangeliums angesichts einer Produktion von Reichtum, die zugleich Armut produziert, an den Tag bringt. Karl Barths Auslegung in der Kirchlichen Dogmatik (II-2, 681-701) ist eine theologische, aber eine theologische nach dem Verständnis Barths, d. h. auf eine bescheidene Weise. Und bescheiden ist sie, weil sie dem im Text sprechenden Herrn zutraut, dem Reichen in menschlich verständlichen Worten das Richtige gesagt zu haben.

3. Daß wir Gottes Bundesgenossen seien ...

Zweimal hat Karl Barth den Text von Mk 10,17 ff. ausgelegt; beidemale mitten im Krieg. 1914 sah er die Gemeinde wie den reichen Jüngling durch die Erschütterung aller Selbstverständlichkeiten des nationalistischen und kapitalistischen Bürgertums vor die Frage nach dem ewigen Leben, und damit vor Jesus selbst gestellt: »Der Krieg hat ja nur aufgedeckt, was wir überhaupt sind«[30]. Dem in seinem Selbstverständnis erschütterten Reichen bringt nun aber Jesus kein elftes Gebot und keine neue Religion, sondern den alten Weg der Gebote, nach welchen es kein bürgerliches Ich und kein kapitalistisches Mein gibt: »Im Reiche Gottes gibt es Arm und Reich nicht mehr ... weil es dem Reichen unmöglich ist, den Armen arm zu lassen ... Die Gewehre würden sich senken ...«.
In der Auslegung der Kirchlichen Dogmatik von 1942 nennt Barth die Erschütterung durch den 2. Weltkrieg nicht ausdrücklich, weil er sich

jetzt in Pflicht genommen sah, »daß wenigstens an einer Stelle inmitten des irrsinnig gewordenen Europas ... ordentlich und ›als wäre nichts geschehen‹ Theologie getrieben werde«. Allerdings: »eben damit«, meinte Barth, würde dem Nationalsozialismus und der ihn tragenden Geschichte »ein politisches Faktum erster Ordnung entgegengestellt«[31]. Die Frage, warum die theologische Auslegung des Evangeliums ein politisches Faktum erster Ordnung darstellt, zeigt die Auslegung unserer Perikope von 1942 nicht nur für damals, sondern auch für die gegenwärtige Frage nach der Theologie der Befreiung. Ich verweise dazu auf drei Grundlinien seiner Auslegung, um diese abschließend aus ihrem Gesamtzusammenhang mit der Kirchlichen Dogmatik im Blick auf Gottes freies Handeln, das befreiend zu tun gibt, auf unsere Situation zu beziehen.

1) Für Barth stellt Jesu freier Zuspruch und Anspruch in dieser Perikope dar, was die »Summe des Evangeliums« ausmacht: Gottes ewige Wahl unserer Befreiung (KD II–2, 1; 11–18)[32]. Daß wir es mit Gottes *Wahl* zu tun bekommen, zeigt nicht nur des Gesetzestreuen Eingangsfrage, nach welcher er sich die Antwort auf die notwendige Bestimmung des Handelns, das zum ewigen Leben führt, nicht selber zu geben vermag, und zeigt nicht nur der apodiktische Nachfolgeruf, sondern auch Jesu Zurückweisung, ein »guter Lehrer« zu sein. Das Gute, das er bringt, ist das Gute, das Gott will: »So, in dieser Weise, ist Jesus Christus der Herr in seinem Reich, d. h. in dem ganzen Bereich des Menschen, mit dem Gott seinen Bund geschlossen hat. Wenn er ruft, dann ruft Gott und indem der Mensch ihm begegnet, ist er Gott begegnet.« (S. 683). Der *universalistische* Zug dieser konkreten Begegnung zeigt sich in der Perikope darin, daß beide, die nachfolgenden Jünger und der sich dem Gebot entziehende Jüngling, die freiwillig arm Gewordenen und die reich Bleibenden, in den Machtbereich Jesu Christi, in seine Verheißung und sein Gericht gestellt sind: »Aus dem Reich Christi kann niemand weggehen. Es umfaßt auch die Reiche des Ungehorsams und alle ihre Bewohner.« (S. 682)

Daß die vom Evangelium in Anspruch genommenen Menschen vor *Gottes Wahl* gestellt sind, ist der entscheidende Einwand gegen Schleiermachers Ausgangs- und Zielpunkt der ethischen Vergewisserung des kirchlichen Handelns im Gesamtzusammenhang des geschichtlichen Gesamtlebens. »Nicht der Mensch, der mit dem Worte Gottes, sondern das Wort Gottes, das mit dem Menschen etwas anfangen will« zeigt sich in unserer Perikope als der Ausgangs- und Zielpunkt, der die Gotteserkenntnis und die Erkenntnis dessen, was wir tun sollen, von Anfang an zusammenbinden (S. 606). Daß das in Jesus Christus gegebene Wort Gottes aber mit dem Menschen im *ganzen Umfang seines Handelns* ›etwas anfangen will‹, wird – wie der Blick auf »Rechtfertigung und Recht« von 1938 zeigt – gegen die »nur sehr unbefriedigende Antwort«[33] der reformatorischen und auch katholischen Auslegung betont, weil sie zwar den Herrschaftsbereich Christi nicht von der durch Gottes Vorsehung und Schöpfungsordnung beanspruchten Geschichte trennt, aber eben doch auch nicht zeigt, wie beide zusammengehören.

2) *Wie* beides zusammengehört, des Menschen Erwählung in Jesus Christus und die Bestimmung dessen, was er als Mensch gegenüber seinen Mitmenschen tun soll, demonstriert nach Karl Barth unsere Perikope wie kaum ein anderer biblischer Text. Denn wie er schon in seiner Predigt von 1914 betont hatte, gibt Jesus dem nach dem ewigen Leben Fragenden kein elftes Gebot, keinen »Rat«, der über die Erfüllung des Gesetzes hinausginge oder neben das allen Gebotene zu stehen käme. Er zeigt nur, wie das Gesetz erfüllt werden kann. Offenbar nicht, wie der sozialethisch korrekte Reiche annimmt, durch die äußere Pflichterfüllung gegenüber dem Nächsten, also nicht durch die Wahrnehmung des »Sollens«, sondern durch die Wahrnehmung dessen, der ihm erschließt, was er zu tun hat: durch die Wahrnehmung seines Richters als seines »Freundes und Helfers« (S. 687; 693). Es gibt kaum ein Stichwort, das Barths Werk von Anfang an sosehr prägt wie das Wort vom hilfreichen Evangelium, von der hilfreichen Gnade, vom hilfreichen Gott. Daß die christliche Kirche den Menschen nicht hilft, darin sah er von Anfang an ein Indiz für ihren »großen, schweren Abfall ... den Abfall von Christus« (und den erwähnten Vorzug einer hilfreichen sozialdemokratischen Politik)[34]. *Jesu* hilfreiche Anforderung zielt aber nicht zuerst auf das *Tun* des reichen Mannes, sondern auf ihn selbst: er schaut *ihn* an, ja er »liebte ihn«. Und so hat er nicht zuerst etwas zu machen, sondern nur sich lieben zu lassen, nicht zuerst alles zu verkaufen, sondern nachzufolgen. So wird er in den Bund hineingenommen, den Gott in Jesus Christus ewig für den Menschen geschlossen hat.

Eberhard Jüngel meint, daß Barth »logisch recht unglücklich« für diesen konstitutiven Zusammenhang von Evangelium und Gesetz die Formel geprägt hat: »Daß das Gesetz die Form des Evangeliums ... die Gestalt der Gnade Gottes ist« (S. 687 u. ö.)[35]. Abgesehen davon, daß es recht unglücklich ist, von einem logischen Unglück zu reden, ist hier auf die barthsche Genauigkeit zu achten, in der es auf den Streit um die Formel nicht ankommt. »Evangelium« ist keine formale Bestimmung, sondern Inhalt, wie er reiner nicht gedacht werden kann: die Mensch gewordene

Gnade Gottes, die in Jesus Christus begegnet. Abstrakter gesprochen: Evangelium bezeichnet den geschichtlich befreienden Vollzug jener Freiheit Gottes, in der er uns ewig zu lieben gewählt hat. Weil der Inhalt dieser Befreiung nicht die Heraufführung eines weltlichen Reiches oder einer neuen Religion, sondern die Bestimmung der geschichtlichen Verhältnisse durch Gottes eigene Freiheit ist, deshalb bringt das Evangelium keine neue materiale Ethik in die Welt, sondern die Befreiung aller Ethik von dem ihr eigenen Fluch, nur gesollt, aber nicht wirklich gewollt und getan werden zu können. Jesus gibt dem Reichen die Freiheit arm zu werden, indem er den vom Gesetz bestimmten Willen des Jünglings vorbehaltlos anerkennt. Aber die liebende Anerkennung, die ihm seine Freiheit gibt, wird dem diese Freiheit nicht Beanspruchenden zum Gericht: er geht traurig von dannen ... Die Freudenbotschaft seiner Befreiung enthüllt ihren Anspruchscharakter, ihre gesetzliche Form, indem ihr der Mensch *nicht* entspricht. So gibt es denn keine neuen Gesetze *im* Evangelium: vielmehr ist die Existenz Jesu Christi, Gottes Wille in Aktion, der einzige Inhalt, dem wir entsprechen dürfen, wenn wir tun wollen, was wir sollen. Er ist unsere Befreiung. Wo er sie nicht sein darf, erfahren wir die unbedingte Geltung dessen, was wir tun sollen, als den Fluch des Gesetzes. Wo das Gesetz die Form des *Evangeliums* ist, wird es identisch mit der wirkmächtigen Verheißung unserer Befreiung. Deshalb sieht Barth den »Drehpunkt des ganzen Zusammenhangs« (S. 695) in Mk 10,27, wonach bei Gott alle Dinge möglich sind. Das besagt nicht, daß Gott – nach einem abstrakten Gott-Denken – alles uns möglich Scheinende tun kann, wohl aber, daß er für uns tut, was uns als konkret Unfreien zu Tun unmöglich ist, *ihm* als in Freiheit Liebenden aber zu tun entspricht.

3) Was heißt das für unsere wirtschaftliche und politische Gefangennahme in dem tödlichen Gesetz der einander steigernden Abhängigkeit von Reich und Arm, wonach die durch die Arbeit der Reichen ausgebeutete Arbeit der Armen diese selbst verelenden läßt – wie es das schreckliche Wort sagt, nach welchem »dem der nicht hat, noch genommen wird, was er hat« (Mt 25,29)? Karl Barth waren die ökonomischen Theorien der internationalen Dependenz wohl noch ebensowenig bekannt wie den Kirchenvätern, aber es ist merkwürdig, wie konkret die Bestimmungen des Evangeliums wirken, wenn sie in dieser verschärft bewußt gewordenen Situation der Ungerechtigkeit nicht spiritualisiert werden. Barth hat die konkreten Anforderungen an den Reichen – »verkaufe, was du hast und gib es den Armen ... komm, folge mir nach« schlicht wörtlich genommen; er sah in ihnen »die Substanz und das Ziel aller Gebote«

(S. 688, 691). Der Anruf, alles zu verkaufen, führt deshalb zum Ziel aller Gebote, weil er von dem Götzen befreit, den nicht der Mensch, sondern der den Menschen hat: vom Mammon. Jesus liebt den Reichen, indem er ihm die Tür zur Erfüllung des 1. Gebotes eröffnet; indem er ihn allein an Gott bindet macht er ihn in seinem Verhältnis zum Nächsten frei, »befreit eben durch seine gänzliche Bindung an Gott, befreit von allen anderen göttlichen oder gottähnlichen Herrschaften und also befreit für ein Tun, das dem Nächsten wirklich gerecht wird« (S. 689). Die Gefangenschaft im immanenten Drang nach Erhaltung, Pflege und Vermehrung des Besitzes macht den Reichen dagegen zum »Mörder« und zum »Dieb« (a.a.O.).
Wie Barth später in der Versöhnungslehre betonen wird, bringt diese Befreiung keine neue Sozial- und Wirtschaftsordnung, kein zweites Reich Gottes neben dem einen Reich Gottes, ja nicht einmal die Spur von Sozialismus, Anti-Imperialismus, Anti-Militarismus und Kommunismus und erst recht nicht das Gegenteil davon[36]. Diese Befreiung bringt vielmehr »das Neue des königlichen Menschen Jesus, das da, allen vernünftigen und insofern ehrenwerten Einwendungen zum Trotz, faktisch gerade in die Fundamente der ökonomischen Welt hineinleuchtete und hineinbrach«. Daß der Reiche dem Armen geben soll, was er besitzt, bestimmt die Nächstenliebe konkret dahin, »daß er nämlich als Bundesgenosse des gnädigen und barmherzigen Gottes und also als freier Mann dem Nächsten so begegne, wie Gott ihm selbst begegnet« (S. 690). Gott begegnet ihm als freiwillig arm gewordener Herr der Geschichte: er wird von ihm ermächtigt, sein Nachahmer und damit sein Zeuge zu sein. So hat diese Theologie der Befreiung ihren Stachel in der Befreiung des (ökonomisch, politisch, sozial und religiös) Reichen von seinem ihn selbst gefangensetzenden, den Mitmenschen aber tötenden und bestehlenden Besitztum. Ihren Sinn aber hat sie in Gottes eigenem Sein, dessen liebende Freiheit in der Geschichte Jesu Christi zum befreienden Ausdruck kommt.

4. Das Zeugnis der Befreiung

Was sollen wir tun? Die katholische Tradition hat diese Frage beantwortet, nachdem sie dem Willen des einzigen Gottes in seiner Schöpfung nachgedacht hatte; die reformatorische Tradition hat die Frage nicht ohne Rücksicht auf das Versöhnungswerk Christi zu beantworten gesucht; die bürgerliche Religion der europäischen Aufklärung hat in ihrer Reflexion auf unsere eigene Freiheit zuerst die Frage beantwortet, was wir tun sollen, um dann *nach* der autonomen Begründung der unbedingten Geltung des Gesetzes der Freiheit auch noch zu erlauben, als den Sinn der Freiheit »Gott« zu denken. Nun steht aber unser Text bei Karl Barth weder in der Schöpfungs- noch in der Versöhnungslehre und erst recht nicht nach einer formalen Freiheitsreflexion, welche durch die Theologie allererst in Gang gebracht werden könnte. Er steht vielmehr in der Gotteslehre, welche noch *vor* aller Schöpfungs- und Versöhnungslehre die Ethik als den *ihr* gemäßen Abschluß begründet. Was bedeutet das?

Daß wir nicht einfach tun, was wir müssen, sondern verantwortlich fragen müssen, was wir tun sollen, daß wir also durchaus ethische Wesen sind, das liegt *vor* aller Schöpfung, aller Sünde und aller Erlösung in Gottes *Erwählung* selbst begründet. Daß der Mensch die Wirklichkeit Gottes nur erkennt, indem er es mit seinem ihn zur Freiheit bestimmenden Wollen zu tun bekommt (KD II-1), das hat die Auslegung unserer Perikope gezeigt. Die Wirklichkeit Gottes aber offenbart sich nach dem biblischen Zeugnis als seine Liebe, die darin *seine* Liebe ist, daß sie im Unterschied von allem menschlichen Lieben *gerecht* ist[37]. Deshalb ist Gottes Gesetz die Form seines Erbarmens; seine Gerechtigkeit offenbart sich »als Hilfe und Erlösung, als rettendes göttliches Eintreten für die Menschen an den Armen, Elenden, Hilflosen als solchen und nur an ihnen«. Wiederum zeigt unsere Perikope, was der erste Teil der Erwählungslehre (KD II-2, 1–563) erschließt, daß es »keinen vom Willen Jesu Christi verschiedenen Willen Gottes« gibt, daß wir es in Jesus Christus vielmehr »unmittelbar mit dem erwählenden Gott zu tun« bekommen (S. 124; 115). Das sich Gottes Erwählung widersetzende Volk wird wie der reiche Jüngling zum indirekten Zeugen seiner Befreiung; die nachfolgende Gemeinde wird in ihrem direkten Zeugnis zum vorläufigen Zeugen für die zur Freiheit erwählte Menschheit. Die Grundlegung der Ethik (KD II-2, 564–875) gehört deshalb »zur Lehre von Gott, weil der den Menschen für sich in Anspruch nehmende Gott eben damit ... sich selbst für ihn verantwortlich macht« (S. 546).

Schon mit dieser knappen Erinnerung an den Zusammenhang der Kirchlichen Dogmatik wird deutlich, was Karl Barths Beitrag für die Theologie der Befreiung bedeuten könnte. Ich nenne vier Grundlinien, die für die Auseinandersetzung hilfreich sind:

1) Die Begründung der Ethik in der Gotteslehre, die nach dem Zeugnis der Schrift Gott als den in Freiheit Liebenden und den Menschen als den

zur Freiheit Erwählten zur Sprache bringt, zeigt, warum das befreiende *politische* Handeln als Gleichnis für Gottes Reich verstanden werden darf. Wo für die »Auferstehung« des Volkes aus der Armut gekämpft wird, welche nicht ein bloßer Mangel an Gütern, sondern Unterdrückung ist, da entspricht das politische Handeln inkognito dem Willen Gottes, wie er in Jesus Christus begegnet. Zum Gleichnis für Gottes Reich wird aber auch das kirchliche Handeln nicht ohne die ihm gebotene Hilfe in diesem Kampf. Trotz ihrer taktischen Formulierung hatte Rosa Luxemburg darin jedenfalls klar gesehen.

2) Die Kirche selbst kann nicht zum Subjekt des politischen Handelns werden; sie ist dazu bestimmt, des Befreiers Zeuge zu sein. Sie braucht nicht selbst politisches Subjekt zu werden, weil auch die Politik wie die Kirche im Herrschaftsbereich Jesu Christi steht. Aber sie hat der Politik zu bezeugen, was die konkreten Bestimmungen von Gottes befreiendem Wollen in Jesus Christus in der Situation der Unterdrückung bedeuten. Politisches Subjekt wird sie nur wider ihren Willen, wenn die staatliche Macht und die politischen Kräfte die Grenzen des ihnen zukommenden Machtbereichs überschreiten. Aber auch dann ist ihr *Zeugnis* ihr rechter politischer Gottesdienst, wird ihre *Nachfolge* zu einem politischen Faktum erster Ordnung.

3) Zeuge des Befreiers kann die Kirche nur in der Nachfolge des freiwillig arm gewordenen Herrn der Geschichte sein. Die Spiritualisierung des Rufes in die Nachfolge der Armut distanziert die Gemeinden von ihrem Herrn. Die nur innerliche Lösung vom mächtigen Mythos einer produktiven Gesellschaft, die nicht Besitz erstrebt, sondern das ständige Mehr von Besitz[38], hält die Gemeinden in der Gefangenschaft der Produktion von Armut fest. Die Solidarität der Gemeinden mit den gesellschaftlichen Kräften, die um Befreiung kämpfen, darf nicht spirituell und bloß sozialethisch aufgehoben werden. Der uns zur Freiheit erwählende Gott hat uns nicht mitgeteilt, daß er die Armen liebt, vielmehr ist er selber arm geworden. In der Gestalt der Armut wirkt Gottes Wort befreiend – in der Gestalt des Reichtums wirkt das Geschöpf des Wortes Gottes, die Kirche, unterdrückerisch – trotz ihres sozialethischen Engagements.

4) Die Perikope vom reichen Jüngling zeigt, daß und wie uns Gottes eigene Erwählung vom sozialethischen Wollen zur Nachfolge befreit. Die Erfüllung unserer sozialen Pflicht wird in der Bindung an den einzigen Herrn der Geschichte zur Selbstverständlichkeit. In dieser Bindung aber dürfen die Glaubenden die Voraussetzung ihrer sozialen Macht, ihren Reichtum aufgeben, den Standort wechseln und selbst zu

den Armen werden, die selig sind, weil ihnen Gottes Reich zukommt. Gottes Reich aber kommt den Armen nicht zu, ohne sie von der Armut zu befreien.

Anmerkungen

[1] Nach der Übersetzung von K. Barth, Die kirchliche Dogmatik, II–2, Die Lehre von Gott, Zürich ⁴1959, S. 681–701 und ders., Predigten 1913, Zürich 1976, S. 353.
[2] R. Luxemburg, Kirche und Sozialismus. Mit einer Einführung von D. Sölle und K. Schmidt, Frankfurt a. M. 1974, S. 20; die folg. Zit. a.a.O., S. 44; 43.
[3] R. Luxemburg, Was will der Spartakusbund? Berlin 1919, S. 22 f.
[4] K. Barth, Der Christ in der Gesellschaft, in: J. Moltmann (Hg.), Anfänge der dialektischen Theologie. Teil I, München 1966, S. 3–37, 9 f.; die folg. Zit., a.a.O. S. 15; 12; 13; 15; 8.
[5] Sekretariat der Deutschen Bischofskonferenz (Hg.), Die Evangelisierung in der Gegenwart und in der Zukunft Lateinamerikas. Dokument der III. Generalkonferenz des lateinamerikanischen Episkopates in Puebla, Bonn 1979, No. 166 (vgl. No. 1183; die folg. Zit., a.a.O., No. 178; 195, 289; 195.
[6] K. Barth, Vergangenheit und Zukunft. Friedrich Naumann und Christoph Blumhardt, in: J. Moltmann (Hg.), Anfänge, a.a.O. S. 37–49, 47 f.
[7] Der Christ in der Gesellschaft, a.a.O. S. 36; Vergangenheit und Zukunft, a.a.O. S. 47 f.
[8] Der Christ in der Gesellschaft, a.a.O. S. 35.
[9] K. Barth, Unerledigte Anfragen an die heutige Theologie, in: K. Barth, E. Thurneysen, Zur inneren Lage des Christentums, München 1920, 3–24, 5.
[10] München, Mainz ⁶1982, die folg. Zit., a.a.O., 159; 233; vgl. die Beiträge in: P. Eicher (Hg.), Theologie der Befreiung im Gespräch. L. Boff, P. Eicher, H. Goldstein, G. Gutiérrez, J. Sayer, München 1985; G. Gutiérrez betont in seinem Beitrag die innere Beziehung der drei Ebenen der Befreiung: der politischen, utopischen und eschatologischen; vgl. dazu, Puebla, a.a.O., No. 321–329.
[11] Der Christ in der Gesellschaft, a.a.O. S. 32; vgl. Vergangenheit, a.a.O. S. 47.
[12] Vgl. KD IV/3, S. 149; das folg. Zit., a.a.O. S. 140.
[13] Der Christ in der Gesellschaft, a.a.O. S. 33.
[14] Zur neueren Auseinandersetzung vgl. R. Frieling, Befreiungstheologien. Studien zur Theologie in Lateinamerika, Göttingen 1984; P. Eicher (Hg.), Theologie der Befreiung, a.a.O.; B. Chenu, B. Lauret (Hg.), Théologies de la libération. Documents et débats, Paris 1985; N. Greinacher, Konflikt um die Theologie der Befreiung. Diskussion und Dokumentation, Zürich, Einsiedeln, Köln 1985; zu den sozioökonomischen und ideologischen Implikationen der theologischen Diskussion vgl. F. J. Hinkelammert, Die ideologischen Waffen des Todes. Zur Metaphysik des Kapitalismus, Freiburg (Schweiz), Münster 1985. Grundzüge zu einer Diskussion zwischen der Theologie Karl Barths und der Theologie der Befreiung legt P. Winzeler frei; vgl. ders., Der Gott Israels als Freund und Bundesgenosse im Kampf gegen das Nichtige. Zum Verhältnis von Dogmatik und Ethik im Werk Karl Barths, in: Dialektische Theologie I (1985) S. 57–74.
[15] G. Gutiérrez, Die historische Macht der Armen, München, Mainz 1984, S. 201 f.; Gutiérrez bezieht sich a.a.O. auf die Studien von F.-W. Marquardt, Theologie und

Sozialismus. Das Beispiel Karl Barths, München 1972 (^{3}1985); G. Hunsinger (Hg.), Karl Barth and Radical Politics, Philadelphia 1976 und H. Mottu, Le pasteur rouge de Safenwil. Réflexions sur le socialisme du premier Barth. Bulletin du Centre Protestant d'Etudes, Genf (August) 1976.

[16] Zur ausführlichen Darstellung vgl. P. Eicher, Die Befreiung zur Nachfolge. Zur Geschichte des reichen Jünglings, in: K. Barth, Der reiche Jüngling, Hg. und eingel. von P. Eicher, München 1986, S. 1–63.

[17] Das gilt auch gegenüber ihrem kundigsten Historiker E. Dussel, Das Reich Gottes und die Armen, in: Zeitschrift für Mission 5 (1979) S. 154–171, wenn er festlegt: »Im römischen Reich leben die Juden und die Christen unter den Armen, gehören zur Klasse der Armen, es gibt keinen Reichen unter ihnen, es gibt kaum welche, die besser bemittelt sind ... Erst vom IV. Jahrhundert an ... wurde das Christentum von einer Religion der Armen zur offiziellen Religion des Reiches« (S. 156). Zur *historischen* Richtigstellung vgl. M. Hengel Eigentum und Reichtum in der frühen Kirche. Aspekte einer frühchristlichen Sozialgeschichte, Stuttgart 1973; R. Kampling, Haben wir dann nicht aus der Erde einen Himmel gemacht? Arm und Reich in der alten Kirche, in: Concilium 22 (1986) Herbst.

[18] Vgl. A. Borst, Lebensformen im Mittelalter, Frankfurt a. M. 1973, S. 101–106.

[19] K. G. Steck, 15. Sonntag nach Trinitatis. Matthäus 19, 16–26, in: Wissenschaft und Praxis in Kirche und Gesellschaft. Göttinger Predigtmeditationen, H. 8, August 1977, S. 368–377, 369 f.

[20] Tis ho sozomenos plousios, in: L. Früchtel (Hg.), Die griechischen Schriftsteller der ersten Jahrhunderte, Berlin 1970, S. 157–191; im folg. zit. nach PG IX, S. 603–651; dt. Übersetzung: O. Stählin, Klemens von Alexandrien, Welcher Reiche wird gerettet werden? München 1983: die folg. Zit., PG IX, S. 610; 615; 611; 614 und 627; 618; zur Christologie vgl. S. R. C. Lille, Clement of Alexandria, Oxford 1971, S. 142–189; das folg. Zit. bei Strabon, Geographica, 17, S. 798.

[21] Vgl. K. Farner, Christentum und Eigentum bei Thomas von Aquin, Bern 1947, S. 54; O. Schilling, Reichtum und Eigentum in der altkirchlichen Literatur, Freiburg i. Br. 1908, S. 43, 46; E. Troeltsch, Die Soziallehren der christlichen Kirchen und Gruppen, Aalen (Repr. d. Ausg. 1922) 1965, S. 113; W.-D. Hauschild, Christentum und Eigentum. Zum Problem eines altkirchlichen ›Sozialismus‹, in: Zeitschrift für evangelische Ethik 16 (1972) S. 34–49, 36 f.

[22] Vgl. F.-W. Marquardt, Gott *oder* Mammon aber: Theologie *und* Ökonomie bei Martin Luther, in: Einwürfe 1 (1983) S. 176–183.

[23] M. Luther, Matth. 18–24 in Predigten ausgelegt (1537–1540), Das Neunzehend Capitel, in: WA 47, S. 311–364, 348.

[24] M. Luther, Die Zirkulardisputation über das Recht des Widerstandes gegen den Kaiser (Matth. 9,21) vom 9. Mai 1539, in: WA 39, S. 34–51; vgl. bes. S. 39–41.

[25] WA 47, S. 353, 356.

[26] WA 39, S. 40.

[27] Ausführlich P. Eicher, Die Befreiung zur Nachfolge, a.a.O.; vgl. Thomas von Aquin, Super Evangelium Matthei lectura, Rom (Marietti) 1951 z. St.: Catena aurea. 2 Bde., Rom (Marietti) 1953 z. St. bei Mt, Lk, Mk; Summa theologiae, II–II, q. 184–186 a. 4; Contra impugnantes, Rom (Leonina 41 A) 1970; De perfectione, Rom (Leonina 41 B) 1969; Contra retrahentes (Leonina 41 C) 1969, c. 15.

[28] G. W. F. Hegel, Grundlinien der Philosophie des Rechts. Theorie-Werkausgabe Bd. 7, Frankfurt a. M. 1970, S. 389 (§ 244): das folg. Zit., a.a.O. S. 353 (§ 200), S. 389 (§ 244 f.)

[29] F. Schleiermacher, Predigten. Literarischer Nachlaß. 2. Theil, 2. Bd., Berlin 1835,

S. 74–98; die weiteren Zit., a.a.O. S. 649; vgl. 653 f.; ders., Predigten. Bd. 3, Berlin 1843, S. 647–660; das unmittelbar folg. Zit., a.a.O. S. 649.

[30] K. Barth, Predigten 1914, Zürich 1974, S. 505–518, 506 f.; das folg. Zit., a.a.O. S. 510.

[31] K. Barth, Der Götze wackelt. Zeitkritische Aufsätze, Reden und Briefe von 1930–1960, Berlin 1961, S. 192; ders., Offene Briefe 1945–1968, Zürich 1984, S. 166; vgl. D. Schellongs Richtigstellungen zum politischen und theologischen Mißbrauch des »nichts als Theologie«, vgl. ders., Alles hat seine Zeit. Bemerkungen zur Barth-Deutung, in: Evangelische Theologie 45 (1985) S. 61–80.

[32] KD II/2, S. 1; 11–18; die im folg. im Text ausgewiesenen Zahlen beziehen sich auf die Seitenzahlen von KD II/2.

[33] K. Barth, Rechtfertigung und Recht (1938). Christengemeinde und Bürgergemeinde (1946), Zürich ³1984, S. 6.

[34] K. Barth, Jesus Christus und die soziale Bewegung, in: Der freie Aargauer, 26. 11. 1911.

[35] Vgl. K. Barth, Evangelium und Gesetz (1935), in: E. Kindler, K. Haendler (Hg.), Gesetz und Evangelium. Beiträge zur gegenwärtigen theologischen Diskussion, Darmstadt 1968, S. 1–29, 9: »das Gesetz ist nichts anderes als die notwendige *Form des Evangeliums,* dessen Inhalt die Gnade ist.« E. Jüngel, Evangelium und Gesetz, in: ders., Barth-Studien, Gütersloh ua. S. 195.

[36] Vgl. KD IV/2, S. 193–200, bes. S. 194; das folg. Zit., a.a.O. S. 199.

[37] Vgl. KD II/1, S. 423; das folg. Zit., a.a.O. S. 435.

[38] Vgl. P. Eicher, Bürgerliche Religion. Eine theologische Kritik, München 1983, S. 76–96.

Karl Barth im Chr. Kaiser Verlag

Friedrich-Wilhelm Marquardt
Die Gegenwart des Auferstandenen bei seinem Volk Israel
Ein dogmatisches Experiment. (Abhandlungen zum christlich-jüdischen Dialog 15). 1983. 224 Seiten. Kt. DM 38,–.
ISBN 3-459-01484-9

Dieter Schellong
Bürgertum und christliche Religion
Anpassungsprobleme der Theologie seit Schleiermacher (Theologische Existenz heute 187). 2. Auflage mit Nachwort 1984. 120 Seiten. DM 16,–.
ISBN 3-459-01560-8

Ingrid Spieckermann
Gotteserkenntnis
Ein Beitrag zur Grundfrage der neuen Theologie Karl Barths. (Beiträge zur evangelischen Theologie 97). 1985. 236 Seiten. Kt. DM 78,–.
ISBN 3-459-01621-3

Konrad Stock
Anthropologie der Verheißung
Karl Barths Lehre vom Menschen als dogmatisches Problem. (Beiträge zur evangelischen Theologie 86). 1980. 264 Seiten. Kt. DM 46,–.
ISBN 3-459-01314-1

Edgar Thaidigsmann
Identitätsverlangen und Widerspruch
Kreuzestheologie bei Luther, Hegel und Barth. 1983. 236 Seiten. Kt. DM 38,–.
ISBN 3-459-01506-3
(in Gemeinschaft mit dem Matthias-Grünewald-Verlag)

VERKÜNDIGUNG UND FORSCHUNG
Beihefte zu „Evangelische Theologie" Heft 2/1985. Karl Barth-Gesamtausgabe. Herausgegeben von Gerhard Sauter. 108 Seiten. DM 16,– (bei Einzelbezug).